PRINCIPLE OF TOURISM
EARTHSCIENCE

新编
旅游地学原理

辛建荣　著

清华大学出版社
北　京

版权所有，侵权必究。举报：010-62782989，beiqinquan@tup.tsinghua.edu.cn。

图书在版编目（CIP）数据

新编旅游地学原理 / 辛建荣著. —北京：清华大学出版社，2021.1
ISBN 978-7-302-54763-1

Ⅰ.①新… Ⅱ.①辛… Ⅲ.①旅游地理学—教材 Ⅳ.①K901.7

中国版本图书馆CIP数据核字（2020）第013289号

责任编辑：徐 颖 张 阳
装帧设计：谢晓翠
责任校对：王荣静
责任印制：杨 艳

出版发行：清华大学出版社
　　　　　网　　址：http://www.tup.com.cn,　http://www.wqbook.com
　　　　　地　　址：北京清华大学学研大厦A座　邮　编：100084
　　　　　社 总 机：010-62770175　　　　　　　邮　购：010-62786544
　　　　　投稿与读者服务：010-62776969, c-service@tup.tsinghua.edu.cn
　　　　　质量反馈：010-62772015, zhiliang@tup.tsinghua.edu.cn
印 装 者：三河市春园印刷有限公司
经　　销：全国新华书店
开　　本：170mm×230mm　　印　张：22　　　　字　数：407千字
版　　次：2021年1月第1版　　　印　次：2021年1月第1次印刷
定　　价：59.80元

产品编号：082323-01

> 普及地学知识
> 发展交叉学科
> 拉动经济发展
> 丰富人民生活
>
> 贺旅游地学新版问世
>
> 中国地质大学
> 赵鹏大
> 2018.9.1.

中国科学院院士、中国地质大学前校长　赵鹏大题词

序言

旅游作为一种社会现象，在中国与世界一些文明古国已经有几千年的历史。但是作为现代人的一种生活方式，作为一种产业，也只是最近几十年的事情。旅游资源是旅游业发展的基础和前提，是吸引旅游者参观访问的目的地。地学旅游资源既包括原生态的自然景观旅游资源，也包括在地球历史演化进程中人类与自然融合的景观资源，即人文旅游资源。人文旅游资源是人类依托地球，适应地球环境而创造的人文生活景观。

随着人类社会的进步、经济的发展和大众旅游时代的到来，旅游日益成为现代人类社会主要的生活方式和社会经济活动，旅游业也以其强劲的势头而成为全球经济产业中最具活力的"朝阳产业"，毫无疑问，旅游业已经成为当代人类的一种重要的生活方式。随着科学技术的发展，人类对宇宙的探索发现也已经进入更为广阔的空间，从而拓展了旅游资源开发的新领域。

旅游地学是伴随着世界与中国旅游业的发展而产生的一门新学科。它因适应社会需求而诞生，因关注和服务社会而生存，以服务于旅游业为宗旨，以地球科学内涵为特色。为了适应旅游业发展和旅游资源开发的需要，地球科学走出传统的学科理论与实际应用研究，开拓新的地学旅游资源的利用途径，探求新的研究方向和学科领域。

旅游地学随着学科研究的深入而发展，其主要研究内容涉及：对旅游资源的预测、探寻、评价、开发利用和保护；旅游资源类型划分；地学旅游资源形成的时空背景；旅游资源调查方法和评价准则；旅游区划和规划；旅游资源和旅游环境保护；自然公园的规划与设计等。同时着重阐明旅游地学的基本理论、基本原理和工作方法，由此为旅游地学学科建设和发展奠定了基础。

旅游地学研究的空间是地球表层系统。地球表层系统是由岩土圈、大气圈、水圈、生物圈和人类圈构成的地表自然社会综合体，是人类圈与地球相互作用的复合物质系统。人类圈是地球圈层结构中的特定部分，它既是旅游主体（旅游者）的聚居地，又是旅游客体（旅游资源）的依托地——是地学旅游资源景观展示的宏大舞台，由此成为人类开展旅游活动的主要场所或基地。

到目前为止，人类的一切活动都离不开我们共同生活的地球。作为现代人一种生活方式的旅游业，要得到健康、科学的发展，就要重视对地球表层系统的关注和研究，即重视科学旅游，这就必须以地球科学为基础，进行旅游资源开发和旅游产品设计，要抓好科学规划和科学管理。当今世界，地球面临的环境问题越来越受到世界各国科学家的关注和各国政府的重视。科学合理地开发利用地球资源已经成为地球人面对的共同命题。

旅游业要正确、科学地发展，就必须以地球科学为基础，引入多种学科的理论、方法，共同探讨旅游产业的发展。旅游地学利用地球科学的理论和方法，同时吸收采纳其他学科的理论，特别是现代科学的新视点、新思维，为旅游资源调查、评价，为旅游区开发、规划、管理和保护等理论研究和实际应用提供最新的科学思维和科学服务，由此促进现代旅游业的科学发展。

旅游地学诞生至今，已经走过了33年的历程，在旅游地学工作者和旅游产业管理者的共同努力下，相互交流，相互融合，已经走向成熟。

在《新编旅游地学原理》出版之际，衷心祝愿作者的研究有新的突破，随着科学技术的发展和地学学科研究的深入，开拓旅游地学研究的新领域。

中国旅游地学学科创始人之一、中国地质学会
旅游地学与地质公园研究会原会长　　陈安泽
2018年9月6日

前言

旅游地学自诞生至今走过了33年的岁月，俗话说"三十而立"，经过这33年的学术交流，深入研究，锐意探索，开拓创新，旅游地学逐步趋于完善。

我们总是感到有一种幸运——和地学结缘。在对地球的探索中，我们对地球的认识得到深化，对地球表层和浩瀚宇宙从蒙昧走向科学认知，从中领悟到人类和地球乃至宇宙的那种密不可分的关系。

我们总是感到有一种欣慰——地学和旅游的融合。我们走出居室，徜徉于大地，游历于人类社会，从中感悟到"天人合一"的道理和人与自然的协调。旅游活动与地球科学的结合，把我们带到更加广阔的星际太空、浩瀚宇宙。我们清醒地认识到：人类是地球的幸运儿，地球仅仅是宇宙空间中一个微小的质点。旅游地学不仅仅是一门学科，其更加可贵之处还在于通过研究使人类认识地球，从而科学地把握人类社会发展与地球演化之间关系的真谛，通过旅游活动使人们认识到地球对于人类的重要性，把旅游活动作为人类生活的一种需求和生活方式。

我们总是感到有一种责任——在对地球和宇宙的探索中，在人们的休闲、观光、旅游中，认识到大自然的神圣和博大，也深刻地认识到自然与人类共存的真谛。由此使我们意识到肩负一种神圣的职责，那就是珍爱地球、保护地球、建设地球，而不是盲目地开发和破坏自然环境，只有这样才有人类灿烂的未来。这也是旅游活动带给人类的理性思考。

旅游与地学结合，把我们带到更加广阔的世界，让我们更加科学地利用自然资源和开发旅游资源，清醒地把握旅游业的发展。令人欣喜的是，人们开始考虑如何观赏自然美景并主动去保护自然、保护地球。自然公园的建立是人们采取的一种比较有效的保护方式。历史文化名城是人类适应自然环境而修建的居所，这是人类活动顺应自然环境的产物，我们也要珍惜和保护。这些自然公园和文明建筑应该成为未来社会发展和聚居环境建设的借鉴，绝对不能为了某种利益而肆意破坏。

总而言之，当代旅游业已经成为现代人的一种生活方式，是人类生活的一种需求。人类生活在地球上，一切活动、一切行为都和地球息息相关。所以，研究旅游和旅游地学是一项责任和义务。

毕竟，旅游只是顺应现代人类生活的一种休闲需求，旅游地学也只是尽可能科学地引导人们如何去旅游，如何科学地认识我们生活的自然环境，从而达到游中有学、游中有悟。旅游地学是一门新兴的学科，还需要热爱旅游地学的科学工作者悉心探索，精心浇灌，热心培育，深入研究，使这门新兴的学科趋于完美和更加成熟。

本书在修编过程中，尽可能地吸纳33年间旅游地学工作者研究的新成果、新思维、新观点，尤其是我国科学泰斗关于研究地球科学的新观点、新视野——钱学森教授提出地球与人类文明密切相关的观点，进而提出要加强对地球表层系统深入研究的思想。这些科学论述极大地拓展了我们的思维，使我们懂得了在旅游活动中应该如何善待地球，爱护地球。

辛建荣
2018年8月1日于北京

| 目录 |

第1章　旅游地学概念与理论基础　001

　　1.1　旅游地学概念与学科体系　002

　　1.2　旅游地学发展简史　004

　　1.3　主要研究工作和承担的任务　007

　　1.4　可持续旅游的基本方略　007

　　1.5　主要研究成果与年会　008

　　1.6　旅游地学主要研究课题　010

第2章　地学旅游资源分类系统　011

　　2.1　地学旅游资源分类　012

　　2.2　岩石圈风景域　023

　　2.3　水圈风景域　027

　　2.4　生物圈风景域　033

　　2.5　大气圈风景域　036

　　2.6　太空圈风景域　039

第3章　地球表层系统时空背景　041

　　3.1　地球表层系统　042

　　3.2　太空星系　046

　　3.3　地球表层的圈层　049

第4章　地球结构与地球演化　065

4.1　地球及其圈层结构　066

4.2　地壳的概念与结构　068

4.3　地壳的主要物质——矿物和岩石　070

4.4　地壳运动与构造阶段　074

4.5　地层与地质历史演化概况　078

第5章　地质作用过程及其景观特征　087

5.1　地质作用及类型　088

5.2　外力地质作用类型及其景观特征　089

5.3　内力地质作用类型及其景观特征　104

第6章　民俗与图腾及其地学环境　109

6.1　民俗及其地学环境特征　110

6.2　中国各民族图腾及其地学特征　113

第7章　古建筑与宗教及其地学特征　127

7.1　早期人类对居住环境的选择　128

7.2　古建筑地学环境选择　128

7.3　宗教文化与建筑的地学特征　136

第8章　聚落景观及其地学环境　141

8.1　人类与自然的关系　142

8.2　原始人类生活空间与地学环境　142

8.3　城市与地学环境　147

8.4　资源型产业与城市的形成　149

8.5　人类文化的地学特征　151

第9章 地学旅游资源评价体系 161

9.1 地质景观区评价 162

9.2 地理环境综合评价 165

9.3 生态环境综合评价 165

9.4 地学资源旅游区综合评价 166

9.5 国家旅游局关于旅游资源的分类评价 170

9.6 地质遗迹资源评价体系 171

第10章 地学旅游资源开发与调查 175

10.1 区域旅游资源开发的意义 176

10.2 地学旅游资源开发原则 176

10.3 区域旅游资源调查 177

10.4 区域旅游资源开发过程 189

第11章 旅游地分类与旅游区划 193

11.1 旅游地概念与特性 194

11.2 旅游区划 195

11.3 旅游地类型 200

第12章 旅游环境保护与生态旅游 211

12.1 旅游环境 212

12.2 旅游可持续发展 214

12.3 生态旅游提出及其环境意义 216

12.4 生态系统与生态平衡 219

12.5 生态旅游环境与生态旅游活动 224

12.6 中国生态旅游地简介 229

第13章 精美的地学珍品宝玉石 235

13.1 珠宝玉石与金银饰品 236

13.2 宝石的物理特征与鉴定 237

13.3 宝玉石种类与精品介绍 242

13.4 玉石的特性、质量与鉴定 246

13.5 观赏石审美与鉴赏 251

第14章 地质公园及其行动计划 263

14.1 地质公园行动计划背景 264

14.2 地质公园的理论基础 265

14.3 地质公园申报工作 270

14.4 地质公园总体规划 273

14.5 地质公园总体规划工作指南 275

14.6 地质公园评审委员会资质和工作制度 283

14.7 国家地质公园评审标准 284

第15章 自然公园及其规划设计 291

15.1 我国自然公园的建立 292

15.2 自然公园规划 293

15.3 自然公园景观展示 295

15.4 自然公园景观展示规划 296

15.5 各类自然景观展示规划设计方法 300

15.6 自然公园的旅游规划与设计 302

15.7 自然公园规划中需注意的问题 304

附录　306

    附录1　中国国家级风景名胜区名录　306

    附录2　中国国家级自然保护区名录　309

    附录3　中国国家森林公园　315

    附录4　中国国家地质公园名录　322

    附录5　中国的世界地质公园　325

    附录6　中国国家湿地公园名录　326

    附录7　中国国家历史文化名城　334

    附录8　中国的世界文化/自然遗产　335

主要参考文献　337

后记　340

第1章
旅游地学概念与理论基础

1.1 旅游地学概念与学科体系

1.1.1 旅游地学概念

旅游地学涉及旅游和地学两大领域：其一是与旅游相关的学科；其二是以地球表层系统为主的地球科学类学科。旅游学科主要涉及旅游管理、旅游资源、旅游规划、旅游服务和旅游设施五大领域。地球科学的分支学科主要有：地质学、地理学、生物学（动物学、植物学）、大气学（气候气象学）、园林学、环境学、古人类学和人文地理学等，其中支柱学科是地质学和地理学。

随着旅游活动的深入发展，旅游地学涉及的地学问题也会进一步深化，所以在给旅游地学下定义时，不同时期有不同的内涵。

1.1.2 旅游地学的诞生与定义

1985年春天，在中国地质学会科普委员会的倡导下，召开了一次"旅游地学"学术研讨会，与会的地质、地理、园林、环境、生物和旅游界的学者共聚一堂，相互交流地学与旅游学结合并服务于旅游业的研究成果。通过商讨，会议决定成立一个各学科相互关联的、超越各分支学科的学术团体，这样更有利于研究和探索旅游业所涉及的各种地学问题，在此基础上，首次提出了"旅游地学"这一全新的学科术语。

在这次会议上，与会学者为"旅游地学"下了一个定义："旅游地学是以地球科学的理论、方法为基础，结合其他科学知识，用以发现、评价、规划、开发、利用及保护具有旅游价值的自然景观和与人类活动有关的古遗迹、遗址，探讨其成因、演变历史，为发展旅游事业服务的一门综合性边缘学科。"这是旅游地学的最初定义。

1.1.3 旅游地学研究领域

从研究自然旅游资源的角度来看，旅游地学的研究涉及与旅游资源成因关系密切的内容——各种地质现象，各类地貌特征，植被的发育与覆盖，动物的生存、繁衍与演化，气候气象的变化等。也就是说，旅游地学是研究地球表层系统各种自然特征、自然景观和部分人文景观的起因、沿革、类型、分布规律及其意义的新型学科。

与地球科学关系密切的人文类旅游资源主要涉及早期古人类及其活动的遗迹、遗址，涉及各种类型地学环境中生活的人种、人群和民族。与地球科学关系密切的自然资源与景观主要包括：地球表层不同的纬度和气候带，不同地貌单元——平原、山地、丘陵、高原、草原、沙漠、沼泽、盆地，不同地理环境——水乡泽国、森林草原、热带沙漠、荒漠戈壁、山原丘陵、黄土高原、雪域高原等。不同的地理环境孕育了不同的民族，这些民族都有自己特定的生活习性和生活方式，其衣、食、住、行都具有本民族的独特性，从而诞生了不同的文化、传承了不同的历史，形成各具特色的人居环境、人文习俗和文化特点，由此构成人文地学旅游资源和相应的景观。

旅游地学的任务是组织规划、开发利用旅游资源，规划建设旅游区，建立保护自然资源的地质公园等，从而满足人们以保护为前提进行参观、游览和科学研究的需求，全面了解以地球表层系统为主的自然特征和景观，即与地质、地理，以及太空圈、大气圈、水圈、生物圈、岩石圈（岩土圈）等有联系的自然资源。

1.1.4 人类对地球表层旅游资源的开发

人类和整个生物界生活在地球表层，依靠地球表层的自然环境与资源而栖息生存。旅游活动是人类社会发展的必然趋势。

人类是地球进化的产物。在漫长的岁月里，人类从被动适应地球环境到逐渐习惯和利用地球环境，完全依赖于地球表层的各种地形地貌和相应的自然资源，繁衍生息，不断进化。

地球表层是人类赖以生存的空间环境和发展的物质基础，它和人类的基本生活需求"衣、食、住、行"息息相关。随着社会经济的发展，旅游业成为当代人类生活的新需求和经济社会发展的新模式。

旅游业是以旅游资源为凭借、以旅游设施为条件，向旅游者提供旅行游览服务的行业。旅游业又称无烟工业、无形贸易，主要涉及与人类生活密切相关的"食、住、行、游、购、娱"六大产业。

旅游地学是当今旅游业发展的一个崭新领域。它是研究地球表层系统各种自然特征、自然景观和部分人文景观（以早期古人类及其活动的遗迹、遗址为主）的起因、沿革、类型、分布规律及其意义的新型学科。其目的是组织规划、开发利用旅游资源，开辟建立旅游区、自然资源保护区等，从而满足人们以保护为前提进行参观、游览和科学研究等需求。

从旅游地学诞生到今天的三十多年间，随着研究工作的深入和研究领域的不断扩大，随着世界旅游业的发展变化，旅游地学的研究从理论到实践，从研究领域到研究方法都有了新的突破、新的发展。

近年来，在开发地球表层旅游资源、研究旅游地学，以及在地质遗迹发掘过程中，更加注重地学旅游资源环境的保护和修复，提倡与开拓生态旅游活动，成为旅游地学关注的重点。地学旅游产品的开发向纵深发展，建立地质公园和开展地学旅游活动得到地学工作者更多的重视。联合国教科文组织对这些工作给予充分肯定。

1.1.5 旅游地学学科体系

旅游地学的构成体系即旅游地学学科体系，各相关学科之间的关系如下：

旅游学＋地学（地理学＋地质学）＋其他相关科学＝旅游地理学＋旅游地质学＋其他相关科学＝旅游地学。具体参见表1-1。

表1-1 旅游地学学科体系表

旅游地学	旅游学		旅游市场学、旅游资源学、旅游经济学、旅游管理学、旅游美学（旅游审美原理）、旅游心理学、旅游开发与规划		旅游地质学
	地学	地理学	自然地理学、经济地理学、人文地理学、历史地理学、气候地貌学、生物地理学、聚落地理学、乡村地理学、城市地理学、社会地理学、区域地理学、政治地理学、农业地理学、工业地理学、商业地理学、地名学	旅游地理学	
		地质学	地层学、古生物学、古气候学、岩石学、矿物学、地貌学、构造地质学、水文地质学、工程地质学、冰川冻土学、岩相古地理学、矿床学、环境地质学、灾害地质学、历史地质学、地层学、宝玉石学		
	相关学科	生物学	植物学、动物学、微生物学		
		其他相关学科	气象学、气候学、天文学、建筑学、堪舆学（风水）、生态学、环境学		

1.2 旅游地学发展简史

20世纪20年代，麦克默里发表的《娱乐活动与土地利用关系》被认为是现代旅游地理学的第一篇论文。随着旅游业的发展，地理学家开始重视旅游资源的开发和利用。1935年，英国地理学家布朗倡议，地理学家应把更多的精力放在研究旅游业上。他和詹姆斯、卡尔森等先后论述了局部地区的自然资源、发展基础、聚落构成的差异对旅游业发展的影响，测定了旅游形态及其经济价值，并阐述了旅游形态和旅游设施的意义。

旅游地学作为一门新兴的学科，是现代旅游业发展到一定阶段的产物，是旅游业与地球科学的结合。旅游地学的诞生和发展目前可以分为四个阶段：①孕育萌芽时期（1978—1985年）；②旅游地学初创时期（1986—1991年）③成熟期及地质公园诞生（1992—2017年）；④地学旅游兴起（2017年至今）。

1.2.1 孕育萌芽时期

1978年，改革开放政策带来了中国经济建设的迅猛发展，由此也带动了旅游业的空前发展，沉寂冷清多年的名山大川成为旅游爱好者观光游览的首选目的地。在此期间，中国地质学会成立了地质科普委员会，创立了青少年夏令营，在全国组织青少年开展地学夏令营活动，并以自然山水景区为营地向青少年普及地球科学知识。这种以地学科普知识为特色开展的旅游活动吸引了许多观光的游客，尤其是那些特殊的地貌景观（如奇峰、断崖、飞来峰、象形山、瀑布、溶洞、火山）和风景名胜区（如黄山、庐山、华山、泰山、九华山等）受到旅游者的热捧。为了适应社会的需求，地质科普委员会组织出版了"中国名胜地质丛书"。1980年，在北京、新疆、湖南等地先后召开了小型旅游地质工作座谈会。大学的地理专业也编写了《旅游地理》教材。

1985年4月，首届"全国旅游地学研讨会"在北京召开。旅游地学（Tourism Earthscience）术语由陈安泽、卢云亭等中国学者提出，最早的定义被写进《中国旅游地学研究会章程》第二条中。定义为："旅游地学是运用地学的理论和方法，为旅游资源调查、研究、规划、开发、改造与保护工作服务的一门新兴的边缘学科。"国外至今尚无"旅游地学"术语及其完整的概念。旅游地学作为一门完整的学科是我国学者首创，或者说是首先使用了这一术语。

1.2.2 旅游地学初创时期

旅游地学是从社会需求中发展起来的，因此社会实践是它的源泉。旅游地学工作主要是旅游资源调查、评价和旅游规划、风景区规划的编制。1985年国家计委编制的国土整治规划所涉及的旅游资源开发区域的规划就是由中国旅游地学研究会承担完成的。

1987年至2017年，基本代表旅游地学成长发展时期。这个时期全国各地相继成立了省级旅游地学研究会，成立省级旅游地学研究会的省、自治区、直辖市主要有：四川、湖北、新疆、福建、浙江、陕西、江西、安徽、上海、山东、湖南、河南、江苏、西藏、广西、吉林和内蒙古等。

旅游地学在中国地学界得到认可并得到大发展。自1986年以来，每年召开一届年会和学术研讨会，到2019年已经召开34届。从研究的内容来看，每一届年会都有新的研究内容和新的突破。每年针对一个专题，并结合一个地区进行现场考察和学术交流，提出指导性建议。

1.2.3 成熟期及地质公园诞生

随着旅游地学学科的发展，地质公园应运而生。1995年，地质矿产部颁布《地质遗迹保护管理规定》，正式将地质公园列为地质遗迹保护的一种类型。20世纪90年代后期，联合国教科文组织为了保护地质遗产，提出建立地质公园网络的倡议，首次创立英文术语"Geopark"。

据此，陈安泽于1999年12月在国土资源部"全国地质地貌景观保护工作会议"上，提出建立"中国地质公园体系"的建议被接受。2000年国土资源部决定建立中国国家地质公园，并于同年批准了"石林国家地质公园"等首批11处中国国家地质公园。这是中国也是世界上首次出现"国家地质公园"。2004年，联合国教科文组织批准中国黄山等8处国家地质公园为世界地质公园网络（Global Geoparks Network）成员，这是中国也是世界首批"世界地质公园"。截至2018年，我国分8批、共建成国家地质公园272处。2004—2017年，其中37处进入世界地质公园网络名录，中国地质公园网络体系初步建立。截至2018年，中国分8批，共建成国家地质公园272处。

地质公园是旅游地学一个重要的实践平台。作为一种以具有特殊地质科学意义、稀有的自然属性和较高的美学观赏价值，并具有一定规模和分布范围的地质遗迹景观为主体，而且融合了其他自然景观与人文景观共同构成的独特自然区域，地质公园已经成为人们高质量旅行的热门选择。地质公园的建设与发展为旅游地学的发展奠定了坚实基础。

1.2.4 地学旅游兴起

2017年，旅游地学界专家经过酝酿协商，决定成立地学旅游联盟。2017年1月8日，中国地学旅游联盟成立大会在北京举行，大会组委会推荐并一致同意，由北京大学旅游研究与规划中心主任吴必虎教授担任首任主席。这是地球科学与旅游产业的结合。地质公园在保护的前提下，从科学旅游的角度出发，把地学知识与大众旅游相结合，使其走向大众化、科普化。其目的是为了用通俗易懂的方式让旅游者认识和了解人类生活的地球。通过科普化宣传和通俗的讲解，让人们了解我们生活的地球和地球环境，从而热爱地球，保护这颗唯一能够使人类生存、生活的星球，这块宇宙间目前唯一能够为人类生存提供必要条件的"绿洲"。

1.3 主要研究工作和承担的任务

全国各省、自治区、直辖市旅游地学研究会会员在各自所在地承担了大量旅游资源调查工作和区域旅游规划工作。据调查，全国大多数重要的旅游资源调查与省级、地级和县级旅游规划，几乎都有旅游地学专家参与，而且在大多数情况下，他们是这些地区旅游规划的负责人或主要参与者。主要成果有：在旅游地学专家主持或指导下，开发和规划了全国近千处的旅游洞穴。截至2017年，全国共公布9批244处国家级风景名胜区。在这些重点风景名胜区的规划设计中，各地的旅游地学专家做了大量基础性工作，包括旅游资源调查和风景规划等。多年来，在组织申报世界自然遗产的资源调查评价工作，国家级、省级森林公园开发规划，农业观光区域规划，自然保护区规划，特别是地质遗迹保护区和海洋自然保护区的规划中，都有旅游地学专家的参与或组织。他们大多都参与了地质公园和其他类型的自然保护区的考察、规划和报告编写工作。

自20世纪90年代至今，比较突出的研究和实践工作有：承担国家旅游地学的科研课题，如陈安泽承担的国家科委的课题《中国地质事业发展战略规划研究》《科学利用中国西部旅游资源战略研究》《重要、重点地质遗迹保护研究》；为第30届国际地质大会100余条地质旅行路线设计进行大量考察与组织工作等。

目前，还有大量工作需要旅游地学工作者去完成，包括：自然保护区的保护性规划；自然景观旅游资源调查评价；世界自然文化遗产的申报；地质遗迹保护区——世界地质公园、国家地质公园、省级地质公园的建立、申报和预研究等。

具体地说，1999年，国土资源部召开了全国地质地貌景观保护会议，制定了《全国地质遗迹保护规划（2000—2010）》，在随后10年内将建立300～330处地质遗迹保护区（地质公园），从而把地质遗迹保护工作提到重要地位。1999年起，联合国教科文组织推出了"世界地质公园计划（UNESCO-Geoparks programme）"，拟在今后每年建立20个世界地质公园，以期达到500个的总目标。为了响应这一计划，国土资源部正式建立了"中国地质遗迹（地质公园）"专家评审组，在全国范围内建立地质公园网络体系。

1.4 可持续旅游的基本方略

1999年7月，在吉林延边朝鲜族自治州召开的第14届旅游地学年会上，全体与会代表审议通过了《长白山宣言》。该宣言指出21世纪旅游地学的发展方向：旅游地学的总方针是进一步完善旅游地学科学理论体系，坚持生态学及可持续发展的方法，加强旅游地学的学术队伍建设。

其中关于生态旅游的思想是旅游可持续发展的基本方略。会议要求旅游地学工作者都要具备高度的生态观念，在旅游地学研究中，不断强化生态系统理论，强化生态旅游项目和产品设计，建立生态型旅游城市和生态旅游区域。研究会成员要积极地帮助各旅游区、旅游点加强生态建设和环保管理，使其真正成为实施旅游可持续发展方略的重要基地。

1.5 主要研究成果与年会

1.5.1 名胜地质丛书与专著

1.5.1.1 中国名胜地质丛书

由地质出版社出版的"中国名胜地质丛书"是最早的旅游地学专著。按照出版时间列出如下：殷维翰主编的《南京山水地质》（1979）；张福祥编著的《杭州的山水》（1982）；孙毓飞、蒋木青、陈仁钧编著的《东南第一山——九华山》（1982）；邵友程编著的《古城西安》（1983）；石林、春江编著的《承德揽胜》（1983）；吴昭谦编著的《黄山探奇》（1983）；王兴岩、张楚安编著的《北京风光》（1984）；黄润祥、李雪编著的《庐山名胜》（1985）；李方正、郭克毅编著的《五大连池火山》（1986）；陈文俊所著《桂林山水》（1987）。

1.5.1.2 旅游地学类著作

自20世纪80年代开始，已有大量旅游地学论文、论著问世、出版，包括旅游地质学、旅游地理学专著和旅游地质学和旅游地理学综合（旅游地学）的论著。按照出版时间列出如下：周进步主编的《中国旅游地理》（1985，我国最早公开出版的旅游地理教科书）；四川旅游地学研究会主编的《旅游地学研究与旅游地学资源开发》（1986、1992、1995共三集，陈茂勋为主要组织者）；戴松年主编的《中国旅游地理》（1986）；刘振礼主编的《中国旅游地理》（1987）；雷明德主编的《旅游地理学》（1988）；卢云亭主编的《现代旅游地理学》（1988）；刘怀仁著《峨眉山地学旅游》（1988）；王兴中主编的《旅游资源景观论》（1989）；张述林著《风景地理学原理》（1991，第一部风景地理学著作）；陈安泽、卢云亭等著《旅游地学概论》（1991，第一部旅游地学专著）；胡济源著《黄山旅游地学志》（1996）；辛建荣主编的《旅游地学》（1996，第一部旅游地学大学教科书）；辛建荣著《旅游地学原理》（2006）；叶文等编著《云南山水景观论》（1996）；谢凝高著《中国的名山大川》（1997）；冯天驷编著

《中国旅游地质资源》(1998);巩杰生著《黑龙江山水风光旅游》(1998);陈安泽等著《自然景观资源与可持续发展》(1999);陈诗才著《地学美学》(2000);陆景冈等著《旅游地质学》(2003);李同德著《地质公园规划概论》(2007);段汉明著《地质美学》(2010);许涛编著《图解张家界地质公园》(2014);《地质遗产保护与利用的理论及实证研究》(2015);李同德著《地质公园规划探索与研究》(2016)。

1.5.2 历届旅游地学年会

从1985年到2019年,中国旅游地学年会已经召开了34届(表1-2)。从第二届开始,每一届年会都由中国林业出版社出版了会议论文集,至2019年共出版33集。

表1-2 中国旅游地学研究会历届年会一览表

届次	年月	会议地点	会议主题
1	1985.4	北京	建立旅游地学研究会组织
2	1986.12	湖北武汉	旅游地学编图
3	1987.10	浙江天目山	旅游地学基本理论研究
4	1988.10	陕西西安	旅游地学旅游资源评价原则
5	1990.12	云南弥勒	层状硅铝质岩石景观资源分类及评价
6	1991.9	山西运城	人文旅游资源地学研究
7	1992.12	广西柳州	岩溶地区旅游资源开发战略
8	1993.10	天津蓟县	中国地学(地质)旅游事业发展战略
9	1994.10	四川成都	中国西部旅游资源开发战略
10	1995.10	浙江千岛湖	旅游水资源分类及评价
11	1996.9	辽宁本溪	东北地区旅游资源开发战略
12	1997.10	安徽天柱山	山岳景观与皖西南旅游资源开发
13	1998.10	山东烟台	海洋景观与烟台海滨旅游资源开发
14	1999.7	吉林延吉	长白山地区火山地质景观资源开发
15	2000.5	江苏镇江	旅游地学回顾与展望
16	2001.11	福建漳州漳浦	漳州滨海火山国家地质公园建设
17	2002.8	河南焦作	修武嶂石岩地貌旅游资源开发
18	2003.9	广西贺州	国家地质公园建设,喀斯特地貌
19	2004.11	广东韶关	韶关旅游发展战略
20	2005.6	北京房山	旅游地学与地质公园研究分会成立大会

↳ 续表

届次	年　月	会议地点	会议主题
21	2006.8	陕西翠华山	陕西翠华山国家地质公园旅游发展
22	2007.9	福建泰宁	泰宁旅游发展战略
23	2008.9	内蒙古二连浩特	恐龙地质公园建设
24	2009.10	福建屏南	白水洋国家地质公园建设
25	2010.11	湖南张家界	世界地质公园建设与旅游发展战略
26	2011.10	陕西商南	金丝峡旅游发展
27	2012.9	甘肃张掖	丹霞地质公园建设
28	2013.8	贵州织金洞	织金洞国家地质公园建设与旅游发展
29	2014.9	北京延庆	延庆世界地质公园建设与旅游发展
30	2015.12	河南永城	芒砀山地质公园建设与旅游发展
31	2016.10	福建宁德	宁德世界地质公园建设与旅游发展
32	2017.10	贵州铜仁	多彩贵州风，世界地质公园省
33	2018.11	重庆万盛	重庆万盛世界地质公园创建与旅游发展
34	2019.11	福建龙岩	龙岩地质公园建设与旅游发展

资料来源：陈安泽.旅游地学回顾与21世纪展望[C]//全国旅游地学年会.旅游地学的理论与实践——旅游地学论文集.北京：中国林业出版社，2000. 2000年以后的内容为作者补充。

1.6 旅游地学主要研究课题

总结近年来旅游地学理论研究和从事的具体工作任务，可以确定旅游地学主要涉及如下十大课题：

（1）地学旅游资源分类系统；

（2）自然旅游资源时空背景；

（3）自然景观形成的地质过程；

（4）人文旅游资源的地学背景；

（5）地学旅游资源评价体系；

（6）地学旅游资源开发利用；

（7）旅游地分类与规划管理；

（8）地学旅游资源环境保护；

（9）地质公园的建立与规划；

（10）精美的地学珍品宝玉石。

第 2 章
地学旅游资源分类系统

2.1 地学旅游资源分类

2.1.1 基本属性分类

根据地学所涵盖的分支学科领域、不同的研究目的、不同侧重点，地学旅游资源有不同的分类系统，其中以基本属性分类为主，其综合性强，也是客观存在的资源。

2.1.1.1 自然景观旅游资源系统

根据旅游资源形成的自然要素与自然状态、形态进行分类。自然旅游资源以四大圈层和近地宇宙星空（或者称为五大自然生态领域）为对象，即岩石圈自然生态领域、水圈自然生态领域、生物圈自然生态领域、大气圈自然生态领域和太空圈——近地宇宙星空，以此五大圈层作为地学旅游资源环境背景。诸如人们所熟悉的地质、地貌类旅游资源——高山、峡谷、丘陵、平原、沙漠、荒原、戈壁、冰川、雪原、洞穴、海洋、河流、湖泊等；生物类旅游资源——动物、植物、森林、草原、苔原等；气象、气候类旅游资源——云海、极光等；天体类旅游资源——太阳、月亮、星体、天空等。

2.1.1.2 人文景观旅游资源系统

就地学而言，人文地理、历史地理等也应该属于地学的广义领域（范畴），因为本来人类就是地球演化的产物，也是地球的一部分。如果这样广义地考虑，旅游地学就会变成一个包罗万象的万花筒，显然不是太恰当。因此在这里只选取原始性强、地学含义深的人文学科领域划入地学旅游资源进行论述。

人类在其发展演化、生活、劳动和生存斗争中，创造了许多与地学密不可分的人类文明，在固态文明方面有城市、村镇、部落、古建筑、古工程、居住环境（居所）、宗教场所等人居地学环境；在动态文明方面有风俗习惯、宗教、文化、艺术等。也就是说，人类在不同历史时期活动的遗迹、遗址、遗存等，往往与地质、地理环境关系密切，可作为地学旅游资源予以考虑。

人文景观主要是人类与自然生态环境融合过程中创造的人文生态景观。人文生态学本身就是一门集社会科学的思维方式和自然科学的研究方法于一体的系统科学。它主要涉及人类与天（宇宙太空）、地（地球）、生（生物界）及地理环境之间的相互作用及其对社会文化发展的影响。人类与环境相互作用的结果，便形成人文景观，成为人文旅游资源的重要组成部分。

本书主要考虑涉及与地学关系密切的有关人文景观旅游资源，以此作为人文景观旅游资源系统。

2.1.2 自然成因分类

陈安泽、卢云亭（1991）依据岩石圈、水圈、生物圈、大气圈和近地星空五大空间地域对旅游资源进行分类。本书在此基础上做了必要的补充和适当修正。这里采取的分类系统为三个级别：第一级别——风景域；第二级别——风景类；第三级别——景观型。具体参见表2-1。

表2-1 自然旅游资源成因分类表

风景域	风景类	景 观	典 型 例 证
1 岩石圈风景域 （13）	1.1 地质景观 风景类	111 地层景观	层型剖面、标准剖面
		112 古生物景观	大型生物礁化石、古人类古脊椎动物化石地
		113 内力作用景观	典型构造、火山、地震遗址、大陆裂谷
		114 外力作用景观	古冰川遗迹、古河流遗迹（雨花台）
		115 矿产地质景观	现代矿山、古矿山遗迹
	1.2 地貌景观 风景类	121 构造地貌景观	断块山地、侵入体地貌
		122 剥蚀地貌景观	雅丹地貌
		123 风化地貌	丹霞地貌、石蛋地貌
		124 溶蚀地貌景观	岩溶地貌
		125 堆积地貌景观	沙丘、鸣沙山
	1.3 洞穴景观 风景类	131 岩溶洞穴景观	石灰岩溶洞
		132 熔岩洞穴景观	火山熔岩熔洞
		133 其他洞穴景观	土洞、垮塌山体巨大滚石洞、砂岩潜蚀洞
2 水圈风景域 （29）	2.1 海洋景观 风景类	211 滨海海滩景观	海滨浴场
		212 海岛景观	大陆岛、大洋岛
		213 珊瑚礁景观	澳大利亚大堡礁海洋公园
		214 浅海浪潮景观	浙江钱塘江潮
	2.2 河流景观 风景类	221 三角洲景观	黄河三角洲、珠江三角洲
		222 峡谷景观	长江三峡、虎跳峡
		223 瀑布景观	黄果树瀑布、黄河壶口瀑布
		224 湍急河溪	台湾秀姑峦溪、金沙江
		225 缓流溪涧景观	杭州西湖九湾溪（九溪十八涧）
	2.3 湖泊景观 风景类	231 断陷湖景观	青海湖、云南滇池、鄱阳湖
		232 泻湖景观	太湖、杭州西湖
		233 河迹湖景观	湖北洪湖、武汉东湖

↙ 续表

风景域	风景类	景　观	典型例证
2 水圈风景域（29）	2.3 湖泊景观风景类	234 冰川湖景观	新疆天池、四川炉霍县马错湖
		235 风蚀湖景观	罗布泊、居延海、月牙泉
		236 岩溶湖景观	贵州威宁草海、云南剑池
		237 堰塞湖景观	黑龙江五大连池、镜泊湖
		238 火山湖景观	长白山天池
		239 人工湖景观	富春江千岛湖、北京昆明湖
	2.4 冰川景观风景类	241 极地冰川景观	南极乔治岛
		242 亚极地冰川景观	格陵兰岛、冰岛
		243 高山冰川景观	坦桑尼亚乞力马扎罗山
	2.5 地下水景观风景类	251 泉水景观	济南泉城七十二泉、北京玉泉
		252 热气泉景观	云南腾冲、北京小汤山、西藏羊八井
		253 地下河景观	贵州龙宫、本溪水洞、江西龙宫洞
		254 泥火山泥泉景观	台湾高雄泥火山
		255 泉华景观	西藏钙华石林
		256 龙眼景观	辽宁金县东海岸
		257 坎儿井景观	新疆吐鲁番、库车坎儿井
		258 古井景观	故宫珍妃井、长沙白沙井
3 生物圈风景域（16）	3.1 植物景观风景类	311 森林景观与森林公园	各地的国家森林公园
		312 植物自然保护区	海南东寨港红树林自然保护区
		313 古树名木	庐山三宝树
		314 植物园景观	北京植物园、西双版纳热带植物园
		315 花圃景观	武汉磨山梅园、洛阳牡丹园、无锡梅园
		316 生态农业景观	万亩茶园
		317 果木园林景观	苹果园、梨园、核桃园、枣园、葡萄园
	3.2 动物景观风景类	321 特殊动物群落	蛇岛、鸟岛、猴岛、新疆野驴、野骆驼
		322 野生动物自然保护区	四川卧龙大熊猫自然保护区
		323 养殖场动物景观	海南丰木鹿场、湖北石首麋鹿养殖场
		324 其他动物群落与动物园	北京动物园、日本上野动物园
	3.3 生态景观风景类	331 自然生态保护区	生物及环境综合保护基地
		332 海洋生态环境景观	热带海洋生态（红树林、珊瑚岛、河口湾）

↳续表

风景域	风景类	景　观	典 型 例 证
3 生物圈风景域 （16）	3.3 生态景观风景类	333 草原生态环境景观	多瑙河温带草原、东非热带稀树草原
		334 苔原[1]生态环境景观	极地苔原生态环境
		335 湿地生态景观	（狭义湿地）沼泽景观、泥炭地景观
4 大气圈风景域 （16）	4.1 气象景观风景类	411 极光景观	北美、北欧、阿拉斯加
		412 佛光景观	峨眉山、黄山、庐山等地的佛光
		413 蜃景观	山东蓬莱、我国西部沙漠地带可见
		414 云雾景观	黄山云海、庐山云雾
		415 雪霰景观	雪景、雪凇、雾凇、冰挂、雪挂
		416 云霞景观	朝霞、晚霞
		417 霏（烟）雨景观	江南春雨、南湖烟雨
		418 风成景观	淡荡春风、萧瑟秋风、大理下关风
	4.2 气候景观风景类	421 避暑型气候	高山、高原气候、海滨气候
		422 避寒型气候	海南岛热带海岛气候
		423 阳光资源	地中海沿岸亚热带气候、滨海阳光
		424 物候景观	不同季节的动植物景观、时令花卉
		425 极地白夜	北极、南极的夏季出现
	4.3 空气环境景观类	431 绝对洁净空气	青藏高原、极地等地无人类活动的大气
		432 相对洁净空气	空气质量优的地区、人口稀少的高山
		433 森林洁净空气	森林公园洁净空气、原始森林
5 太空圈风景域 （5）	5.1 太空景观类	511 太空景观	宇宙飞船、航天飞机、航天器、银河系、其他星系、双星、红矮星、白矮星、蓝矮星、织女星、天狼星
		512 星体景观	月球、金星（启明星、长庚星）、北极星、北斗星
	5.2 天文景观类	521 天文现象景观	日食、月食
		522 星外来客景观	陨石雨、流星、扫帚星（彗星）
		523 星（夜）空景观	繁星满天的秋夜、中秋赏月

注：1. 苔原，也称冻原，是分布于极地附近或高山的无林沼泽型植被。主要的植物是苔藓或地衣，此外还有种类不多的禾本科和莎草科草本，杜鹃花科的常绿性低矮小灌木（如越橘、岩高兰、矶踯躅等）和垫状匍匐生长的矮桦、北极柳。苔原为典型的寒带生态系统，主要分布于亚欧大陆北部和北美洲，局部出现于树木线以上的高山，由苔藓、地衣（藻类与菌类为主的低等植物）构成。

2.1.3 联合国教科文组织地质遗产工作组地景分类

联合国教科文组织地质遗产工作组地景分类方案（1993），共分为12大类，具体见表2-2。

表2-2　联合国教科文组织地质遗产工作组地景分类方案（1993）

类型编号	大类名称	类型名称
A（1）	古生物（Palaeobiological）	动物、植物、可疑生物、生物痕迹、叠层石
B（2）	地貌（Geomorphic）	洞穴、火山、瀑布、山地、风化地貌、峡湾、岩溶
C（3）	古环境（palaeoenvironmental）	古气候、全球沉积变化
D（4）	岩石（Igneous）	火山岩、变质岩、沉积岩结构与构造
E（5）	地层（Stratigraphic）	地层事件、层序地层、主要地层界线、宇和界
F（6）	矿物（Mineralogical）	自然形成的纯物质或化合物，如方解石、石英、孔雀石等
G（7）	构造（Structural）	主要区域构造或主要构造现象
H（8）	经济地质（Economic Geology）	所有矿床类型：侵入的、喷出的、接触的，如金刚石金伯利岩管、金矿、金属和非金属矿坑或采场
I（9）	其他（Other）	具有历史意义的地质景点
J（10）	相关关系（Relationship）	板块构造
K（11）	陨石坑（Astroblemes）	地球上被陨石撞击的证据，现代陨石撞击坑
L（12）	大陆/海洋尺度地质特征（Continental/Oceanicscal feature）	构造板块和其边界等，如非洲大裂谷、南极裂谷、岛弧系，圣安德列斯断层，从太空能清楚看到的地球上的地质体

注：转引自陈安泽《风景名胜科学基础》（纲要）（内部印刷资料）。

2.1.4 地质景观风景资源综合分类

陈安泽根据风景名胜区建设和申报世界自然遗产的需要，提出了一个综合性的地学景观分类方案，即地质景观风景资源综合分类方案，具体见表2-3。

表2-3　地质景观风景资源综合分类方案

大类	类	亚类	举例说明
地质构造现象大类	1.地层类	（1）层型剖面	经国际地层委员会通过的全球性地层界线层型剖面界线点。如浙江长兴二叠系与三叠系界线剖面
		（2）区域标准剖面	国内或亚洲具有代表性的典型参考剖面。如三峡震旦系剖面、天津蓟县中上元古界地层剖面等

↙ 续表

大类	类	亚类	举例说明
地质构造现象大类	1. 地层类	（3）典型沉积层序剖面	在层序地层学上有代表性的典型剖面。如四川峨眉山三叠系剖面
		（4）事件地层剖面	具有全球意义，反映地球灾变事件的遗迹。如广西泥盆系弗拉斯/法门阶含铱异常
	2. 构造类	（5）典型全球性构造	具有全球意义的巨型构造。如反映印度板块与欧亚板块碰撞结合部位的西藏雅鲁藏布江缝合带
		（6）典型区域性构造	能反映大洲或国家范围内的典型构造。如中国的郯庐断裂、北美的圣安德列斯断裂
		（7）典型中小型构造	能反映具体构造形式的典型褶曲、断裂等。如北京西山的折叠层构造
	3. 岩石类	（8）典型火山岩（区、体）	在成因、结构构造、类型上有典型意义的岩体或岩区。如北京周口店白垩纪花岗闪长岩体
		（9）典型沉积岩（区）	在成因、结构构造、类型上有典型意义的岩区或露头。如湖北利川大型生物礁碳酸盐岩
		（10）典型变质岩（区）	在成因、结构构造上有典型意义的岩石类型或岩区。如河南嵩山变质岩体
	4. 矿物类	（11）典型金属矿物（产地）	在结晶、种属上有特殊意义的金属矿物产地。如贵州和湖南的辰砂晶洞、江苏东海的水晶矿
		（12）典型非金属矿物（产地）	在结晶、种属上有特殊意义的非金属矿物产地。如新疆的和田玉产地、缅甸的翡翠玉产地
	5. 矿床类	（13）典型金属矿床（坑）	在经济价值上有国际或全国意义的金属矿床或矿坑。如内蒙古白云鄂博铌稀土超大型矿床
		（14）典型非金属矿床（坑）	在经济价值上有国际或全国意义的非金属矿床或矿坑。如南非金刚石、辽宁海城菱镁矿
古生物大类	6. 古人类	（15）古人类遗址	在人类演化史上有重大价值的古人类遗址。如北京周口店猿人遗址、西安半坡古人类遗址
	7. 古动物类	（16）古脊椎动物埋藏地	有重大科学意义的古脊椎动物埋藏地。如四川自贡侏罗纪恐龙埋藏地、辽宁北票中生代鸟类化石地
		（17）古无脊椎动物埋藏地	有重大科学意义的古无脊椎动物埋藏地。如陕西紫阳志留纪笔石群

↓ 续表

大类	类	亚类	举例说明
古生物大类	8.古植物类	(18) 古植物化石埋藏地	有重大科学意义的古植物埋藏地。如新疆准噶尔盆地中生代硅化木群
		(19) 古孑遗植物产出地	曾在地质历史时期生活过而现在仍活着的植物，亦被称为活植物化石。如湖南柴云万峰山银杉、冷杉群
	9.古生态群落类	(20) 古生物群落埋藏地	种属繁多，保存完整，能反映某地质时代一定地理区生态环境的古生物群体埋藏地。如山东临朐山旺中新世古生物群保护区、云南澄江动物群（Cm1）
	10.古生物遗迹或可疑古生物遗迹类	(21) 古生物遗迹埋藏地	具重要科学价值的古生物活动留下的足迹、爪痕、印痕等。如内蒙古恐龙足迹
		(22) 可疑古生物遗迹埋藏地	具重要科学价值的可疑生物遗迹产地。如叠层石及前寒武纪可疑化石产地等
环境地质现象大类	11.地震类	(23) 古地震遗迹	地质历史上重大的地震遗迹。如辽宁大连金石滩震旦系、寒武系地震遗迹
		(24) 历史地震遗迹	有历史记录以来的重大地震遗迹。如1679年河北三河—平谷8级地震遗迹
	12.火山类	(25) 古火山遗迹	地质历史上重要的火山遗迹。如黑龙江五大连池火山群、台湾阳明山火山地质公园
		(26) 现代火山	现正在活动的火山。如美国夏威夷现代火山
	13.冰川类	(27) 古冰川遗迹	地质历史上重要的冰川遗迹。如四川西昌螺髻山第四纪古冰川遗址
		(28) 现代冰川	现在仍在活动的冰川。如四川康定海螺沟冰川
	14.陨石坑	(29) 古陨石坑	地质历史上陨石撞击地球留下的遗迹。如爱沙尼亚卡利陨石坑
		(30) 现代陨石坑	有历史记载的陨石撞击地球遗迹。如1976年吉林石陨石群陨落遗迹
	15.其他环境地质现象大类	(31) 滑坡遗迹	大型或特大型滑坡遗迹。如长江三峡新滩滑坡
		(32) 泥石流遗迹	大型或特大型泥石流遗迹。如贵州东川泥石流遗迹，我国西部山地的山麓地带众多的泥石流遗迹
		(33) 地面沉降遗迹	重要地面沉降地区（点）。如上海外滩地面沉降遗迹

↳续表

大类	类	亚类	举例说明
风景地貌大类	16. 山石景观类	（34）花岗岩景区（点）	由岩石组成的重要风景区（点）。如安徽黄山、九华山、天柱山风景区、河南鲁山石人山风景区等
		（35）火山岩景区（点）	由基性或酸性熔岩组成的重要风景区点。如浙江雁荡山（酸性流纹岩）、台湾澎湖景区（基性玄武岩）
		（36）层状硅铝质岩景区（点）	由沉积形成的层状硅铝质岩石，如砂页砾岩组成的重要风景区。如湖南张家界砂岩峰林、广东仁化丹霞地貌、河北赞皇嶂石岩地貌、云南元谋土林、新疆准噶尔"魔鬼城"风蚀砂岩景观、新疆塔里木盆地雅丹风蚀泥岩景观、云南陆林彩色砂林（半胶结砂质页岩）景观地貌等
		（37）碳酸盐岩景区（点）	由碳酸盐岩石溶蚀再沉淀而形成的重要风景区（点）。如峰丛、峰林类的桂林山水，巨型石芽类的云南石林，钙华堆积类的云南白水台钙华流景观，四川黄龙钙华景观等
		（38）黄土景区（点）	由黄土状岩石受侵蚀形成的典型地貌景观（点）。如陕北、陇东、山西吕梁等地黄土地貌景观
		（39）沙积景区（点）	主要由各种沙堆积形成的景区。常见两种类型：沙漠型（塔里木沙漠、甘肃鸣沙山景区）；海滩型（秦皇岛黄金海岸，美国夏威夷海滩景区）
		（40）变质岩景区（点）	主要由变质岩组成的景区（点）。如山东泰山风景区、山西五台山风景区等
		（41）其他山石景区（点）	具有登山探险重大价值的高峰、悬崖等。如中尼边界的珠穆朗玛峰
	17. 洞穴类	（42）可溶性岩石洞穴	碳酸盐岩等可溶性岩石溶蚀形成的具有重要观赏价值的洞穴。可分为充水（辽宁本溪水洞、贵州龙宫）和非充水（北京石花洞）两类
		（43）非溶性岩石洞穴	除可溶性岩石以外的各类岩石组成的洞穴。如海南琼山马鞍岭熔岩洞穴（熔岩熔洞）
	18. 峡谷类	（44）峡谷景区	河流形成的具有重要观赏价值的峡谷。如西藏南迦巴瓦大峡谷、雅鲁藏布大峡谷、长江三峡、美国科罗拉多大峡谷等
	19. 水景类	（45）风景河流	具重要观赏价值或漂流价值的河或河段。如浙江富春江、广西漓江等，金沙漂流河段
		（46）风景湖泊	具重要旅游度假价值或重要科考价值的湖泊。如浙江杭州西湖、江苏太湖、武汉东湖等
		（47）风景海湾（岸）	水质良好、景色秀丽的海滨地区。如海南岛亚龙湾度假区、北戴河海滨度假区
		（48）瀑布	具重要观赏价值的落差或宽度大的跌水。如贵州黄果树瀑布、山西黄河壶口瀑布

↪ 续表

大类	类	亚类	举例说明
风景地貌大类	19. 水景类	（49）泉水	具重要观赏价值的泉水或泉水群。如山东济南趵突泉、北京的玉泉、湖北当阳的玉泉等
		（50）温泉	水温在25℃以上、具疗养游乐价值的天然温泉。如陕西临潼骊山华清池、湖北赤壁五洪山温泉
		（51）泥火山与泥泉	与地下水活动有关形成的泥火山与泥泉。如台湾及新疆等地的泥火山
		（52）其他水景	以上水景不能包括的水景。如地下河景观

注：转引自陈安泽《风景名胜科学基础》（纲要）"风景名胜地球科学基础"。

2.1.5 国家旅游局旅游资源分类

国家旅游局颁布了新的旅游资源分类表（表2-4），其中A、B、C、D为自然大类，E、F、G、H为人文大类。主类E的EA亚类可视为自然与人文的过渡类型，人文旅游资源实际是人类在特定的地学环境中活动的记录。

表2-4 旅游资源分类表

主类	亚 类	基本类型
A 地文景观	AA 综合自然旅游地	AAA 山丘型旅游地　AAB 谷地型旅游地　AAC 沙砾石地型旅游地　AAD 滩地型旅游地　AAE 奇异自然现象　AAF 自然标志地　AAG 垂直自然地带
	AB 沉积与构造	ABA 断层景观　ABB 褶曲景观　ABC 节理景观　ABD 地层剖面　ABE 钙华与泉华　ABF 矿点矿脉与矿石聚地　ABG 生物化石点
	AC 地质地貌过程形迹	ACA 凸峰　ACB 独峰　ACC 峰丛　ACD 石（土）林　ACE 奇特与象形山石　ACF 岩壁与岩缝　ACG 峡谷段落　ACH 沟壑地　ACI 丹霞　ACJ 雅丹　ACK 堆积洞　ACL 岩石洞与岩穴　ACM 沙丘地　ACN 岸滩
	AD 自然变动遗迹	ADA 重力堆积体　ADB 泥石流堆积　ADC 地震遗迹　ADD 陷落地　ADE 火山与熔岩　ADF 冰川堆积体　ADG 冰川侵蚀遗迹
	AE 岛礁	AEA 岛区　AEB 岩礁
B 水域风光	BA 河段	BAA 观光游憩河段　BAB 暗河河段　BAC 古河道段落
	BB 天然湖泊与池沼	BBA 观光游憩湖区　BBB 沼泽与湿地　BBC 潭池
	BC 瀑布	BCA 悬瀑　BCB 跌水
	BD 泉	BDA 冷泉　BDB 地热与温泉
	BE 河口与海面	BEA 观光游憩海域　BEB 涌潮现象　BEC 击浪现象
	BF 冰雪地	BFA 冰川观光地　BFB 长年积雪地
C 生物景观	CA 树木	CAA 林地　CAB 丛树　CAC 独树
	CB 草原与草地	CBA 草原　CBB 疏林草地
	CC 花卉地	CCA 草场花卉地　CCB 林间花卉地
	CD 野生动物栖息地	CDA 水生动物栖息地　CDB 陆地动物栖息地　CDC 鸟类栖息地　CDE 蝶类栖息地

↘续表

主类	亚类	基本类型
D 天象气候景观	DA 光现象	DAA 日月星辰观察地　DAB 光环现象观察地　DAC 海市蜃楼现象多发地
	DB 天气与气候现象	DBA 云雾多发区　DBB 避暑气候地　DBC 避寒气候地　DBD 极端与特殊气候显示地　DBE 物候景观
E 遗址遗迹	EA 史前人类活动场所	EAA 人类活动遗址　EAB 文化层　EAC 文物散落地　EAD 原始聚落
	EB 社会经济文化活动遗址遗迹	EBA 历史事件发生地　EBB 军事遗址与古战场　EBC 废弃寺庙　EBD 废弃生产地　EBE 交通遗迹　EBF 废城与聚落遗迹　EBG 长城遗迹　EBH 烽燧
F 建筑与设施	FA 综合人文旅游地	FAA 教学科研实验场所　FAB 康体游乐休闲度假地　FAC 宗教与祭祀活动场所　FAD 园林游憩区域　FAE 文化活动场所　FAF 建设工程与生产地　FAG 社会与商贸活动场所　FAH 动物与植物展示地　FAI 军事观光地　FAJ 边境口岸　FAK 景物观赏点
	FB 单体活动场馆	FBA 聚会接待厅堂（室）　FBB 祭拜场馆　FBC 展示演示场馆　FBD 体育健身馆场　FBE 歌舞游乐场馆
	FC 景观建筑与附属型建筑	FCA 佛塔　FCB 塔形建筑物　FCC 楼阁　FCD 石窟　FCE 长城段落　FCF 城（堡）　FCG 摩崖字画　FCH 碑碣（林）　FCI 广场　FCJ 人工洞穴　FCK 建筑小品
	FD 居住地与社区	FDA 传统与乡土建筑　FDB 特色街巷　FDC 特色社区　FDD 名人故居与历史纪念建筑　FDE 书院　FDF 会馆　FDG 特色店铺　FDH 特色市场
	FE 归葬地	FEA 陵区陵园　FEB 墓（群）　FEC 悬棺
	FF 交通建筑	FFA 桥　FFB 车站　FFC 港口渡口与码头　FFD 航空港　FFE 栈道
	FG 水工建筑	FGA 水库观光游憩区段　FGB 水井　FGC 运河与渠道段落　FGD 堤坝段落　FGE 灌区　FGF 提水设施
G 旅游商品	GA 地方旅游商品	GAA 菜品饮食　GAB 农林畜产品与制品　GAC 水产品与制品　GAD 中草药材及制品　GAE 传统手工产品与工艺品　GAF 日用工业品　GAG 其他物品
H 人文活动	HA 人事记录	HAA 人物　HAB 事件
	HB 艺术	HBA 文艺团体　HBB 文学艺术作品
	HC 民间习俗	HCA 地方风俗与民间礼仪　HCB 民间节庆　HCC 民间演艺　HCD 民间健身活动与赛事　HCE 宗教活动　HCF 庙会与民间集会　HCG 饮食习俗　HGH 特色服饰
	HD 现代节庆	HDA 旅游节　HDB 文化节　HDC 商贸农事节　HDD 体育节
数量统计		
8 主类	31 亚类	155 基本类型

注：如果发现本分类没有包括的基本类型时，使用者可自行增加。增加的基本类型可归入相应亚类，置于最后，最多可增加 2 个。编号方式为：增加第 1 个基本类型时，该亚类 2 位汉语拼音字母＋Z，增加第 2 个基本类型时，该亚类 2 位汉语拼音字母＋Y。

2.1.6 景观岩石学分类系统

辛建荣（2010）从岩石学的角度探讨旅游地学景观资源的分类（表2-5）。由于地学旅游资源的主体是地壳岩石圈，而岩石圈主要是由火成岩、沉积岩和变质岩三大类岩石所组成。旅游地学脱胎于地球科学，其主体景观资源主要依赖于三大类岩石，此乃是正统的地球科学分类。它从本质上揭示了地貌景观的属性和地学旅游资源的科学内涵。

表2-5 地学旅游资源景观岩石学分类系统简表

系统	岩石组合	地貌景观类型特征	典型例证
火成岩系统	喷出岩类组合	马鞍岭、火山口、火山锥、熔岩堰塞湖、火口湖、火山熔岩洞、玄武岩岩柱、玛珥湖	腾冲火山群、五大连池熔岩堰塞湖、海口马鞍岭火山口、长白山天池、福建漳州玄武岩岩柱、吉林靖宇玛珥湖
火成岩系统	侵入岩类组合	花岗岩地貌为主，以高山、峰岭为特征，其形态雄浑、高峻	山东崂山，安徽黄山、九华山，浙江天目山、普陀山，江西三清山
沉积岩系统	砾岩-砂砾岩	丹霞地貌、侵蚀地貌、雅丹地貌（风蚀地貌）、角砾岩山麓堆积	广东韶关丹霞山、江西龙虎山、福建武夷山、新疆魔鬼城、横断山麓
沉积岩系统	砂岩组合	砂岩峰林地貌、嶂石岩地貌、陡崖、峭壁、方（桌）形台地地貌	湖南张家界、河北赞皇嶂石岩
沉积岩系统	粉砂岩-泥岩-页岩组合	多为低缓丘陵、冈峦，峰岭较少，在低平地区，常成湿地、盆地	武汉蛇山、山东张夏馒头山、杭州西湖九溪十八涧
沉积岩系统	碳酸盐岩组合	石林、峰丛、峰林、孤峰和天坑，溶洞景观和膏溶角砾岩景观	云南石林、广西桂林、四川兴文石海、北京石花洞、江西龙宫洞、贵州织金洞、贵州兴义万峰林
变质岩系统	混合花岗岩组合	类似于花岗岩地貌，质地坚硬，地貌凸显，雄浑峻峭	陕西华山、湖南衡山、河北秦皇岛联峰山和鹰角石、祁连山、辽宁千山
变质岩系统	变质杂岩（片麻-麻砾岩）组合	陡峭、尖峭、高峻、峰险、谷深，瀑布多，尖峰多，崇山峻岭多，也有低矮的丘陵	山东泰山、河南嵩山、大别山、山西五台山（部分）、湖北武当山、江西庐山、井冈山
变质岩系统	板岩-千枚岩-片岩组合	地貌多为山地、高峰、丘陵、高台、冈峦等，千枚岩片岩形成缓丘、低地	贵州梵净山（板岩）、辽宁老铁山、山西五台山（部分）、湖北武当山（部分）

2.2 岩石圈风景域

2.2.1 地质景观风景类

2.2.1.1 地层景观

我们把成层岩石（沉积岩、火山岩及其变质岩）泛称为岩层，当涉及探讨其新老关系、地质年代时，就称为地层。地层是通过建立剖面来观察的，地层代表的是某一个时间（年代）段的地质记录。地层剖面记录了当时的古地理景观。

（1）标准剖面

标准剖面能是代表一个地区或一个国家地质记录的剖面。我国典型的标准剖面有：长江三峡震旦系地层剖面，天津蓟县元古界剖面，云南晋宁梅树村和山东张夏寒武系地层剖面，长江三峡奥陶系、志留系剖面，广西南丹泥盆系海相地层剖面，贵州独山石炭系剖面，山西太原石炭系和二叠系剖面等。

（2）层型剖面

层型剖面指在一个特殊的岩层序列中识别的一个特定间隔和特定点，用以构成说明和识别地层界线的标准且具有世界地层对比意义。如浙江长兴煤山二叠系/三叠系界线层型剖面为世界级的地层剖面，被确定为"金钉子"（Golden spike）；又如广西桂林南边村二叠系/石炭系界线层型剖面等。界线层型代表的是许多国家缺失的地质记录地层剖面。

（3）古地理环境景观

许多地层的岩石层面上可以看到古代各种沉积环境条件下遗留下来的痕迹，如波浪作用形成的波痕、交错层理，下雨留下的雨痕，流水的流痕，河流游移形成的河漫滩遗迹，滨海、滨湖与河床里的鹅卵石等，都可以体现出当时古地理环境的特征。

2.2.1.2 古生物景观

（1）古植物化石

硅化木是真正的古植物化石，是几百万年或更早以前的树木被迅速埋葬到地下后，被地下水中的二氧化硅替换而成的树木化石。它保留了树木的木质结构和纹理。硅化木是研究地质历史时期古地理、古气候演化的重要依据。例如，新疆、江西、浙江、北京延庆以及山西长治等地的硅化木化石，都代表了那个地质年代在这里生长的古植物景观。

（2）古动物化石

如云南禄丰地区的恐龙化石禄丰龙，四川自贡的马门溪龙，湖北利川大型二叠纪生物礁化石，河南南阳、湖北郧县恐龙蛋化石基地，贵州关岭中生代动物化石（关岭动物群以鱼龙类、海龙类为主，齿龙为次，还包括大型海百合化石）。又如辽宁北票中生代脊椎动物化石（鸟类、龙类，尤其是这里的鸟龙为世界罕见），辽宁朝阳地区著名的"热河生物群"化石产地（这里发现的中生代生物化石有最早的鸟类和开花的植物），山东临朐县山旺新生代化石（犀牛、鹿、青蛙、鱼类、蜻蜓及其他昆虫，多种植物的花、茎、叶）和古脊椎动物等。另外还有古人类和古脊椎动物化石地等。这些地区都完整地保存了相应地质时代的珍贵动物化石，被列为国家重点保护区。

2.2.1.3 地质构造（内动力）景观

（1）大型地质构造带

地质构造景观主要是区域性板块活动保存下来的地质遗迹景观。例如：西藏雅鲁藏布江为欧亚板块与印度板块的接合带（地缝合线）；纵贯山东郯城到安徽庐江的郯庐大断裂；东非裂谷为世界级的构造景观，目前这里正处于大陆板块分离的初始阶段，沿东非裂谷带有维多利亚湖、坦噶尼喀湖、基伍湖、鲁夸湖、马拉维湖等一系列深湖，经常有热卤水气冒出，为一活动的大型地质构造带。

（2）小型地质构造景观

这种类型的景观比较多，例如庐山的龙首崖景观、断层所致的云南昆明滇池岸边的西山陡壁、湖北房县境内横亘东西向的"青峰大断裂"等。又如杭州西湖的"飞来峰"是由大型推覆构造活动造成的山峰"搬家"。

（3）地震遗迹

这里主要是指地震留下的痕迹，包括震毁、震损，以及地震影响区域内完好的建（构）筑物与地震活动产生的地质、地形、地貌变动痕迹等。这类地震遗迹分布在河北唐山、云南丽江、四川甘孜、青海玉树、新疆喀什等地。

（4）火山活动

火山活动主要是指与火山喷发有关的岩浆活动。它包括岩浆冲出地表，产生爆炸，流出熔岩，喷射气体，散发热量，析离出气体、水分和喷发碎屑物等。典型的火山群案例有：海口马鞍岭、山西大同火山群、吉林长白山天池、黑龙江五大连池、福建漳州玄武岩海岸等。世界各地的古今火山喷发景观和遗迹也很多，如菲律宾、印尼、意大利（庞培城遗址）等。

2.2.1.4 外动力地质景观

外动力地质作用是作用于地壳表层，力源主要来自地球以外的地质作用。其主要是由太阳的辐射能、太阳及月球引力等引起的。由此使地表形态发生变化和地壳表层化学元素发生迁移、分散和富集。主要外力地质作用有风化作用、流水作用、溶蚀作用、剥蚀作用、搬运作用、沉积作用和固结成岩作用。

外动力地质作用形成不同成因类型的地貌景观，如风蚀地貌（雅丹地貌）、冰川（冰蚀）地貌、流水地貌（河流地貌）、溶蚀（岩溶或喀斯特）地貌等。

2.2.1.5 矿产地质景观

代表景观有古矿山和现代矿山，主要是指目前已经停止开采的矿山遗址。古矿山遗址以湖北大冶铜绿山古矿山遗址为典型。另外，有些矿山（如甘肃金昌大型镍矿、广西大厂钨矿、海南昌江石碌铁矿等）已经枯竭，留下遗址，这些矿山已经或即将建成矿山公园。

2.2.2 地貌景观风景类

2.2.2.1 构造地貌景观

由地球内部应力引起的构造变动叫做构造运动，也叫地壳运动。由构造运动形成的地貌形态谓之构造地貌。大尺度的就是大陆地貌和大洋地貌；中尺度地貌是山地和平原；小尺度诸如断块山、褶皱山、单面山、方山，以及侵入体地貌等。

2.2.2.2 剥蚀地貌景观

地壳物质受风力、地面流水、地下水、冰川、湖泊、海洋、生物等各种外动力地质作用的破坏和搬运等为剥蚀作用。剥蚀作用就是通过侵蚀作用将基岩或者其他岩层上面的覆盖物质去掉而揭露或者裸露出来。所以岩溶地貌、风蚀地貌、溶蚀地貌等都属于剥蚀地貌。新疆罗布尔地区的雅丹地貌（拜城魔鬼城）是一种典型的风蚀地貌。

2.2.2.3 风化地貌景观

风化作用形成的地形地貌为风化地貌。风化地貌的形态与岩石性质、地层产状及地质构造发育程度有着密切关系。如在花岗岩地区常见石蛋地貌，在垂直节理发育的红色砂岩地区形成典型的丹霞地貌等。石蛋地貌与丹霞地貌介绍如下：

（1）石蛋地貌

花岗岩体上发育的地貌。花岗岩具块状构造，并多致密坚硬，抗蚀力强，因此常形成陡峭高峻的山地。石蛋地貌等非常罕见，在广东北部的韶关被誉为"广东屋脊"的景区发育大片典型的、由花岗岩球状风化形成的石蛋地貌。

（2）丹霞地貌

在差异风化、重力崩塌、侵蚀、溶蚀等综合营力作用下形成。丹霞地貌可以形成多姿多态的形状，诸如城堡状、宝塔状、柱状、棒状、方山或者峰林等。如福建武夷山、江西龙虎山、广东仁化丹霞山、浙江方岩山、四川青城山、甘肃张掖祁连山等。

2.2.2.4 溶蚀地貌景观

溶蚀地貌即岩溶地貌，或喀斯特地貌。除溶蚀作用外，还包括流水冲蚀、潜蚀及坍陷等机械侵蚀过程。地表喀斯特地貌景观主要有：石芽、溶沟、漏洞、落水洞、竖井、溶蚀洼地、溶蚀盆地、干谷、盲谷、伏流、峰丛、峰林、孤峰等。地下喀斯特最常见的有溶洞、地下河、石笋、石钟乳、石幔等。

岩溶作用是流水对可溶性岩石以化学作用的结果，并伴随有流水侵蚀、重力崩塌等地质作用，其结果形成岩溶地貌。自然界最普遍和大规模岩溶现象多发生在石灰岩、大理岩和白云岩等碳酸盐岩中。

喀斯特地貌主要特征体现为溶洞、天坑等。中国喀斯特地貌分布广、面积大。主要分布在碳酸盐岩出露地区，尤其在中国南方广泛发育，如云南路南石林、广西桂林、柳州众多的岩溶石林。贵州和云南东部等地分布面积最大，是世界上最大喀斯特发育区之一。

2.2.2.5 堆积地貌景观

主要是指风力堆积地貌和第四纪堆积的黄土地貌。在风力作用下，由砂粒堆积而成的圆形、椭圆形或新月形的地貌形态。圆形、椭圆形沙丘为雏形沙丘，新月形沙丘为成熟沙丘。沙丘在荒漠、半荒漠地区分布最广，海岸、湖岸与河岸也有分布。典型分布区为新疆、内蒙古西部沙漠地带的沙丘和鸣沙山（甘肃敦煌）。

黄土地貌主要类型有黄土塬、黄土梁、黄土峁等。其成因是受坡面水流的片蚀、风蚀、潜蚀和溶蚀作用所致，以黄土高原最为典型。

2.2.2.6 风蚀地貌景观

风蚀作用主要是指在风力作用下地表物质被侵蚀、磨蚀并被带走的过程。风蚀地貌是该地质作用过程留下的遗迹，如风蚀壁龛（石窝）、风蚀蘑菇石和风蚀柱、风蚀垄槽（雅丹）、风蚀洼地、风蚀谷、风城（魔鬼城）等。

2.2.2.7 冰蚀地貌景观

冰蚀地貌也叫冰川地貌，指由冰川侵蚀作用形成的各种地貌形态，如冰斗、冰川谷、刃脊和角峰等，冰川地貌既有古冰川（庐山古冰川），也有现代冰川，如新疆天山现代冰川和古冰川遗迹。

2.2.2.8 流水地貌景观

地表流水是陆地上塑造地貌最重要的外动力。它不仅能侵蚀地面，形成各种侵蚀地貌（如冲沟和河谷），而且能把侵蚀的物质经搬运后堆积起来，形成各种堆积地貌（如冲积平原），这些侵蚀地貌和堆积地貌，统称为流水地貌。典型的流水侵蚀地貌有"V"形河谷、"S"形河湾、河漫滩与牛轭湖。古河道遗迹如南京雨花台。

2.2.2.9 其他岩石地貌景观

主要是以各种岩石类型命名的地貌景观。如花岗岩地貌、沉积岩地貌、变质岩地貌、火山岩地貌、黄土地貌、河流侵蚀地貌、海蚀地貌、熔岩地貌等。

2.2.3 洞穴景观风景类

2.2.3.1 岩溶洞穴景观

即岩溶区地下水沿着岩层的层面和裂隙进行溶蚀和机械侵蚀而形成的地下空洞。大型的溶洞可以连通成串，构成地下廊道与成串的地下大厅，而且常常有地下河流。地下河在溶洞的陡急地段可以形成瀑布，平缓地段常积水成湖。岩溶作用主要发育在石灰岩地区，即形成石灰岩溶洞。中国著名的溶洞有：桂林七星岩、芦笛岩、冠岩、浙江瑶琳仙境、辽宁本溪的水洞、江西龙宫洞、贵州织金洞、龙宫、云南九乡溶洞、路南芝云洞、湖南张家界黄龙洞、江苏无锡范蠡洞、湖北利川腾龙洞及玉龙洞、咸丰黄金洞、宜昌三游洞等。

2.2.3.2 火山熔岩洞穴景观

火山熔岩洞即熔岩隧道，也就是地下熔岩洞，又称熔岩河。典型景观如镜泊湖火山熔岩隧道、海口火山地质公园区玄武岩形成的火山熔岩洞等。

2.2.3.3 其他洞穴景观

其他的洞穴包括砂岩潜蚀洞和巨大砾石堆积洞，以及土洞、垮塌山体巨大滚石洞等。巨大砾石堆积洞以山东崂山为典型。

2.3 水圈风景域

2.3.1 海洋景观风景类

2.3.1.1 滨海海滩景观

秦皇岛北戴河滨海海滩，天津滨海海滩，青岛滨海海滩，山东威海海滨，海南海口桂林洋，三亚大东海、小东海、亚龙湾、天涯海角，上海外滩，大连老虎滩，广西北海银滩等。

2.3.1.2 海岛景观

包括大陆岛和大洋岛。大陆岛有浙江普陀岛、舟山群岛，福建鼓浪屿、金门岛等。大洋岛有我国的台湾岛、海南三沙群岛，国外有澳大利亚、新西兰、印度尼西亚众多岛屿（爪哇岛、巴厘岛）等。

2.3.1.3 珊瑚礁景观

中国西沙群岛岛礁、南沙群岛岛礁，澳大利亚大堡礁海洋公园，斐济的彩虹礁，马尔代夫珊瑚礁，菲律宾图巴塔哈珊瑚礁，中美洲伯利兹的伯利兹堡礁等。

2.3.1.4 浅海浪潮景观

以浙江钱塘江海潮为典型。钱塘潮分为交叉潮、一线潮、回头潮。每年农历八月十八日潮水最大，是最佳观潮时节。

2.3.2 河流景观风景类

2.3.2.1 三角洲景观

三角洲即河口冲积平原，是一种常见的地貌形态。江河奔流所裹挟的泥沙，在入海口遇到含盐度低的淡水，凝絮淤积，逐渐成为河口岸边新的湿地，继而形成三角洲。我国几条大江大河都有三角洲，如上海长江三角洲、广东珠江三角洲、山东黄河三角洲等。

2.3.2.2 峡谷景观

跨越鄂渝两地的长江三峡、滇川交界的虎跳峡、北京龙庆峡、河南三门峡、重庆巫山小三峡、湖北巴东神农溪小三峡等。

2.3.2.3 瀑布景观

我国著名的瀑布有贵州黄果树瀑布、晋陕交界的壶口瀑布、黑龙江吊水楼瀑布、浙江雁荡山瀑布群、江西庐山三叠泉瀑布等；国外的瀑布群有美国和加拿大交界的尼亚加拉瀑布、非洲赞比亚与津巴布韦接壤处的维多利亚瀑布、阿根廷与巴西边界的伊瓜苏瀑布等。

2.3.2.4 湍急河溪景观

台湾秀姑峦溪，金沙江（长江上游段）、澜沧江，长江中游三峡段的瞿塘峡、巫峡、西陵峡等。

2.3.2.5 缓流溪涧景观
溪涧景观各地都有，著名的为杭州西湖九溪十八涧。

2.3.3 湖泊景观风景类
2.3.3.1 构造湖景观
构造湖也称断陷湖，其特点是湖岸平直而狭长，岸坡陡峻，湖水深，容积大，往往沿构造带排列，例如青海湖，江西鄱阳湖，云南滇池、洱海等。

2.3.3.2 泻湖景观
泻湖又称海成湖，是浅水海湾因湾口处被泥沙淤积，封闭而成。海水盐度不高者称为泻湖，如果含盐度很高则称为"潟湖"。有些泻湖在高潮时海水可以涌进，低潮时以蒸发为主，由此变成潟湖；大部分泻湖在高潮时能与海水相通，有些泻湖由于经历较长年代的沉积作用，完全与海隔离，甚至变成近海大陆湖泊，咸水逐渐变成淡水，如江苏太湖、浙江杭州西湖等。

2.3.3.3 河迹湖景观
河迹湖也叫河成湖。因河流改道、截弯取直、淤积等而使河道的一部分形成湖盆即河迹湖。一般面积较小，保持原来河道段的形态。时间久远者形态也完全改变，例如湖北洪湖、武汉东湖，南京玄武湖、莫愁湖，扬州瘦西湖，淮河下游的洪泽湖等。

2.3.3.4 冰川湖景观
由于冰川作用所产生的凹地积水而成的湖泊，可以分为冰蚀湖和冰碛湖。冰蚀湖是由冰川掘蚀作用产生凹地积水而成。冰碛湖是冰川消融时，终碛物堵塞河道或冰川谷积水而成湖。例如波兰东北部的希尼亚尔德维湖，北欧等地多分布的冰川湖，我国四川霍炉马错、新疆天池等。

2.3.3.5 风蚀湖景观
在气候干旱地区，由于风力长期作用于地面，形成风蚀洼地，积水而成湖。其水源可以由地下水或河流注入，一般湖底平坦，湖岸较规则，面积较小，水浅无出口，湖水经常变化．属于间歇性湖泊。我国西北地区的许多湖泊多属于此类，如内蒙古居延海、甘肃月牙泉、新疆罗布泊等。

2.3.3.6 岩溶湖景观

岩溶湖主要分布于碳酸盐岩地层发育区，由岩溶地区的溶蚀洼地或溶蚀漏斗底部积水而成，一般规模较小。由于岩溶湖与其周边的岩溶地貌相伴，相映成辉，所以具有较高的游览价值。中国西南地区的滇黔桂等地岩溶湖较多，例如贵州威宁草湖、云南石林剑池等。

2.3.3.7 堰塞湖景观

由于地震、山崩、滑坡、泥石流、冰碛或者火山喷发熔岩阻塞河流而成的湖泊。例如四川迭溪湖为1932年岷江地震形成。地震后在岷江上游地带发生山崩、滑坡，滑塌的山体阻塞河道形成三个湖泊（当地叫作海子，目前还有两个），其中之一即为迭溪湖。黑龙江省松花江上游由于受到玄武岩流阻塞形成镜泊湖，五大连池也是火山喷发阻塞河道所致。

2.3.3.8 火口湖景观

火口湖也称火山口湖。火山喷出的熔岩和火山碎屑物堆积在火山口周围，使火山口形成一个洼地，积水而成湖泊。如吉林长白山天池、广东佛山西樵山火口湖、台湾大屯火口湖。另外有一种火口湖叫玛珥湖，玛珥湖与其他火口湖的区别是平地爆发，蒸汽、泥石同时喷发而成。我国著名的玛珥湖有广东湛江湖光岩、吉林靖宇和辉南的玛珥湖群等。

2.3.3.9 人工湖景观

人工湖即水库，一般在河流中上游段（山区）截流筑坝而成。我国许多人工湖现在都成为游览胜地，如浙江富春江截留而成的千岛湖、湖北武汉木兰湖、湖北赤壁陆水湖、吉林松花湖。也有挖土堆山而成的山和湖，如北京颐和园的万寿山和昆明湖。

2.3.4 冰川景观风景类

冰川景观有两种分类方案：一是按冰川形成区的形态和特点可以分为大陆冰川、山岳冰川、山麓冰川和高原冰川四种。由于山麓冰川为山岳冰川和大陆冰川的过渡类型，作为旅游景观意义不大，不再作为独立景观描述；二是按照其地理位置可以分为极地冰川、亚极地冰川、温带冰川和热带冰川等。本书按照形成区形态和特点进行分类，具体如下：

2.3.4.1 大陆冰川景观

大陆冰川又称大陆冰流或冰盖，是面积巨大、冰层很厚，不受地形限制，覆盖大片陆地的冰流。由于冰川中心凸起，总体轮廓大致呈盾形，所以也叫冰盾。因为主要分布在两极地区，所以又叫极地、亚极地冰川。大陆冰川分布很广，主要有南极洲乔治岛、格陵兰岛、冰岛、阿拉斯加等大陆冰川。

2.3.4.2 山岳冰川景观

山岳冰川又称高山冰川，是在山区范围内形成、流动和消亡的冰川。我国西部的现代冰川大多数属于这种冰川类型。中国的冰川主要分布于青藏高原，新疆天山博格达山、木扎尔特冰川（世界八大山谷冰川之一），甘肃乌鞘岭，西藏喜马拉雅山，四川海螺沟等，世界冰川的典型是坦桑尼亚与肯尼亚交界的乞力马扎罗山。

2.3.4.3 高原冰川景观

在北半球高纬度地区，当某些高原地面达到雪线以上时，能够发育连续的冰流，覆盖着高原的中央部分或向边缘溢流，这种冰川叫高原冰川，典型例子是挪威与瑞典交界的斯堪的纳维亚冰川。

2.3.5 地下水景观风景类

2.3.5.1 泉水景观

中国从古至今名泉很多，如：山东济南"泉城"七十二泉，湖北当阳玉泉，北京玉泉、山西晋祠泉、霍州泉、浙江杭州虎跑泉，江苏无锡惠山泉、镇江中濡泉和南泠泉等。

泉为地下水涌出地表的天然露头，自古以来有泉的地方大多成为有名的自然风景区。按照泉水涌出的水动力条件可以分为上升泉、下降泉；按照泉水涌出的地质环境综合条件可以分为侵蚀泉、接触泉、溢出泉、悬挂泉、堤泉、断层泉、岩溶泉等；按照泉水涌出的奇异特征和功能可以形成间歇泉、多潮泉、喊泉、笑泉、羞泉、鱼泉、火泉、冰泉、乳泉、甘泉、苦泉、药泉和矿泉等。

2.3.5.2 热气泉景观

由于地壳深部的地热能作用，在特定的地质构造、水文地质条件下，地下热气喷出地表形成奇特的热气泉景观。由于泉水在特殊地质环境下经历了漫长的地质作用过程，由此形成特殊的物理性质与化学成分。这类热气泉有较大的旅游功能和健身医疗价值。典型热气泉有：美国黄石公园热气喷泉、中国云南腾冲热气泉、北京小汤山温泉、江苏南京汤山温泉、陕西骊山华清池、西藏羊八井热气泉等。海南省温泉资源非常丰富，主要有儋州蓝洋温泉、琼海官塘温泉、保亭七仙岭温泉、三亚南田温泉、万宁兴隆温泉、海口观澜湖温泉等。

2.3.5.3 地下河景观

地下河主要发育于岩溶地貌区，这些溶洞地下通道的地下水聚集汇合，形成地下河流，或者地表河流在流经岩溶发育地区时潜入地下溶洞中形成地下河。地下河也是由主干流和支流组成地下河系。我国有名的地下河有湖北利川腾龙洞、贵州龙宫、辽宁本溪水洞以及江西龙宫洞等地下河。

2.3.5.4 泥火山、泥泉景观

在特定地质条件下，由于地下水、地下油气或其他气体在地质构造或岩浆侵入等作用下，往往会有大量泥沙、岩石碎屑、气体及少量地下水喷出地表，其喷发状况类似火山作用。泥火山多为锥状，锥高度一般不足10m，直径数十米，最大的泥火山位于阿塞拜疆巴库油田附近。中国台湾高雄泥火山在长约20km的地带共有十余处。

2.3.5.5 泉华景观

泉华一般是指溶解有矿物质或矿物盐的地下水、地下热水和蒸汽在岩石洞隙或地表的化学沉积物。自然界常见的泉华主要有钙华、硫华、硅华、盐华和金属矿华五种类型，最常见的是钙华。泉华由于在气态状况下形成，往往受到周围空气、温度和其他因素的影响、干扰，使其形态奇异，颜色多变，具有较大观赏价值的有：西藏龙马尔热泉区的"钙华石林"，云南中甸碳酸泉沉积物堆积的白水台泉华，其高150m，宽度达120m，状如瀑布。

2.3.5.6 龙眼景观

龙眼是在滨海、湖泊、河流底部地层中涌出的承压上升泉。在海滨近岸地带涌出的淡水泉称为"海龙眼"。如辽宁大连至金县东海岸，有一系列淡水上升泉在海底涌出，构成"海龙眼"奇观。

2.3.5.7 坎儿井景观

坎儿井为我国新疆所特有。它是我国干旱地区劳动人民开发利用地下水的杰出创造，是新疆地区几千年以来开发利用地下水资源的输水廊道，是一种特殊的灌溉系统。"坎儿"意为井穴，其基本特点是在地下开挖引水渠道，将深部地下水变为浅层地下水，最后引出地面。坎儿井由直井、地下渠道（地廊道）、地面渠道（明渠）及涝坝（沙坝）四部分组成。新疆的坎儿井主要分布在吐鲁番、哈密、奇台、

木垒、阜康、库车等地，尤以吐鲁番盆地和哈密最多，多达约1700条。

2.3.5.8 古井景观

如北京故宫博物院的珍妃井，山西汾阳杏花村汾酒古作坊的古井（亭），安徽古井贡酒的古井（亭），河南汝阳杜康酒厂的古井，台湾台南乌鬼井（延平街古井），湖南长沙的"白沙古井"，广东潮州古井，浙江杭州"钱塘六井"（即相国井、西井、方井、金牛井、白龟井、小方井）等，这些古井大多具有人文内涵。

2.4 生物圈风景域

2.4.1 植物景观风景类

2.4.1.1 森林景观与森林公园

森林是地球的"肺"，是植被繁育、林木密集的地带。森林具有调节气候、净化空气、吸收尘埃的功能，在目前全球环境质量急剧恶化的状况下，森林是维护生态环境的重要基地。森林公园成为健身旅游的好去处。我国各地都建立了国家森林公园和地市级森林公园（见附录3）。例如张家界国家森林公园、上海共青团森林公园、昆明西山森林公园、哈尔滨森林公园等。世界有名的森林公园如莫斯科伊兹麦洛娃森林公园等。

2.4.1.2 植物自然保护区

我国以植物为主的自然保护区共计一百余处，分布于热带、亚热带、温带、暖温带以及干旱草原和沙漠地区。每一处自然保护区都具有各自的特殊自然景观和生态系统，既具有珍贵的植物属种，也有较高的科学研究价值和旅游价值。例如浙江天目山自然保护区、海南东寨港红树林自然保护区、海南霸王岭自然保护区、海南尖峰岭热带原始森林自然保护区、四川卧龙自然保护区等。

2.4.1.3 古树名木

古树名木主要是指树龄长（一般在500年以上）、树种稀有且大的树木（大树王）。古树有自然环境中的，也有人文环境里的，人文环境中的古树往往体现出当地的人文历史背景。例如山西吕梁中阳县有一株春秋战国时期的古槐，与其相伴的有古城遗址和古井，从中投射出两千多年前的人类生活景象。全国各地的许多寺庙宫观都保存有古树名木，尤其是千年银杏、千年古槐比较多，有名的如庐山三宝树、山西洪洞大槐树。

2.4.1.4 植物园景观

植物园一般有两种类型，一种是大型综合性植物园，另一种是以具有特色的某种植物为主的植物园。前者如英国皇家植物园、中国北京植物园、江西庐山植物园、南京植物园、上海植物园等。特种或特色类的植物园有体现气候带的，如云南西双版纳热带植物园、海南热带植物园、杭州亚热带植物园等。反映物种特色的植物园比较多而小，例如山茶园、秋海棠园、蔷薇园、梅园、牡丹园等。

2.4.1.5 花卉、花圃景观

实际上，花卉、花圃景观大多数是特色植物园。我国有名的花卉植物园有武汉梅园、无锡梅园、南京梅园、洛阳牡丹园、山东菏泽芍药园等。另外，也有野生花卉地，例如湖北保康县境内的万亩野生腊梅等。

2.4.1.6 生态农业景观

生态农业景观是一种新的旅游资源。随着现代农业的发展，高科技不断应用于农业，在农村出现了专业性很强的特色农业基地，除了常规的庄稼园地外，具有旅游功能者主要是新开辟的农业园区，如万亩茶园、芝麻园、油菜园、荷花园、橡胶园等。如山西汾阳贾家庄生态农业园、秦皇岛北戴河集发生态农业示范观光园等。

2.4.1.7 果木园林景观

主要以水果基地或干果基地为特色，最常见者有苹果园、梨园、核桃园、枣园、葡萄园、橘园、猕猴桃园等，在热带地区（如海南、福建、广东等地）有荔枝园、龙眼园、芒果园、胡椒园等。

2.4.2 动物景观风景类

2.4.2.1 特殊动物群落

特殊动物群落只是人为的，并没有特定含义。它们或是人们豢养的，或是野生的，只是这些动物容易群居，也有人为地把它们养在一起者。比较有名的有：黑龙江蛇岛，新疆野驴、野马、野骆驼栖息地，海南陵水南湾猴岛，武汉木兰山白鹭岛，以及许多地方的鸟岛等。另外也有一些候鸟栖息地，如山东、天津等地的大雁栖息地和鹤类栖息地等。

2.4.2.2 野生动物自然保护区

我国已经建立了很多动物保护区，大多数属于濒临绝灭的动物，如：四川卧龙大熊猫自然保护区、黑龙江扎龙丹顶鹤自然保护区、海南霸王岭长臂猿自然保护

区、海南东方大田坡鹿自然保护区、陕西朱鹮自然保护区、青海可可西里野牦牛和藏羚羊自然保护区等。

2.4.2.3 养殖场动物景观

由人工饲养的动物群，主要包括：家禽、家畜类养殖场，如养鸡场、养兔场、养猪场、养鸭场；特殊皮毛动物养殖场，如养貂场等。其中比较有名的有海南枫木鹿场、湖北石首麋鹿养殖场等。

2.4.2.4 其他动物群落与动物园

其他动物群落主要是指专门性的动物参观地和动物园类，包括综合性动物园和专门化动物园，主要为观赏、科学研究、驯化表演和保护性繁育养殖。例如北京动物园、武汉磨山动物园、海南定安飞禽世界、台北动物园、日本上野动物园，以及许多地方新建立的鸟语林、水族馆、昆虫馆、蝴蝶园、爬行动物馆（鳄鱼馆、蛇馆）等。

2.4.3 生态景观风景类

生态景观为一复合生态系统，是由许多不同生态系统所组成的整体（即景观）。地球表层的三大生态系统是海洋、森林和湿地，有些生态环境的理解可能超出了这种限定。五大生态景观主要是指自然生态、海洋生态、草原生态、苔原生态和湿地生态景观。

2.4.3.1 自然生态保护区

为生物及环境综合保护基地。我国大多数自然保护区都是自然生态保护区，如海洋、湖泊、森林、沼泽、河流、水库以及农业生态环境等，凡属于保护基地者都可以认为是自然生态保护区。

2.4.3.2 海洋生态环境景观

重点是热带海洋生态环境，主要有滨海、浅海带、大陆斜坡、深海盆地、海沟、海岛等。海滩生态景观有基岩海岸、沙质海滩、潮坪、红树林、珊瑚岛、河口湾等。海南海口演丰镇红树林海岸带享誉中外。

2.4.3.3 草原生态环境景观

草原是地球生态系统的一种，分为热带草原、温带草原等多种类型。如：中国内蒙古大草原，新疆、西藏、甘肃、青海的草原，欧洲多瑙河温带草原，东非热带稀树草原等。小型草原（草甸）在许多国家和地区都有。

2.4.3.4 苔原生态环境景观

苔原也称冻原。分布于极地附近或高山地带,为无林沼泽型植被,主要的植物是苔藓或地衣。此外还有种类不多的禾本科和莎草科草本,杜鹃花科的常绿性低矮小灌木(如越橘、岩高兰、矶踯躅等)和垫状匍生性的矮桦、北极柳、匍生紫菀。苔原主要分布于亚欧大陆北部和北美洲,局部出现于树木线以上的高山(由以地衣-藻类与菌类为主的低等植物构成)。典型例子是极地苔原生态环境。

2.4.3.5 湿地生态景观

广义的湿地生态环境包括海洋、湖泊、河流、沼泽、人工湿地(水田)等。此处特指狭义的湿地景观,主要有沼泽、泥炭地等。

2.5 大气圈风景域

2.5.1 极光景观

极光是在地球南北两极附近地区的高空中出现的一种绚丽多彩的等离子体发光现象。极光的产生主要是由于太阳带电离子流(太阳风)进入地球磁场范围时,受到地球磁场影响而形成的一种光电效应。常呈弧状、带状、幕状、放射状,其发光色多为白色或黄绿色,有时带红、灰、紫、蓝等色。在南极被称为南极光,在北极被称为北极光。

2.5.2 气象景观风景类

2.5.2.1 佛光景观

佛光一般出现在太阳相对方向处的云雾层之上,是围绕观测者影子的彩色光环。它是山岳中的一种特有自然美景。佛光是一种大气折射现象,主要是由雾气中的小水点对光线折射或衍射而产生的大气光学现象。在太阳高度角不大时,人背太阳而立,光线通过云雾区小水点经过衍射而形成佛光。光环内人影是在阳光照射人体时,由人影透映在云雾层上而成。我国出现佛光较多的地方有峨眉山、黄山、武当山、庐山、衡山、泰山等地。

2.5.2.2 海市蜃楼

由光线在大气层中的折射作用而产生的自然现象。当空气各层的密度有较大差异时,远处的光线通过不同空气层就发生折射或全反射,折射的光线把远处的景物显示在空中或地面,形成奇异的幻景——在空中或地面以下有远处物体的影像。

这种现象多在夏天出现，一般发生在沙漠地区和海边，古人误认为是蜃（大蛤蜊）吐气而成，所以叫做蜃景。沙漠地区白天地面增温快，空气下热上冷差别大，密度下疏上密，造成倒影幻景位于实物下面，称为"下现蜃景"；海边的空气是下密上疏，造成的幻景位于实物上面，称为"上现蜃景"。

经常出现蜃景景观的地方有：山东蓬莱（上现蜃景），新疆、甘肃、内蒙古等地的沙漠地带（下现蜃景）。

2.5.2.3 云雾景观

云是由大气中的水蒸气凝聚而成的小水滴或水粒，或与雨共存时肉眼可见的集合体，在高空的云可以是冰晶（如高积云）。雾是接近地面空气中的水蒸气，由于接触较冷的地表，因而凝结成小水滴或冰晶，使能见度不足1km。雾与云的区别是雾比较贴近地面，雾与霭的区别是不太透明。雾是接近地面的云，霭为细小的吸湿性小水滴，悬浮于空气中，水平能见度可在1km以上。霭又称作轻雾，相对湿度比雾低。主要景观有高山云雾、云海，如黄山、张家界、庐山、衡山的云海景观。

2.5.2.4 雪霰景观

雪霰也称作雪珠，是在高空中的水蒸气遇到冷空气凝结成的小冰粒，多在下雪前或下雪时出现。主要景观有雪景、雾凇、雪挂、冰挂。

2.5.2.5 云霞景观

日出或日落时天空云层因受日光斜射而呈现的光彩（彩云）：彩霞、云霞、霞帔、霞光、红霞、烟霞、朝霞、晚霞等。朝霞和晚霞是最常见的云霞景观，这与人类生活中的起居活动有关。早晨和晚上，是人们出行和归来的时刻。早晨出门仰望天际会有东边天空中的朝霞相映照，为人送行；黄昏时分，忙碌一天的人们，踏上回家的归途，在放松心情的时刻西天的彩霞给人一种平安归来的温馨。

2.5.2.6 霏（烟）雨景观

霏的本意是雨雪很盛的样子，人们一般的认识是弥漫的云气。霏霏——雨、雪、烟、云很盛的样子；霏微——雾气、细雨弥漫的样子，烟雾、细雨等到处飘散；霏红——飞红，指花瓣飘落；霏烟——飘飞的云雾弥漫、笼罩；霏雾——飘浮的云雾；霏弥——飘溢。

2.5.2.7 风成景观

风成景观只是对风的一种感受，是看不见的。人们看到的一些与风有关的景观是一种"被动性"景象，如春风摇曳柳枝，秋风扫落叶，狂风大作掀起巨浪，飞沙走石，撼动大树，风起云涌等，都是由风引起的"风成景观"。另外，云南大理的下关风，应该是一种感受。

自然界不同地理部位或地貌带可有不同的风感效应。有三种风感较为典型：海陆风、山谷风、峡谷风。

2.5.3 气候景观风景类

2.5.3.1 避暑型气候

避暑型气候是人们在炎热的夏季，寻找凉爽地区避开高温去休闲、度假。一般选择高山、高原、海滨、森林地带的气候，比如江西庐山、福建武夷山、河北北戴河海滨、贵州梵净山、湖南张家界等。贵阳、西宁、哈尔滨和昆明被称为中国四大凉都。

2.5.3.2 避寒型气候

严冬季节，人们为了避开寒冷时段，寻找温暖的地区休闲度假，一般选择热带、亚热带地区的海滨、海岛。我国最理想的避寒型旅游地是海南岛热带雨林、热带亚热带海滨、海岛等。中国著名的避寒气候地包括：海南三亚，广西北海，云南景洪、瑞丽和台湾高雄。

2.5.3.3 阳光

地球表层的每个地方都应该能够享受到阳光，主要考虑在不同气候带、不同季节、不同地区、不同环境氛围里对阳光的享受。作为旅游资源，以海滨、沙滩、海岛、江湖岸滩、高山草原等为佳，主要强调其休闲、健身效应和疗养功能。例如地中海沿岸亚热带气候及其滨海阳光。

2.5.3.4 物候景观

植物在生长中，随着气候的季节性变化而发生萌芽、抽枝、展叶、开花、结果及落叶、休眠等规律性变化的现象，被称为物候或物候现象。物候是动植物的生长、发育过程及活动规律对气候的反应。物候景观主要有动物的冬眠和复苏、候鸟的来去、不同季节的动植物景观、时令花卉等。非生物的物候有降霜、解冻等气候明显的季节变化景观。

2.5.3.5 极地白夜

极地白夜也叫极昼，是高纬度地区出现的一种自然现象，黄昏与黎明相接，主要是北极、南极的夏夜。由于地球自转和公转的规律，在地球的南、北极圈内出现日不落山而在地平线上兜圈子的现象。北半球的夏半年，极昼出现在北极圈内，夏至出现约24小时的极昼。南半球的夏半年与北极地区相同。极地白夜景观主要在北极圈观赏，因为南极圈没有人类居住和活动。在欧洲（尤其是北欧）的夏天，"极圈白夜"已经成为避暑、观光的好去处。

2.5.4 洁净空气风景类

2.5.4.1 绝对洁净空气

当今，在我们人类生活的地球，能够作为绝对洁净空气的地区主要有青藏高原和南北两极地区。除了科学考察，目前这些地方还没有人类生活，空气基本保持原始状态。

2.5.4.2 相对洁净空气

主要在人口稀少的高山和海滨，空气流动性强，没有雾霾，空气质量为优，或者空气污染非常轻微，成为当前健身、疗养和休闲的理想之地。据在海南三亚与周边县市的山地取样所做的空气检测，其PM2.5（细颗粒物）数值几乎为零，这里的空气应该属于相对洁净空气。

2.5.4.3 森林洁净空气

森林公园或者原始森林中的洁净空气，富含对人身体有益的负氧离子，因此成为人类健身、疗养和休闲的理想场所。

2.6 太空圈风景域

2.6.1 天文景观风景类

2.6.1.1 天文现象

天文现象是天体运行到某个特定位置或状态而造成的特殊现象，与人类活动、生活关系密切的天文现象主要有日食、月食。

2.6.1.2 星外来客

天文学上指宇宙间能发光或反射光的天体，包括陨石、宇宙尘等引起的陨石雨、流星、流星雨，另外还有多年一遇的彗星等。

2.6.1.3 星（夜）空景观

星（夜）空景观主要是指在星夜的天空，人类能够观测到的夜景。秋天的夜空繁星满天，坐在庭院里指点牵牛星、织女星、北极星和北斗星，此乃孩提时代的一大乐事。中秋赏月，全家团圆，乃是亲人之间难得的相聚。地球在自转的同时又在公转，由此形成星空的季节性变化，在不同季节的晚上同一时刻观星，星空出现的星座有所不同，由此形成不同的星夜景观。

2.6.2 太空景观风景类

2.6.2.1 太空景观

所谓太空就是星空，也就是近地的宇宙天体和远地的星云、星空。这些只能凭借某些仪器设施或某种工具来观测。如航天飞机、宇宙飞船或航天器。

2.6.2.2 星体景观

我们人类能够观察到的星体主要是与地球距离最近的"近地"星球——月球、金星、水星、火星等，以及偶然可能遇见的扫帚星。尤其是月球和金星与人类有非常亲密的关系，嫦娥奔月和太白金星的故事几乎是家喻户晓。

广义的星体主要是指来源于150亿年前宇宙大爆炸的星体，由数十亿颗的星系（包括恒星、行星）、星云、星座、星团组成。星体景观在白天用肉眼不易看到，只有在晚上才能观察到或观测到，尤其是没有月光的夜空，或者伴有弯月的星空，可以观察得很清楚。星体的观测主要依赖于天文台的天文望远镜。

2.6.2.3 太空圈旅游资源的观测与观赏

目前，太空圈旅游资源还主要是以观测星系为主，很多离地球非常遥远的星体、星系、星团、星云、星座，只能凭借天文望远镜或射电望远镜进行观测。随着航天科技的发展，人类对宇宙空间的观测和对天体的研究会更加直接，能够身临其境。

第 3 章
地球表层系统时空背景

3.1 地球表层系统

3.1.1 地球表层系统概念

地球表层系统（the earth surface system）是由岩石圈（岩土圈）、大气圈、水圈、生物圈和人类圈所构成的地表自然社会综合体，是人类圈与地球相互作用的复合物质系统，是地球圈层结构中的特定部分。地球表层系统与地球圈层其他部分存在物质能量交换关系，是一个开放的复杂次级巨系统。

长期以来，人们一直在探索和研究人类自己赖以生存的环境——地球表层。在古代，中国有盘古开天辟地的神话，西方有上帝创造世界万物的传说。随着科技的发展，人类对于自己的生存环境——地球表层的认识已不再满足于浪漫离奇的神话猜想，而是要做严谨科学的研究与求证。

19世纪德国地理学家李特尔（Ritter，1779—1859）指出地理学研究的对象是地球表面，随后由德国地质地理学家李希霍芬（Richthofen，1833—1905）提出了地理学是研究地球表面的科学，并首次系统地论述了地表形成的过程。我国杰出的科学家钱学森明确提出地理科学的研究对象是地球表层的观点。随着地学研究的深入，许多地理学家、生物学家和地质学家相继在这方面做了大量研究工作，并提出了"生物圈""生态圈""地理壳""地理环境""地球表面""地球表层"等概念，但是这些概念都没有建立起地球表层的完整理论体系。

3.1.2 地球表层系统特性

3.1.2.1 开放性

地球表层系统的开放性表现在地球表层系统与环境之间有物质和能量交换，地球表层可以看到的有太阳辐射、潮汐能等。地球深处也向地球表层输送热岩浆，还有太空中的各种粒子流、陨石等进入地球表层。地球表层系统也有输出和进入，有把地表热能散发到宇宙空间的红外辐射，还有岩层插入地球内部深处，现在人类已经把人造卫星、宇宙飞船送入了太空。

3.1.2.2 有序性

从形成地球时无生命的地球表层演化到有生物的地球表层，再从有生物的地球表层演化到今天有高度文明人类的地球表层，其演化明显是从简单到复杂，从无序到比较有序。

3.1.3 地球及表层系统时空背景——宇宙

3.1.3.1 宇宙的概念与内涵

广义的宇宙定义是万物的总称，是时间和空间的统一。狭义的宇宙定义是地球表层（大气层）以外的空间和物质。

人类观察到的部分宇宙物质大约是由4.9%的普通物质（构成恒星、行星、气体和尘埃的物质）或"重子"、26.8%的暗物质和68.3%的暗能量构成。重子物质构成星际的"蛛网"。

中国古代称"宇宙"是指时空的总称，"宇"指空间，"宙"指时间。中国古人云："四方上下曰宇，古往今来曰宙。"[1]

关于宇宙，自然科学家和哲学家都有极为精辟的论述。辩证唯物主义哲学家认为宇宙是由运动着的物质组成的，在时间上既没有开始，也没有终结，只有从一种存在状态转化为另一种存在状态。空间是无限的，既无中心，也没有边界，这种无限的空间是由一个个有限的物质世界构成的。

人类在很早以前就对宇宙空间感兴趣。早在旧石器时代，人类就对天文有了相当的认识，诸如昼夜的交替、月亮的圆缺、满天星斗的旋转循环、流星的出没、日食月食等。如今，人类不仅具有装备精良的光学天文望远镜、射电望远镜，而且进入太空时代以来，已经开展了全波段的天文观测，尤其X射线和红外射线天文观测发展很快，成果也很多。今天人类已经可以探测到150亿光年以内的天体，因而也就可以看到150亿年前的宇宙空间。

3.1.3.2 充满想象的宇宙——星空景观

所谓太空，是指地球大气层以外的宇宙空间，是人类能看到的有星光的天空——星空。

太空旅游资源实际上就是"星空"，也就是近地的宇宙天体和人类能够观测到的远地星体、星团、星云、星座和星系。

天空是地球周围的广大空间，或者日月星辰罗列的广大空间，是"天"（地球大气层以外的空间）和"空"（地球大气层空间）的合称。随着人类对太空研究的深入，地学旅游资源的研究领域将涉及太空圈。

太空圈景观主要是星体、星系、星座（星群）。从地球表层能够被人类探索到和观测到的星体景观，主要涉及银河系、太阳系两大星系，其他一些远离地球和太

---

1. [战国] 尸子。

阳系的星系，以观测星象为主。中国古代有很多著名的观测星象的科学家，如司马迁（西汉）、张衡（东汉）、祖冲之（南北朝）、刘焯（隋）、沈括（北宋）、朱熹（南宋）等。

（1）星体

宇宙星体来源于150亿年前的宇宙大爆炸，由数十亿颗恒星、行星组成。

（2）星团

我们一般把恒星数量在10个以上，而且在物理性质上相互联系的星群叫作"星团"。比如金牛座中的"昴星团"和"毕星团"、巨蟹座的"蜂巢星团"等。星团按形态和成员星系的数量等特征分为两类，即疏散星团和球状星团。疏散星团结构松散、形状不规则。由于它们主要分布在银道面，所以又叫作银河星团，主要由蓝巨星组成，例如昴星团中的恒星往往是成群地分布。球状星团拥有超密集的恒星群（7200光年），是很像卫星的恒星集团。外观呈球形，在轨道上绕着星系核心运行。由于球状星团被重力紧紧束缚，使得外观呈球形并且恒星高度地向中心集中。被发现的球状星团多在星系的星系晕之中，远比在星系盘中被发现的疏散星团拥有更多的恒星。

（3）星系

广义上的星系指无数的恒星系（包括恒星自体）、尘埃（如星云等）组成的运行系统。如银河系，它是一个包含恒星、气体的星际物质、宇宙尘和暗物质，并受重力束缚的大星系。典型的星系，从只有数千万颗恒星的矮星系到上兆颗恒星的椭圆星系都有。它们都是环绕着质量中心运转。除了单独的恒星和稀薄的星际物质之外，大部分的星系都有数量庞大的多星系统、星团以及各种不同的星云。

哈勃（Hubble，1889—1953）根据星系的形态把它们分成三大类：椭圆星系、旋涡星系（螺旋星系）和不规则星系。另外还有一种介于椭圆星系和旋涡星系之间的透镜星系。

（4）星云

星云（Nebula）是指包含了除行星和彗星以外的几乎所有延展型天体。它们的主要成分是氢，其次是氦，还含有一定比例的金属元素和非金属元素。1990年哈勃望远镜发射升空以来的研究还发现，星云含有有机分子等物质。星云又分为气体星云、星系星云。

（5）星座

星座是指天上一群在天球上投影位置相近的恒星组合，也称星群。不同的文明和历史时期对星座的划分可能不同。现代星座大多由古希腊传统星座演化而来，由国际天文学联合会把全天精确划分为88星座。星座本身就是一个星系，只是因为太遥远，看起来就像一颗星。

与人类关系密切的星座主要是大熊星座，它是北天星座之一，位于小熊座、小狮座附近，与仙后座相对，春季适合观察，是著名的北斗七星所在星座。

3.1.3.3 太空星系与西方占星学

占星术，亦称星象学，是用天体的相对位置和相对运动（尤其是太阳系内的行星的位置）来解释或预言人的命运和行为的系统。中国古人研究人，不是就人而论人，而是把人置于宇宙天地这个大系统中，把人作为"自然之子"加以研究，这就是"天人合一"。举凡古老的国家或民族，例如中国、埃及、印度、希腊、阿拉伯、古巴比伦等，都有属于自己的占星术。

在西方占星学上，黄道12星座是宇宙方位的代名词。一个人出生时，各星体落入黄道上的位置，说明了一个人的先天性格及天赋。黄道12星座象征心理层面，反映出一个人行为的表现方式。于是将黄道分成12个星座，称为黄道12星座。依次为白羊座、金牛座、双子座、巨蟹座、狮子座、处女座、天秤座、天蝎座、射手座、摩羯座、水瓶座、双鱼座。

3.1.3.4 中国道教观星、占星与周易预测

中国道教历来重视观星座和研究星象，与周易结合预测或测算人与事的吉凶顺逆。道教以道为最高信仰，道门中人以求道、闻道、修道、得道、证道等作为其修行的目标。

在道门人士看来，神仙之道离不开天道、地道、人道。天道规律乃是常道的体现，因此必须探索天道之规律，以便为神道服务。道门出于对科学的探索与星占的宗教政治诉求和延年益寿需要，仰观天文、俯察地理，从而形成了夜观星象的传统。历代精通天文的道士比比皆是，例如，葛洪的师傅郑隐就"不徒明五经、知仙道而已，兼综九宫、三棋、推步、天文、河洛、谶记，莫不精研"。[1]葛洪本人对天文也有钻研，撰有《浑天论》，推崇浑天说。他还注意到月亮运行对地球海洋的影响。

道教的宫、庙称作"观"而不称"寺"或者"庙"，与道教夜观天象的传统或许有最为直接的关联。受道教"夜观星象"这一遗风的影响，道教还以天空的星

---

1. [晋]葛洪.抱朴子内篇·遐览.

座、星象图案为旗帜,如以北斗七星为图案的七星旗,与太极图一样也是道门的一个重要标志。

3.2 太空星系

3.2.1 银河系

晴朗的夏夜,我们可以看到一条星星十分密集的光带横挂在夜空,这就是银河系。银河系是一个旋涡状的星系(图3-1),侧面呈盘状。银河系由大约1500多亿颗各种类型的恒星、河内星云、星际气体和星际物质以及各种射线组成。从正面看,银河系由银盘(正面形状轮廓)、银臂(恒星密集的光带)、银核(银河中部的恒星密集光团)和核球(银核的中心)组成。我们人类居住的地球和太阳系,位于银盘的中部边缘,距离银心(银河中心)27 770光年。银盘的半径大约为4万~5万光年(根据我国最新研究观测的数据达10万光年),银盘中心的厚度约1万光年。太阳系所在位置处银盘的厚度为3000光年。

图3-1 银河系图(旋涡状)

3.2.2 太阳系

太阳系是受太阳引力约束的天体系统的总称。地球围绕太阳公转,和地球一起围绕太阳运转的还有八大行星和2100余颗小行星、60颗已知的卫星和600颗以上的彗星。太阳系的成员多而不乱，它们大体上分布在黄道面上下，绝大多数成员都沿着同一方向运行，这是一支非常整齐而有规律的团队。太阳系的直径为$118×10^8$km（约合80个天文单位）。

3.2.2.1 太阳系家族

太阳系家族共有八大行星（图3-2）。太阳是太阳系的质量中心，为恒星，占太阳系总质量的99.86%，其质量是地球的333.5倍，太阳直径为$139.2×10^4$km，是地球直径的109倍，体积是地球体积的130万倍。太阳密度较低，为地球的1/4。根据光谱分析，太阳大气中有73种元素，氢占首位，为71%，其次是氦，占26.5%，氧、碳、氮、氖等约占2%，镁、镍、硅、硫、铁、钙等约占0.4%，其余60多种元素不足0.1%。

太阳表面温度高达6000℃，内核温度据推测可达$2×10^7$℃～$3×10^7$℃，所以太阳物质呈气态。

图3-2 太阳及其八大行星运行图

（1）行星

围绕恒星运行的天体为行星。太阳系由里向外八大行星依次为：水星、金星、地球、火星、木星、土星、天王星、海王星（图3-2）。太阳系行星分为三类：类地行星——水星、金星、地球、火星；类土行星——木星、土星；远日行星——天王星、海王星。

（2）卫星

卫星是围绕行星运行的天体。地球有一颗卫星，就是月亮（月球）。其余行星的卫星有：火星2颗，木星16颗，土星17颗，天王星15颗，海王星8颗。

（3）彗星

彗星是太阳系的一个成员，虽然它围绕太阳旋转，但是它运行的轨道与行星不同，呈长而扁的椭圆形，有时类似于抛物线。如著名的哈雷彗星（1682、1986），海尔-波普彗星（1997）。彗星的特点（结构）为扫帚状（俗称扫帚星），由彗发、彗尾组成。

（4）陨星

分为石陨星和铁陨星两种。这是目前人类能够获取到的地球以外最多的宇宙物质。

3.2.2.2 太阳的结构

太阳是距离地球最近的恒星，日地的平均距离，国际上采用$1.495\,978\,70×10^8$km。太阳是地球所属太阳系的中心天体，是整个太阳系的质量中心、运转中心。

太阳的质量占太阳系总质量的99.86%（$1.989×10^{30}$kg）。

太阳的半径为$6.959\,9×10^5$km，约是地球半径的109倍。

太阳的体积为$1.412\,2×10^{18}$km^3，为地球体积的130万倍。

太阳是一个气态的球体，没有一个清晰界线的表面。

天文学家把发出强烈而连续光谱的光和光线，而且又无法穿透的球面称为太阳表面。这也就是太阳大气最下层的底部，叫作光球。光球以上（以外）的部分为太阳大气层。

太阳的结构自中心向外可分作几个层区：核心→核辐射转移区→对流区→大气。

核心——核心约占太阳半径10%的范围，其密度达135～150g/cm^3，温度达$15×10^7$K，是氢进行热核聚变的反应区；核辐射转移区——从核心向外，到半径75%以上的区域；对流区——为核辐射转移区以上（以外）的层区，厚约15km；大气——太阳大气是通过直接观测对其进行研究的。从里到外，太阳大气可分为光球、色球、日冕。

3.2.2.3 太阳对地球的影响

太阳对地球的重要性是众所周知的。人类和万物从太阳得到光和热，使得地球万物生机勃勃，繁荣昌盛。与此同时，太阳的活动也给地球带来各种影响，其中主要有：辐射能影响，太阳活动现象（耀斑、谱斑、日珥、日冕、黑子、磁暴、电离层突然骚扰），气候变化、台风、热带风暴、潮汐、地震、生物变异、生物生长、人类健康等。

3.3 地球表层的圈层

3.3.1 太空圈

3.3.1.1 星系、星座的观测与观赏

目前，太空圈景观以观测星系为主（图3-3、图3-4）。有些星座或星系在没有月光的星空才可以看到，诸如我们上面所说的牵牛星、织女星、北斗七星、北极星等；很多离地球非常遥远的星体、星系、星团、星云、星座，只能凭借天文望远镜或射电望远镜进行观测。

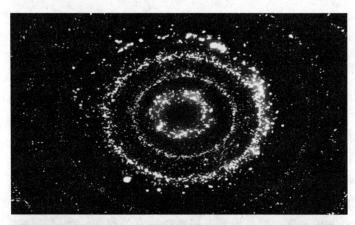

图3-3　太空星系图（盘状）

图3-4　太空星系图

在远离城市的山区或草原，夜晚时月儿弯弯，繁星满天。旅游者可以走出居室，遥望星空，找一找这些星系，大脑中回忆起中国神话和民间传说，尤其是牛郎织女的传说，乃是一种浪漫的精神漫游和享受，同时也是对中国道教和西方基督教的了解与认识。中国人对道教的占卜和周易算卦很重视。西方国家对黄道12星座则非常膜拜。

随着航天科技的发展，人们对宇宙空间的观测和对天体的研究会更加直接，能够身临其境观察，为未来的星际旅行创造条件。

3.3.1.2 太空圈天体与天象

天体是指宇宙空间物质的存在形式。太阳系中的太阳、行星、卫星、小行星、彗星、流星、行星际物质，银河系中的恒星、星团、星云、星际物质、星系际物质等，通过射电探测手段和空间探测手段所发现的红外源、紫外源、射电源、X射线源和γ射线源，都是天体。人类可以观察到的星座主要有北斗星（大熊星座）、北极星（小熊星座）、牵牛星（天鹰座α星）、织女星（天琴座α星）、彗星、矮星、双星等。

地外圈层与地球有着千丝万缕的联系，相互关系非常密切。天象，是古代中国星占家对天空发生的各种自然现象的泛称。现代通常指发生在地球大气层外的现象。如太阳出没、行星运动、日月变化、日食、月食、极光、新星、超新星、月掩星、太阳黑子、启明星、长庚星、流星、流星雨、陨星、陨石、陨石坑或陨击坑等，以及与地球有联系的银河系及河外星云，也包括人类发射进入太空的人造卫星、宇宙飞船、太空实验室、各种探测器等人造天体。这些天象有些可以被人类直接看到，有些则需要通过仪器（如射电望远镜）才能观测到。

以上这些星座、天象和天体，都是地球表层系统特有的景观，我们把这些"天外来客"都划归地学旅游资源的范畴。

3.3.2 大气圈及其分层

大气圈是地球外圈中最外部的气体圈层，存在于整个地球外层。大气的物质成分以氮和氧为主，其他成分还有氩、氦、氢、碳（CO_2）等。大气圈对生物的形成、发育和保护有很大的作用。由于大气圈的存在，挡住绝大多数飞向地球的陨石，拦截了太阳辐射中的大部分紫外线和来自宇宙的高能粒子流，保护了地球生命免遭外来打击。因此，大气圈是地球表面和生命的盾牌。

3.3.2.1 大气圈的分层

根据大气圈在不同高度温度的变化及其表现出来的特点，通常将大气圈划分为对流层、平流层、中间层、电离层（暖层）和散逸层（图3-5）。

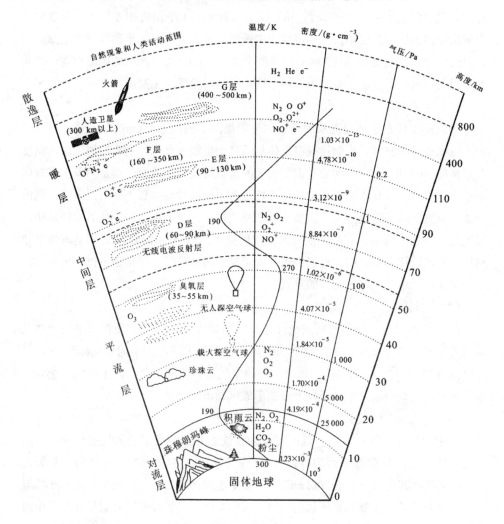

图3-5 大气圈分层示意图

资料来源：王建.现代自然地理学[M].2版.北京：高等教育出版社，2014.

（1）对流层

对流层是贴近地面最稠密的大气层，整个大气圈质量的75%都集中在这里。对流层的平均厚度为11～13km，赤道地带可达17～18km，两极地区只有8～9km。

大气圈在赤道一带凸出，这是地球自转产生惯性离心力作用的结果。

在对流层中，越往高处温度越低，降低的数值在不同高度、不同地区、不同季节均有所不同，平均每升高1000m，约降低6.5℃，靠近海面的气温，平均约15℃，到对流层顶部，一般降到-50℃以下。对流层上下温度相差很大，所以促成对流层中的大气不断运动，气体可以产生垂向对流。大气圈的水蒸气几乎全部集中在对流层中，特别是在高度5000m以下的空间内，由此大气产生的风霜雨雪、寒潮热浪等天气气象现象，主要集中在对流层的下部，尘埃也主要散布在这一空间。

（2）平流层

平流层主要限于从对流层的顶面到达距离海平面向上55km的空间带。它几乎占大气圈质量的25%。平流层气温总体是随高度增加而升高，到平流层顶部，温度从底部的-80℃以下升高到0℃左右。大气的垂直对流几乎没有，而是沿着水平方向运动。这里几乎没有水蒸气和尘埃。飞机进入平流层时，尽管下面电闪雷鸣，风雨交加，但这里总是晴空万里，依然可以平稳飞行。在平流层上部，气温增加最快，因为这一带的大气中含有较多的臭氧。我们把大约自35km到55km之间臭氧含量相对较多的层段称为臭氧层。臭氧能吸收太阳辐射的紫外线，使得这里得到更多的热量。臭氧层集中了地球上90%的臭氧。

（3）中间层

越过平流层，大气圈的质量已经很小，所剩无几，但是弥漫在空中的仍然是稀薄的空气。在平流层，温度再次随着高度增加而下降，到中间层顶部85km，已经降到-83℃左右。中间层再次出现显著的空气垂直对流运动，由于中间层空气实在太稀薄，又缺少水蒸气，所以不可能形成风和雨。

（4）电离层（暖层）

在中间层之上的电离层，温度转变为直线上升。电离层的大气更加稀薄，其密度在底部已经只有海平面的百万分之一。到120km的高度时，减低到百亿分之一。而温度则迅速升高，在300km高空，温度达到1000℃以上。电离层除了底部有少量的氮分子外，主要为原子状态的氧。我们知道，臭氧能够吸收紫外线，从中得到许多热量，使得电离层温度增加很快，所以也叫暖层。与此同时，有电子脱离出来成为自由电子在太空中流动，原子变成离子，从而处于电离状态。电离层对无线电波的传播至关重要。无线电波发射出去，遇到电离层就会反射回地面来，如此多次重复，便可以传输到很远的地方，由此给人类创造了极为方便的通信环境条件。

（5）散逸层

散逸层也叫扩散层。在电离层（暖层）之上，物质更为稀疏和稀少，继续以原子、离子状态出现，由低到高分别以氧、氦、氢为主。散逸层气温也高，带电离子运动速度很快，受地球引力作用又很小，而且时刻都要受到太阳风的冲击和太阳电磁场的影响，其上部边界模糊而不稳定，不断有粒子散失到太空中去。散逸层构成地球的外磁场，也称作磁层。

3.3.2.2 大气运动

整个大气圈的物质都在不停地运动。长期以来，人们只对低层的大气，而且主要是对对流层的物质有所认识。直到第二次世界大战后，火箭升空探测大气，人类才知道近地的高层空间仍有以分子、原子或离子状态存在的气体。这里的大气运动是人类感官所不能感觉和体察到的，只有通过仪器测定才可以显示清楚。

（1）大气环流的效应

影响人类日常生活的大气运动，主要是低层大气，也就是对流层中空气分子的运动。大气环流有全球环流、季风环流和局部环流三种形式，和人类关系密切的主要是局部环流。局部环流受局部环境和地形起伏、地表受热不均等影响，有海陆风、山谷风、焚风和城市热岛等四种类型。

（2）气旋

气旋就是大气的旋涡状运动。我们熟知的台风、飓风、龙卷风等热带风暴都是大气气旋运动的表现形式。这种现象是旅游活动中要避开的地学因素。

（3）大气对生物圈和水圈的影响

四季的更替带来了生物界的变化，尤其是植物，从花儿娇艳的春夏时节到硕果累累的秋季，产生了各种物候景观。春天的艳丽，夏日的葱绿，秋季的成熟，冬令的凋谢。大气圈直接影响着生物圈生命的活动，大气环境的改变，使得物种兴衰，生态环境变换。

大气的运动产生"风"。风不但摇曳树木，撼动森林，而且可以使水体动荡不定。江河湖海翻腾，往往有风的参与，尤其是大海波涛。在风的作用下，海洋中可以形成几米到几十米高的巨浪，波涛震撼，惊天动地，十分壮观。在大洋中定向风可以形成长驱万里的洋流。

3.3.3 生物圈——大自然的精华

3.3.3.1 生物圈的组成

（1）生物分类及其单位

地球上已经被认识和分类定名的生物近200万种。据估计可能有千万种以上，若是把曾经在地球上生存过的生物也算上，至少有上亿种之多。

现在采用的生物分类单位由大到小是：界（Kingdom）、门（Phylum）、纲（Class）、目（Order）、科（Family）、属（Genus）、种（Species）。界是地球上生物分类的最高层次，根据它们如何取得食物及细胞组成的特点，分为五个界：

（2）原核生物界（Monera）

原核生物是一种无细胞核的单细胞生物。它们的细胞内没有带膜的细胞器。原核生物包括六大类：细菌、蓝藻、放线菌、支原体、衣原体、立克次氏体。原核生物是现存生物中最简单的一群，以分裂生殖繁殖后代。原核生物曾是地球上唯一的生命形式，它们独占地球长达20亿年以上。

（3）原生生物界（Protista）

原生生物界是由原核生物发展而来的真核生物。它们大部分是单细胞生物。真核生物比原核生物更大、更复杂。有些原生生物可以借助光合作用制造养分。常见原生生物包括纤毛虫、变形虫、疟原虫、黏菌、浮游生物、海藻，也有光自营的单细胞游动微生物，如眼虫（绿虫藻）等。

（4）真菌界（Fungi）

真菌界是指营养方式为异养的真核菌类。低等真核生物没有叶绿素，不能进行光合作用，自己不能制造食物，而是从死亡腐烂的生物体上摄取营养，或寄生在活的生物体上，如蘑菇、木耳、灵芝等。真菌是一项丰富的自然资源。人和动物每年消耗大量的真菌菌体和子实体（食用菌）。真菌也是重要的药材（药用真菌）。真菌广泛分布于全球各带的土壤、水体、动植物及其残骸和空气中，营腐生、寄生和共生生活。

（5）植物界（Plantae）

在不同的生物分界系统中，植物的概念及其所包括的类群也不一样，如将生物分为植物和动物两界时，植物界包括藻类植物、菌类植物、地衣植物、苔藓植物、蕨类植物、裸子植物和被子植物。植物绝大多数是固定生活在某一环境，不能自由运动（少部分低等藻类例外），植物覆盖了地球陆地表面的绝大部分，并且在海洋、湖泊、河流和池塘中也是如此。植物和人类的关系极为密切，它是人类和其他生物赖以生存的基础。

（6）动物界

动物界所有成员的身体都是由细胞组成的异养有机体。动物多以有机物为食料，有神经，有感觉，能运动。动物分类学家根据动物的形态、细胞、遗传、生理、生态和地理分布等特征进行分类，依次分为6个主要等级，即门、纲、目、科、属、种。

动物分为无脊椎动物和脊椎动物两大类。无脊椎动物包括原生动物、棘皮动物、软体动物、扁形动物、环节动物、腔肠动物、节肢动物、线形动物等。脊椎动物包括鱼类、爬行类、两栖类和哺乳类动物等。

根据化石研究，地球上最早出现的动物源于海洋。早期的海洋动物经过漫长的地质时期，逐渐演化出各种分支，丰富了早期的地球生命形态。在人类出现以前，史前动物便已出现，并在各自的活动期得到繁荣发展。后来，它们在不断变换的生存环境下相继灭绝，但是地球上的动物仍以从低等到高等、从简单到复杂的趋势不断进化并繁衍至今，并有了如今的多样性。

3.3.3.2 生物圈系统

生物圈系统——地球上形形色色的生物共同构成一个生物圈系统。在一定的空间和时间内，有一定的动植物群生存，它们相互影响，相互依存。

生态系统——生物圈的生物能够进行能量流动、物质循环和信息传递，能自我调节和自我组织的系统，这种具有生命力的系统被称为生态系统。阳光、气候、土壤、水、地理位置等环境条件，决定着不同生态系统的特征。

生态系统是构成生物圈的一级单位，包括这些动植物群落及其占有空间中的非生物物质。其中的生物按其作用可分为生产者、消费者、分解者三大类，在它们之间起纽带作用的是食物链。

(1) 食物链

就是一种生物以另一种生物为食，通过食物为纽带形成的锁链关系。如：蚜虫吃树叶，瓢虫吃蚜虫，蜘蛛吃瓢虫，小鸟吃蜘蛛，猛兽吃小鸟等。在这个食物链中，一种生物以另一种生物为基础而生存，同时它又是第三种生物生存的基础，形成环环相扣的关系。从表面上看，它们好像毫无关系，事实上它们是一个谁也不能缺谁的有机整体。

(2) 营养级

是指生物在食物链之中所占的位置。在生态系统的食物网中，凡是以相同的方式获取相同性质食物的植物类群和动物类群可分别称作一个营养级。在食物网中从生产者植物起到顶部肉食动物止，在食物链上凡属同一级环节上的所有生物种就是一个营养级。

这种依靠层层相食而建立的锁链关系，似乎让人感到有些残酷，但是正因为存在着这样一种关系,生物圈内才能保持能量转换的平衡。各类生物也因此才能维持自己物种的生存。在生态系统中,只要这种生物能够生存下去,就说明它有存在的方式和能力。

3.3.3.3 生物圈对地球外部圈层的影响

生物圈的形成是地球外部圈层(大气、水、生物和岩石圈)相互作用的产物,同时生物圈也对地球外部其他圈层产生巨大作用,使得外部各圈层的物质成分或面貌发生变化。

(1) 对大气圈的影响

由于地球上生物的发生和发展,使得大气圈逐渐演化为适宜于人类生存的性质和环境。这里主要是绿色植物起着决定性作用。大气中O_2的积累、臭氧的形成、CO_2的降低以及气温的调节等,都需要生物的参与和作用。对地球历史记录的研究表明,植物的大发展与大气的CO_2含量呈反相关的关系(图3-6)。大气中的各种成分与植物—动物—地质作用三者间趋于平衡,地球外部圈层便出现一种暂时稳定的状态。这也就是人类目前生活在地球表层所处的环境条件,一旦这种平衡遭到破坏,将会产生巨大的自然灾害。

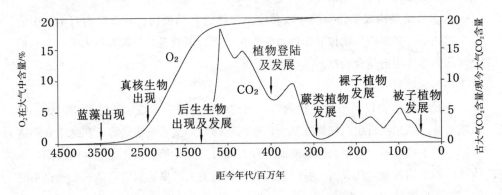

图3-6 生物圈对地球大气圈中O_2和CO_2的影响

人类作为生物圈的组成部分,对现今大气环境的污染起着明显的作用。人类把大量的有害、有毒气体和粉尘排入大气,就是依靠植物来化解、吸附、消除大气中的有害气体和粉尘的。乔木和灌木类植物相结合形成的林带,其减尘率可达到95.7%。有些植物具有吸收某些有害物质的特殊功能,例如刺槐、柽柳(红柳)能吸收CL_2，柳杉能吸收SO_2，茶树、山茶可以除去HF，杨树、桑树的叶子对铅粉尘有较强的吸收作用等。由此可以看出，控制城市大气污染的一个重要途径就是要发展绿地，建设山水园林城市。

（2）对水圈的影响

生物对水圈的依赖性很强，有水才有生命。反过来，生物在水圈中的无所不在对水圈也产生重大影响。其一是影响一些元素在水体中的迁移和沉淀过程；其二是影响水圈的运动和循环。

在自然界里，水对金属、非金属元素的溶解作用、离子交换作用和沉淀作用等，并不仅仅是纯化学作用，常见者是与生物活动密切相关的生物化学过程。例如放射虫、硅藻类生物吸收海水中的SiO_2，成为控制海水中SiO_2含量的主要因素。基于生物的这种活动，每年大致可以从大洋中沉淀出5×10^{14}克的二氧化硅。浮游生物每年可以把大洋中2×10^{11}克铅沉淀下来，相当于进入大洋中铅总量的一半。浅海海底大量的碳酸盐堆积，大多数是在生物化学作用下形成的。

生物体中的水通过被吸收、排除和在生物系统内部的运动，参与水圈的循环。生物体内被吸收且存留在生物体内的水并不多，但是经过生物体转运的水量却很大。比如，植物的根部从土壤中吸收1000克的水，真正用于生物组织建造上的只有1克左右，99.9%的水通过蒸腾作用又进入大气，具有调节大气湿度的作用。所以，城市里的绿地不仅具有降温防暑的作用，而且具有湿润空气之功效。林带可以大大地减缓地表水的运动速度，延长循环时间，这种作用可以解决一些地区的缺水问题。

（3）对岩石圈的影响

生物圈对岩石圈可以起到破坏作用，尤其是在风化作用中很容易看到这一作用过程。生物的风化作用对岩石的破坏既有机械作用（如根劈作用），也有生物化学作用（如植物、细菌分泌的有机酸对岩石的腐蚀作用），还有生物分泌的或者生物死亡后腐烂产生的有机酸和腐殖质对岩石的腐蚀。由于微生物具有分解盐类和吸收某些元素的功能，所以在岩石圈造成某些元素（如铜、铁、金、银、钨、锰、硫、磷、硅、钒、铀等）的富集，而形成各种矿产资源，同时生物的埋藏形成煤、天然气和石油。

另外，生物作用也是影响土壤形成的重要因素。生物的风化作用在土壤中形成有机质和腐殖质，从而形成具有肥力的土壤。有肥力的土壤又有利于生物的生长，反过来植物又对土壤起到保护作用，与此同时，也保持了水。

3.3.4 水圈——万物生命之源

3.3.4.1 水圈的构成

地球上的水圈成为地球区别于太阳系甚至银河系其他星球的环境优势。科学研究表明，地球上的水是在地球圈层分异过程中从地球内部析离出来的。而且不少学者认为，时至今日，保存在地幔中的水仍比已进入到水圈中的水要多得多。近年来还有人提出，在地球受到彗星撞击的时候，由于彗核主要由冰组成，这些冰也成为地球上水体的一种来源。

地球上的水，按其质量计算，97%以上是液态，约有2%的水冻结在两极地区和高山地区形成冰川，其余的水在地面流动或者渗透在岩石、土壤、大气和生物体内。70.8%的液态水淹没了地球岩石圈表面而形成海洋。就水圈的质量而言，它仅占地球总质量的1/5000左右，但是它对生物圈以及人类能在地球上生存和发展具有决定性的意义。

在常温下，水为液态，温度升高到沸点（一般是100℃）便可以变成气态（水蒸气——汽），当温度下降到冰点时，则变成冰——固体。水的流动性好，表面张力强，热容量大，有一定的黏性，但是比较弱。水具有溶解许多物质的特性，这样为分散在水中的溶解物相互作用提供了良好环境，从而水成为地表一切变化的主要媒介。

水体的分布大致有五大领域：海洋水，陆地水——包括河流、湖泊、冰川及其他湿地，地下水，生物水，大气水。地球上水体的总体积为13.8亿km^3。

3.3.4.2 海洋

海洋是海和洋的通称。一般地，海是指大洋边缘部分与陆地相连的水域，水深通常不超过200m。远离陆地的水域叫做大洋。在海与洋之间并没有一条明确的界线，全球的海洋相互之间是贯通的，实际上就是一个大洋，海不过是大洋的边缘。全球海洋的总体格局是围绕南极洲有一个连续带，从这里向北，由于被几块大陆分割而形成太平洋、大西洋和印度洋。亚洲大陆与美洲大陆之间为太平洋（其总面积为$8.13×10^8km^2$，平均水深为4188m，最深处为菲律宾附近的马里亚纳海沟，水深11 022m）；美洲大陆与非洲大陆之间为大西洋；位于亚洲、大洋洲、非洲和南极洲之间的是印度洋；北冰洋为环绕北极的大洋，实际上是大西洋的北延部分。

全球海洋平均水深为4000m。根据水深，一般把海洋从海岸线到大洋中心依次划分为滨海、浅海、半深海和深海等四种环境，与其相对应的海底地形分别为海岸带（滨海带）、大陆架（浅海或浅海陆棚带）、大陆坡和海沟（半深海），大陆基（深海与半深海之间的过渡带）、深海盆地和大洋中脊（深海海域）。

目前，作为旅游资源开发和游乐项目开发的海洋资源，主要限于滨海地带和浅海较浅的地带，即以潮上带和潮间带为主，潮下带（即浅海浅部）部分开发利用。这个地带是非常重要的旅游资源地带，即风景区和风光带。许多度假区、休假地都在海滨地带。我国的秦皇岛北戴河海滨，青岛海滨，海南的亚龙湾、大东海、小东海、天涯海角、桂林洋，广西北海银滩，山东威海成山角，福建厦门鼓浪屿等海滨、海岛，风光都非常优美，景色宜人。

海水中主要的物质成分为氯化钠和硫酸镁，所以海水又咸又苦。海水中的平均含盐量为3.5%。其他化学元素还有硫、镁、钙、钾、碳、溴、锶、硼、氟等。

3.3.4.3 陆地水

陆地水可以分为四大类：地面流水（江河）、地下水（泉、暗河）、湖泊沼泽水和冰川。

河流景观和湖泊景观在旅游资源中占有非常重要的地位。世界许多有名的风景名胜区都离不开江河、湖泊和泉水。瀑布是河流的一种下落水体，也是重要的风景景观。

人类维持生命的水源主要是陆地水，河流和湖泊是人类最重要的生活取水地。世界上所有的重要城市、大都市都位于河流、湖泊附近或海滨地带。如长江流域的重庆、武汉、南京、上海等，黄河流域的兰州、西安，珠江流域的广州等。世界著名大都市也是如此，如法国巴黎（塞纳河）、英国伦敦（泰晤士河）、埃及开罗（尼罗河）、美国纽约（哈得逊河）等。

湖泊是由陆地上的低洼地区积水而成，很多湖泊与江河贯通相连，可以看作是河流的一部分，河流在湖泊休息，随后又向前方流去。有些河流由于与外界相通，所以形成淡水湖泊。也有些湖泊不与外界相通，是封闭的，这类湖泊可以看作是河流的终结。

冰川拥有的水量是河流、湖泊水量的120多倍，是陆地水中最大的淡水资源，不过大部分聚积在南北两极地区。

泉是地下水的天然露头，泉水的类型主要有温泉、冷泉、矿泉和普通泉水等。

3.3.4.4 水圈的循环

地球上各种形态的水，在太阳辐射和重力等作用下，通过蒸发、水汽输送、凝结降水、下渗以及径流等环节，不断发生相态的转换和周而复始运动的过程，被称为水的循环。地球上各类水体，通过水循环形成了一个连续而统一的整体。水循环可以设想从海洋的蒸发开始，蒸发的水汽升到空中并被气流输送到各地，大部分留在海洋上空，少部分进入内陆。在适当的条件下，这些水汽便凝结成降水。其中，海面上的降水可以直接回归海洋，而陆地表面的降水，除了部分重新蒸发回到大气圈外，另一部分经过植物的截留、地面拦蓄、下渗等环节转化为地表和地下径流，最后也汇入海洋，从而构成全球性巨大、统一和连续有序的动态大循环系统（图3-7）。

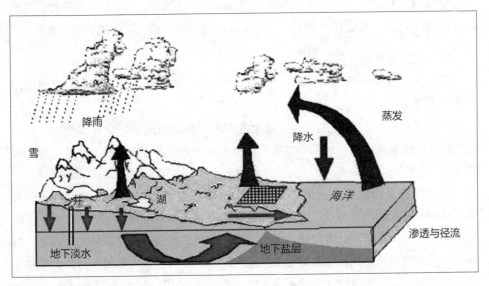

图3-7　水圈的循环

3.3.4.5 水孕育了生命和人类

地球上有了水，生命才由此在这里孕育、产生、发育、演化。生命首先在海洋里发生，海洋既是生命的发源地，也是演化的大舞台。从原核生命到真核生命，从单细胞生物到多细胞生物，从无脊椎动物到脊椎动物，这些生命演化的重大转折都是在海洋中完成的。直到今天，生活在陆地上的动物也依然与其保持着某种联系。

河流孕育了人类文明，四大文明古国就是在适合农业耕作的大河流域诞生的：古巴比伦——底格里斯河与幼发拉底河流域；古埃及——尼罗河流域；古印度——印度河流域；古中国——黄河流域。这些大河流域都是古人类的发祥地。

3.3.5 岩石圈——塑造地表形态的基础

岩石圈是地球上部相对于软流圈而言的坚硬的岩石圈层,厚约60~120km,为地震高波速带,包括地壳的全部和上地幔的顶部,由花岗岩、玄武岩和超基性岩组成,其下为地震低波速带、部分熔融层和厚度100km的软流圈。

3.3.5.1 地表形态——地貌

地表形态的塑造过程也是岩石圈物质的循环过程。它们存在的基础是岩石圈三大类岩石(岩浆岩、变质岩和沉积岩)的变质转化。

在地球内部压力作用下,岩浆沿着岩石圈的薄弱地带侵入到岩石圈上部或喷出地表,冷却凝固形成岩浆岩。裸露地表的岩浆岩在风吹、雨打、日晒以及生物作用下,逐渐崩裂风化成为砾石、沙子和泥土。这些碎屑被风、流水等搬运后沉积下来,经过固结和成岩作用,形成沉积岩。

我们今天看到的山系和盆地,以及流水、冰川、风成地貌等,是岩石圈物质循环在地表留下的痕迹。

3.3.5.2 岩石圈板块

岩石圈可分为六大板块:亚欧板块、太平洋板块、美洲板块、非洲板块、印度洋板块和南极洲板块(图3-8)。目前太平洋板块处于活动(俯冲、消减)状态,在美洲大陆西部形成纵贯北南的科迪勒拉山脉,在亚洲大陆东部形成日本—中

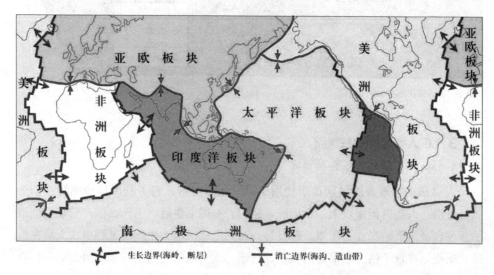

图3-8 地球岩石圈板块

国台湾—菲律宾岛弧—海沟系列。日本、中国台湾和菲律宾经常有火山活动和地震发生，正是由于太平洋板块向欧亚大陆板块俯冲造成的（图3-9），图中的贝尼奥夫带即俯冲带。

岩石圈板块的漂移、运动与软流层岩浆的上升（图3-9）引发了地壳运动。它造就了地球表层的主体地貌，留下了地球表层各种地壳运动遗迹，如断层、褶皱、高山、盆地、火山、岛弧、洋脊、海沟等，并造就了各种地表形态，如平原、高原、峡谷、山地、丘陵、盆地、裂谷等。

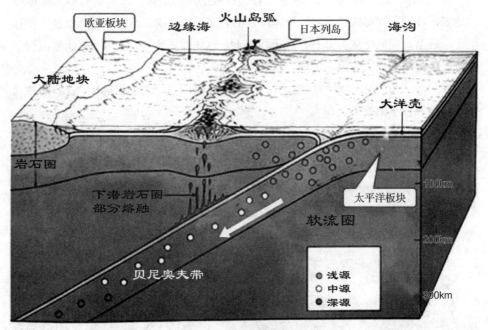

图3-9 大洋板块俯冲示意图

3.3.6 人类圈——智慧圈

3.3.6.1 人类的智慧和创造性

人类和动物最大的区别在于使用工具、积累财富，善于利用地球资源、创造美好生活。人类自诞生以来，在地球表层的岩石圈上生活、工作、生产劳动，创造了各种自身需要的产业、军事、科技等。在利用和改造大自然的过程中，人类在地球表层规划建设了供生活聚居的城市、村镇，供交流的交通工具（飞机、火车、轮船、汽车等），经历了几千年的变更，使地球变得生气勃勃。

人类圈是人文地学旅游资源的大花园。人类依托地球不同的地理环境进行开发、利用、建设，创造了不同人种和民族的人文景观。这些景观与地球各圈层有着千丝万缕的联系，由此构成重要的人文地学旅游景观资源。

人类圈包含了人类历史发展景观、人类文化景观——人类习俗、文化活动，人类生产生活创造的各种文明景观（尤其是与衣、食、住、行关系密切的人类活动所创造的各种人文景观）。

3.3.6.2 人类对地球的破坏

人类既创造了适宜的生活环境，又创造了光辉灿烂的文化，这些都是人类给予地球的。但是人类对环境肆无忌惮地开发利用，造成极大破坏，也给地球带来不可恢复的灾难。现在影响人类休养生息和万物生存的十大环境问题是：①气候变暖；②臭氧层破坏；③生物多样性锐减；④酸雨蔓延；⑤森林锐减；⑥土地荒漠化；⑦大气污染；⑧水体污染；⑨海洋污染；⑩固体废物污染。这十大环境问题直接威胁到人类的生存与发展，不能不引起人类的反思。

第4章

地球结构与地球演化

4.1 地球及其圈层结构

4.1.1 地球及其内部结构

4.1.1.1 地球形状和地球运动

我们人类居住的空间就是地球。地球是太阳系八大行星之一，是太阳系目前唯一具有生命，特别是人类居住的星球。按距离太阳远近计，地球仅远于水星和金星，居第三位。地球的形状是圆球形，更确切地说是一个扁球体，其轨道偏心率为 0.016 722，地球的表面更接近于一个不规则的梨形。

地球围绕地轴自转，又绕太阳公转，同时还随太阳系在星际空间运行。自转周期为23时56分4.1秒，自转速度为0.465km/s；公转周期为365.256 4日，即365日9分10秒（1恒星年），公转速度为29.783km/s。

4.1.1.2 地球的有关参数

根据1971年第15届国际大地测量和地球物理协会决议采用的数据，地球平均半径为6371.393km；地球的长半径为6378.160km，短半径为6356.755km，两者相差21.385km；赤道周长为40 076.696km；经线周长（子午线）为40 008.548km；地球表面积为$5.101×10^8km^2$；海洋面积为$3.62×10^8km^2$，陆地面积$1.49×10^8km^2$；地球体积为$1.083\ 2×10^{12}km^3$；地球质量为$5.976×10^{27}g$；地球平均密度为$5.518g/cm^3$，其中大陆平均密度为$2.67g/cm^3$；地壳平均密度为$2.8g/cm^3$。

4.1.1.3 地球的年龄

作为太阳系的独立行星，地球在形成以前是处于类似星际空间星云物质的气体状态。原始气体物质分异而形成液体和气体，在聚集过程中进一步分异，重元素向中心聚集，轻元素向地球表层聚集，部分气体逃逸到空间中去，最后形成固体地壳。科学家把这个时间作为地球的地质历史开始的时间。根据地球上最老的陨石、月岩的同位素年龄测定结果，地球形成的时间大约在46亿年前。

4.1.2 地球的圈层与地极、南北极

地球的圈层分为外部圈层和内部圈层。外部圈层有水圈、大气圈、生物圈；内部圈层为地核（内地核、外地核）、地幔（下地幔、上地幔）、地壳（图4-1）。地壳和上地幔顶部（软流层以上）由坚硬的岩石组成，合称岩石圈。

地球有两极——北极和南极，是地球自转轴同地面相交的两个点，位于南半球的是南极，位于北半球的是北极。

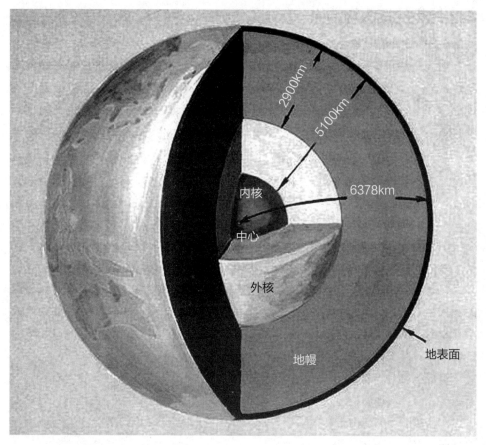

图4-1 地球的内部圈层结构

4.1.3 地球物理性质与化学成分

地球的主要物理性质有：重力和重力异常，密度和压力，地磁场，地热，地球的弹塑性。

地球的化学成分主要是指地球各部分的主要化学元素或物质种类及其存在的相对量。它主要是根据地质、地球物理和陨石等方面的资料推算得出，通常用百分比来表示。地壳的化学成分由地球外表岩石化学成分的分析结果直接求得，其中氧46.8%，硅27.3%，铝8.7%，铁5.06%，钙3.6%，钠2.6%，钾2.6%，镁2.08%，其他1.26%。地壳下部的物质成分主要是根据地球物理和陨石资料推测的，因为地球密度随深度而增加。作为天体之一的陨石，可能是具有与地球相似且具有同心环带构造的行星碎块，两者的平均化学成分应当接近。可以认为，铁陨石类似地核，石陨石类似地核外部，球粒陨石相当于地幔，而无球粒陨石则与地壳化学成分接近。

4.2 地壳的概念与结构

4.2.1 地壳的概念

地壳是指由岩石组成的固体外壳,是地球固体圈层的最外层,岩石圈的重要组成部分。通过地震波的研究判断,地壳与地幔的界面为莫霍洛维奇不连续面(莫霍面)。地壳是地球固体地表构造的外圈层。整个地壳的平均厚度约17km,其中大陆地壳厚度较大,平均为39～41km;高山、高原地区地壳更厚,最高可达70km;平原、盆地地壳相对较薄。大洋地壳则远比大陆地壳薄,厚度只有几千米。

4.2.2 地壳的结构类型

地壳分为大陆地壳和大洋地壳两种类型。

4.2.2.1 大陆地壳(Continental crust)

包括大陆和大陆架。陆壳上部为硅铝层(Sial),其物质组成与大陆出露的花岗岩层成分近似,所以又称"花岗岩层"(Granitic Layer);下部为硅镁层(Sima),其物质组成可能与玄武岩成分相当,故称"玄武岩层"(Basaltic Layer)。上下地壳之间的界面称作康拉德面(Conrad),或称C界面。

组成大陆地壳的岩石是在地球形成以后才逐渐形成的,最古老的岩石形成于38亿年以前。从地质构造角度划分,大陆地壳类型可分为相对稳定的地台(包括地盾)、相对活动的造山带和大陆裂谷系。实际上,从地理、地貌形态上也可以直观地划分出来。

大陆地壳类型的划分方案和典型地区为:地台区——我国主要有华北、新疆塔里木盆地、江南扬子江地区;地盾——地台上以古老变质岩为主分布的区域;古生代造山带——华南西部(粤西、广西、贵州等地的山脉);中、新生代造山带——中国东部的山脉、喜马拉雅山脉、欧洲的阿尔卑斯山脉等;大陆裂谷系——典型的是东非裂谷、海湾红海裂谷带。

4.2.2.2 大洋地壳(Oceanic crust)

(1)洋壳

大洋地壳简称洋壳,与大陆地壳有明显差异。其厚度较薄,平均5～6km,一般缺乏硅铝层,不具有地壳的双层结构。洋壳的岩石一般比较年轻,最老的岩石形成于2亿年前,大部分岩石则是1亿年以来形成的。

洋壳的划分主要考虑的是其与大陆和大陆边缘的关系。大陆边缘包括大陆架、大陆坡和大陆隆（图4-2）。活动的大陆边缘一般都发育有火山岛屿（如夏威夷、冰岛）、岛弧。岛弧主要是指大陆边缘外围的弧形岛屿，如日本岛、中国台湾岛、印度尼西亚群岛、菲律宾等。

（2）大洋盆地与洋隆

大洋盆地主要有三大洋，即大西洋、太平洋、印度洋等。大洋盆地可分为：边缘海盆地——如中国海、南海的外海区和日本海等；内陆海盆地——如中国的渤海、黄海等。

洋隆（Oceanic rise）又称"大洋中脊"（图4-2），或"海隆""海岭"。洋隆是指大洋底部一条宽阔的、延伸很长、坡度平缓的隆起带。作为大洋盆地中部的隆起地带，最典型的有东太平洋洋隆。

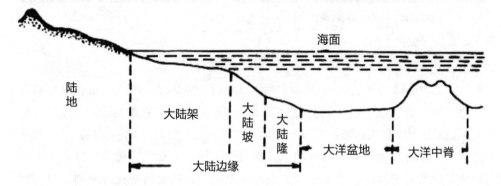

图4-2 大陆边缘与海底地形示意图

4.2.2.3 大陆边缘与海底地形

陆壳与洋壳之间的过渡地带称作大陆边缘，就是大陆至大洋深水盆地之间的地带。大陆边缘是大陆陆地向大洋盆地过渡的地带，包括大陆架、大陆坡和大陆隆（图4-2）。有两种类型，即被动大陆边缘（稳定大陆边缘）和主动大陆边缘（活动大陆边缘）。

（1）被动大陆边缘

被动大陆边缘（图4-3）又称大西洋型大陆边缘，即通常所说的稳定大陆边缘，在构造上长期处于相对稳定状态，没有火山活动和地震等。其地壳是洋壳到陆壳的过渡，大陆和海洋位于同一刚性岩石圈板块内的过渡带。它没有海沟俯冲带，早期裂开阶段位于板块内部，随后被动地随着裂开的板块而移动，故无强烈地震、火山和造山运动。

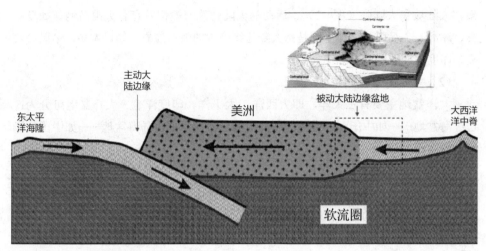

图4-3 活动大陆边缘与被动大陆边缘
注：据梁光河。

（2）活动大陆边缘

活动大陆边缘（图4-3）又称主动大陆边缘，或太平洋型大陆边缘，是具有"沟—弧—盆"（海沟—岛弧—海盆）体系的大陆边缘。典型的活动大陆边缘从大洋到陆地具有如下结构：大洋—海沟—消减杂岩—弧前盆地—弧内盆地—褶皱冲断带—弧后盆地，不同部位的主导作用不一样。活动大陆边缘是地球上火山和地震最活跃的地区，也是地球上地形高差最大、热流值变化最急剧、重力负异常最显著的地带，因此活动大陆边缘具有独特的沉积、构造、岩浆和变质作用过程。

（3）海底地形

海底地形也称洋底地形。海底地形最大的基本地形单元就是大陆边缘、大洋盆地和大洋中脊。洋底有高耸的海山、起伏的海丘、绵长的海岭、深邃的海沟，也有坦荡的深海平原（大洋盆地的主体）。

4.3 地壳的主要物质——矿物和岩石

地壳由矿物和岩石组成其物质成分。矿物是地壳中由化学元素组成的天然化合物。大多数矿物是由两种以上的元素组成的化合物，如方解石（$CaCO_3$）、石英（SiO_2），少数是由一种元素构成的单质矿物，如金刚石（C）、石墨（C）、自然硫（S）、自然铜（Cu）、自然金（Au）等。

4.3.1 矿物
4.3.1.1 晶质与非晶质矿物
绝大多数矿物呈固态，也有少数矿物呈液态（如天然汞）。固态矿物按其内部结构特点可分为结晶质和非晶质两类。

结晶质矿物内部质点（原子、离子、分子）呈有规律排列，如石盐，形成正方体的晶格；非晶质矿物内部质点呈不规则排列。

大部分固态矿物为结晶质，如石英（水晶）、方解石、金刚石（钻石）、石榴石、电气石（碧玺）、刚玉（红宝石、蓝宝石）、石膏、云母、黄铁矿、长石、角闪石等。主要造岩矿物为石英、长石、方解石、辉石、橄榄石、角闪石、云母等七种。

4.3.1.2 非金属矿物与金属矿物
非金属矿物如上述的结晶质矿物。金属矿物如自然铜、自然金、黄铁矿、赤铁矿、褐铁矿、黄铜矿、天然汞、辉锑矿、磁铁矿、自然银、自然铂、孔雀石等。

矿物类典型微景观（宝石）有：水晶晶簇、方解石晶簇、钻石、红宝石、蓝宝石、海蓝宝石、祖母绿、孔雀石、橄榄石、碧玺、锆石、石榴石等。

4.3.2 岩石
岩石是由一种或多种矿物或岩屑组成的集合体，是地质作用的产物。地壳上各种岩石形成的原因和过程各不相同，按照岩石的成因，通常把岩石分为沉积岩、岩浆岩、变质岩三大类。

4.3.2.1 沉积岩
沉积岩是由各种外力地质作用形成的沉积物（包括碎屑物、化学和有机化学沉淀物、黏土等，通常还包括火山喷发物的坠落堆积物等）。这些物质在地表或近地表条件下，经过固结成岩而形成岩石。它们按成因可以分为碎屑岩、火山碎屑岩、黏土岩、化学岩和生物化学岩四大类。

（1）沉积岩主要类型

①碎屑岩

碎屑岩按碎屑颗粒大小可分为：砾岩（砾石直径大于2mm）；砂岩（砂粒直径为0.05~2mm）；粉砂岩（砂粒直径为0.05~0.005mm）。

砂砾岩景观——紫红色、灰紫色的丹霞地貌，如福建武夷山丹霞地貌、福建泰宁地质公园、江西龙虎山丹霞地貌、甘肃天水麦积山石窟、山西大同云冈石窟等，这些地貌大多由中生代砂砾岩组成。

砂岩景观——如湖南张家界砂岩峰林地貌，湖北武汉东湖风景区磨山、龟山、蛇山，湖北赤壁市的"三国赤壁"（含铁石英砂岩），黄冈东坡赤壁为细砂岩和粉砂岩（紫红色）。

②火山碎屑岩

火山碎屑岩按颗粒大小划分为：集块岩（砾径大于100mm）；火山角砾岩（砾径为2~100mm）；凝灰岩（砾/粒径小于2mm）。海口火山口地质公园内的沉凝灰岩非常壮观。

③黏土岩

黏土岩按固结程度分为黏土、泥岩、页岩。黏土基本没有固结，泥岩固结比较松软，页岩由于受压力作用固结成薄层状或纹层状。

④化学岩和生物化学岩

按其成分分为：铝质岩、铁质岩、锰质岩、硅质岩、磷质岩、碳酸盐岩和可燃性有机岩等。碳酸盐岩地貌典型景观如：广西桂林岩溶地貌，四川兴文地质公园的石海，贵州兴义的万峰林，云南石林（路南石林），长江三峡西陵峡的灯影峡、牛肝马肺峡等。

生物化学岩石类的微景观与观赏石主要有百鹤玉（湖北鹤峰县、五峰县、利川市等地），硅质岩类的微观景观与观赏石以玛瑙类为佳。

（2）沉积岩的结构与构造

沉积岩的结构主要是指其粒度大小，粒状、砾状结构，根据其粒度大小可细分为粗砾、中砾、细砾和砂状结构（可细分为粗粒、中粒、细粒）、粉砂质结构、泥质结构，以及致密结构、块状结构、均匀结构、不等粒结构等。

沉积岩构造最显著特征是其层理构造和层面构造。层理构造主要有：水平层理、交错层理（可细分为板状交错层理、楔状交错层理）、波状层理和粒序层理（自下而上由粗变细或由细变粗），滑塌（层理）构造等；层面构造主要有：波痕、雨痕、生物爬痕、底面擦痕、泥裂、流水流痕等。

沉积岩综合地貌景观典型例证有：山西恒山，四川峨眉山，江西龙虎山，长江三峡中的巫峡、瞿塘峡，湖南张家界地质公园的砂岩峰林，各地的丹霞地貌和喀斯特地貌都是沉积岩景观。

4.3.2.2 岩浆岩

（1）岩浆岩形成及产状

岩浆岩是熔融状态的岩浆冷凝而成的岩石。岩浆是地下深处形成具有高温、高压的熔融状态的硅酸盐物质。岩浆的主要成分是SiO_2，此外还有其他元素、化合物和挥发物。

岩浆沿着地壳的薄弱地带上升，或侵入到上升通道周围的岩石中，或喷出地表。在这个过程中，岩浆逐渐冷却，造岩矿物根据自己的冷凝温度逐渐冷却，依次结晶，最后凝固形成岩石。根据岩浆上升情况，未喷出地表者根据侵入的深浅，可分为深成岩、浅成岩，若喷出地表即是喷出岩或者火山岩等。

（2）岩浆岩类型及代表

岩浆岩分类比较复杂，既要考虑其形成的产状，还要考虑其所含SiO_2的百分含量。根据SiO_2含量可分为超基性岩、基性岩、中性岩和酸性岩四种类型。

①超基性岩（SiO_2含量小于45%）类：深成岩有橄榄岩、辉石岩；浅成岩有苦橄玢岩；喷出岩有金伯利岩、苦橄岩。

②基性岩（SiO_2含量为45%～52%）类：深成岩有辉长岩；浅成岩有辉长玢岩；喷出岩有玄武岩。

③中性岩（SiO_2含量为52%～66%）类：深成岩有闪长岩、正长岩，浅成岩有闪长玢岩、正长斑岩；喷出岩有安山岩、粗面岩。

④酸性岩（SiO_2含量大于66%）类：深成岩有花岗岩、花岗闪长岩；浅成岩有花岗闪长斑岩、花岗斑岩；喷出岩有英安岩、流纹岩。对于块状构造的浅成岩，不考虑其SiO_2的含量（即不分基性岩、中性岩和酸性岩，没有超基性岩），只根据晶体结构（细晶、粗晶、煌斑）分为细晶岩、粗晶岩和煌斑岩。

（3）岩浆岩地貌景观典型例证

岩浆岩又称火成岩，是由岩浆喷出地表或侵入地壳冷却凝固所形成的岩石，侵入岩主要为花岗岩地貌，也叫侵入岩地貌。中国东部的名山大多为侵入岩，如：安徽黄山、九华山，辽宁鞍山千山、山东青岛崂山、威海成山头、秦皇岛祖山、长寿山、燕塞湖湖岸山体、浙江天目山、方岩山、普陀岛，江西三清山，福建鼓浪屿，海南五指山、尖峰岭、霸王岭、天涯海角等。

喷出岩地貌大多为玄武岩。我国喷出岩地貌景观典型例证包括：黑龙江五大连池、海南海口火山口地质公园马鞍岭、云南腾冲地质公园、福建漳州玄武岩海岸、吉林延边长白山等，这些地质公园的主题景观主要是玄武岩。

4.3.2.3 变质岩

（1）变质岩成因

变质岩是地壳中已经形成的岩石（岩浆岩、沉积岩或变质岩）在高温、高压及化学活动性流体的作用下，使原来岩石的成分、结构、构造发生改变再造而形成的岩石。岩浆岩变质而成的变质岩称正变质岩，沉积岩变质形成的变质岩为副变质岩。

变质岩按变质作用类型可分为四大类：①接触热变质岩——主要受岩浆的高温影响而成；②气成水热液变质岩——主要受岩浆的热水溶液影响；③动力变质岩——主要受地壳运动的定向应力作用影响；④区域变质岩——主要是在大面积范围内，原有岩石受岩浆活动、地壳运动的综合影响而成。

（2）变质岩的两大特点

变质岩最典型的特点是变晶结构和片理构造。变晶结构是组成岩石的矿物重新结晶而形成的结晶质结构。片理构造是变质岩的第二个特点，片理构造的表现是片状矿物（如云母等）或柱状矿物（如角闪石等）按一定的平面（片理面）呈定向排列，沿片理面岩石容易劈成薄片，片理面多数比较平整，少数为波状弯曲的。

（3）变质岩类型

变质岩的分类主要根据变质过程中的变质作用作为划分依据，主要划分为四种类型：接触热变质岩——石英岩、角岩、大理岩等；气成水热变质岩——矽卡岩（硅卡岩）、云英岩、蛇纹岩等；动力变质岩——碎裂岩、糜棱岩等；区域变质岩——石英岩、板岩、大理岩、千枚岩、片岩、片麻岩、麻粒岩、变粒岩、混合花岗岩等。

（4）典型变质岩地貌景观

中国五岳中的三岳（山东泰山、陕西华山、河南嵩山）都是前寒武纪的变质岩景观。其他地方有名的变质岩景观有：山西五台山，湖北九宫山，武当山，贵州梵净山，江西庐山，陕西太白山（大理岩），河北秦皇岛北戴河海滨风景区的联峰山、老虎石海滩基岩、山海关老龙头基岩等。

4.4 地壳运动与构造阶段

地壳运动也称构造运动，是由于地球内部原因引起的组成地球物质的机械运动。它可以引起岩石圈的变化，促使大陆、洋底的增生和消亡，形成海沟和山脉，引起岩石产状和构造形态的改变，并导致发生构造地震。

4.4.1 中国古代关于地壳运动的认识

我国古代著名的科学家、理学家、书法家等，对海陆变迁、地壳运动有种种认识和描述。他们对地球的认识是通过察看沉积岩的结构（粒度大小）、沉积构造

（层理）和所含古生物化石的种类变化得到认知的。

东晋道教理论家葛洪（284—364）在《神仙传》中写道："东海三为桑田。"

唐朝书法家颜真卿（709—784）在《抚州南城县麻姑山仙坛记》碑文中写道："南城县有麻姑山，顶有古坛，……东北有石崇观，高石中犹有螺蚌壳，或以为桑田所变。"

北宋科学家沈括（1031—1095）在《梦溪笔谈》中进一步指出："予奉使河北，遵太行而北，山崖之间，往往衔螺蚌壳及石子如鸟卵者，横亘石壁如带。此乃昔之海滨，今东距海已近千里。所谓大陆者，皆浊泥所湮耳。"

南宋理学家朱熹在《朱子语类》中写道："常见高山有螺蚌壳，或生石中，此石乃旧日之土，螺蚌即水中之物，下者却变而为高，柔者变而为刚。"

他们根据实际观察，运用现实主义原理（将今论古）分析了地壳的升降变化，阐述了化石的成因，以及山脉和岩石形成的原因。

4.4.2 地壳运动及其表现形式

地壳运动主要有两种形式：一种是大面积的地壳抬升下降（升降运动）；一种是小区域的带状挤压。

4.4.2.1 升降运动

地壳的升降运动是一种波及面较广泛、相对比较缓慢的地壳运动，常表现为波状运动特点，主要引起海洋和陆地的变化、地势高低的改变、层状岩石平缓弯曲等，一般也称作造陆运动。

地壳的升降运动最容易观察和感觉到的是海滨地带。这里有一个天然的对比参照物和参照对象。例如秦皇岛的鸽子窝、联峰山的莲花石，鸽子窝实际上是海蚀拗槽，海蚀拗槽本来在临近海平面的地方受到海浪作用而形成，但是现在离海平面已经很高；联峰山的莲花石是海蚀作用的结果，现在在莲花石离海平面的垂直高度有20m以上，这些现象正是由于海平面下降、陆地抬升所致。广州七星岗海岸地带的海蚀拗槽和波切台之间距离海平面约5m左右（据陈国达），直观地说明海平面的下降和陆地的上升。

世界上关于地壳升降运动最有名的例子，是意大利那不勒斯海湾的普佐奥利小城北面的塞拉比斯镇遗迹。这个镇建于公元前105年的古罗马时代，1749年从掩埋废墟的火山灰下面发掘出来。在该镇的废墟中，耸立着三根高12m的大理石柱，石柱自地基以上3.6m是光滑无痕的，其上有2.7m的一段，被海洋生物双壳类（瓣鳃类）钻凿了无数小孔，在虫蛀以上又是洁白无瑕。这说明，这三根柱子曾经被海水淹没过，淹没深度为6.3m（即3.6+2.7m），由于高度3.6m以下部分被火山灰掩埋，所以没有虫蛀。现在这些石柱又升出地面，所以上部也没有虫蛀，只有沉到海里的部位才会有虫蛀。

4.4.2.2 水平运动

水平运动主要是地壳受到水平挤压、拉伸、平移或者旋转，使层状岩石呈带状发生褶皱、隆起，形成山脉，所以也称作造山运动。造山运动是造成板块消减、碰撞，形成海洋中的海岭和陆地上的山脉的主要动力，它是岩石产生大规模变形（弯曲、褶皱）和形成断裂的主要原因。

造山运动的例子很多，如中国西藏的喜马拉雅山、青藏高原，欧洲的阿尔卑斯山等。其实，所有的山脉都可以认为是造山运动的产物。

水平运动的另一个表征是板块的漂移（大陆漂移），比如印度板块与欧亚板块相撞、缝合，继续作用便形成山系——喜马拉雅山，即造山运动。另外，太平洋板块向欧亚板块俯冲，形成海沟，使大陆发生地震和火山爆发。日本是最典型的例子，日本地处太平洋板块与欧亚板块的接合带，日本东部有日本海沟，日本岛多火山、地震，就是这个原因。

4.4.2.3 地壳运动的主要表现形式及其地貌景观

地壳运动的主要表现形式有地震、火山活动，岩层发生断裂和褶皱，以及岩石的变质等。张裂断层形成地堑和地垒，如庐山的龙首崖。逆冲断层地带由于逆冲推覆作用则形成"飞来峰"，如杭州西湖的灵鹫峰就是典型的"飞来峰"。火山作用形成火山地貌，有火山锥、火山湖（火口湖），如海口马鞍岭火山口、云南腾冲火山群、黑龙江五大连池、吉林长白山天池、福建漳州海岸带的火山地貌（火山地质公园）等。大断裂带上往往有地热资源，温泉资源非常丰富，我国的许多温泉都与大断裂有关。日本的地热资源非常丰富，所以日本的温泉也很多。

地壳运动形成的山岳地貌景观是重要的地貌旅游资源，世界上众多的山脉可以说都是地壳运动的产物。地壳活动频繁的地带，风景景观也非常优美，如云南省丽江、腾冲地区和西藏雅鲁藏布江地带都是世界级的自然风光旅游胜地。

4.4.3 地壳运动的阶段性——构造阶段

地质历史时期的地壳运动，实际上是板块运移、运动乃至大陆漂移过程中不同阶段的表现形式。地球的岩石圈总是在不停地运动着，或者是大陆开裂形成海洋，或者是大陆对接、相撞，形成山系。

4.4.3.1 大洋演化的阶段

大洋演化的周期大致可分为六个阶段：孕育期、初裂期、成年期、衰退期、残余期和消亡期，也叫威尔逊旋回。威尔逊旋回主要是指大陆岩石圈在水平方向上的彼此分离与拼合运动的一次全过程，即大陆岩石圈由崩裂开始，以裂谷为生长中心的雏形洋区渐次形成洋中脊，扩散出现洋盆进而成为大洋盆，而后大洋岩石圈向两侧的大陆岩石圈下俯冲、消亡，洋壳进入地幔而重熔，从而洋盆缩小；或发生大陆渐次接近、碰撞，出现造山带，然后拼合成陆的过程。

（1）孕育期

也叫胚胎期，在陆壳基础上因拉张开裂而形成大陆裂谷，但是还没有出现海洋环境，如位于非洲大陆东部断裂带的东非大裂谷。

（2）初裂期

陆壳继续开裂，开始出现狭窄的海湾，局部已经出现洋壳，如位于非洲东北部和阿拉伯半岛之间的狭长海域——红海。

（3）成年期

由于大洋中脊（海岭）向两侧不断增生，海洋边缘与大陆的接合地带（大陆边缘）还没有出现俯冲、消减现象，这时大洋迅速扩大，如位于欧洲、非洲与南、北美洲和南极洲之间的大西洋。

（4）衰退期

大洋中脊虽然继续扩张增生，但是大洋边缘的一侧或者两侧开始出现强烈的俯冲、消减作用，海洋的总面积在逐渐缩小。如太平洋东海岸的北美洲和南美洲沿海带，有一系列的深海沟。其西侧（西海岸）的日本、中国、菲律宾等，则有一系列的岛弧，岛弧的外测有海沟，而且这个地带多火山、多地震，这就是太平洋板块向美洲板块和欧亚板块俯冲的结果。所以，太平洋是一个逐渐萎缩变小的海洋，而大西洋是一个在扩张的海洋（目前已经停止扩张）。

（5）残余期

随着洋壳海域的逐渐缩小，终于导致大洋两侧的陆壳地块相互逼近，其间仅存残留的内陆海，如位于欧洲、非洲和亚洲大陆之间的地中海。

（6）消亡期

大陆漂移和大洋萎缩的结果，其最后使两侧的大陆直接拼合、碰撞，海域完全消失，转变成高峻的山系，如中国与印度交界的喜马拉雅山、欧洲中南部的阿尔卑斯山等。

4.4.3.2 构造旋回与构造阶段

从大陆板块的开裂、海洋出现、扩大，然后萎缩、封闭，再到两个大陆碰撞，最终形成山系。这样的一个过程，我们称之为"构造旋回"或"构造阶段"。这样一个构造旋回的周期，大致需要2亿年左右的时间。

在这个全过程中，不仅仅是大洋的开合，大陆的碰撞，与此相伴的各个地区的古地理环境、古气候条件、古生物面貌等，都在发生相应的变化。所以，地质学家利用构造阶段来划分地质历史发展的阶段。以生物演化划分的地质历史阶段为：前古生代（太古宙、元古宙）、早古生代、晚古生代、中生代和新生代。与此相对应的大地构造运动有：前古生代构造运动，早古生代加里东构造运动，晚古生代海西构造运动，中生代印支运动和燕山运动，新生代喜马拉雅运动或阿尔卑斯运动等。

4.5 地层与地质历史演化概况

4.5.1 地层概念格架（framework）

4.5.1.1 岩层与地层

成层岩石（包括沉积岩、火成岩和变质岩）泛称为岩层。

在一定地质年代内形成的层状岩石（岩层）称为地层。地层具有时间含义，包括成层的沉积岩、花岗岩和变质岩，其中以沉积岩为主。实际上地球表面所有的岩石都可以称为地层，因为所有岩石都具有严格的时间和空间限定。

4.5.1.2 地层的基本规律——地层层序律

地球表面的沉积岩总是一层层地依次先后沉积下来的，时代老的岩层先沉积，较新的岩层再叠覆在较老的岩层之上。只要地层未经过强烈的地壳运动（构造变动）而发生倒转，地层的顺序总是下老上新，这就是地层叠覆律（地层层序律）。

4.5.1.3 地层的接触关系类型及其地质含义

地层的接触关系是指新老地层或岩石在空间上的相互叠置状态。一套地层与相邻地层的关系，由于二者经历的地质作用和地质演化过程有差异而出现不同的情况，因此上下两套地层就出现了两种接触关系，即整合接触和不整合接触。

（1）整合接触关系

如果在一个沉积环境（沉积盆地：海洋、湖泊）内，沉积作用不断进行，所形成的地层接触关系则称为连续沉积的接触关系。连续的两套地层间没有明显的或截然的岩性变化，它们往往是逐渐过渡的。

如果在沉积过程中，曾经有一段时间沉积作用停止，但是并没有发生明显的大陆剥蚀作用，后来又接受沉积，这样便出现了地层的间断。间断面上下的地层岩性改变有时很明显，这时上下容易识别，但有时候上下岩性并无显著变化，这时要区别连续和间断常常是很困难的。我们把地层的这种连续沉积接触和有沉积间断的接触都认定为整合接触类型。

（2）不整合接触关系

有两种情况：一种是平行不整合（图4-4）；一种是角度不整合（图4-5）。

平行不整合又被称为假整合。形成平行不整合的地质环境和条件是由于地壳运动的结果。原来接受沉积物的沉积区（盆地）由于地壳上升（整体抬升）变成剥蚀区，沉积作用转化为侵蚀作用，这时不但没有新的沉积物继续沉积，原有的沉积物反而被剥蚀，一直到这个地区再次下降为沉积区，接受新的沉积。如此，先前的和后来的两套沉积物（成岩后的地层）之间存在一个大陆侵蚀面（且有一个时间的间隔），由于地壳抬升并没有造成下部地层发生褶皱和变形，上部与下部地层两者的产状依然平行一致，这样的一种接触关系称为平行不整合（图4-4）。

角度不整合又被称为截合。形成角度不整合的地质环境条件也是地壳运动的结果。这类地壳运动不仅使原沉积区发生整体抬升，变为大陆剥蚀区，而且发生造山运动，其结果使得下部地层发生强烈的褶皱变形。待到该地区再次下降接受新的沉积物层时，上部地层和下部地层之间存在一个大陆剥蚀面，而且两者之间的岩层产状还呈现截交关系，这种接触关系称为角度不整合（图4-5）。

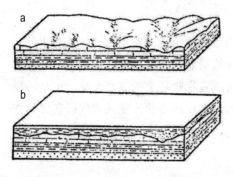

a-地壳抬升造成的大陆剥蚀面；
b-地壳重新下降接受新的沉积。

图4-4　平行不整合

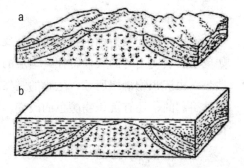

a-地层褶皱、上升后形成的大陆剥蚀面；
b-地壳重新下降接受新的沉积。

图4-5　角度不整合

4.5.1.4 地层体现的地学含义

（1）时间含义

如上所述，根据地层层序律，我们知道下部岩层（地层）时代老，上部岩层（地层）时代新，由此体现出明显的时间含义。

（2）空间含义

地层占有一定的空间，地层在一定的区域展布（分布）。沉积岩是在一定的沉积盆地内沉积而成的。沉积盆地若是海盆地，则其展布面积可以很广，若是湖泊，其分布面积相对要小。河流沉积为不规则带状，山麓堆积则呈现为扇状体。

（3）古地理含义

地层大多数是由沉积岩组成，沉积岩是沉积盆地里的沉积物，这个沉积盆地可能是海洋，也可以是湖泊，或者其他沉积环境，如河流、山麓、三角洲等，从而显现出很强的古地理环境特征。

古地理环境识别标志主要是根据岩石的岩性特征（包括沉积结构、构造、沉积物成分和特殊矿物标志等）和古生物化石。鹅卵石表明为河流沉积物，水平岩层含有陆生生物化石的页岩、泥灰岩为湖泊沉积物。地层中若含有陆生生物化石，表明为湖泊、河流环境；恐龙化石体现为湖泊环境，恐龙蛋代表湖岸环境；大量植物化石则为沼泽环境；含有海洋生物化石表示沉积岩是海洋沉积物；有些环境标志明显的生物化石能够准确反映当时的沉积环境，例如含有珊瑚化石的地层，代表温暖清澈的浅海环境；含有大量贝壳类生物化石（贝壳滩）则为动荡的滨海环境；若含有大量游泳、浮游生物化石则体现为深水（深浅海、半深海或深湖）环境。沉积构造如泥裂（龟裂）、雨痕表示浅水环境（滨海、滨湖），表明在某个时间段曾经露出过水面。

（4）事件含义

地层中的一些特殊沉积构造往往反映出当时某个地区发生过一些地质事件。如风暴岩表明当时的气候特征。地层的包卷构造表示当时地理环境处于一个斜坡地带，由沉积物滑塌所致。生物的突然消失或者生物种类的突然改变，也是地质事件引起的，还有沉积物颜色的改变，显示出沉积环境的改变或者气候条件的变化等。

4.5.2 地质历史概述

4.5.2.1 地质年代表

地质历史时期的重大地质事件、地壳运动和生物演化如表4-1所示。

4.5.2.2 地球历史概述

地球的历史是复杂的，经历了46亿年左右的漫长岁月，很多证据已经不复存在，我们只能通过星球与地球演化及其地质记录最为敏感和最能体现其发展特征的一些物质、遗迹等做出判断。很多变更都与地壳活动有着密切的内在联系，尤其是生物的演化、古气候的变化和古地理环境的变迁等（表4-1）。

表4-1 地质时代、地壳运动与生物演化简表

宙	代	纪	代号	距今大约年代（百万年/Ma）	主要生物进化				构造阶段
					动物		植物		
显生宙	新生代 Kz	第四纪	Q	—1—	人类出现		近代植物时代		喜马拉雅阶段 阿尔卑斯阶段
		新近纪	N	—2.5—	哺乳动物时代	古猿出现 灵长类出现	被子植物时代	草原面积扩大 被子植物繁殖	
		古近纪	E	—65—					
	中生代 Mz	白垩纪	K	—137—	爬行动物时代	鸟类出现 恐龙繁盛 恐龙、哺乳动物出现	裸子植物时代	被子植物出现 裸子植物繁盛	燕山构造阶段 印支构造阶段
		侏罗纪	J	—203—					
		三叠纪	T	—251—					
	晚古生代 Pz₁	二叠纪	P	—295—	两栖动物时代	爬行类出现 两栖类繁盛		裸子植物出现 大规模森林出现	海西构造阶段
		石炭纪	C	—355—					
		泥盆纪	D	—408—	鱼类时代	陆生无脊椎动物发展 两栖类出现	孢子植物时代		
	早古生代 Pz₂	志留纪	S	—435—				小型森林出现 陆生维管植物出现	加里东构造阶段
		奥陶纪	O	—495—	海生无脊椎动物时代	带壳动物爆发			
		寒武纪	Cm	—540—					
元古宙	新元古	震旦纪	Z	—1000—		软躯体动物爆发			前寒武构造阶段
	中元古		Pt	—1800— —2500—	低等无脊椎动物出现		高级藻类出现 海生藻类出现		
	古元古								
太古宙	新太古		Ar	—2800— —3200— —3600— —3800— —4600—	原核生物（细菌、蓝藻）出现 原始生命蛋白质出现				
	中太古								
	古太古								
	始太古								

注：由于地质年代表近年来变更比较大，名称也有更新。这里注明一下新旧对比：新近纪（晚第三纪），古近纪（早第三纪）。

(1) 太古宙早期（始太古4600—3800Ma）

前太古宙阶段为地球的天文时代，涉及地球的诞生和形成，也就是原始地球形成的时期。在这个阶段，地球诞生与太阳系的形成是相联系的。关于太阳系的形成有几种假说，主要有星云说、碰撞说和俘获说三种，简述如下：

星云说——康德-拉普拉斯假说。1755年，德国哲学家康德（Kant，1724—1804）在《自然通史和天体论》一书中，提出气云缓慢旋转形成太阳系的"星云假说"。他认为星云以某种不定的方式凝聚成许多分散的球体。到1796年，法国天文学家拉普拉斯（Laplace）也独立地提出了他的星云假说，他的图像要细致一些。康德-拉普拉斯的假说认为，一些巨大的、收缩着的物质云团从一开始就是旋转着的。随着云团的收缩，旋转的速度越来越快，随着云团速度的不断增大，球状星团逐渐变成扁平快速旋转的星云盘，物质集中在中心。中心继续收缩，其结果形成原始太阳，随后又开始从其快速旋转的赤道抛出一个"物质环"来。这个"物质环"逐渐凝聚成沿着椭圆轨道旋转的行星。星云假说在19世纪末遭到否定，因为它难以解释太阳系角动量分布不均匀的实际情况。

碰撞说——法国科学家布丰（Buffon，1749）曾提出一种相当流行的理论，他认为，太阳系是由太阳和一颗彗星发生碰撞时飞出的碎片产生的。不过，当人们发现彗星是由极其稀薄的尘埃组成时，该理论便自然崩溃了。

俘获说——1946年由苏联天文学家施密特提出。他设想旋转着的太阳在运行时穿过一个暗星云并俘获了一团有气体的尘埃云，尘埃云被太阳俘获后，绕太阳旋转，渐渐形成扁平状，并相互聚集、碰撞，使得运动方向平均化而趋于同一个平面，在太阳引力与星云自身凝聚引力作用下扁平体发生分裂，"大裂块"形成行星，"小裂块"向"大裂块"聚集形成行星的卫星。不过，施密特的学说也难以解释太阳系角动量分布特征，当尘埃云的角动量很大时，理论计算证明，俘获是不可能的。始太古末期，大约38亿年前后，原始地球形成。

(2) 太古宙中晚期（古太古—中太古—新太古，3800—2800Ma）

从古太古开始，地球上开始有了明显的地质记录，也即有了地史演化发展的物质记录，或者说开始有了最初的岩石圈、水圈和大气圈，有了水和大气也就有了地质作用。以有地质作用为重要标志，地球的发展开始进入地质时代。

太古宙最显著的地质事件是：水圈和大气圈的形成；生命的起源和出现；开始有了地质作用、地质记录。关于无机向有机转化，到生命出现的演化，大致过程为：无机界—有机界—无核细胞—有核细胞—生命出现。

地球周围的化学成分主要有氮、碳、氢、氧，为无机的化学分子，在太阳光和雷电的作用下（光电效应），相互作用，出现氨（N+H=NH₃）、甲烷（C+H=CH₄），氨和甲烷为有机质。

$N+H_2O$——NH_3+O_2

C_2+H_2O——CH_4+O_2

这里的H_2O是一种原始的水蒸气，由于原始地球表面还没有形成O_3（臭氧层），这些O_2（氧气）都逃逸（跑掉）了。后来，由于光电效应的进一步作用，$3O_2$——$2O_3$，臭氧增加形成臭氧层。以后形成的O_2、CO_2等气体就没有再跑掉，O_2和H_2作用，形成水。原始水圈和大气圈形成，有了大气圈和原始的水圈，地球上也就有了地质作用。

氨和甲烷进一步起化学反应，（有机质、有机界）出现核糖核酸、核苷酸等。这些成分乃是生命的物质基础。

生命的出现和最早的生物（生命物质）化石主要是氨基酸、脂肪酸等。可疑生物化石就是指这类物质的化石。太古宙后期开始出现原核细胞（无核细胞）生物，即最早的蓝藻类、菌类。藻类的地层记录（化石）就是古老的叠层石。

太古宙的岩石主要为变质岩。这些古老地层形成的山系作为旅游景观主要分布于华北、东北地区，五台山—太行山一线（局部）、冀东迁安一带、东北辽宁鞍山、内蒙古乌拉山一带等地，地质学家把这些地区的变质岩体称作陆核。

（3）元古宙（2800—540Ma）

生物界主要是藻类和菌类，地质上称为菌、藻时代。大量的藻类、宏观的叠层石，也叫微古植物，主要分布在我国的华北（北京、河北）、东北（吉林等地）地区的地层中。

沉积物（变质岩）也分布在这些地区。典型的变质岩地貌主要有山东泰山、山西五台山、河南嵩山、贵州梵净山等，也是我国有名的山岳景观。广西北部的龙胜和贺县一带也有分布，作为典型地层剖面者是天津蓟县元古代地层剖面，目前已经列为国家级地质公园。

河北秦皇岛北戴河海滨地带的地貌，其岩石类型主要是元古宙时期的混合花岗岩类，联峰山、老虎石、老龙头、鸡冠尖等景点的基岩，鸽子窝的鹰角石等，都是国内重要的地质实习地。其他还有庐山的变质岩地层及其地貌景观、辽宁鞍山铁矿基地的大型矿山旅游资源景观等。

中元古、新元古早期到新远古晚期（震旦纪）的生物主要是叠层石、宏观的藻类、微古植物三大类型。震旦纪出现软躯体动物类，多数产在灰岩中，是很好的大理石建筑材料。北戴河联峰山公园的大门和吉林抚松仙人洞就是叠层石灰岩景观。长江三峡宜昌三游洞、白马洞的主体为震旦纪岩石。三峡中的灯影峡（唐僧、孙悟空、猪八戒、沙和尚造型）主体为震旦纪地层。另外，三峡地区的名胜风景有兴山县高岚风景区，神农架地区主要是元古代和震旦纪地层。

新元古晚期在中国划为震旦纪。由于其生物比较明显，岩石变质轻微或者不变质，所以在研究中往往单独考虑。震旦纪地层在我国华北、华南都有分布，以华南为主，华北很少。典型地层剖面是湖北宜昌长江三峡地区的峡东震旦纪地层剖面，这也是国家级、甚至世界级地层剖面。该剖面由我国著名地质学家李四光建立、研究，目前已经确定为长江三峡国家地质公园（重庆、湖北）。

（4）早古生代（540—408Ma）

显生宙早期开始有了明显的生物化石，是海生无脊椎动物大爆发时代，包括早古生代的三个纪：寒武纪、奥陶纪、志留纪。

①生物发展概况——寒武纪是早古生代的第一个纪，此时，地球上第一次出现了生物的大繁盛。典型代表性生物化石有小壳动物化石、三叶虫、笔石。自奥陶纪开始，生物出现了新的物种，主要有鹦鹉螺、腕足类、腹足类（蛇卷螺）、珊瑚类和角石。角石是很好的观赏石，湖北武当山的磨针石碑就是两根角石，由此编出了铁杵磨绣针的传说故事等。志留纪在继承奥陶纪生物种类的基础上，增加了棘皮动物海百合类（可作为观赏石），晚期开始出现最早的脊椎动物——盾皮鱼类和棘鱼类，主要是无颌类。这是地球上生物演化的一个重大事件。

②古地理概况——中国华北和西北大部地区为浅海海洋古地理环境，以华北为典型。山东张夏（济南市）寒武纪地层剖面（区域标准地层剖面），唐山地区奥陶纪地层剖面，北京周口店寒武纪、奥陶纪地层剖面等，代表华北地区的标准剖面。华北地区没有志留纪地层记录。华南地区都有寒武纪、奥陶纪、志留纪地层发育。长江三峡地区（宜昌）寒武纪、奥陶纪、志留纪剖面，为华南早古生代标准地层剖面；云南梅树村寒武纪地层剖面为西南地区的标准剖面；南京地区奥陶纪、志留纪剖面也有一定的区域对比意义。有些标准剖面所在地已经成为国家地质公园。

③地貌景观——作为旅游景观而言，寒武纪和奥陶纪多处为岩溶地貌和溶洞景观。寒武纪、奥陶纪地层大多是碳酸盐岩，所以华北（包括东北）的溶洞大多发育在早古生代地层中。三峡地区也是发育在寒武纪、奥陶纪灰岩中。江苏茅山为志留纪地层，主体是砂岩地貌景观。

（5）晚古生代（408—251Ma）

晚古生代是显生宙发展的第二个阶段，包括三个纪：泥盆纪、石炭纪、二叠纪。

①生物演化特征——泥盆纪为鱼类时代（总鳍鱼、沟鳞鱼）；石炭纪-二叠纪为两栖类时代。植物以蕨类的裸蕨、种子蕨为主。动物以珊瑚、腕足类（如鸮头贝）最为繁盛。

②地貌景观——晚古生代的旅游景观主要是地层、地貌景观，中国南方地区都有发育和分布。如桂林山水（岩溶地貌）和溶洞、张家界砂岩峰林、湖北赤壁市的三国赤壁、江苏宜兴的紫砂陶器、广西柳州岩溶地貌、贵州的岩溶地貌、黄果树瀑布等。

晚古生代是世界性的"成煤期"，尤其是石炭纪和二叠纪时期，煤系地层分布广泛，我国大多数煤矿都是这个时期的。山西大同的"煤雕"是重要的旅游艺术品。

（6）中生代（251—65Ma）

显生宙的第三个阶段为中生代，包括三个纪：三叠纪、侏罗纪、白垩纪。

①生物特征——中生代生物的显著特征是爬行动物时代，典型生物为恐龙和鸟类，植物为裸子植物。中生代生物景观有四川自贡大山铺恐龙化石群遗迹园区，贵州兴义三叠纪贵州龙，贵州关岭三叠纪鹦鹉螺、海龙、鳍龙、鱼龙、楯齿龙等。

②主要地貌景观——可分为火山岩-岩浆岩地貌和碳酸盐岩地貌。典型的岩浆岩地貌有安徽黄山、九华山，山东青岛崂山，海南五指山、霸王岭，北京、河北的燕山山脉等。福建漳州为火山岩（玄武岩）景观。中生代碳酸盐岩地貌景观有长江三峡（以三叠纪地层为主）、贵州织金洞世界地质公园等。

（7）新生代（65Ma—）

显生宙的最后一个阶段就是新生代，包括第三纪（古近纪、新近纪）、第四纪。

①地壳运动与地貌景观——西部地壳抬升，青藏高原崛起，形成喜马拉雅山。东部地壳下降，形成渤海、黄海、东海、南海四大海，形成四大平原和山地、丘陵地貌。平原主要有东北松辽平原、华北平原、长江中下游平原、珠江三角洲平原。各种地貌景观在自然演化中更加成熟，其中花岗岩地貌、变质岩地貌、喀斯特地貌（岩溶地貌）、丹霞地貌、砂岩峰林地貌呈现出很高的美学观赏价值。其他山脉形成，包括吕梁山、太行山、大兴安岭等。我国大部分山脉都是这个时期形成的。可以这样认为，新生代是我国各种地貌景观的主要形成时期。

②新生代生物——哺乳动物和人类出现。动物以各类大型脊椎动物哺乳类为特色，如甘肃临夏和政的铲齿象、大唇犀、长颈鹿、羚羊等动物群景观。

③新生代火山岩地貌景观以玄武岩柱状节理为显著特征。中国著名的新生代火山岩地貌和玄武岩柱状节理景观主要有：雷琼世界地质公园（海南海口火山口、广东湛江湖光岩），山西大同火山群，吉林伊通玄武岩柱状节理，云南腾冲曲石玄武岩柱状节理，江苏南京六合桂子山玄武岩，香港西贡石柱玄武岩，台湾金门澎湖大果叶玄武岩石柱景观、大屯火山群（约有20座由集块岩与安山岩为主构成的火山地貌景观），浙江临海桃渚、宁海、东阳巍山屏、嵊州下王镇柱状节理，山东昌乐团山子柱状节理等。

④新生代造山运动景观——全球最具代表性的新生代造山运动景观是中国喜马拉雅山和欧洲阿尔卑斯山。

第 5 章
地质作用过程及其景观特征

5.1 地质作用及类型

5.1.1 活动的地壳

地球自形成以来，在漫长的地质年代中，其结构、构造、物质成分和表面形态都在不断地运动和变化着。裸露的地表岩石在风化作用下会变得松散和破碎，在各种地质应力作用下会不断脱离岩层向坡下滑动、滚动；或者被风、流水等搬运到适当的地点，再沉积或堆积下来形成新的沉积岩层。强烈的地震活动不仅给人们的生命和财产造成巨大的损失，而且还会引起山崩地裂，改变地表的自然面貌。火山作用也会使地表形态发生变化。

另外，喜马拉雅山的崛起，青藏高原的抬升，四川盆地的凹陷，沿海一些城市地面的下沉，海平面的沉降，大陆陆地地面缓慢的上升与下降，甚至有些地方的地块发生缓慢的水平位移等，以上这些变化都是地壳活动的痕迹。

这些活动和作用有时缓慢不易觉察，有时急剧显著。它们共同作用，使得地球的面貌在漫长的地质年代里，发生着巨大的变化，如沧海桑田、海陆变迁、江河游移、山洪暴发、火山喷吐、地动山摇、高山崛起、平原凹陷等。这些现象都是不同地质作用的结果。

5.1.2 地质作用类型

5.1.2.1 地质作用

地质学家把自然界引起地壳物质成分、结构、构造及地表形态发生不断改变和发展的各种作用称为地质作用。或者说，地质作用是指促使组成地壳的物质成分、构造和表面形态等不断变化和发展的各种作用。地质作用是地质动力引起的。产生地质动力的能源来自太阳辐射、日月引力、地球自转、重力和放射性元素蜕变等。

根据地质作用的动力来源或者发生作用的主要部位，可以将地质作用分为外力地质作用和内力地质作用两大类。这两种地质作用彼此之间既互相排斥和对立，又互相联系和依存。这种对立统一的矛盾运动，推动着地质作用的进行，也推动着地壳的运动和发展。

5.1.2.2 外力地质作用

外力地质作用主要是由地球以外的能源，如太阳及宇宙空间能等引起的。其中太阳辐射能起着重要作用，它引起了大气圈、水圈、生物圈的物质循环运动，形成了风、流水、冰川等地质应力，由此产生各种地质作用。外力地质作用主要发生在地球表面，它使地球表层原有的矿物、岩石不断遭受破坏，并不断形成新的矿物和岩石，还可以使某些元素富集或分散形成可供开采和利用的矿产，与此同时也引起地表形态——地貌的不断变化。

5.1.2.3 内力地质作用

内力地质作用是由地球内部的能源引起的，地球的主要内能有热能、重力能以及地球自转和转速变化的动能。内力地质作用可以促使岩石圈的某些区域的块体（板块）发生缓慢的水平位移和垂直方向的上升与下降，并使其发生分裂、分离或者俯冲、碰撞，还可以导致发生地震活动、火山作用及各种构造变动等（图5-1）。

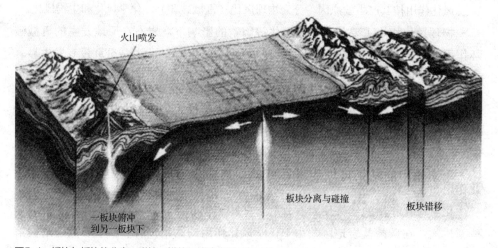

图5-1 板块与板块的分离、碰撞、错位和俯冲作用

5.2 外力地质作用类型及其景观特征

大陆和海洋是地球表面的两大基本地貌类型。这两大区域的外力地质作用类型和方式有很大不同。海洋外力地质作用比较简单，主要是通过海浪、潮流、浊流及各种海流等方式进行。

海洋地貌类型主要有：洋盆地、海底河流、海底山脉、海底平顶山、大陆坡、洋盆、大陆架、珊瑚礁海岸、海底火山、海底热泉、深海平原、海沟等。

大陆上的外力地质作用比较复杂，按照地质营力的方式和介质条件，一般可以分为风化作用、风蚀作用、地面流水作用、地下水地质作用、冰川地质作用、湖泊地质作用和块体运动等。下面以大陆地貌为主，结合地学旅游景观和旅游生态环境介绍几种主要的外力地质作用及其形成的地貌。

5.2.1 风化作用及其景观特征

风化作用（weathering）是指地球和宇宙间、地壳表层与大气圈、水圈和生物圈之间物质与能量转化的表现形式。作用的营力有太阳辐射、水、气体和生物。在地表环境下，由于气温、大气、水及生物等作用，使地壳的岩石或者矿物在原地分解和破坏，这种地质作用即风化作用。

5.2.1.1 风化作用类型及其特征

风化作用按其产生的原因可分为物理风化（机械破坏）、化学风化和生物风化。

物理风化作用主要是在温度变化等因素的影响下，岩石在原地发生的机械破坏作用。它使岩石裂开或者崩塌，形成大小不等的碎块，而其成分并没有发生显著变化。物理风化作用方式有温差风化、冰劈作用、盐类结晶作用、潮解作用以及黏土质岩石因干湿而产生的膨胀、干裂等。

在化学风化作用过程中，水起着重要的作用。自然界不存在纯水，在大气降水中溶解了或多或少的气体（如O_2、CO_2和其他可溶性物质），使得雨水成为酸性（H_2CO_3）或者碱性的复杂溶液。化学风化有溶解作用、氧化作用、水解作用、水化作用和碳酸化作用等。

化学风化作用的结果使岩石分解、某些矿物分离，甚至在水的作用下形成一些新矿物。在碳酸盐岩地区，由于化学风化作用的结果，岩石沿着裂隙逐渐被溶解、破坏，形成石芽、丛峰以及各种各样造型的山石景观。桂林山水首先是风化作用的产物。化学风化长期作用的结果是，在湿热的气候条件下，岩石和矿物逐渐被分解，同时新形成许多表生矿物，如高岭石等黏土矿物。如果原岩富含铁质矿物，则其颜色呈红色、砖红色或者黄褐色。我国北方的黄土高原以褐色土为主，南方广东、江西大面积分布红色土壤（红层），这些都是化学风化作用的产物。

由生物的生命活动引起的原岩破坏作用称为生物风化作用（biological weathering）。生物风化有动物的挖洞、钻穴和植物的根劈作用等。

5.2.1.2 风化作用对环境的影响和产物

风化作用多数沿节理缝起作用，岩石长期遭受风化，使得裂隙越来越大，最后使山体被分割成各种形状的小型块体。许多山体受风化作用影响，沿裂隙带产生球形风化，花岗岩山貌可以风化成许多小的岩石块体，出现各种形态造型。山体长期风化，节理缝逐渐扩大，直至受重力影响垮塌。冰劈作用主要是沿节理缝的水冷却结冰、膨胀，使裂隙变大，最终垮塌，使岩石崩解成岩块和岩屑，在山坡地带形成倒石锥。

风化作用是形成各种形态和造型山石的主要外营力之一。风化作用的最终产物是形成土壤。土壤是植被的主要依托。森林、花卉、小草、果林、乔木、灌木等都依赖于土壤而生长。

能够满足人的正常生活需求的食物主要来源于农作物，农作物则必须依赖于土壤。由此而言，土壤是维持人类和世界万物生命的基础和依托。

5.2.2 地面流水作用及其景观特征

地面流水是沿陆地表面流动的水体，是地球水圈的一部分。它在大陆上分布非常广泛，是陆地上一种重要的地质营力，在塑造陆地地貌形态方面具有突出的作用。

地面流水的主要水源有雨水、冰雪融水、地下水，有些河流以湖泊为水源。大河的水源往往是多方面的，例如我国长江的发源地在唐古拉山主峰格拉丹冬雪山一带，由冰川融化的雪水供给，沿途不断有雨水、地下水和支流河水予以补给，最后汇聚成世界闻名的第三大江。河流是陆地表面最重要的地面流水。它是具有固定水道的常年流水，在改造陆地面貌过程中占主要位置。

5.2.2.1 地面流水的运动状态

地面流水的运动状态，按照流体内部水质点的运动轨迹，可以分为层流、紊流和环流等不同的水动力结构。一般地，水流在低速运动时保持层流状态；水质点的运动速度和运动方向随时发生任意改变的水流称为紊流，其运动轨迹呈不规则状态；地面流水水质点的运动方向常在垂直其流动方向呈螺旋状有规则的变化，这种螺旋状水流称为环流，在河流的弯曲河段常常发生环流作用。

5.2.2.2 河流的侵蚀作用与造景机理

河流的上游以切割、剥蚀作用为主，由于河流的上游地形高差（纵比降）大，流水湍急，所以主要表现为切割和剥蚀，即下切作用明显，往往形成峡谷或者"V"形河谷。"V"形谷是谷坡高度远远大于谷底宽度的深谷，例如长江上游的金沙江以峡谷为主，其中最险要的一段是著名的虎跳峡。

在河流的下游，其纵比降小，或者河谷开阔，这里河流的下切（也称下蚀）作用变弱，侧蚀作用大大增强。侧蚀作用的结果，使得河谷展宽，河床变弯曲。河水进入弯道河段后，水流受到惯性离心力的影响，其主流线逐渐向河溪的凹岸偏移至河湾顶部，主流线便紧靠凹岸，使得河流凹岸受流水作用的强烈冲刷和冲蚀，由此岸脚被掏空并导致岸壁塌落而后退。与此同时，凹岸弯道产生的环流，将其从上游携带下来的部分较细的沉积物淤积在凸岸，这样使河流凸岸不断前伸，从而致使河谷或者河床越来越弯曲。这种作用长期发展的结果，使河床产生连续弯曲，形成河曲或者曲流。随着弯道河曲的增加，河床便在两侧摆动，形成"九曲回肠"。河湾的弯曲度继续变大，相邻的河湾会愈加靠近，致使两个河湾间的陆地形成曲颈状。在洪水期，由于水量突然增加，侧方侵蚀能力也突然增强，水流便冲溃曲颈直接流向下一处河湾，这种现象叫作河流的截弯取直，被遗弃的弯曲河道演变成牛轭湖，例如湖北石首至湖南城陵矶段的下荆江河弯段，有十余处牛轭湖，比较有名的有石首市的天鹅洲河湾（六合垸）。

由于组成河床的岩石软硬不均，河流下切的速度也有差异，因而造成谷底在纵向上常常呈现为阶梯状。在河流纵剖面上，沿水平方向，若软硬岩石之间出现缓坡段与陡坡段的突然转折，并且这种转折形成流水落差较高的陡坎，这样便造成流水明显的跌水现象，这就是瀑布。我国著名的瀑布有贵州黄果树瀑布、山西吉县与陕西宜川交界的黄河壶口瀑布、黑龙江吊水楼瀑布等。

5.2.2.3 河流沉积作用与地貌景观

河流的沉积作用主要发生在下游段的平原区，尤其是河口区（河流入海处的三角洲）。典型河流作用景观有河谷、峡谷、瀑布、河流阶地、三角洲、河滩、牛轭湖等。河流入海处形成的三角洲，有些面积很大，如上海是长江流入东海的入口，崇明岛是其三角洲平原；海南省海口的名称就是南渡江流入琼州海峡的入海口，在这里形成三角洲——海甸岛和新埠岛。

地面流水的另外一种形式是洪流，洪流可形成泥石流、山麓堆积、洪积扇、侵蚀沟等。这些地面流水作用往往会形成地质灾害，在旅游景区应该加以防范。

5.2.3 地下水作用及其景观特征

5.2.3.1 地下水运动状态

地下水是埋藏在地表以下岩石和松散堆积物空隙中的水体。泉、井是其露头。地下水在岩石的空隙中缓慢的渗流，其地质作用很显著，例如岩溶地貌和地下纵横交错的溶洞，就是地下水溶蚀作用的产物。地下水多数是以重力水状态运动，它既可以是层流状态，也可以呈现为紊流状态，或者两者并存。

5.2.3.2 地下水垂直分带

地下水根据垂直分带情况，可以分为包气带水、潜水、承压水三种基本类型（图5-2）。包气带水是靠近地表的空隙水，由于这些空隙中没有充满水，所以称之为包气带，在这里可以形成悬挂泉；潜水发育在地表松散堆积物与地表以下第一个稳定隔水层以上的地带，这里可以形成上升泉；承压水是埋藏在两个稳定隔水层之间透水层内的重力水，所以也称为层间水。承压水出露处形成上升泉，人工凿井可成为自流井。承压水水量稳定，水质好，是理想的饮用水，矿泉、温泉大多属于承压水泉。

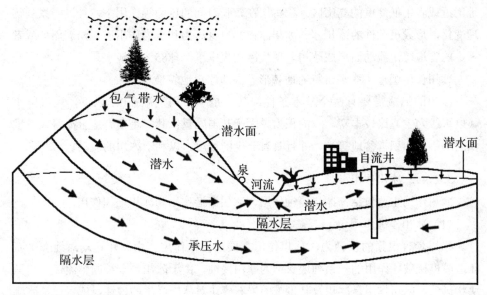

图5-2 地下水的三种类型

5.2.3.3 地下水的潜蚀作用及其造景机理

地下水最重要的作用是潜蚀作用，也叫地下水剥蚀作用。地下水对岩石的冲刷破坏为机械潜蚀作用，有时形成孔洞，常常引起崩塌和陷落；地下水对岩石、矿物的溶解而产生的破坏作用称为化学潜蚀作用，在我国也称岩溶作用，国外称为喀斯特作用。这种作用可以使岩石中的孔隙或裂隙逐渐扩大，以致发育成巨大的洞穴。

岩溶作用的结果可以在地表和地下形成各种岩溶景观，一般分为地表岩溶和地下岩溶两类，地下岩溶主要形成溶洞。

5.2.3.4 主要地下水作用及景观特征

地下水景观主要有泉、井、地下河、溶洞等。由于地下水的作用，地下水形成特殊的地貌景观——天坑（溶洞塌陷而成）、泉华、溶洞等沟谷、洞穴景观。例如：云南路南石林、湖北鄂西利川的腾龙洞、广西、重庆的天坑等。我国有众多的溶洞，其中发育了壮观的钟乳石、石笋、石柱等。

5.2.4 冰川作用及其景观特征

5.2.4.1 冰川分布与形成条件

冰川是大陆上常年积雪的地区由积雪形成的能运动的冰体。它主要分布于极地附近或者中低纬度的高山区。积雪层在较长时间的压力等作用下，经过一系列物理变化，形成可塑性的冰川冰。冰川冰在其自身压力和重力作用下，沿着斜坡或者一定的谷道缓慢流动而形成冰川。现代冰川集中了全球85%的淡水。

冰川作用塑造了许多奇特的地貌形态，即冰川地貌景观。

冰川的形成需要有两个基本条件：其一是年平均气温在0℃以下，大气降水（以雪线为主）比较丰富，雪的积累量大于其消融量；其二是要有适合冰雪大量堆积的场所（如积雪盆地等），并且具有一定的坡度，以利于冰川的流动。

5.2.4.2 冰川作用

冰川作用主要包括：冰川侵蚀作用、冰川搬运作用和冰川堆积作用。

（1）冰川侵蚀作用

冰川具有很强的侵蚀力。冰川作用主要是侵蚀作用。由冰川运动对地表土石体造成机械破坏作用的一系列现象称为冰川侵蚀。由于冰川是一种固体流，冰川呈块状运动。冰川作用是冰川及其携带的岩石碎块对冰床产生的破坏，或者说是冰流对其依托的山体岩石（基岩）进行的机械破坏作用。冰川以其自身的重量挤压和破坏冰床上的岩石，在其运动过程中对基岩又有挖掘和锉磨的破坏作用，所以也称为冰川刨蚀作用。在刨蚀作用过程中，始终伴随有冰劈作用（图5-3）。

（2）冰川搬运作用

冰川的搬运是固体搬运，即载移，搬运能力很大；其次，冻结在冰体内的岩石碎块不能自由移动，彼此间很少摩擦与撞击，只是岩块与岩壁间有摩擦；再者，冰川具有较大的压力。冰川搬运的物质通常称为冰碛。冰川不同于地面流水、地下水、海水、湖水和风，这些外动力的机械搬运都要耗费搬运介质的动能，而冰川搬运并不消耗冰川的动能。

图5-3 黑龙江漠河冰川景观——冰劈作用
注：翟林摄。

（3）冰川堆积作用

冰川堆积作用也称冰川沉积作用，主要指冰川停滞或后退时冰碛物的堆积过程。冰川是固体状态的水，包裹在它内部的碎屑较少受到地球重力的影响，但随着温度的上升，冰川携带体有消融的可能。冰川运动时，冰川体包裹或推移碎屑一同前进。当冰川部分消融后，消失冰体中的碎屑物质就地沉积，最前段的推移物称为终碛，原冰体底部的包裹物称为底碛。

5.2.4.3 冰川分类特征

根据冰川的形态和运动特性，分为大陆冰川和山岳冰川两大类；按照冰川的物理性质分为海洋性冰川和大陆性冰川两种；世界冰川目录则采用形态分类，即：大陆冰盖、冰原、冰帽、溢出冰川、山谷冰川、山地冰川、小冰川或雪源、陆棚冰、石冰川、不定或混杂的冰川等10种类型。

现在主要根据冰川所处的气候、地形条件及冰川分布的规模和形态特征，冰川作用可以分为下列主要类型：

（1）大陆冰川作用

大陆冰川分布于高纬度和极地地区，年平均温度很低，一般低于0℃，雪线位置很低，积雪面积很广，冰层厚度多达千米以上，形成中间厚边缘薄，由中心向四周流动的冰流，称为冰盾或冰盖。

大陆冰川的冰层厚，覆盖区地形相对比较平缓，冰川运动主要靠冰川自身压力，以挤压流的方式，由冰层较厚处向四周呈舌状流动，因而不受地形限制，可以逆坡而上覆盖在起伏不平的地面上。

（2）山岳冰川作用

山岳冰川分布于中低纬度高山地带。其特点是雪线位置高，规模小，冰层薄，受地形控制，常呈线状分布。山岳冰川按其形态可以分为冰斗冰川、悬冰川、山谷冰川和山麓冰川等。

现代山岳冰川的覆盖面积虽然不足$100\times10^4 km^2$，但是其地质作用结果却相当可观。中国的现代冰川均属山岳冰川，全部分布于东经102°以西的高山地区，山岳冰川覆盖面积约为$4.4\times10^4 km^2$。

5.2.4.4 冰川地貌景观特征

由冰川作用形成的地貌称作冰川地貌，尤其是冰川刨蚀作用形成的地貌具有更高的观赏价值和科学研究价值。主要的冰蚀地貌有：冰川槽谷、冰斗、冰峰等。

（1）冰川槽谷——又称冰川谷，或者冰川谷地，主要是由于山谷受冰川掘蚀、锉磨，常在横剖面形成"U"形谷地，所以也叫"U"形谷。

（2）冰斗——由刨蚀作用而形成的三面环山、后壁陡峻的半圆形洼地。冰斗常由雪蚀坑发育而来。

（3）冰峰——也叫角峰，指被3个或多个冰斗或者冰窖包围的、岩壁陡立的金字塔形山峰。它是由山峰周围或冰窖中的冰体向后啮蚀山坡而形成的。

其他冰川景观主要有：羊背石、冰臼、鼓丘、冰碛扇、冰砾扇、冰碛丘陵、冰碛阶地等。

5.2.5 风成作用及其景观特征

风是地表环境中经常发生的一种自然营力（或者地质营力）。风成作用的结果，在干旱气候区的荒漠地带及其邻近地区最为显著，在某些植被稀疏、松散沉积物大量裸露的潮湿气候区也很显著。风的作用主要表现为风蚀作用（包括吹扬作用和磨蚀作用）和风沙运动（风沙搬运）。

5.2.5.1 吹扬作用及其景观特征

吹扬作用是风把地表的松散砂粒或尘土扬起并带走的作用，由于它是依靠风的动力把物质吹离原地，故也称吹蚀作用。风的冲击力及其紊流作用，可以把在地表的疏松物质吹离原地，持续的吹蚀会使地表形成大小不等、主要顺风向伸长的椭圆形洼地（风蚀洼地）。一般被吹扬离开地面的碎屑物，是直径在2mm以下的砂粒和黏土，砾石则留在原地。持续强劲的吹扬，使得该地区只留下砾石，在条件适宜时，便形成以砾石为主的砾漠——戈壁。

5.2.5.2 磨蚀作用及其景观特征

磨蚀作用是风沙在流动过程中所携带砂粒对地表岩石的冲击、摩擦使岩石发生破坏的作用。风沙流中的含砂量是影响磨蚀作用的主要因素。换言之，风的磨蚀作用与风速和砂粒离地面高度及粒径有关。风沙流的含砂量具有垂直分布的特点，而且磨蚀作用的范围是离地面30cm以内的地带。风速受到地形的控制，一般情况下，沟谷纵横的盆地边缘的风速要比一望无垠的沙漠腹地大，磨蚀作用更显著。总体是山谷垭口和正对风口的迎风地段或迎风面的磨蚀作用最强烈。

5.2.5.3 风蚀作用及其景观特征

风蚀作用的结果往往形成蜂窝石或者风蚀壁龛。对于一些岩性软硬不均的岩石，在风蚀作用下可以形成不规则的洞穴，即风蚀穴；对于盆地边缘独立的巨石或者岩块，在风砂长期的磨蚀下，则常形成下细上粗、呈蘑菇状的石块，即风蚀石蘑菇（图5-4）；持续的风蚀，可以使岩石块体的下部变得很细，仿佛能被风吹动，称作摇摆石；若是岩块发育垂直节理，经长期风蚀后，则可形成风蚀柱。

图5-4　风蚀石蘑菇

我国新疆准噶尔盆地西北部、塔里木盆地东部，青海柴达木盆地西北部都是著名的风蚀地区。罗布泊洼地附近的风蚀区将近3000km^2，在这里形成各种各样的风蚀地貌景观。

5.2.5.4 风的沉积作用及其景观特征

在风速减弱时，紊流的上举低于砂粒的沉降速度，这时砂粒和尘土便会堆积下来形成风积物，这就是风的沉积作用。

由于风力搬运过程的分选作用，沉积作用也有明显的分带特征。在风力强劲的荒漠地区，只有部分地区被风成沙层覆盖，较大的区域为风蚀基岩区（石漠）和由粗砂和砾石组成的戈壁，在沙漠的外缘地带常为黄土堆积。

风成地貌主要为沙堆、沙丘（有新月形和纵向沙丘）。在我国西北地区（新疆、甘肃、内蒙古西部、青海等地），风成景观普遍发育。甘肃敦煌一带的沙丘是游人青睐的景观地带，这里有月牙泉、鸣沙山等景观。

主要风成景观包括：沙漠、蘑菇石、风蚀谷、风城（魔鬼城）、风蚀湖（月牙湖）、风成沙丘、风蚀黄土沟谷等。

吹扬作用往往会形成沙尘天气，在大风吹扬的情况下，可能生成沙尘暴，给人类生活带来极大不便，环境受到重度污染。

5.2.6 湖泊作用及其景观特征

湖泊是陆地上的集水洼地，也就是陆地上较大的蓄水盆地。全世界湖泊的总面积大约为2.7×10^6 km^2。湖泊发展的后期会逐渐被泥沙充填，湖泊萎缩逐渐变成沼泽、湿地。湖泊作用主要是沉积作用，在沉积过程中可以形成与人类生活关系密切的铁、铝、锰、煤、石油和盐类等沉积矿床。

5.2.6.1 湖泊的成因类型及其特征

形成湖泊的原因很多，从作用力来看，主要有内力作用和外力作用两大类型。

（1）内力作用形成的湖泊与特征

构造湖——由地壳构造变动形成的湖泊。有两种形成方式：一种是由于局部地壳下凹形成湖盆，例如我国的太湖、鄱阳湖等。这种湖泊的外部形态轮廓不规则，规模比较大，湖水较浅；另一种是沿着地壳运动所产生的断裂下陷而形成的贮水盆地，这种湖泊多呈现为狭窄的长条形，其边缘轮廓一般比较平直，湖水较深，例如俄罗斯的贝加尔湖、东非裂谷中的坦噶尼喀湖等。我国云南省的滇池、阳宗海、抚仙湖等就是沿着小江断裂带分布的呈线状排列的湖群。

火山湖——也叫火口湖，即火山口形成的贮水湖盆。由火山作用引起喷火口内颈部塌陷而形成漏斗状洼地，即火山口。后来，由于降雨、积雪融化或者地下水使火山口逐渐储存大量的水，从而形成火山湖，例如长白山天池。火山喷发的熔岩堰塞河道或其他水域则可形成熔岩堰塞湖。

（2）外力作用形成的湖泊与特征

几乎所有自然界的外力作用都可以形成湖盆。外力作用的湖泊规模小，湖水较浅，湖盆的形态轮廓不规则。主要外力作用形成的湖泊有：河成湖——河流截弯取直而形成牛轭湖，多出现在河流下游与河流三角洲地带；冰成湖——冰川刨蚀作用形成的洼地贮水形成冰蚀湖；风成湖——风蚀作用和风积作用形成的风蚀洼地与风积洼地积水形成的湖泊（月牙泉）；海成湖——浅海海湾与浅海海岸带的潮坪地带，由于沙坝、沙堤或沙嘴的生长逐渐合拢，把海水隔离成相对孤立的水洼，即形成泻湖；岩溶湖——主要形成于碳酸盐岩发育的地区，由溶蚀塌陷而成，在我国主要产生于滇、黔、桂等岩溶地貌发育的地区。人工湖——水库，是人类利用自然环境的适宜地带围堰筑坝而成的湖，一般多修筑在河流的上游段。

5.2.6.2 湖泊水体及其景观特征

湖泊景观从静态而言，有湖岸和湖面（水体），从动态来看主要有湖浪、湖流。湖浪主要是由风引起，有时也可能由不均匀的气压所引起。

湖岸景观多指湖滨地带的地形地貌和植被景观。湖面在绝大多数情况下都是动态的，只有风平浪静时可以视为静态。另外，湖中岛、湖心岛景观也是湖泊的静态景观。

湖泊景观的最大特色在于自然风光的有机协调、搭配，主要是山、水、林（森林为主的植被、花卉、花草）三者的有机结合，若三者缺一，便会显得不完美。

湖泊景观的第二大特色在于湖光山色之外人文景观的配合。这样天人结合才会使文化底蕴深沉广厚。例如，湖南洞庭湖—岳阳楼—君山三者结合，互为映衬，互相补充，《岳阳楼记》成为洞庭湖区重要的人文景观点；江苏太湖周边点缀着众多的人文景观：苏州太湖东南的东洞庭山、西洞庭山流传有范蠡、西施在这里隐居的传说，以及光福景区的宗教建筑和湖湾渔港等；无锡的惠山和锡惠景区的天下第二泉、寄畅园、惠山寺、鼋头渚等。这些景观点都有各自特色的文化内涵。

5.2.6.3 沼泽的影响因素及其景观与功能特征

沼泽景观的最大特色是湿地和其间繁茂的嗜湿植物，可以是茂密的森林，也可以是浩渺的芦苇荡（芦花荡）。在这广阔的湿地间，各种水鸟和嗜湿动物在这里繁衍生息。

目前典型的大面积沼泽地不多，或者有些已经演化到沼泽的后期，变成洼地。我国有名的沼泽有罗布泊等。罗布泊属于干旱气候地区的沼泽地，已经属于后期的洼地。湖北省古代曾有"云梦泽"之称谓，即江汉盆地，现在已经变成江汉平原。

值得重视的是红树林湿地，它具有很高的生态环境保护意义。红树林有"海上森林"之称，是热带海洋独有的地理景观。红树林是"地球之肺"，又是"地球之肾"，具有双重作用和功能，它在保护海岸、维护海陆交互地带的生态环境中至关重要。另外，红树林具有物质生产功能、生态恢复功能、抗污染和净化水体等功能。红树林能够防风消浪、促淤护岸，同时又是近海动物饵食基地，还能够抑制海平面上升等。海南省海口市东寨港红树林湿地在1992年被列入《关于特别是作为水禽栖息地的国际重要湿地公约》组织中的国际重要湿地名录，是中国七个被列入国际重要湿地名录的保护区之一。

5.2.7 海洋作用及其景观特征

5.2.7.1 海洋环境分带与景观特征

海洋中不同地带海水的运动，海水的物理、化学性质以及海洋生物的特点等，是影响海洋作用的主要环境因素。根据海水的深度及海底地形特征，可以将海洋划分为几个具有不同特征的环境分区（图5-5），在不同的海洋环境分区，其海洋作用有着各自的特征。海洋环境由陆地向海洋可以分为四个地带：滨海带、浅海带、半深海带和深海带。

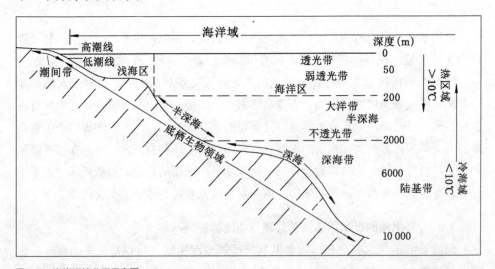

图5-5 海岸环境分区示意图

滨海带——滨海带即是海陆交互地带，其范围是低潮线（低潮海面与地形面的交线）与最大浪潮所能冲击到的上界之间的地带（图5-6）。它属于海岸带的一部分，习惯上人们也称作海岸带，可以分为前滨和后滨。后滨也就是潮上带，它位于平均高潮线以上，在特大高潮和遇到风暴时可以被海水淹没。前滨也称作潮间带，是高潮、低潮之间的地带。它随着潮汐的涨落时而被淹没，时而露出水面，其宽度主要取决于海岸带的坡度，坡度越缓，其延伸的宽度越广，最宽可达数千米（这主要出现在以潮汐作用为主的海岸带）。坡度陡，波浪作用强，滨岸潮间带的宽度就小。

浅海带——浅海带是大陆以外比较平坦的浅水海域，其水深自低潮线以下至水深130m或200m之间。许多地区的大陆架水深在200m以内，其海底地形则与浅海带相当，所以又称为陆架浅海。

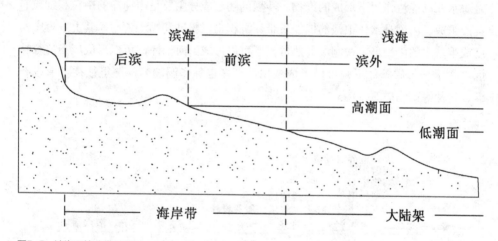

图5-6 滨海环境分带示意图

由于浅海海底地形平缓，海水不深，海水运动以波浪对海底的影响为主，水温受季节的影响。多数浅海海水的盐度正常，而且变化不大，海水的含氧充足。因距离海岸带不远，海水中悬浮质比较多。浅海中海洋生物非常丰富，多数为底栖生物。浅海海水在深度50m以内为上部，上部阳光充足，容易受到波浪的搅动，藻类植物繁盛。水深在深度50m以下为下部，这里阳光稍微减弱，海生生物中藻类较少，主要是底栖生物。

半深海带——半深海是指位于深度200m至深度2000m间的海域，其海底地形坡度较陡，平均坡度在4.3°以上，是从浅海向广大深海的过渡地带，在海底地形上称作大陆坡。该地带海底地形崎岖，常发育有深达数百米甚至千米以上的海底峡谷。半深海一般无光线透入水底，水温比较低。海水运动以海流为主，波浪仅仅能触及其表层，在海底峡谷地带浊流发育。半深海地带生物贫乏，以浮游生物占优势。

深海带——水深大于2000m的广大海域为深海区。在深海海域内的海底地形主要为大陆裾（陆基）、海沟和大洋盆地等。其中大洋盆地面积最广，地形比较平坦。海水运动以海流为主，深海属于无光带，这里海洋生物贫乏，以浮游生物为主。作为旅游功能地带主要限于浅海地带以上，尤其是滨海地带。

5.2.7.2 海浪作用为主的海岸带

波浪作用强烈的海滨地带，一般向海方向的地形坡度较大，在这里往往形成障壁岛（沙坝）和泻湖环境。沙坝是平行于海岸带露出高潮面以上的狭长沙体。它是海水在高能量作用下形成的产物。沙坝的物质成分主要是由纯净的中粒和细粒石英砂组成。泻湖是水体很浅的低能量带，沉积物以粉砂和黏土为主，其上发育广盐度或半咸水的生物群。在潮湿炎热气候下可以形成滨海沼泽，可以形成广布的森林区。在干旱气候条件下则可以形成咸化泻湖（也称作潟湖），这里往往可形成石膏、岩盐等矿物矿石（图5-7）。

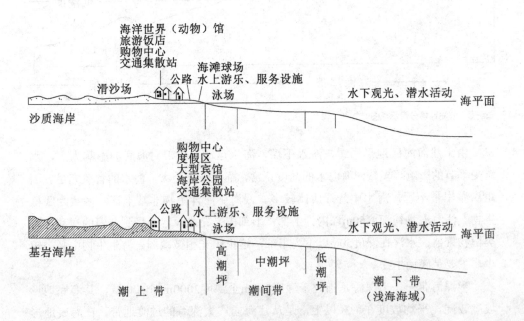

图5-7 潮汐作用为主的浅海分区图（上）及潮坪环境分带示意图（下）

5.2.7.3 潮汐作用为主的海岸带

潮汐作用强烈的地带，则波浪作用较弱，向海方向的地形坡度很小，非常平坦，在这里不容易形成障壁环境和潟湖，而是形成潮坪环境。所谓"坪"者，乃平坦之地，潮坪环境是非常平坦的海滩环境。在潮坪环境的潮上带和高潮带以上往往形成近海沼泽，潮间带则常见生物礁（以珊瑚礁为主）、介壳滩堆积，形成一些浅海台地环境。

潮坪环境具体的分带（图5-7）为：潮上带、潮间带（可细分为高潮坪、中潮坪和低潮坪）和潮下带（即浅海环境）。

5.2.7.4 滨海环境及其景观特征

由于滨海处于海陆交替的地带，在这里海浪、潮汐与海岸交锋，与旅游有关的海洋作用和海洋景观几乎都出现在这个地带。海蚀作用、波浪作用、潮汐作用以及部分海流作用均发生在这里。海蚀作用是指由海水运动的动能、海水的溶解作用和海洋生物的活动等因素引起的对海岸及海底岩石的破坏作用。海蚀作用方式可以分为机械（物理）的、化学的、生物的三种形式。

基岩海岸的海蚀作用主要表现为受波浪冲击而形成的沿着水平方向展布的凹穴，即海蚀凹槽（海蚀槽），还有海蚀穹（海蚀天生桥）、海蚀洞、海蚀崖、海蚀柱以及波浪作用冲刷形成的波切台等海蚀地形。秦皇岛北戴河区的海岸带的海蚀地貌非常发育，比如鸽子窝（海蚀穴）、鹰角石（海蚀崖）、联峰山上的莲花石（发育海蚀凹槽）。在比较坚硬的基岩地带可以形成海岬，譬如山东威海成山角，人称"天尽头"。以上主要是物理性质的海蚀作用，这类海蚀地貌在我国东南沿海许多地方都有发育，著名的景观有浙江普陀岛、福州鼓山、厦门鼓浪屿、大连老虎滩等。

化学海蚀作用一般发育在碳酸盐岩分布地区，在海水的溶蚀作用下，形成溶洞和喀斯特地貌。

沙质海岸地带主要为冲刷和堆积作用，往往在潮上带和高潮带形成沙丘、沙坪、沙岗、沙脊等景观，例如秦皇岛市昌黎县海滨带的黄金海岸、南戴河海滨带滑沙游乐场等。高潮带还可以形成沙堤、沙坝、沙嘴景观，在潮坪带还可以有砾石滩、生物碎屑（介壳）滩、珊瑚礁等沉积、堆积景观。

5.2.7.5 滨海带的旅游功能

滨海带是休闲度假旅游的极佳环境。世界许多著名的旅游度假区都位于滨海与海岛地带，如法国科西嘉岛和普罗旺斯、意大利西西里岛、墨西哥坎昆、印度尼西亚巴厘岛等。

海滨带的主要旅游功能有：休闲度假，体育运动，疗养健身，观光游览，游乐消夏，海底探险、探秘、探奇等。

基岩海岸地带可以建造旅游度假村、别墅、疗养中心、健身园地和游乐设施等，开辟海滨泳场，修建海滨游乐场、滑沙场、滑草场、沙滩球场、游乐宫等。

5.3 内力地质作用类型及其景观特征

内力地质作用主要是指由地球内部应力作用产生的地质现象，诸如火山爆发、岩浆活动、地震、断裂褶皱以及变质作用等地质过程。考虑到旅游景观形成过程的影响不太显著，此处不予以详细论述，只做简明扼要的说明。

5.3.1 褶皱及其景观特征

褶皱是指岩石受力发生弯曲变形的应力过程和应力作用下层状岩石弯曲变形的形态、形迹，是岩石挤压变形的产物。单个的岩石弯曲称作褶曲，褶曲岩层的中部向上拱而弯曲为背斜，岩层中部向下弯曲为向斜，一系列的背斜和向斜共同构成褶皱（图5-8）。

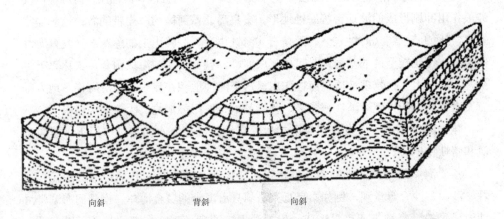

图5-8 褶皱在地形上的表现特征及其相关要素

褶皱山——地球大部分山峰为褶皱山。尤其是三峡地区的山多数如此，或者是背斜，或者为向斜。

单斜山——岩层向同一个方向倾斜，谓之单斜。大区域中，由于背斜或向斜被破坏，切割分离，形成各种单斜山。

5.3.2 断裂及其景观特征

断裂就是岩石的破裂现象。它起因于应力作用下的机械破坏，使岩体丧失其连续性，而不涉及其任何破碎部分是否发生过位移。断裂包括裂隙、节理和断层等。下面主要介绍断层和节理。

5.3.2.1 断层类型

断层主要是指岩层或岩体中的一个或一组破裂面，沿破裂面两侧的岩层或岩体发生明显的位移。断层的位移量有大有小，小者仅几厘米，大者可达数千米甚至数十千米。

断层的组合类型主要是根据受力状况而分为压性断裂的正断层、逆断层、平移断层（图5-9）和张性断裂的地堑和地垒（图5-10）。

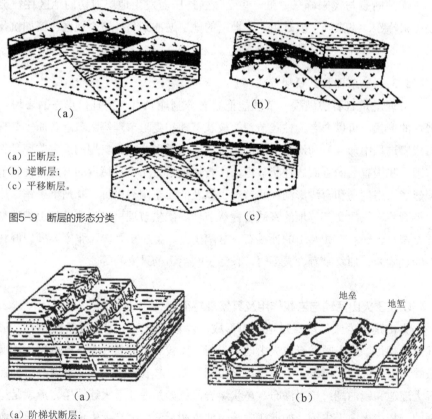

(a) 正断层；
(b) 逆断层；
(c) 平移断层。

图5-9 断层的形态分类

(a) 阶梯状断层；
(b) 地堑和地垒。

图5-10 断层的组合分类

张性断裂，下凹者为地堑式断层，如琼州海峡。凸起者为地垒，如庐山就是地垒式山，形成的陡崖即断层崖——庐山龙首崖。地堑是一种地质构造形态，一般规模较大，在地貌上可以表现为裂谷或与裂谷相似。典型例证有中国的汾渭地堑（山西汾河与陕西渭河）和欧洲的莱茵地堑，它们在地形上常呈现为狭长的谷地，即一连串长条形盆地或湖泊。

中国东部的大型断裂带往往在地表不容易直接观察到，如我国东部延伸于山东郯城和安徽庐江的郯庐大断裂。但是中国西部则景观特征明显，如云南横断山脉地区，地貌景观丰富多彩，成为有名的高山纵谷山地风光带，如丽江、腾冲地热分布带和三江并流等。

断层角砾岩——许多断层带的附近都发育有断层角砾，如湖北房县境内的青峰大断裂带上，可以见到非常明显的角砾岩，沿线出现特殊的地貌景观。

逆冲断裂与飞来峰——在一些受强烈挤压而发生地层剪切的地区往往会形成"飞来峰"，飞来峰主要是由一个地区的地层逆冲到另外一个地区，例如杭州西湖风景区的飞来峰，就是从其他地方运移过来的。

5.3.2.2 节理及其景观特征

节理就是岩石的破裂。节理能把岩石分割成具有一定几何形态的岩块，根据岩块的形状，可以命名为柱状节理、板状节理和菱形节理等。节理有原生节理（岩石成岩过程中形成）和次生节理（岩石成岩以后形成）。典型的原生节理是玄武岩节理，我国有名的玄武岩柱状节理如：吉林抚松、靖宇县境内的玄武岩柱状节理，福建漳州南碇岛和台湾澎湖柱状节理，以及浙江东阳巍山屏、嵊州下王镇、广东雷州乌石岭、徐闻文部等地的玄武岩柱状节理。次生节理可以形成各种山貌造型，被称作奇石、怪石。如黄山的仙桃石、梦笔生花、猴子望月等，张家界砂岩峰林景观中的金鞭岩、仙女献寿、夫妻岩，长江三峡巫山的神女峰等。

5.3.3 火山活动与岩浆作用及其景观特征

火山是由岩浆活动穿过地壳而形成，运移上升到达地面或喷出地表，形成特殊的堆积体。火山喷发形成火山地貌景观。比较典型的景观有：火山锥，如海口马鞍岭、山西大同火山锥、火山口；火山湖，如吉林长白山天池；堰塞湖，如黑龙江五大连池和镜泊湖；熔岩瀑布、鼻状熔岩，例如黑龙江五大连池熔岩流就是熔岩流淌的产物；火山天生桥，如浙江雁荡山仙桥和天台山寒岩天生桥；火山熔岩洞，如海南海口石山镇的火山熔洞；玄武岩柱状节理。我国的火山群主要有：山西大同火山群、黑龙江五大连池火山群、云南腾冲火山群、台湾大屯火山群、吉林伊通火山群等。

火山喷发景观以现代活火山为典型,如菲律宾吕宋岛(皮纳图博、塔尔火山)、印度尼西亚的现代火山。意大利维苏威火山被誉为"欧洲最危险的火山",日本本州岛富士山活火山在世界范围内广为人知,肯尼亚、坦桑尼亚两国交界的乞力马扎罗火山是世界上最大的火山之一。

5.3.4 地震作用及其景观特征

地震作用是地球内力集中释放的突发性事件。大地发生的突然震动,俗称"地动"。广义的地震包括两大类:其一,由于自然作用产生的震动,即"天然地震";其二,由于人为原因造成的震动,即人工地震。全世界每年发生的天然地震中,人类能够感觉到的有五万余次,能够造成严重灾害的有十余次。地震的发生往往造成巨大的人员伤亡和建筑物的破坏。能够引起地震的原因很多,其中直接原因一般认为主要是地球岩石圈内某些部分在内应力的作用下发生破裂,从开始破裂处释放出能量(应变能),并有一部分能量以弹性波的形式在地球内传播,传到之处就震动起来。至于地球的岩石圈怎样受力破裂,即引起地震的根本原因,目前还没有得到理想的解释。

地震遗迹景观主要包括:①地震地裂缝——为地震造成的地面断裂,规模大,常呈带状分布;②地震堰塞湖——为地震引发山崩、滑坡、泥石流堵塞河流形成的湖泊,在山区出现,具有溃堤产生地震水灾的潜在危险;③地震鼓包——为地震时因断层的强烈错动在地面的表土层中产生的小型隆起,常发育在地裂缝两侧,成群排列;④地震滑坡——为受地震震动影响,地面斜坡上的岩土在重力作用下整体下滑。地震滑坡是地震引发的重要次生灾害之一;⑤地震废墟——为工程建筑遭受地震严重破坏后残留的遗址或遗迹。

我国主要的地震遗迹景观有河北唐山、云南丽江、青海玉树、四川汶川等地震遗址、遗迹等。

5.3.5 变质作用及其景观特征

变质作用是指岩石在地下特定的地质环境中,由于物理化学条件的改变使其在矿物组分和岩石结构构造方面发生变化的作用。这种作用是在固体状态下发生的。变质作用的因素主要有温度、压力和化学活动性流体。在变质作用过程中,可以使组成岩石的矿物颗粒变粗变大,使一种矿物变成另外一种矿物,也常常导致某些元素富集，形成重要的变质矿床，如铁矿、锰矿、镍矿、铜矿等。

我国主要的变质岩景观有：秦皇岛北戴河海滨带基岩海岸（联峰山、老虎石、鹰角石等）——混合花岗岩；山东泰山——主要由变质杂岩地貌组成，诸如三岔沟的峡谷，百丈崖、扇子崖的峭壁，龙角山、歪头山、傲徕峰的奇峡景观等；河南嵩山——变质岩组合，主峰地区的玉寨山、峻极峰、五指岭、尖山等，多为石英岩组成；山西五台山——主要由片岩、片麻岩、变粒岩、麻粒岩等古老结晶岩构成；庐山也是变质岩山，主体为板岩和片岩，由断块山构造地貌景观、冰蚀地貌景观、流水地貌景观叠加而成。

第**6**章
民俗与图腾及其地学环境

6.1 民俗及其地学环境特征

6.1.1 民俗旅游资源地学因素

民俗就是民间的风俗习惯。民俗文化的形成原因是多方面的，其中经济、政治、地域、宗教、语言等因素决定或影响着民俗文化的产生和发展。地理环境可以直接影响一个地区的社会经济发展和人居生活方式，也对当地的宗教信仰和文化习俗产生影响。中国是一个少数民族众多的国家，各少数民族居住在不同的自然环境里，其地理、地貌、植被、气候、水文条件等都有很大的差异，在长期的生活、劳动中，逐渐形成了各自不同的生活习惯，在居住、衣着、饮食、劳动、婚嫁、交际、商贸交流、节庆活动、宗教信仰等方面，也都有自己的特色。

一个民族风俗习惯的形成，是由社会历史条件和地域自然环境决定的。由于地理隔离，各少数民族遵循自己的生活方式，谱写自己的发展历史，形成自己的生活习惯、民风民俗、图腾信仰等。

6.1.2 服饰的地域性

服饰往往反映一个民族的生活习俗、审美和喜好，以及宗教文化等，也与当地的生产劳动、生活习惯和生活条件等有关，经过长期的发展，各民族形成各自特有的服饰。

6.1.2.1 东北地区少数民族服饰

东北地区包括辽宁、吉林、黑龙江和内蒙古东部地区（呼伦贝尔市、兴安盟、通辽市、赤峰市、锡林郭勒盟）。这里的少数民族主要有赫哲族、满族、蒙古族和朝鲜族，他们的服饰各有特色。

（1）赫哲族、满族、蒙古族服饰

赫哲族生活在东北黑龙江流域，以渔猎为生，那里冬天漫长而寒冷，受此影响，其男女服饰多以皮料为主，如冬天穿狍皮大衣或鹿皮大衣，戴皮帽。满族先民一年四季都穿袍服，因八旗制度而称之为"旗袍"。蒙古族主要生活在内蒙古草原，那里冬季长，气候寒冷，为了便于骑马放牧，男女都喜欢穿宽大长袍。

（2）朝鲜族服饰

朝鲜族主要生活在长白山地区，爱穿白衣素服，因而有"白衣民族"之称。朝鲜族妇女穿短上衣、长大裙，脚穿船形勾背鞋；男性穿短上衣，外加坎肩，下穿宽大裤，外出常罩斜襟长袍，以布带打结。每逢节庆，男女老少都喜欢身着五颜六色的民族服装。

6.1.2.2 西南地区少数民族服饰

中国西南地区包括重庆市、四川省、贵州省、云南省、西藏自治区。主要少数民族有藏族、白族、傣族、彝族等，这些少数民族的服饰具有各自的风格和特色。

(1) 藏族服饰

藏族主要生活在雪域高原，在高寒环境条件下，那里气候复杂多变，早晚温差大，其穿着具有明显的地理环境特色：特制的帽子——既可以防止紫外线照射，又可以保暖，还可防风防雪；特制的藏袍——肥腰、长袖、大襟是藏装的典型结构，腰襟大、衣料好，有较强的防寒作用，白天当衣穿，保温防寒，晚上当铺盖，则可和衣而睡。藏袍便于劳作，遇到天气变暖时，只要褪下一只袖子来调节温度就可以了。

(2) 白族服饰

白族主要居住在云南大理地区。白族服饰既是白族人生产劳动、生活文化以及气候特点的产物，也是秀丽的湖光山色（洱海、苍山）潜移默化地对白族人审美观念陶冶的结果，具有独特的风格。大理白族人崇拜苍山，苍山十九峰终年白雪皑皑，在阳光下晶莹洁白，蔚为壮观。所以，白族的服饰也崇尚白色，男子多穿白色对襟衣及黑领褂。女子则各地有差异，大理一带多穿白色上衣，外套黑丝绒短褂或红色坎肩，下着蓝布宽裤，脚穿绣花鞋，一般都佩戴银饰。

(3) 傣族服饰

傣族世居地主要在云南西双版纳。傣族男子上穿白色无领、大襟或对襟小袖短衫，头缠白布巾，下着长筒裤。女子一般梳高发髻，或用大毛巾包头，穿花色或深色筒裙，上面是紧身无领短衫或背心，穿这种服装特别能显出女性线条美。西双版纳地区气候温热，山林茂密，穿着宽松华丽的服饰既行动不便，也不利于劳作，而筒裤、筒裙不仅美观实用，而且非常便于活动，这显然是适应地理环境的选择。

(4) 彝族服饰

彝族主要分布在云南、四川、贵州三省和广西壮族自治区的西北部。彝族的服饰多姿多彩。如红河彝族的鸡冠帽、凉山彝族女子的长裙和男子穿的"火草褂子"等。火草是当地特有的植物，即野生钩苞大丁草。这种"火草褂子"非常适应当地的自然环境，特别是人们在山间穿行的时候穿上它，不但雨淋不进去，而且冬暖夏凉。

6.1.3 饮食的地域性

中国各地的菜系很能说明这一问题。川菜、鲁菜、粤菜和淮扬菜为中国四大菜系。从口味来看,有喜欢辣味者,有喜欢清淡者,这都与这个地区的气候和地理条件有直接的关系。

6.1.3.1 西南地区和中南地区饮食特点

主要包括西南地区的重庆、四川、贵州、云南和中南地区的湖北、湖南。这些地区都喜食辣椒——"不辣不成菜",俗语"四川人不怕辣,贵州人怕不辣,湖南人辣不怕"形象地道出了当地人爱吃辣椒的嗜好,尤其以四川、重庆的"麻辣烫"声名远扬。这主要与这些省(市)的气候炎热、潮湿和多雨有关。

6.1.3.2 华南地区饮食特点

华南即广东、广西和海南,这里气候热,邻近海洋,人们喜食海产品和清凉的饮食,如广东的粤菜、海南的"琼菜"以海味和"清、补、凉"饮食为特色。广西饮食的特点是味道鲜香、微辣酸甜。南方种植稻谷,多以大米为主食。

6.1.3.3 华北、东北、西北地区饮食特点

华北、东北、西北地区气候干旱、冬季寒冷,由此从气候、地理、农作物种类等因素,形成北方饮食习俗。北方以面食为主,如面条、包子、饺子、馒头、烙饼等。例如:北京的清真涮羊肉火锅、全聚德烤鸭等;山西的老陈醋和面食类的刀削面、刀拨面、手搓面、剪刀面等;天津的狗不理包子、猫不闻饺子等;西安的羊肉泡馍、肉夹馍等;甘肃、青海的拉面等;吉林朝鲜族的冷面、打糕和熏肉大饼等;辽宁的老边饺子等。

6.1.3.4 华东地区饮食特点

华东地区包括上海、江苏、浙江、安徽、江西、山东、福建、台湾等省市。华东地区喜食清淡和甜食,如江浙一带有扬州狮子头、淮扬蟹黄汤包、宁波汤圆、嘉兴鲜肉粽子等;上海有鸽蛋圆子、蟹肉包子、小笼馒头等;安徽有徽州饼、油糖烧麦等;江西有莲汤、麦糊烧等;福建有闽南春饼等。

少数民族地区因所处环境条件的差异,有的喜酸食、腊味,有的以地方特色物产为佳肴。例如:广西壮族的蛤蚧粥,东北赫哲族的鱼干,蒙古族的手扒羊肉、烧全羊(烤全羊),藏族的酥油茶、青稞酒和糌粑,苗族的酸肉、酸菜,维吾尔族的馕、羊肉串和手抓饭等。

6.1.4 节庆的地域性和时令性

居住在不同地区的中国少数民族，由于地域的差异和自然环境的不同，尤其是地理环境的差异（例如山脉、河流、盆地、平原等地貌，不同气候条件和植被等特征），其爱好、兴趣、信仰和生活习惯等也多有差异。各民族形成具有地方、民族特色的民俗文化和风俗习惯，也出现了各自不同的节日、庆典活动。同时，这些节庆活动也受到社会、经济、文化、宗教等人文因素的影响。

6.1.4.1 节日的民族性和地域性

中国各民族重要的节日有很多，例如：以汉族为主的春节、元宵节、清明节、端午节、中秋节等，傣族的泼水节、白族的三月节、壮族的歌圩节、藏族的雪顿节（酸奶节），信仰伊斯兰教民族（新疆维吾尔族、回族等）的开斋节、宰牲节，瑶族的达努节，景颇族的目脑节（景颇语意为"大伙跳舞"），拉祜族的扩塔节，朝鲜族的望月节（祭五谷节）等。蒙古族的那达慕节是人们为了庆祝丰收而举行的文体娱乐大会，主要活动有赛马、摔跤、射箭、棋艺等娱乐、游戏，以表达丰收的喜悦。白族的绕山林（又叫作绕三灵）主要是群众性歌舞，也称"观上览"或祈雨会。另外，还有彝族、白族、傈僳族、纳西族、哈尼族、拉祜族、基诺族等西南少数民族的火把节。这些节日活动均具有浓郁的民族和地方特色。

6.1.4.2 汉族节日的时令性

由于汉族居住地域广、人口多，一些节庆的地域性不十分明显，所以汉族的许多节庆活动与时令、节气、农事活动的关系非常密切。例如清明节的"踏青"，其时春暖花开，小草吐绿，万物萌生，人们到郊外活动，观赏充满生机的春色，呼吸田野新鲜的空气。又如九九重阳节的登高或登山活动，秋天天高气爽，气候开始变冷，这时抓紧时机到郊外登高，活动身体，恰是时机。中秋节乃是秋天的中间，气候不冷不热，秋禾即将收获，在秋忙到来之前做好准备，吃好喝好，亲朋相聚欢乐一番，祭月拜天，相互庆贺、相互祝愿，预祝好年景、好收成。

6.2 中国各民族图腾及其地学特征

"图腾"（totem）是原始社会的人认为跟本氏族有血缘关系的某种动物或自然物，一般用作本氏族的标志。原始民族对大自然的敬畏、崇拜是图腾产生的基础。

6.2.1 自然环境与少数民族分布及其图腾崇拜

中国56个民族都以自己的崇拜物作为本民族的图腾或神祇。"在什么山上唱什么歌"——每个少数民族的图腾或崇拜的对象与其生活的地理环境（自然环境）有着十分密切的关系。从我国少数民族分布的地理位置和地学环境特征来看，受地理环境因素的影响是很大的。中国北方和中原地区，地域辽阔，地理环境相对简单、不复杂，或平原、或沙漠、或草原、或低山丘陵，古代部落容易磨合、沟通和同化，所以民族相对比较单一，汉族成为华夏最大的民族。中国南方地区，地理环境复杂，地貌单元多种多样，山地、丘陵、高原与其间的水系交错，地理隔离严重，生活空间狭小，古代部落之间的交流受到限制，所以少数民族比较多。他们各自生活在一个受局限的环境空间里，长期的隔离使得他们形成各自独立的生活习惯、民族风俗和文化特色。生活在不同地理环境中的各个少数民族崇拜的对象——图腾，也都各具特色和内涵。

6.2.2 汉族图腾——龙凤呈祥

汉族图腾"龙凤呈祥"是综合了北方的"龙"和南方的"凤"而形成的。它基本代表并融合了北方和南方汉族先民诸多部落的崇拜偶像。

6.2.2.1 龙图腾的发源地与龙形象的形成

（1）龙图腾的诞生地

汉族是中国的主体民族，是上古时期黄帝和炎帝部落的后裔，即炎黄子孙。"汉"原指天河、宇宙银河，"维天有汉，监亦有光"（《诗经》）。汉族旧称"汉人"是因中国的汉王朝而得名，汉朝以前称"华夏"或"诸夏"。目前在中国大陆，汉族占总人口的92%；在中国台湾，汉族占总人口的98%；在中国香港和澳门，汉族分别占总人口的95%和97%。

汉族最早的龙图腾是从山西省临汾市襄汾县陶寺遗址中发现的（图6-1）。陶寺遗址于1978—1987年发掘。根据多年的考古研究，许多专家学者提出：陶寺遗址就是帝尧都城所在，是最早的"中国"。更为重要的是，在陶寺遗址中发现了中原地区最早的龙图腾。

北方汉族先民以龙为崇拜物，同时龙也代表中华民族的图腾。在北京中华世纪坛，把汉族的发祥地标定在山西省晋南地区，可能是基于如下考虑：汉族的先祖曾被称作"华"族、"夏"族，所以也就连称"华夏"族体。古代中国历史中曾先后出现华夏族的四位最英明的帝王，即唐尧、虞舜、夏禹、商汤。因为山西晋南是尧、舜、禹等部落的主要活动地区，所以把晋南作为汉族的起源地是有一定历史缘由的。

据记载：华夏民族的始祖黄帝、炎帝、蚩尤，以及尧、舜、禹，都相继活动在河东大地上。尧建都于平阳（今山西省临汾市尧都区），舜建都于蒲坂（今山西省永济市蒲州镇一带），禹建都于安邑（今山西省运城市夏县禹王城村）。中国第一个奴隶制社会夏朝也是在这里诞生。山西省临汾市尧都区西部吕梁山南麓的姑射（yè）山（村庄是尧都区金殿镇姑射村），相传是尧的夫人鹿仙女的

图6-1　山西襄汾陶寺遗址出土的龙图腾
资源来源：https://www.meipian.cn/e3wdd93。

诞生地。这里有一处风景名胜区叫"仙洞沟"。据说这个"仙洞"正是尧和鹿仙女成亲的"洞房"，所以从那时一直到现在，华夏子孙后代结婚的新房都叫"洞房"，其来历就是这个"仙洞"。另外，在临汾南部与运城交界处的"舜耕山"也是因帝舜在这里躬耕而得名。大禹在晋南地区主要的活动是"大禹治水"。《孟子·滕文公上》有关于大禹治水始于汾河的记载。现在还有大禹治水的一些记载和工程，如山西灵石县的"夏门口"。先秦古籍中多有关于大禹治水的记载。治理重点是汾河，这主要是因为临汾当时为尧都，所以保障帝都的稳定与安全当然是头等重要之事。

（2）龙形象的诞生

龙是传说中的神异之物，是吉祥雄伟的象征。远古时期，先祖们敬畏自然，崇拜神力，由此创造了一种能够呼风唤雨、法力无边的偶像，对其顶礼膜拜，以求平安。龙的形象综合了自然界许多生物的特征——鹿角、牛头、驴嘴、虾眼、象耳、鱼鳞、鱼须、蛇腹和凤爪。它是以食草类动物为主的动物综合体。远古时代，祖先们既要依赖这些生物生活（狩猎文明），又要防止各类生物的侵扰和伤害，于是创造了一种威力无比、能战胜各种自然灾害和降服自然怪兽的动物形象——龙。

6.2.2.2　龙形象确定依据与地学环境因素

2007年在贵州发现了"新中国龙"恐龙化石（图6-2，化石采集地点为关岭

化石群国家地质公园），经专家精心剥离，龙首上竟惊奇地出现一对对称的"龙角"，与神话中的中国龙非常相似，引起古生物学家的关注，也吸引了众多游客慕名前来参观。"新中国龙"有鳞（水生动物），有角（食草动物），有尾（脊椎动物），有爪（爬行动物），又像是有凤爪（飞禽）。这些形象综合了许多动物的特征。

"新中国龙"是生活在2.2亿年前三叠纪海洋中的水生爬行类动物，在水中和陆地上均可生活。尤其是有一对"龙角"在龙头上翘出，酷似中国古代神话传说中龙的形象。这一发现说明我们的祖先可能已经见过这种龙化石，改变了古生物学家过去一直认为的长角的中国龙是华人祖先虚构形象之观点，为古代传说中长角的神龙提供了实物佐证，为中华民族关于龙的形象起源的研究提供了新的思路，具有重大的科学和历史价值。

"新中国龙"化石原图　　　　　　　　　"新中国龙"复原图

图6-2　贵州关岭化石群国家地质公园的黄氏"新中国龙"及其复原图
资料来源：https://baike.baidu.com/museum/xingwei#branch=603&collection=10797；https://baike.baidu.com/pic/%E6%96%B0%E4%B8%AD%E5%9B%BD%E9%BE%99/9634905/0/43e6c733a098bc15ad4b5fc0?fr=lemma&ct=single#aid=0&pic=43e6c733a098bc15ad4b5fc0。

6.2.2.3 凤凰的出现

凤凰本是楚文化的象征（楚国的图腾，图6-3），起源于湖北，楚人的祖先最早活动在黄河流域的中原地区，从河南迁徙到湖北荆山一带。据《史记》记载，楚先祖"鬻熊子事文王"，在荆山辟业，由此可以证明楚之发祥地在湖北保康县境内的荆山地区。荆山是神农架的余脉，山林茂密、荆棘横生。鬻熊的后代们（熊丽、熊狂、熊绎）"辟在荆山，筚路蓝缕""以处草莽，跋涉山林"，非常艰辛，每天要与飞禽走兽打交道。他们羡慕飞禽的自由自在，经常可以看到各种鸟在山林里出没。楚人喜欢鸟类，于是以鸟为崇拜物。正如《白虎通·五行》记载："其帝炎帝者，太阳也。其神祝融，祝融者，属续，其精为鸟，离为鸾。"

这种对太阳和鸟的双重崇拜，促生了凤凰的诞生。由此可知，在楚人眼中，鸟鸾是楚人祖先的使者，而对这二者的崇拜都来源于鸟图腾信仰。雄雉的矫健和孔雀的华丽与楚国图腾的起源有很大关系，应该是凤凰的原形。凤凰是古代传说中的百鸟之王，美丽吉祥。它们威武矫健，雄浑潇洒，隽雅秀美，是楚人理想的图腾。

6.2.3 西北地区少数民族图腾

6.2.3.1 西北地区地理环境与少数民族图腾形成

图6-3 湖北荆州雨台山出土的凤图腾

（1）西北地区地理环境

西北地区主要包括新疆维吾尔自治区、青海省、甘肃省、宁夏回旋自治区、陕西省和内蒙古自治区西部（阿拉善盟、巴彦淖尔市、乌海市、鄂尔多斯市）。西北地区的地貌类型特征主要为高原、山地、沙漠和盆地。

高原——西部为青海高原、东部是黄土高原（陕西段）和内蒙古高原西部；山地——阿尔泰山、阿尔金山、阿尼玛卿山、昆仑山、可可西里山、巴颜喀拉山、阿尼玛卿山、唐古拉山等；沙漠——古尔班通古特（意思是野猪出没的地方）、塔克拉玛干、库木塔格等；盆地——准噶尔盆地、塔里木盆地、柴达木盆地等。

横亘于新疆东北境的是阿尔泰山，阿尔泰山地区因为受西部寒湿气流的影响，所以雨雪丰盈，森林密布，草原繁茂，自然景观独具特色。由于水源充足，在河流谷地广泛发育以松杉、白桦等树种为主的山林，野生的珍稀动植物资源也异常丰富。这里广袤的山林成为鸟类（如夜莺、白天鹅、白鸽）和食草动物（骆驼、羊、鹿、白马）生活的世界。辽阔的沙漠，天高气爽，成为"鹰击长空"的天堂。

（2）西北地区少数民族生活特点与图腾的形成

除汉族外，西北地区少数民族主要有：新疆地区的维吾尔族、塔塔尔族、俄罗斯族、哈萨克族、塔吉克族、柯尔克孜族、裕固族、乌孜别克族和锡伯族，甘肃、青海地区的东乡族、保安族、土族、撒拉族，以及宁夏的回族，内蒙古的蒙古族等15个民族。

原始部落对大自然的崇拜是图腾产生的基础。图腾的形成与其生活的地理环境（高山雪峰、沙漠盆地、江河水系、山林植被等）有着非常密切的关系。少数民族世世代代生活在这里。他们习惯了周围美好的自然环境，热爱这片土地，也热爱这里的峰岭雪山、茂密的山林或稀疏的丛林，或浩瀚的沙漠，以及盆地、冰川、高原等环境。他们习惯了这里的飞禽走兽，听惯了鸟类的歌唱，看惯了鹰击长空。这些鸟类和温顺容易饲养的食草动物与他们结下了很深的情谊。

6.2.3.2 西北地区少数民族图腾特点

西北地区少数民族图腾主要为鸟类和哺乳动物，哺乳动物中除了蒙古族的狼图腾之外，其余都是食草类动物（如羊、鹿、骆驼等）。

（1）鸟类图腾

西北地区以鸟类为图腾的民族有维吾尔族（夜莺）、哈萨克族（白天鹅）、俄罗斯族（白鸽）、塔吉克族（鹰）、乌孜别克族（库木丽鸟），见表6-1。这些鸟类都生活在与人类为邻的丛林、田园、湖泊、河流、水库、池塘等环境里。

夜莺（维吾尔族）。栖于河谷、河漫滩稀疏的落叶林和混交林、灌木丛或园圃树木的低枝间，是一种迁徙的食虫鸟类，常在夜间于草木覆盖茂密处鸣唱，因此得其英文名"Night"。

白天鹅（哈萨克族）。候鸟，主要生活在多芦苇的湖泊、水库和池塘中。以水生植物的根、茎、叶、种子及软体动物、昆虫、蚯蚓等为食。性情和顺，白天成群活动，善于飞翔和游泳，也能在地面行走。天鹅除繁殖期外，没有固定的家，常选择湖面安全地区休憩。

白鸽（俄罗斯族）。鸽子在热带、亚热带、温带及寒带都有分布，可以在各种环境下生存，抗逆性特别强，可以较好地适应不同的环境条件，但是它们又爱干净，喜欢栖息在具有一定高度的巢窝。过去鸽子是传递信息的一种通信工具，是人们沟通的桥梁。人们总是希望好的东西永远伴随自己，因此传递信息的鸽子就承载了人们的很多愿望。

老鹰（塔吉克族）。两翼发达，善于飞翔，一般多在昼间活动，多栖息于山地林间，或在村落附近河川小溪附近地带，飞翔力很强，特别善于捕食小鸟等动物。

（2）哺乳动物图腾

西北少数民族动物图腾主要是食草的哺乳动物——白额头公羊（塔塔尔族）、鹿（柯尔克孜族）、神鹿/珍珠鹿（裕固族族）、白马（锡伯族）、羊（东乡族）、骆驼（撒拉族），只有蒙古族的图腾是食肉动物——狼。羊、马、鹿和骆驼与少数民族的生活有着十分密切的关系。尤其牛羊是游牧民族的主食。游牧是我国西北地区少数民族主要的生产、生活方式，是适应高寒干旱气候条件的一种生活方式。

表6-1 西北地区主要少数民族动物图腾

民　族	图　腾	民　族	图　腾
1.维吾尔族	夜莺	7.裕固族	神鹿（珍珠鹿）
2.哈萨克族	白天鹅	8.乌孜别克族	库木丽鸟
3.塔塔尔族	白额头公羊	9.锡伯族	白马
4.俄罗斯族	白鸽	10.东乡族	羊
5.塔吉克族	鹰	11.撒拉族	骆驼
6.柯尔克孜族	鹿	12.蒙古族	狼

6.2.4 西南地区少数民族图腾

西南地区主要包括重庆市、四川省、贵州省、云南省、西藏自治区等省、自治区、直辖市，以青藏高原、云贵高原地区为主体。

6.2.4.1 西南地区地理环境与少数民族图腾的形成
（1）西南地区地理环境

这里有"世界屋脊"青藏高原，向东部是四川、重庆，其东南部为云贵高原。这里的地貌主要为横断山脉、滇西南山地（高山纵谷）；这里河流众多、水系密集，河流袭夺下切强烈、分割严重，山岭谷地高差悬殊。高山峡谷地区动植物资源丰富，堪称热带、亚热带植物的宝库和动物王国，由于高山、丘陵、水系的隔离，从而成为众多少数民族的世居地。

青藏高原的地形地貌复杂多变，有高原、山地、盆地、丘陵、河流、峡谷、湖泊、草地等。主要的山脉有昆仑山、喀喇昆仑山、可可西里山、唐古拉山、冈底斯山、念青唐古拉山、他念他翁山、喜马拉雅山、横断山等。这里的河流深切，如雅鲁藏布江、金沙江、澜沧江、怒江等。青藏高原光照和地热资源充足，高原冰川和冻土广布，植被多为天然草原。

（2）西南地区少数民族生活特点与图腾的形成

云贵地区有茂密的山林、纵横的溪流、河谷，由于地形被河流切割非常严重，在这里形成世界级的崇山峻岭、深切峡谷，形成天然地理隔离。正是由于这种地理的隔离，西南地区成为我国少数民族集中分布的地区。西南地区主要有藏族、门巴族、珞巴族、阿昌族、基诺族、苗族、彝族、佤族、傣族、纳西族、景颇族、哈尼族、白族、侗族、布依族、羌族、毛南族、德昂族、瑶族、仡佬族、仫佬族、普米族、布朗族、京族、水族、独龙族、怒族、拉祜族、傈僳族等30多个少数民族。这种特殊的地理隔离环境形成了少数民族聚居并和睦相处的民族乐园。

这里的少数民族世世代代生活在这种特殊的地理环境（高山、峡谷、草原、山地）中。这里的"坝子"成为他们生活的家园，"坝子"是云贵山区和丘陵地带的小平原，主要分布于山间盆地、河谷沿岸和山麓地带。他们从适应、熟悉，再到热爱自己的家园。少数民族以当地的山水为家，与周边的动物们为友，与植物为邻，看惯了当地的树木花草，适应了当地的高山谷地，过着自由舒适惬意的生活。也正是由于这种地理环境的隔离，他们在长期适应环境的过程中，逐渐形成各自的生活习惯、习俗。

在这里生活的少数民族，与那些和人类生活关系密切的各种动物也产生了极深的感情，从而形成各民族特殊的崇拜对象——民族图腾。

6.2.4.2 西南地区少数民族图腾特点

西南地区各民族的图腾主要是他们生活、劳动经常接触的食草动物、鸟类等（表6-2）。另外也有花草树木以及与他们日常生活关系密切的生活器物等。

食草动物类有：牦牛（藏族，牦牛能适应高寒气候，浑身都是宝——喝牦牛奶，吃牦牛肉，烧牦牛粪，用毛做衣服或帐篷）、牛头（佤族）、蝴蝶和牛（苗族）、白象（阿昌族信奉小乘佛教，耍白象迎接"菩萨"）；鸟类有：白鹇鸟（即白雉，哈尼族）、锦鸡（仫佬族）、孔雀（傣族）等。

表6-2　西南地区部分少数民族的动物类图腾

民　族	图　腾	民　族	图　腾
1.藏族	牦牛	7.羌族	羊角和羌笛
2.阿昌族	白象	8.布依族	大楠竹盘绕双龙
3.哈尼族	白鹇鸟（白雉）	9.傣族	孔雀
4.仫佬族	锦鸡（金鸡）	10.佤族	牛头
5.水族	双鱼拖葫芦	11.苗族	蝴蝶、牛头
6.苗族	芦笙、蝴蝶和牛	12.傣族	孔雀

有些少数民族的图腾则是生活中的器物、器具、用品等。植物类相关图腾有竹子（仡佬族）、大楠竹（布依族）、葫芦（基诺族）。

6.2.5 东北地区少数民族图腾
6.2.5.1 东北地区地理环境与少数民族图腾的形成
（1）东北地区地理环境

东北地区包括黑龙江省、吉林省、辽宁省、内蒙古自治区东部（呼伦贝尔市、兴安盟、通辽市、赤峰市、锡林郭勒盟）。

东北地区大致由东部山地、兴安山地和松辽平原（东北平原）三大部分组成。大小兴安岭地区以山地景观为特征，其地貌由中山、低山、丘陵和山间盆构成，是我国保存完好、面积最大的原始森林区。

（2）东北地区少数民族产业特点

东部山地即广义的长白山地。这里有大规模的火山熔岩覆盖。兴安山地特指西北的大小兴安岭，也是重要的林区和火山集中喷发地。这里崇山峻岭蜿蜒起伏，森林广布。地貌由中山、低山、丘陵和山间盆地构成。

这里水系（河流、湖泊）发育，动物、植物资源，尤其是森林资源极其丰富，成为少数民族打鱼（渔猎）、狩猎的天堂。所以，在这里生活的少数民族（满族、鄂伦春族、赫哲族）在古代主要以狩猎为主，只有朝鲜族以农业为主。

6.2.5.2 东北地区少数民族生活与图腾

东北地区少数民族的图腾与当地的地理环境和他们的生活习惯有密切关系（表6-3）。

（1）满族生活与图腾

满族以狩猎游牧为主业。满族人善于骑射和渔猎，生性勇猛。满族图腾为海东青鸟。它是一种大型猛禽和捕猎能手，能捕天鹅、野鸭、兔、狍等禽兽，也能帮助人捕鱼，由此成为满族人狩猎、打鱼的好助手。早在金、元时期，就有女真族和蒙古族先民用海东青捕猎的习俗。

（2）鄂伦春族生活与图腾

鄂伦春族一年四季都在茫茫的林海中游猎。猎马和猎狗是鄂伦春族猎民不可缺少的帮手。鄂伦春族人在早期曾把虎作为图腾崇拜，他们也认为自己与熊是有血缘关系的——因为熊可以前肢离地而用后肢直立行走，很像人走路。

（3）赫哲族生活与图腾

赫哲族是北方少数民族中唯一曾以渔业为主的民族。赫哲族图腾是萨满神鼓，神鼓的图纹有白天鹅、凌空跳跃的鲟鱼和三条江水。赫哲族崇尚白天鹅，逢年过节，妇女都跳天鹅舞。椭圆形神鼓是赫哲族的民间打击乐器。图腾的寓意是：引颈高飞的白天鹅，象征世世代代以渔猎为生繁衍在三江流域的赫哲族，各项事业像白天鹅一样腾飞向上。

（4）朝鲜族生活与图腾

朝鲜族是以农业为主的民族，在我国主要分布在吉林、黑龙江、辽宁三省，集中居住地位于吉林省长白山区。朝鲜民族各氏族的图腾信仰有熊、虎、鸟等，尤其与鸟图腾（卵生）相关的资料很多。

表6-3　东北地区少数民族图腾

民　　族	图　　腾	主要传统产业
1.满族	海东青鸟	以狩猎、打鱼为主
2.赫哲族	白天鹅、鲟鱼	以渔业为主
3.鄂伦春族	老虎和熊	以狩猎为主
4.朝鲜族	熊、虎和鸟类	以农业为主

6.2.6 华北地区少数民族图腾

6.2.6.1 华北地区地理环境

华北地区包括北京市、天津市、河北省、山西省、内蒙古自治区中部（呼和浩特市、包头市、乌兰察布市）等省、自治区和直辖市。华北地区以华北大平原为中心，四周为山脉，主要有内蒙古高原、太行山、吕梁山、燕山，水系有黄河、海河，东部面临渤海。

这里是汉族集中世居生活的地区，少数民族（蒙古族、鄂温克族、达斡尔族）主要分布在内蒙古自治区。

6.2.6.2 华北地区少数民族生活与图腾特点

（1）蒙古族生活与图腾

蒙古族主要分布在内蒙古自治区，少数居住在新疆、东北等地。蒙古族生活在一望无际的大草原和沙漠环境中，以游牧为主。蒙古族所崇拜的图腾有狼图腾、鹿图腾、熊图腾、鹰图腾等，体现了牧业和游牧生活。

（2）鄂温克族生活与图腾

鄂温克族主要分布在东北大兴安岭地区的内蒙古自治区内，大兴安岭由东北向西南斜贯黑龙江省和内蒙古自治区，山高谷深、溪流纵横；其次，他们聚居于小兴安岭地区，这里沿黑龙江上游斜向东南，山势平缓，既有高山密林，也有茫茫的大草原。

蛇曾经是鄂温克族重要的图腾，在神话中鄂温克人的祖先神舍卧克神就是一条长有犄角的巨蛇，随着人们对自然界认知的加深，鄂温克人从蛇图腾崇拜逐渐转变为祖先神崇拜。蛇不仅是鄂温克人的祖先神，也是萨满教中的重要神灵，它与萨满有着密切的关系，被当作是萨满的化身。

驯鹿也就是"四不像"。鄂温克族主要分布在东北大兴安岭地区（内蒙古），这里气候寒冷，驯鹿的身体上覆盖着轻盈但极为抗寒冷的毛皮，由此成为鄂温克族御寒的毛皮来源。蛇和驯鹿也就成为鄂温克族崇拜的对象。

（3）达斡尔族生活与图腾

达斡尔族的主要聚居地在内蒙古阴山山脉一带，图腾为鹰。阴山南北气候差异显著，是草原与荒漠草原的分界线。阴山南麓的雨水较为充沛，适宜发展农业。山区植被稀疏，仅在东段的阴坡有小片森林，适宜打猎生活。雄鹰成为达斡尔人崇拜的对象，因此他们的图腾为翱翔的鹰。鹰是顽强不屈的象征，体现了达斡尔族人民拼搏进取和顽强不屈的民族精神、不断发展与进步的愿望。

表6-4 华北地区少数民族图腾

民　　族	图　　腾	产　　业
1.蒙古族	狼	狩猎与游牧、畜牧业
2.鄂温克族	蛇、驯鹿	狩猎与游牧、畜牧业
3.达斡尔族	鹰	农业、狩猎与畜牧业

6.2.7 华中、华东、华南地区少数民族图腾

6.2.7.1 华中、华东、华南地区地理环境

华中、华东、华南地区包括：华中地区——河南省、湖北省和湖南省；华东地区——上海市、江苏省、浙江省、安徽省、江西省、山东省、福建省和台湾省；华南地区——广东省、海南省、广西壮族自治区，以及香港和澳门特别行政区。

本地区主体以平原、盆地为主要特征。北部为华北平原南缘（河南），主体是长江中下游平原（包括湖北的江汉平原、湖南中部的洞庭湖平原、江西北部的鄱

阳湖平原和长江三角洲平原），珠江水系（主流主要有西江、北江和东江等）地区，西部大巴山、雪峰山，中部大别山、幕阜山、南岭、罗霄山，东南部武夷山。此外，还有台湾岛的台湾山脉和海南岛的五指山山脉。地形特征总体为丘陵、山地和平原。平原地区多为汉族居住区，周边山区多为少数民族聚居地。

6.2.7.2 华中、华东、华南地区少数民族图腾

华中、华东、华南地区以汉族为主体，少数民族主要有土家族、黎族、畲族和高山族等4个民族（表6-5）。

（1）土家族生活与图腾

土家族主要生活在湖北、湖南两省的西部，图腾为白虎。土家人崇拜白虎，认为白虎是家神。土家族主要分布在湘、鄂、渝、黔交界地带的武陵山区。这个地区广泛发育二叠系和三叠系石灰岩，在植被稀疏的地方，群山在风化作用下，地貌呈现为灰白色山包，像是一尊尊白虎，形态彪悍，坚实顽强，由此便成为土家族人的图腾而被崇拜。所以在土家族的居住地，许多地名都用白虎来命名，如白虎堂、白虎山、白虎溪等，器物雕白虎图。土家族结婚铺虎毯，跳撒尔嗬舞模仿白虎动作，体现了土家人勤劳、朴实、英勇、顽强的精神风貌。

（2）黎族生活与图腾

黎族主要分布于海南省五指山山区。黎族图腾为"人龙图"——中间是一个巨大的人纹形象，其中分布10个人纹群体，左右为龙纹图样，上有五指山，下有五条河。人纹、龙纹取材于黎族"双面绣"。顶天立地的人纹象征坚不可摧，九龙纹象征中华民族的凝聚力，五指山、五条河及南海浪花预示着海南腾飞，整体展现黎族人民勤劳勇敢、锐意进取的精神风貌。

（3）畲族生活与图腾

广东潮州是畲族的发样地，畲族是中国南方的一个游耕民族，从原始居住地广东潮州迁徙到福建、浙江、江西、安徽等地，90%以上居住在福建、浙江广大山区，现在畲族的主要聚居地在浙江。

畲族深居山野，深谙察山观水，其建筑依山傍水，风光旖旎。畲族历来视凤凰为吉祥鸟，图腾为凤凰飞舞，象征畲族人民对幸福生活的向往与追求。

（4）高山族生活与图腾

高山族分布于台湾岛。图腾是依据流传在台湾南部传说中的"排湾人"，周围是百步蛇。传说太阳神派太阳之子下凡至台湾山间，起初呈蛋形，太阳神派百步蛇守护，不久一人从蛋中破壳而出，这就是排湾人的祖先。图案即是纪念百步

蛇之功。高山族主要居住在台湾中部山区、东部纵谷平原和兰屿岛上。高山族的先民以采集、狩猎为主。在台湾中部山区的密林里，气候潮热，蛇等爬行动物经常出没。排湾人的先民与蛇打交道司空见惯，由此形成蛇与排湾先民之间的特殊关系，因此蛇被认为是排湾人的祖先。

表6-5　华中、华东、华南地区少数民族图腾

民　族	图　腾	生活环境与产业
1.土家族	白虎	鄂西、湘西，石灰岩山地、峡谷，农业、渔业
2.黎族	人龙图	五指山山区，以农业为主
3.畲族	凤凰飞舞	以福建、浙江山区为主，农业、狩猎
4.高山族	排湾人与百步蛇	台湾中部山区，农业，少数捕鱼、狩猎

第 **7** 章

古建筑与宗教及其地学特征

7.1 早期人类对居住环境的选择

人类早期的房屋建筑主要特点是：因地制宜、就地取材、方便生活、避害防灾、防潮防冷、利于安全等。

人类从原始状态进化到高级阶段以后，开始从大树上下来或从洞穴中（巢穴）出来，建筑房屋居住。建房就要选地方，最初可能有很大的随意性，但是时间一长，人们慢慢积累了经验，知道建在低洼处容易遭水淹，建在高旷处容易被风刮，坐北朝南采光好，离水源太远则不方便，于是开始选择地势较高，离水源较近的地方，北方地区还要求负阴抱阳。

原始人类在学会营造房屋以前，为了躲避猛兽和风雨的侵袭，常常居住在地势高亢和背风的山洞里，在进入氏族社会以后，人们才开始营造房屋。

最初主要为木结构建筑，"有圣人作，构木为巢，以避群害"[1]"因丘陵掘穴而处"，这大体上反映了人们开始建筑房屋的情况：即以木结构建筑为主要特征。据考古发掘，我国新石器时代人们的住房主要有两种：一种是半地穴式建筑；一种是桩上建筑。

半地穴式房屋有方和圆两种形式，地穴有深有浅。这种房子都是用坑壁作墙基或者墙壁，有的四壁和房室的中间立有木柱支撑屋顶。

7.2 古建筑地学环境选择

7.2.1 建筑选址预测——堪舆与风水的运用

7.2.1.1 堪舆和风水

中国古代建房选址非常重视堪舆和风水。何谓堪舆？东汉许慎的《说文解字》中说："堪，天道也；舆，地道也。"《汉书·扬雄传》注："以天地为堪舆的总名。"清代的《康熙字典》解释为："堪者天文也，舆者地理也。"关于风水，晋代郭璞在《葬经》一书中解释为："气乘风则散，界水则止。古人聚之使不散，行之使有止，故谓之风水。"由上可知，堪舆系指理论上对天地的认识，风水则是将这一理论认识普惠于人间的实践总结，其核心是对气场的安排问题。

7.2.1.2 房屋建设评价风水的八原则

按照风水的观点，建房大环境选择的主旨就是要找强"气场"，所以在房屋

---

1. [战国] 韩非. 韩非子·五蠹。

建设选址方面，一般都要遵循风水评价的八条规则，北方地区非常重视：①天人感应；②因地制宜；③阴阳平衡；④和合为美；⑤依山傍水；⑥坐北朝南；⑦观形察势；⑧藏风聚气。

在实际操作中，往往结合实地的具体情况，考虑以下八个方面的规则：

（1）居于高处，面朝缓慢流淌的小河或平静的湖水，可直接从宇宙气场中获益。

（2）面南而居，房前平坦空旷，夏日南风会带来上乘之气；不宜面朝东北，从蒙古刮来的北风会带来尘埃。

（3）建筑或者城镇的外部环境应前低后高，前有溪谷或低地，后有丘陵或高地，才能有所凭托或蓄住气。

（4）林木或树木不可少。

（5）房子位于死巷尽头，前门面对路口或对着"T"形及"Y"形道路的交叉点，都会受到煞气侵扰。

（6）气大多由主门进入房间，主门前有障碍物会扰乱气的流动，解决的办法是拆除或另设对称障碍物以求得平衡。

（7）建筑物背部朝水，入口最好也安排在背后；如果建筑物面对高地，则入口也宜开在背后。

（8）如果地基是倾斜的，建筑物不宜与其平行。

7.2.2 明十三陵选址的风水奥秘

古建筑地学环境选择的典型例子是陵墓建筑选址。以明十三陵为例，它是人的意志与地学环境融合的产物。当时明朝永乐皇帝朱棣（明成祖）登基以后便开始着手选墓地，最后定位于现在十三陵（原名黄土山，后改称天寿山）的位置。主要考虑因素有以下几方面：其一，周边地势险峻。尤其是北边，背靠燕山山脉，又有万里长城雄关（居庸关）；其二，风水宝地。十三陵的位置恰好是一处低洼的小盆地，依照风水的观点，一个人或者一个家族的气脉、运气好坏，就要看阴宅和阳宅（都是人居住的地方）气脉旺盛程度。古人认为人气遇风而散，遇水而聚，所以选择宅地不能选在风口处，必须选择周边有山、中部低洼有水的盆地；其三，考虑到祖宗的江山能够长久得到维持，选择在这里有其特定的优越条件。北京紫禁城是皇家施政和生活的地方，为了有利于子孙后代固守江山，在皇宫的北边建造陵墓是非常理想的，陵墓的北边是高山和雄关，可以抵御外来民族的侵略。为了保护祖坟，子孙后代必须尽力抵御外来侵略者，保住了祖坟，那么在祖坟南边的京城也就保住了，保住京城也就保住了明朝的江山。这可以说是巧妙利用地学环境来达到人的意志的一个实例典范。

7.2.3 自然与人文环境对古建筑风格的影响

7.2.3.1 地学环境对古建筑风格的影响

古建筑充分依赖于地学环境，尤其是风景建筑，大多结合当地环境，采用地方材料、材质，体现出各自独特的建筑特征。九华山地区纬度高，气温低，建筑常用卵石叠砌，三合土黏合嵌缝，不加抹面，厚墙小窗；武夷山纬度低，终年温和，盛产木材，建筑多用木构架，楼层出挑，间或以竹木为墙。山水间的许多建筑物、构筑物的设计都考虑了人的活动和尺度。建筑材料对古建筑风格的影响主要有：木结构建筑、土木砖石结构建筑、土方建筑和综合材质建筑等。

（1）茂密的森林为木结构建筑提供了便利条件

中国最早的建筑形式是木结构建筑。它是我们的祖先在特定环境中的一种创造。在古代，无论黄河中下游，还是江淮流域，气候温暖湿润，森林茂密，木材的获取方便容易，同时由于木质材料具有较强的支撑力，整体性好，灵活性大，适用于各种地形和各种规模的建筑，所以古人多造木结构建筑。木结构建筑的优点在于其具有适应地域差异的灵活性，建筑与环境的协调，防暑祛寒，抗地震，防塌陷等。

（2）地层和岩石为砖石结构建筑提供了物质基础

砖石结构建筑是我国古代建筑的重要组成部分，在几千年的历史进程中，其工程技术已经达到了很高的水平，如皇家陵墓建筑、万里长城、桥梁建筑以及宗教的石窟建筑等。

砖石建筑的地学特点主要表现在：建筑与岩石性质的关系、与地貌条件的关系、与地理区位和自然灾害的关系等。石窟建筑区位的选择，与当地所产岩石类型关系密切，河南洛阳龙门石窟选择在奥陶纪石灰岩地区，石灰岩在雕凿石窟雕像上比较有优势，不易风化，雕刻形象逼真。四川乐山大佛、甘肃麦积山石窟和山西大同云冈石窟都选择在细粒砂岩的地层（中生代侏罗纪地层）中，而不是泥质成分很高的岩石中，否则就容易风化。细粒砂岩质地坚硬，但又不像非常坚硬的纯石英砂岩那样很难雕琢。乐山大佛、麦积山石窟和云冈石窟经历了千年的风化剥蚀，到目前依然保存比较完好，就是这个道理。当然，现在这些石窟，有些地段已经风化非常严重，这一方面是由于年代久远，另一方面也是现在环境污染造成的。

（3）青山绿水为园林建筑提供了优越的造园环境

我国江南地区为丘陵发育地区，这里山清水秀，地学环境优雅，成为园林建筑的理想之地。尤其是苏州、杭州一带，园林建筑将中国古代建筑从艺术造型到人文意境方面的特色表现得淋漓尽致。

园林建筑是历史上统治阶级和富家豪门追求享乐而建造的多功能风景综合体。其基本特点是：由人工构筑，但是又要利用自然环境，师法自然、表现自然，所以每一座园林都是人工山水境域，"虽由人作，宛自天开"[1]。从园林的主体组成要素来看，主要依托于山水（筑山、理池）、生物（林木植物、动物）、建筑物，这些都离不开自然的地学环境和条件。而这些小巧玲珑、优雅秀美的山水园林在高山地区或者平原地区建造，其难度要大得多。

北方的皇家园林，尽管高大、辉煌、气魄浩大，但是也要以山、水、林为依托才行。北京的香山公园、承德避暑山庄等，也都必须依托自然环境和条件。如果条件不具备，则必须动用大量的人力、物力和财力去人工创造青山绿水环境，如颐和园、圆明园和北海公园。

7.2.3.2 人文环境对古建筑工程的影响

（1）建筑风格的民族性、地域性

中国地域辽阔，由于气候条件、地貌环境、地理位置和民族生活习俗不同，各地的建筑物风格各异。

东北地区的少数民族主要是满族和朝鲜族。满族的传统民居一般在东南方向开门，其结构形似口袋，俗称"口袋房"。房址地理位置一般选择在靠近山丘的平缓之地，坐北朝南，背风面阳，冬暖夏凉。朝鲜族的住房都是以木搭架，屋顶四面坡用谷草或稻草、瓦片覆盖，墙壁多为泥墙刷白灰，现在砖瓦结构住宅日益增多。其房内间隔也有讲究，每栋房子分隔为三间，朝阳者为客房，背阴者是儿女的房间，中间一大间为主房，其中三分之一为灶房，三分之二为炕。这与吉林长白山区的自然条件和朝鲜族的生活习惯有很大关系。考虑到当地气候寒冷、潮湿，灶房的火可以通过烟道为主卧室供暖气，为了房间干净卫生，灶房与主卧室有墙分隔。

西北地区少数民族以新疆维吾尔族为代表，由于西北地区气候干燥，所以其住房一般为泥土建筑，开天窗，屋顶平坦，可以晾晒瓜果（如葡萄干）和粮食。院落的大门忌朝西开，这与维吾尔族信奉伊斯兰教有关。

蒙古族由于长期从事畜牧业，过着游牧生活，所以多住帐篷（蒙古包）。蒙

---

1. [明] 计成. 园治.

古包有利于搬迁，一旦找到合适的草地，就可以把帐篷支撑起来，非常方便省力。

由于地域上的差异，汉民族各地的民居建筑也多有差异，如北京的四合院，天津的四合套，陕西延安和山西吕梁山地区的土窑洞，江南的天井院，水乡的茅草屋等。其他的民居地学环境特征，可以概述如下：蒙古包帐篷——草原环境；干栏式民居——热带、亚热带、山地、森林环境；半地穴式居室——高原环境、温带山地环境；新疆土坯拱顶房——西北沙漠、西北山地、盆地环境；鄂温克族的"仙人柱"——东北山林环境；山西大院和晋陕窑洞——高原、台地与河流阶地环境；南方"院落式"民居——丘陵地带，亚热带气候；壮族、侗族的廊桥和寨楼——温暖潮湿的气候，山地环境；藏族垒石筑墙的碉房——青藏高原，雪域环境等。

（2）建筑形式的实用性

建筑形式与其用途是密切相关的，用途不同，建筑形式也不尽相同。除上述的民居外，其他建筑主要有：

宫廷类建筑——其建筑一般威严、高大、雄伟壮丽，如北京故宫、沈阳故宫等。

祭祀、纪念类建筑——主要有祖庙、社稷坛、祠堂、神坛、祭坛、牌坊等，如天坛、地坛、日坛、月坛、先农坛等，主要用于祭祀活动。其他纪念性建筑，如侵华日军南京大屠杀遇难同胞纪念馆、中国人民抗日战争纪念馆、"九一八"历史博物馆等，其特点为肃穆、庄严、深沉。另外还有陵园类建筑，如皇帝陵墓陵园、纪念塔等。

宗教类建筑——主要形式有道观、寺庙、清真寺、教堂等，为宗教活动的场所，多用于朝觐和祭奠。

安全防御类建筑——主要有城池、碉堡、瞭望台、阅兵楼、炮楼、箭楼、关塞、关隘、长城等，建筑区位一般选择地势险要、主干要道交通便利之处，选择易守难攻的位置，建筑风格要求坚固、便于出击和防守。

休闲安逸类建筑——多数便于隐居、休闲、消遣、修身养性、疗养和健身。建筑多选址于比较僻静的区位，建筑规模不大，以开阔为宜，环境安逸，便于调节身心功能。

7.2.4 古建筑工程景观及其地学环境

我国有代表性的的古建筑工程主要有万里长城、大运河、都江堰、灵渠和坎儿井等。

7.2.4.1 万里长城

作为古代军事防御体系的万里长城是世界上最为壮观、雄伟的建筑工程之一，横亘中国北方，蜿蜒万里，或矗立于低缓的山岭之上，或雄踞于峭拔的峰峦之巅，或绵延于广袤的平原腹地，或躺卧于茫茫沙漠荒原，或出没于人迹罕至的戈壁砾漠之中，由东向西，曲曲折折，低低高高，形成华夏北国一道人工与天然融和的地理屏障。万里长城凭借天然地势或自然地貌环境，雕塑出自己的个性，体现出因地制宜的建筑风格。

万里长城是世界上施工时间最漫长的建筑工程，其时间跨度始于公元前7世纪的春秋时期，一直延续到公元16世纪明王朝灭亡，前后断断续续经历两千多年。同时，修筑长城的朝代之多也是世界之最，按照修筑的朝代划分，长城主要包括：春秋战国时代的楚长城、赵长城、齐长城、魏长城；秦代修筑的秦长城；汉代的汉长城；魏、晋、南北朝、隋、唐、宋、元和明代长城。不过这些长城现在大部分都已经变为废墟和残存遗迹。目前保留完整的长城主要是明代长城，明长城东起辽宁丹东鸭绿江畔，西达祁连山山麓的嘉峪关。

明代长城的地学意义在于：它是世界级的历史文化景观，充分而巧妙地利用地形地貌设计建造，是典型的人文建筑与自然地理环境结合的精华。

（1）顺应自然、因势利导

明代万里长城全长6350 km，号称万里长城，在不同地段其建筑特点也各有不同：或以条石为基，砖砌土填；或依山就势，蜿蜒于崇岭之中，凌驾于湍流之上；或城关相倚，楼台相望；或居巅脊，或扼要冲；外筑烟墩（烽火台），内修堡子，更附以重墙、障墙和运兵通道等，一切结构设计都充分利用了地形地物，既省工省料又能提高防御功能。

以山海关长城为例。山海关号称"天下第一关"，具有特殊地理环境，山海关的北侧是群峰耸立的燕山山脉，南侧是浩淼无际的渤海，关隘位于山和海之间的燕山山脉的一段余脉上。所以称作"山海关"。山海关长城的起点是延伸到海里的入海长城老龙头，老龙头的基岩是古老变质的混合花岗岩，基础坚实稳固，经受了千百年惊涛骇浪的冲击和岁月的磨损。"天下第一关"位于燕山山脉山麓与渤海海滨高潮线以上的一块近海平原地带，这一地带群峰耸立，地形复杂，成为天然屏障，是关外入关的锁钥和咽喉之地。

老龙头出海以后，开始沿着燕山山脉蜿蜒爬山西行，第一座山峰便是角山。角山山势险峻、陡峭。角山长城也借用悬崖峭壁随坡就势砌筑，墙体的体量虽然不大，高度也不超过6m，但是因为以崖为墙，墙身以山代之，常常是墙崖合为一体，自然形成了"深沟高垒"的建筑格调。这段长城沿山脊走向，还巧妙地利用山崖落差、石崖断壁，断断续续以垒石为墙。其外临深谷，以自然山势为险，因势利导，形成险要关塞。

（2）巧借自然、因地制宜

位于不同地势之处的长城，建筑风格不同。在山海关长城的角山长城段，城墙所用砖石，乃是就地取材，以条石为基，上垒青砖壁面，墙身以块石砌筑。山脚地段则以素土掺夹碎石夯筑，随着山势的升高，长城墙体中夹石逐渐增多，到角山敌台以上，基本全是以碎石填充核心部。向北地段或以毛石垒砌，或以块石筑垒，巧借自然，因地制宜。

山海关长城向北有一关隘叫作"三道关"。三道关是建在深邃峡谷之中的著名关隘，其两侧是峭壁陡崖，形势十分险要。这段长城砌立在陡峭石壁之上，时而跌宕起伏，时而沿70多度的峭壁向上爬行，时而又直插断崖。观其形势，艰险异常，犹如吊挂在山上的锁链，人们习惯性地称这段长城为"长城倒挂"（或"倒挂长城"）。由于地形险恶陡峻，这段长城全部用块石砌筑。由上可以看出，三道关长城利用山中峡谷步步为营建成天堑险塞，它是我国古代巧妙借助地学环境、"以隘谷通道立关置塞"的典范。

长城进入陕西省境内，地理环境随之变化，这里处于黄土沙漠环境，建筑材料不可能从遥远的地方搬运过来，于是便就地取材，用砂石、黏土、沙土和荆条，相互掺和进行夯筑。在甘肃一带用一种叫作芨芨草的植物荆条做筋骨，与砂石、黏土和泥夯筑。尽管不及花岗岩坚固，但是也经历了千百年的磨蚀和风化。现在这种材料的长城遗迹在有些地段仍然依稀可见。

长城到达嘉峪关一带，地形平坦开阔，没有高峻的山崖和陡峭的岩壁作为屏障，建设者们巧妙地利用当地的地势特征建造关隘。这里虽然没有高山天堑，但是有天然的峡谷要道，是关内外出入的要塞通道，关塞构筑在峡谷口，所以叫作"嘉峪关"。这里"嘉峪"的意思就是"好山谷"，这段山谷贯穿天山余脉与祁连山之间，正是新疆通往甘肃的运输通道，形象地道出了这段关隘的地理形势。

（3）设计精巧、体系完整

长城修筑有各种功能的建筑设施、不同造型和用途的建筑结构和建筑体，主要有关隘、烽火台（也称烽燧、烽台、烟墩、烟火台）、高墩、低墙（女墙）四大部分。这些建筑形式各自发挥其功能，形成完整的长城防御体系。

在金山岭长城，全长47.5km的地段就有敌台242座。城墙上御敌的城楼叫敌楼，也叫谯楼，有木结构、砖结构和木石结构三种。从外形看，有方形、长方形、圆形和椭圆形等形状，楼内有单室、双室、"川"字室、"回"字室、"品"字室等结构，还设有哨台、射孔、居室、暗道、战台和存放粮草处。这些结构设计巧妙，造型多样灵活，防御工事的各部分有机结合，相辅相成，形成一套严密而完整的军事防御体系。

（4）长城分界标志及其地学意义

长城既是一道人工建造与自然结合的天人合一防御体系，同时又成为自然环境的分界标志，在地质、地貌、水文、气候、气象、生物（植被）诸方面，都具有显著的地学意义。

长城中段和东段与我国400mm的等雨量线相一致，成为我国自然地理区划的重要人工建筑标志。这条界线也是一条经济分界线，长城以北为农牧业和牧业区，为干旱、半干旱气候特征，长城以南为农业区，为半干旱气候特征。显然万里长城的选址是综合考虑了地理环境，地貌、水文、气候、历史、经济等因素而确定的。所以长城不仅有军事的战略意义，而且有地理分异的意义，同时它也是一条大型地质构造带的分界。

7.2.4.2 古代水利工程的地学内涵

我国古代水利工程主要包括运河、堤堰、坎儿井、海塘、桥梁等。中国著名水利工程有：京杭大运河、四川都江堰、广西灵渠、新疆坎儿井、江浙海塘、河北赵州桥、北京卢沟桥等。这些水利工程根据当地的地学环境，顺应自然，经过周密考察，在分析自然条件的基础上利用自然，从而为人类服务。桥梁类工程建筑的科学性在于：通过建筑构件的巧妙设计，最大限度地减缓或减少自然力（流水的冲击力）对桥梁的破坏作用。

（1）京杭大运河

京杭大运河纵向贯通海河、黄河、淮河、长江、钱塘江五大水系，全长约1797km。在古代形成中国南北方向的大动脉，为南北物资运输、经济发展、文化交流、政治权力实施、主权管辖和国土安全管理带来极大方便。

大运河的路线选择充分考虑了中国东部的地理环境和地貌特征——纵贯华北平原（包括海河平原和黄淮平原）和长江中下游平原。运河的选址与设计充分考虑了两大因素：一方面是补给水源，两大平原水系发育，五大主干水系为运河提供了充分的水资源；另一方面要考虑工程的施工难度，整个运河都在平原地区穿过，地形平坦，没有崇山峻岭、峭壁峡谷。

（2）都江堰

都江堰位于岷江之上，把岷江以鱼嘴分为内江和外江，以宝瓶口与飞沙堰共同调节和控制内江水量，引入成都平原。这是战国时代著名的水利工程专家——李冰父子,依据道家的"道法自然""天人合一"思想,在前人开凿的基础上组织修建的大型水利工程。该工程由分水鱼嘴、飞沙堰、离堆、宝瓶口等部分组成,其中鱼嘴分水堤和飞沙堰溢洪道修在金刚堤上。它巧妙地利用当地的地理环境、地质条件和地貌特征,选择岷江湾道凸岸构筑飞沙堰。两千多年来,都江堰一直发挥着防洪和灌溉的作用。

(3) 坎儿井

坎儿井是在特定地区建设的别具一格的水利工程,主要分布于新疆吐鲁番和哈密等地。新疆地区气候炎热干旱,蒸发量大,若是依靠天然降雨取水,很难满足当地居民基本的用水需求,无法生存。坎儿井充分利用天山雪水的潜流水源,同时又要防止沙漠干旱气候条件造成的水资源的大量蒸发,其方法是在山前雪水潜流带凿若干竖井,其底部以暗渠相通,便于聚水,然后依地势测定引水暗渠的走向与深度,每隔数十米由地面凿一竖井,相邻竖井对挖互通,形成引水暗渠。暗渠输水至适宜地点出露地表,以便用于生产和生活。坎儿井就是基于这样的科学思维设计的巧借自然的水利工程。

(4) 河北安济桥(赵州桥)

安济桥是我国著名的石桥之一,位于河北省赵县县城西南的洨河上,由著名工匠李春主持建造。大桥通体使用巨大花岗岩石块,组成各自独立的石拱,纵向并列砌筑而成。石桥为单孔,圆弧,拱肩敞开,在大石拱的两端各建两个小拱,这种精巧的设计减少了水流的阻力,减轻了大拱券和地脚的载重,节省石料,便利交通,造型优美,是世界桥梁史上的创举。

(5) 北京卢沟桥

卢沟桥是华北最长的古代石拱桥,有11孔券洞,除两岸的金刚墙外,共有10个桥墩。桥墩间距由两头向中间逐渐加大。从上往下俯瞰,每一个桥墩的形状都好似一只大木船,迎水的一面砌成分水尖。分水尖上部安装有三角铁柱,锐角向外,俗称"斩龙剑"。桥墩另一头顺水的一面为流线型,向内收进,状如船尾,使水一流出券洞就能很快分散,以减少券洞内水流的压力。为了增加桥体的坚固性,桥基、桥墩的桥券采用了腰铁和铁件把石块联结起来,从而增加了砌石之间的拉联力。

7.3 宗教文化与建筑的地学特征

宗教是一种社会意识形态,属于上层建筑范畴。宗教宣传虚幻的、超自然的神灵。宗教在世界上有许多类型和派别。根据宗教信仰的多种对象可分为拜物教、多神教和一神教；根据宗教信仰的具体对象物和影响力可分为原始宗教、犹太教、印度教、佛教、道教、基督教和伊斯兰教等。

7.3.1 世界宗教及其分布概况

世界宗教具有典型的地域分布特征和历史演化特征。世界性的宗教及其分布地区大致为：古代埃及宗教、古代巴比伦宗教、琐罗亚斯德教（古波斯、中亚等地）、摩尼教（又叫牟尼教，公元3世纪在波斯兴起的世界性宗教）、婆罗门教（古印度宗教之一）、印度教（起源于印度原始公社时期）、耆那教（流传于南亚次大陆）、佛教（早期主要流行于亚洲）、锡克教（主要流行于印度旁遮普地区）、神道教（产生于日本，具有2000多年的历史）、犹太教（产生于公元前19世纪，犹太人信奉）、基督教（最早出现于公元1世纪的巴勒斯坦地区）、伊斯兰教（产生于7世纪的阿拉伯半岛）。

7.3.2 中国宗教的地域性和民族性

汉族主要信奉佛教和道教，也有信奉基督教的。中国少数民族信奉的宗教主要有佛教、伊斯兰教、东正教等。

7.3.2.1 佛教

从世界范围看，佛教传播的地域特征分为两条路线：北传佛教——从古印度向北传入中国，再由中国传入朝鲜等国家；汉传佛教为北传佛教中的一支，主要以大乘佛教为主；南传佛教——从古印度向南，传入越南、斯里兰卡、缅甸、泰国、柬埔寨等国家和中国云南傣族等少数民族地区，以小乘佛教为主。

古代中国有汉传佛教、藏传佛教和南传佛教三大派别。

（1）汉传佛教，是以地理位置划分的佛教派别，流传于中国、日本、朝鲜半岛等地，为北传佛教中的一支，主要以大乘佛教为主，信仰大乘佛教的少数民族主要有白族、壮族、布依族、侗族、畲族、纳西族、彝族、羌族、满族、朝鲜族等。

（2）藏传佛教，又称藏语系佛教，俗称喇嘛教，是指传入中国西藏的佛教分支。属北传佛教，与汉传佛教、南传佛教并称佛教三大地理体系，归属于大乘佛教之中，但以密宗传承为其主要特色。信仰藏传佛教的少数民族，大致是在西藏自治区、青海、内蒙古自治区、四川、甘肃等地。信仰藏传佛教的少数民族有藏族、蒙古族和裕固族等。

（3）南传佛教，又称上座部佛教。它是原始佛教时期之后，部派佛教中的一个派系，信仰上座部佛教的少数民族有傣族、德昂族、阿昌族、布朗族、佤族等。

7.3.2.2 伊斯兰教

我国信仰伊斯兰教的少数民族主要分布于西北地区，主要有回族、维吾尔族、哈萨克族、柯尔克孜族、塔吉克族、乌孜别克族、塔塔尔族、东乡族、撒拉族、保安族十个民族。

7.3.2.3 东正教

东正教是基督教分支中的一个派别。信仰东正教的少数民族有俄罗斯族、侗族、鄂温克族和布依族等。

7.3.2.4 道教

道教发源于中国春秋战国时期，为中国特有宗教，全国除了西藏没有道教活动场所外，其他各省份都有道教建筑。道教以汉族信奉为主，一般北方多为全真道，南方多为正一道。江西、陕西、四川等都是信仰道教的大省，台湾道教建筑数量众多。

7.3.3 宗教建筑与地学环境

中国的道教以及世界三大宗教——佛教、基督教和伊斯兰教，由于教义和信仰、信奉的不同，其建筑环境和建筑风格也各异。

7.3.3.1 佛教建筑的地学环境

佛要求信徒四大皆空、六根清净，即"地、水、火、风"是形成一切物质的，而佛教追寻的是一种精神的慰藉。佛教重视的是人类心灵和道德的进步与觉悟。佛教信徒修习佛教的目的在于发现生命和宇宙的真相，最终超越生死和苦，断尽一切烦恼，得到永久彻底的解脱。佛教教义的"四谛"是：苦谛——人有生老病死等多种痛苦，并无幸福可言；集谛——分析造成痛苦和烦恼的原因；灭谛——息灭、灭尽，了脱生死，达到圆寂；道谛——达到寂灭解脱的方法和手段。

鉴于佛教的四大皆空思想基础，他们习惯安居于空寂、清幽、宁静的环境空间，静下心来，潜心苦修，冷静观察世事的变化，独自思索，求得解脱。所以，佛教建筑多选择在清净、安宁的山区，尽可能避开人口密集的闹市区。

我国佛教四大名山中山西五台山是文殊菩萨的道场，四川峨眉山是普贤菩萨的道场，浙江普陀山是观音菩萨的道场，安徽九华山是地藏菩萨的道场。西藏喇嘛教的主要活动地是拉萨和日喀则，位于青藏高原。中国各地的庙宇多是因山而建，城市中的佛教寺院也多建在清静的地段或城市的山丘上，如北京的潭柘寺（北京西山）、湖北当阳的玉泉寺（玉泉山）、南京的栖霞寺（栖霞山）、河南的少林寺（嵩山）、山西交城的净土寺（交城石壁山）等。

7.3.3.2 道教建筑的地学环境

道教主张"天人合一"，回归自然，与自然融为一体，所以道教的道观多建在山上或环境优美的地方。道教徒每天主要是修炼，修炼就是修心炼身，主要包括修道、炼气、炼丹等。道教贵生恶死，因而不但有修心的方法，还特别强调炼身的方法，强调心身并炼。所以，道士修炼的环境自然是安闲静谧之地，山青水绿、空气新鲜，没有污染。道观选址主要是在远离人烟的山区，如高山、深林、水畔等清净之地，由此潜心修炼，达到养生目的。

中国的五岳——东岳泰山、西岳华山、北岳恒山、南岳衡山和中岳嵩山，首先是道教名山。其他著名的道教圣地有：山东崂山、江西龙虎山和三清山、江苏茅山、湖北武当山、山西北武当山、江苏齐云山、四川青城山等。

7.3.3.3 基督教建筑的地学环境

基督教信仰的是上帝。基督教的核心思想（教义）是人一生下来就有罪（原罪），每天都要忏悔自己的原罪和各种罪孽，所以基督教徒一生都要忏悔，而且有专人（神父、牧师、主教）监督。基督教的建筑（教堂）和环境选择，都是在城市或聚居区的中心地段。

7.3.3.4 伊斯兰教建筑的地学环境

伊斯兰教的最高主宰是真主，"六大信仰"是其信仰基础，即信真主、信使者、信经典、信天神、信后世、信前定。伊斯兰教的阿訇的责任主要是传达和解释经典，剖取教法，管理、教导信徒。因此清真寺多数建在城市和乡村的繁华地段，不可能建在清净的山林里，这样，阿訇每天才能与教徒们接触。

7.3.4 少数民族史诗

少数民族史诗是环境条件和社会历史条件的产物。所谓社会历史条件，是指各民族自身的历史和社会环境。各民族的历史发展都是不相同、不平衡和有差异的，有发展的速度快慢之分，也有发展过程中由于地域差异、地理隔离而产生的不同的民间社会生活文化——民俗。这种民俗既有精神文化，也有物质文化。在不同的社会发展阶段所形成的风俗习惯，必然会留下相应的痕迹。民族历史上的重大历史事件、历史人物、史诗等，如藏族的《格萨尔王》、哈萨克族的《玛纳斯》、蒙古族的《江格尔》等，都具有少数民族的特定民俗。

第 8 章

聚落景观及其地学环境

8.1 人类与自然的关系

人类是自然的一员。人是地球上生物演化的产物，是地球生命物质演化的最高形式。所以人和自然不是对立的，而是统一和相互协调的。尽管人文旅游资源和自然旅游资源不尽相同，有着很大的差异，但都是地球演化的产物。就此而言，地球造就了人类与万物。

有些学者认为人文旅游资源不属于地学的范畴。这种思维有点把人类和自然搞得绝对化了。应该承认，有些人文环境和人文的物质与自然物质之间差距甚大，特别是现代高科技的一些东西，几乎没有任何自然成分。但是在人类活动的早期，人类几乎是完全依赖自然环境而生存的，人类并没有把自己与自然界对立起来。

综观人类的衣、食、住、行，几乎不可能与自然脱离，总是与自然有着千丝万缕的联系。当然，与人类精神活动、物质活动等有关的人文景观也是如此。本章主要探讨人文景观与地学关系密切的人类聚居环境——聚落和古城镇景观的地学环境背景。

8.2 原始人类生活空间与地学环境

8.2.1 聚落与地学环境

8.2.1.1 聚落

人类生活在地球的表层（地表或地面）。人类的衣、食、住、行完全依赖于地球，首先最直接的是与地球表层环境的亲密接触。人类为了休养生息，必须设法寻找并获得一处能够安全休养生息的地学空间，设法营造一处聚居与生活的场所，寻找可以开展各种与生活息息相关的活动的地域。人类在长期与自然磨合的过程中，总是以群相聚，并且集中居住在某一区域，从而形成村落，或者称作聚落。聚落是人类活动的中心，它既是人类居住、生活、休息和进行各种社会活动的场所，也是人类进行劳动生产的场所。德国学者李希霍芬（Richthofen）曾指出：人类定居于地表，并占领地表，其中一种占领方式即为聚落。实际上，聚落的职能不仅仅是居住地，而且也包含着农业景观及文化景观。

聚落是地球表层非常重要的人文景观。其建筑材料，所占据的位置、环境，聚落发生发展的原因以及聚落的形态等，集中反映了人类活动和自然环境之间复杂的综合关系。研究聚落分布、发展及其与环境之间关系的科学是聚落地理学。

聚落是人类活动的基地，是人类改造环境的结晶。从地球表层诞生人类以来，人类为了生存，为了休养生息，也为了人身的安全，最为基础的条件就是要有一处栖身的居住地（聚落），人类的远祖——原始人类选择了天然的洞穴（温带居穴）或在树上栖居（巢居）。

窑洞住宅在黄土高原大量分布，有些地方还在窑洞上建造房屋（如山西吕梁地区、陕西延安地区等），即上屋下洞。这种现象不仅反映了黄土高原的聚落风格，同时也反映出当地的地理、地貌环境。随着人类经济、社会的发展，聚落逐渐分为不同的形式和格局。

聚落可以划分为四种形式：①住宅——单独的居住环境；②村落——集体居住的空间环境；③乡镇——设立有政治、行政管理的空间环境；④城市——经济、文化、交通、工业、农业、商业的集中地，它是行政管理和物质交换的大空间环境。前两种聚落形式的居民主要从事农业（第一产业）；后两种聚落形式的居民主要从事工业（第二产业）和商业、服务业（第三产业）。聚落形式的差异主要是人口规模的不同。人口规模则取决于居住环境所处的地理位置、地质背景、地貌条件等地学环境。这种环境主要是一处有利于从事各种经济活动、生产活动和社会活动的生存生活环境。它既能满足生活和生产劳动的要求，也有利于交通开拓、工业发展，还有利于从事物质交换的商业经济活动等。

8.2.1.2 原始居住地自然环境特征

（1）史前时代

史前时代，原始人类生活极为简单，甚至没有固定地点，当时人类居住地是非定居式的。人类为了生存，必须寻找宜居的洞穴（如岩溶洞）建立舒适而安全的居住地，以防寒暑、防风雨、防野兽、防疾病，便于生活。

（2）采集经济时代

采集经济时代，人类寻求环境优越的地区居住。由于当时很多地方交通不畅通，以致与世界其他地区隔离。人类为了战胜恶劣的自然条件，就地取材建造了简陋的住宅，主要是穴居和巢居。

穴居有两种形式：其一是选择石灰岩地区的溶洞，不论南方、北方，凡是岩溶发育的地区，都有古人类聚居的溶洞；其二是窑洞，北方黄土地貌区，没有溶洞，且土层厚实，易于挖掘，所以在黄土坡地，人们便选择挖穴而居。

巢居主要在南方。南方潮湿多雨、林木繁茂、丛林密集，人们选择筑巢而居。在中国古代文献中，曾记载有巢居的传说。如《韩非子·五蠹》："上古之世，人民少而禽兽众，人民不胜禽兽虫蛇，有圣人作，构木为巢，以避群害。"

由于当时生产力非常落后，古人类只能依靠自然界来获取食物，即仅仅依靠天然的树果、草根、茸类，或者鱼类、鸟类、兽类等为食物。他们为了获取食物，不得不分散居住，加之这些食物只能在一定的季节获取和一定的地域找到，因此，聚落不能够固定，随时有流动迁徙的可能，而且单位面积的人口可容量很小。

（3）石器时代

石器时代的穴居容易集中于一个地区。同时，为了捕猎大型野牛、野鹿等野兽，或者为了自身防卫，古人类也发生了社会联系，因此居住地比以前密集。

石器时代的原始居住地多建于森林茂密的低山林区，便于男子狩猎，女子采集。人类在海边也进行原始的捕鱼活动。不论是狩猎，还是捕鱼，资源都很容易枯竭，因此人类要经常迁徙和移动，居住地也多为临时性的。

由于气候、地质、地理、水文等条件不同，原始穴居的居住方式也不尽相同。欧洲旧石器时代的人类广泛利用洞窟居住；日本因潮湿多雨，洞窟生活不利于身体健康，人类多居住于竖穴中。原始洞穴聚落居民主要生活在40万～150万年前，这些原始居住洞穴在山西、北京、辽宁、广东、湖北、浙江等地均有发现。

中国原始居住聚落也始于巢居。古代传说的有巢氏，因禽兽多，皆筑巢避之。《孟子·滕文公》有云："下者为巢，上者为营窟。"这说明巢居在躲避湿热环境、远离虫兽侵袭以及就地取材等方面有着明显的优势。

8.2.2 地学环境对村落的影响

8.2.2.1 地学环境对古代村落的影响

随着生产力的发展，人类逐渐走向饲养家畜、栽培作物、生活安定的定居生活。

人类的居住条件有了很大进步，建立了永久性和半永久性的房屋。这在西方被称为小村或者村落。村落主要指大的聚落或多个聚落形成的群体，是一种受地理环境因素影响较大的生存环境。村落是人口集中分布的区域，包括自然村落、自然村、村庄区域。古代村落对地学环境的依赖性很强，不同的地学环境形成不同生产方式的村落。作为一种受地理环境因素影响较大的人类文明单位，村落正逐渐演变为联系历史与未来、原始与现代文明的一个因子，它本身也正是人的生存环境。

古代村落选址主要强调人与自然的和谐，追求理想的生存与发展环境，审慎周密地考察、了解自然环境，利用和改造自然，创造良好的居住环境。中国传统乡土聚落立村选址、营宅造院都遵循着这一原则，因此传统村落中所体现的风水（地学环境）具有不可忽视的现实意义。

8.2.2.2 地学环境对村落职能分类的影响

乡村聚落分类既有人文型，更有自然型。乡村聚落与周围环境的关系十分密切，不同地区的乡村，聚落内部的组成要素、结构与布局均有明显差异，聚落类型也不相同。按经济结构和地貌环境可分为：农村、山村、牧村、渔村，在水乡和江河，有以舟楫为家的水上人家。在不同的地貌环境中，聚落的分布都有自己的特色和规律。主要类型包括：以农业为主的农村聚落；以放牧为主的游牧村落；以稻谷和渔业为主的水乡人家；其次是丘陵分布区，山原水系发育的平坝和山寨；在热带雨林地区古代还有烧田聚落（部落）。

所谓职能主要是指农业职能。村落一般是经营农林牧副渔生产活动的，并且主要是供应生产物。据此，职能村落可以分为：农村（以农耕为主）、牧村（以游牧为主）、渔村、水乡村落和山村（以农业为主）。

（1）农村

狭义的农村指的是以从事农业生产为主的劳动者聚居的地方。凡是农业人口占优势的地区都是农村。农村多分布于平原地区、沿海地区，山地地区也有分布。农村根据所处地貌环境（平原、湖滨、河岸、海滨、山区、林区等），可以有不同的耕作方式，生产不同的谷物和经济作物。所以农村可以分为两种聚落形式：其一是以生产农作物为主的农村；其二是以生产谷物类、经济作物、蔬菜、水果为主的农村。后者可以为市场提供产品和商品，是一种商品化农村。

广义的农村主要分布在平原区、盆地和丘陵地区，以平原地区、盆地地区为主。这里利于耕作、种植和发展农业。我国乡村聚落分布区主要包括以下地区：华北平原、东北平原、长江中下游平原、四川盆地、珠江三角洲平原、以河南省为主体的黄淮海冲积大平原、山西汾河平原、陕西渭河平原等。

（2）牧村

主要聚居于草原、沙漠绿洲、山区草甸地区，是以从事畜牧业为主的人所居住的村落，可以兼营农业、副业。

主要地学环境是沙漠、草原地区，其次是高原地区。游牧地区以干旱气候为主，以家畜养殖为主。由于气候和季节性的变化，游牧多有垂直移牧和水平移牧方式，住宅也随之转移，如蒙古高原的游牧村落，以蒙古包和帐篷为住宅。游牧聚落多数是分散聚居的，但是由于水源或者其他原因，也有相对集中聚居的，一般是数十户牧民为一处聚居村落。

（3）渔村

所谓渔村，主要是指沿海地区、湖泊沿岸和江河流域等地，以水产业为主要职业的人所居住的村落。

（4）水乡村落（水乡人家）

我国江南地区的江苏、浙江、安徽等地，河流发育，水系纵横交错，有利于种植水稻和开展渔业。村落大多沿江河、河溪展布。云贵地区为山原和小盆地，所有村庄都建在平坝区和沿江地带。

（5）山村

山村是指位于山区中的自然村落。生活在山地、丘陵地区，靠生产山地产品为生的人们居住的地方即为山村，有以林业为主的，也有农牧林组合的村落。人们习惯于把山地、丘陵地区，居民依山势和地形起伏特点建成较松散的自然村落称作山村。

8.2.3 地学环境对聚落形态的影响

从平面分布形态看，村落可以分为集村和散村两种形式。

8.2.3.1 集村

多数住宅集合在一起形成的集中村落为集村。

（1）集村形成的地理环境

集村主要分布于地形比较平坦的平原地区或大区域的盆地地区。如我国的松辽平原、华北平原、长江中下游平原、珠江平原以及四川盆地等区域。大面积的沙漠绿洲（例如中国新疆地区和内蒙古地区）也形成集村。在这些开阔平坦的地区，人类依靠社会集团生活，由此发展成集村。

（2）集村形成的重要条件

有利于防卫，有助于共同协作生产，便于人类生产、生活取水、用水等，是形成集村的重要条件。例如水稻种植区域，需要协同生产（插秧、收割），这是形成该区域大型集村的重要条件。

（3）集村的几种几何形态

集村根据住宅的配置和展布状态又可以分为几种形态：块状村、列状村、路村和街村。块状村一般分布于平原的中心地带；列状村多数分布于平原区的边缘山麓地带，一般沿着河流、山谷、山麓排布；路村和街村与地形关系不密切，主要与村落所处的交通位置有关，一般排列在交通干线的两旁。

8.2.3.2 散村

散村的最大特点是居住点的居民少，住户少，住户之间比较分散，不聚集。

一个村庄可以散布在很大的区域范围里。散村一般散布于山区，位于冈丘、丘陵、沟谷之间，受地形的影响较大。另外在沙漠的小型水源周边也容易形成散村。

8.3 城市与地学环境

8.3.1 城市形成的因素

城市是在狭小的地域上集中大量非第一产业人口，居民以从事第二、第三产业为主；城市是其周围地区从事社会、经济、文化、政治等活动的中心。拉采尔在《人类地理学》中指出："城市是人类及其居住地永续的密集地区，而且位于主要交通道路的中心。"城市是社会发展到一定阶段的产物，是人类集聚的一个社会经济实体。它的产生和发展取决于社会经济的发展程度和社会的实际需要，因此它具有一定的空间范围。但是，它又是一个地域的实体，存在于一定的地域上，为地域的一个点或中心，所以地域的地学环境与自然条件对城市的形成与发展起着巨大的作用。

影响城市形成和发展的因素主要有：社会经济条件、政治原因、交通条件和文化因素，但是决定城市位置选择的主要因素是当地的地学条件——地理环境、地貌特征、水文条件、气候条件、植被发育状况，以及矿产资源的分布与储藏量及品位等自然因素。

8.3.2 地学环境与城市发展

地质条件是城市建设与发展的固体基础。岩石裸露处不便于城市的建设，岩石风化形成的砂砾、黏土层便于人类活动和城市的发展。

一般城市的发展，建筑结构等都受到地质条件的制约。例如建筑物层数，一层的地基承压力要求为 $7.5 \sim 10 t/m^2$，四层以上者要求达到 $25 t/m^2$ 以上。不同基础地质地基的承压力差别很大。沿海地区淤泥仅 $4 \sim 10 t/m^2$，细砂（湿中密）为 $12 \sim 16 t/m^2$，碎石（中密）为 $40 \sim 70 t/m^2$，黏土（固态）为 $25 \sim 50 t/m^2$ 等。因此，地质基础完好对城市建设有利。当然，也有地质基础不好的地区，可以根据需要建设超过地质承压力的建筑物，但是要投入大量打地基的经费。

地质条件在生产力低下的情况下影响较大，例如日本建平安京（现在京都）时，当时建有左右对立的二京，然而左京很快衰微荒废。这与其地基由腐殖黏土组成、水质恶化、排水困难等因素有一定的关系。所以，后来京都发展主要向由花岗岩风化的沙土地（砂土）的东北部扩展。

城市选址和形成的最主要因素是地学环境——大地构造部位和地壳稳定性。这对城市的选址、建设和发展至关重要。一个多火山、多地震的地区，往往会给人类的生活、生产、经济发展与交流带来不安全感，显然不适宜和不利于城市的建设和发展。

8.3.3 地貌与城市的形成

从地形上看，平原最适宜城市的形成和发展。地势平坦，便于市域扩大，利于各种交通的发展，也有利于发展农业。所以，世界上重要城市多数分布于平原区。如我国的上海、北京、广州、汉口等。世界上的大城市，如纽约、伦敦、柏林、巴黎、东京、芝加哥、莫斯科、加尔各答等皆位于平原区。1937年，据沈汝生统计，当时中国有193个人口在5万人以上的城市，其中90个分布于平原区，83个分布于丘陵区，二者约占全国城市的90%。

在热带地区，平原区潮湿、气温高，不适于人类居住，人口和城市主要分布于高原或者高山地区。厄瓜多尔3/4以上的人口居住在平均海拔高度2500m以上的山间盆地。世界上著名的大城市——墨西哥城，1979年达到1475万人，就位于海拔2356m的高原上；哥伦比亚的波哥大城位于海拔2640m的山间盆地中。

两种地形的接合点，也有利于城市的形成。在平地与山地之间，交通便利，而且由于不同地区产品的差异，可以形成贸易中心。日本东京、大阪、名古屋都位于台地与平原的接合部位。张家口位于华北平原与内蒙古高原交接点处，很早就成为货物集散中心。另外，谷口和溪口地带也利于城市的兴起。

8.3.4 气候、水体与城市的形成

从世界来看，大部分城市，尤其是大城市多位于适宜于人类生活的温带地区。气候条件往往影响城市性质，如日本大阪为世界早期的纺织工业城市，这与当地的气候有关——温暖、多雨、空气湿度大。如果气候干燥，棉绒断续，不能成缕，虽也能成布，但质量欠佳；气候温热湿润则有利于棉绒纺织成布。

城市的小气候对城市发展也有影响。如西欧的城市大多受到西风的影响，大城市发展多向西方发展，处于上风带，这样不容易受到工业烟尘和污染物的影响。以伦敦为例，市区西部多为上流住宅，市区东部则多贫民区。

城市的形成与发展和水的关系非常密切。河畔、湖畔和滨海地带都是利于城市形成的地区，河流历来就是重要的运输通道，而且是工业用水和饮用水的最好源地。这为城市形成和发展提供了重要的环境条件。

8.3.4.1 河流渡口与湖泊岸带

河口处往往形成肥沃的三角洲，有利于城市的形成和发展。中国的上海、广州、天津，印度的加尔各答，美国的新奥尔良，阿根廷的布宜诺斯艾利斯，日本的东京、名古屋、大阪等都位于江河三角洲地带。

河流渡口、津渡也能促进城市形成和发展。中国的天津、武汉、南京等，英国的剑桥，德国的法兰克福都是位于河流的渡口地带。英国的工业中心在泰晤士河两岸，河口面海呈现喇叭口形，只有伦敦附近狭窄，成为最好的渡口，从而使交易荟萃，商务渐盛，终于使伦敦成为重要城市。

大型湖泊也有利于运输业的发展，湖滨带是水陆运输的交接点，有利于城市发展。如美国芝加哥（密歇根湖）、德卢斯（苏必利尔湖），日本的大津（琵琶湖），中国的岳阳（洞庭湖）、九江（鄱阳湖）、无锡（太湖）等。

8.3.4.2 海岸带与海峡地带

海岸带（海滨带），尤其是基岩海岸带具有优良的港湾，在河流的入海处，沿岸地区都利于城市的形成和发展。中国的上海、大连、青岛、泉州、福州、汕头、广州，美国的纽约、费城、巴尔的摩，日本的东京、大阪、横须贺、佐世保等海港城市，就属于此类城市。

在海峡、运河的两端也有利于城市的兴起，例如直布罗陀与丹吉尔（直布罗陀海峡），苏伊士与塞得港（苏伊士运河），巴拿马与科隆（巴拿马运河）等城市属于此类。

8.4 资源型产业与城市的形成

8.4.1 矿产与城市

产业革命以后，某些大型矿山、矿区，成为新建工业城市形成、发展的重要因素。这些城市与该地区的产业结构和地质条件有着非常密切的关系，往往形成大型的矿业城市。

煤炭工业城市有：山西大同、阳泉、朔州、河南平顶山、黑龙江鹤岗、鸡西、辽宁北票、抚顺、河北唐山（开滦）、安徽淮南、淮北、山东淄博、枣庄、济宁、聊城、莱州、江西安源、樟树、内蒙古鄂尔多斯、锡林郭勒等。

以铁矿为基础发展起来的城市有：中国的四川攀枝花、内蒙古包头、辽宁鞍山和湖北大冶，巴西的贝奥里藏特等。

其他矿业城市有：南非约翰内斯堡（金矿）、南非金伯利（金刚石矿）、中国黑龙江大庆、新疆克拉玛依、伊朗阿巴丹（石油）、"镍都"——甘肃金昌市（镍矿）、"铜都"——安徽铜陵市（铜矿）、"锡都"——云南个旧市（锡矿）等。

另外，我国产玉石的城市有：辽宁岫岩县（岫玉）、新疆和田县（和田玉）、河南南阳市（南阳玉）、江苏东海县（水晶矿）等。

高岭石矿产与陶土及其成品陶瓷产地有：江西景德镇市、江苏宜兴市、河北唐山市、广东佛山市、湖南醴陵市等。

秦皇岛是多种矿产开发与加工的工业城市，主要有煤炭工业（石炭纪、二叠纪煤层）、玻璃制造（元古代纯净石英砂岩）、建材（中生代燕山期花岗岩）等。

8.4.2 水产、林业与城市

水资源丰富的地区形成以水产品为主要产业的城市，例如中国的营口、连云港、青岛、厦门。海南省环岛城镇都产有丰富的水产品，主要产地有琼海、东方、陵水、文昌。

以林产品为主的林业城市主要分布在东北地区，尤其是黑龙江省，例如伊春。伊春有世界上面积最大的红松原始林，号称"天然氧吧"，被誉为"祖国林都""红松故乡"。伊春市的市树、市花和市鸟都与森林有关，它们分别是红松、兴安杜鹃和啄木鸟。

8.4.3 多种地学环境与城市第三产业

8.4.3.1 多种地学环境的利用

随着社会的进步、经济的发展和人口的增长，尤其是经济社会和科学技术的飞速发展，人类加大了对环境的改造，多种地学环境（山岳、丘陵、河流、湖泊、海滩、森林、气候等）都可以被人类修复和改造，从而为人类所利用。

8.4.3.2 现代第三产业的发展

第三产业主要是指各类服务业，如公共服务业、个体商人服务业、综合服务业和旅游业等。现代综合服务业已经成为国家经济发展的重要动力之一，在各种地学环境条件下形成的城市都需要服务业的支撑。

8.4.3.3 以旅游业为龙头的第三产业

随着人类社会的发展和人类生活水平的提高，人类逐渐追求高质量的生活方式。旅游和度假疗养成为人类的新时尚、新追求。另外，随着城市化进程的急速推进，人类居住环境恶化和被破坏，越来越多的人开始追寻一种安逸的生活、寻求回归自然、返璞归真的感受。人们向往大自然，走出斗室，呼吸清新的空气，陶醉于山川河流之中，享受幽静的山林，忘情于蔚蓝的大海，钟情于秀美的湖光水色。这些都是大自然无私奉献给人类的宝贵资源。

风景秀美的自然风光区域，往往是地学环境复杂、地貌形态丰富多彩、地质现象发育的地带，这些地带各种地学要素集中发育，景观优越，山、水、林俱佳。中国著名的旅游城市桂林，山美、水美、植被美。这里有奇特的喀斯特（岩溶）地貌，有迷人的漓江，可谓山清水秀，还有亚热带的气候、植被。海南三亚位于中国海南岛的最南端，濒临南海，属于热带气候，有热带雨林植被，海滨地带有花岗岩山石构筑的天涯海角，有热带雨林"呀诺达"和槟榔谷，有黄金海滩的亚龙湾、大东海、小东海等休闲度假的好去处。

在中国的著名旅游地中，集休闲、度假、疗养于一体的城市主要有：桂林、杭州、三亚、张家界、黄山市、大连、威海、秦皇岛、昆明、丽江等。

8.5 人类文化的地学特征

8.5.1 人类早期活动的地学环境

8.5.1.1 原始人类分布的地域性

原始人类时期主要是指石器时代，包括旧石器时代和新石器时代。

旧石器时代为猿人时期、古人时期和新人时期。其代表和地域分布特点为：猿人时期（旧石器时代早期）代表有云南的元谋人、陕西的蓝田人、北京周口店的北京人；古人时期（旧石器时代晚期）的代表有广东的马坝人、湖北的长阳人、山西的丁村人；新人时期（旧石器时代晚期）的代表有广西柳江人、四川资阳人、北京山顶洞人。

新石器时代为母系氏族公社和父系氏族公社阶段，其文化代表和地域分布特点为：母系氏族公社的两个文化代表是浙江余姚河姆渡文化（长江流域母系氏族公社）、西安半坡文化（黄河流域母系氏族公社）；父系氏族公社阶段的三个文化代表是山东大汶口文化（中晚期）、河南龙山文化、浙江良渚文化。

8.5.1.2 原始人类生活的地学环境

从上述原始人类生活的地域性可以看出当时当地的地学环境特征。

（1）地域分布——江河流域为主

原始人类主要分布在江河流域，尤其是黄河和长江流域。云南元谋人生活在龙川江（金沙江支流）畔，陕西蓝田人生活在渭河（黄河的支流）支流上，北京人生活在大石河（永定河支流）支流上，广东马坝人生活在北江（珠江支流）江畔，湖北长阳人生活在清江（长江支流）江畔，山西丁村人生活在汾河（黄河支流）河畔，广西柳江人生活在柳江（珠江上游黔江支流）江畔，四川资阳人生活在沱江（金沙江支流）岸边。

母系氏族和父系氏族的原始人类也都在江河流域得到发展壮大。黄河上游地区，有承继仰韶文化-齐家文化的氐羌文化区，黄河中游地区为承继仰韶-河南龙山文化的华夏文化区，在黄河下游及淮河流域，形成了以大汶口-山东龙山文化为特征的东夷文化区，在长江中游地区，出现了具有湖北龙山文化特色的苗蛮文化区，在杭州湾两岸及太湖流域，存在着由良渚文化孕育形成的吴越文化区。

世界文明古国的原始人类分布特点也是沿江河流域或者海湾附近分布的。如：古埃及王国分布在尼罗河流域，古巴比伦王国在两河流域（底格里斯河、幼发拉底河），古代波斯帝国在波斯湾，古印度在印度河、恒河流域，古希腊在爱琴海南部。

（2）居住洞穴环境——岩溶地貌地区为主

大多数原始人类生活于岩溶地貌发育的地区，以洞穴居住为主。例如广西柳州市附近为石炭纪、泥盆纪碳酸盐岩发育地区，因此出现了柳江人。北京周口店为寒武纪、奥陶纪灰岩发育区，出现了北京人。卢云亭等对原始人类居住的岩洞做了一些统计，已知的岩洞有：辽宁营口金牛山溶洞、湖北大冶石龙头岩洞、湖北郧阳梅铺岩洞、贵州黔西观音洞、辽宁喀左鸽子洞、河南安阳小南海、浙江建德乌龟洞、广西柳江通天岩（柳江人）、柳州市郊的白莲洞、广东马坝狮子岩洞穴（马坝人）等。

8.5.1.3 环境特点及分布规律

（1）环境特点

旧石器时代地域性文化遗址的选址特点为：近水的河流阶地、冈埠；洞穴居室，天然岩洞（以石灰岩洞为主）；近水源、方便取水；岩洞向阳背风侧；洞内比较干燥，为了呼吸新鲜的空气，原始人类居住在临近洞口处；安全地带，如阶地、冈埠，这些地带不易被水淹没。

新石器时代地域性文化遗址的选址特点：靠近水源、便于取水。西安半坡文化遗址位于渭河南岸；地势高、排水畅、防洪涝、利农耕。关中渭河流域其他地区发现仰韶文化遗址多达400余处，而且大多数位于渭河及其支流的一二级河流阶地上；河岸择地，向阳背风。许多新石器文化遗址沿河选择北岸和西岸的向阳背风处，在这里光照时间长，也有利于避风寒。

（2）分布规律

旧石器时代：从时间顺序来看，最早是元谋人遗址，随后依次是陕西蓝田人遗址、北京人遗址。从分布地域的逐渐延伸方位来看，大致是由南而北。有些学者认为，这与当时气候的演变、逐渐变暖有关。从总体分布规律来看，古人类遗址是以黄河中下游地区（包括海河）为中心，呈辐射状向南、北、西方向逐渐减少。

新石器时代：以黄河中下游平原最密集，如关中平原、汾河下游平原、伊洛河下游平原、豫东北鲁西济水两岸；长江中下游平原次之，主要分布于江汉平原、长江三峡、太湖流域、杭嘉湖等地；以黄河中下游为中心向外逐渐变疏，向西延伸到达河西走廊和甘青黄河谷地，由兰州向东北方向到达宁夏平原等地，向北沿着汾河谷地和太行山东麓，达晋北、冀北山间盆地，一直到东北地区和海滨；华南、西南等地分布密度疏，文化遗址的年代相对较晚。

（3）与自然条件的关系

由于新石器时代以原始农业为基本经济特征，所以集中分布于黄河中下游平原地区。在这片广袤的平原地区，地形平坦适宜农耕；河湖众多，宜灌溉、利舟楫；气候温润，利于作物生长，适于人类生存；土地肥沃，适于农业；新石器中晚期黄河流域发育有茂密的森林、丰腴的草原，区域内多种多样的植物和林中众多的动物，非常有利于培育农作物和驯化家畜，由此提供丰富的种质资源。

8.5.1.4 石器时代的石器岩性及其结构

人类最初使用石头制作的工具叫做石器，人类用石器与大自然斗争的时间是一个相当漫长的时期，考古学称为石器时代。石器制造的工艺随着人类的进化，由粗糙向精细方向发展。早期主要是打击而成的石器，称为旧石器时代，相当于更新世。又可划分为早、中、晚期。后期以磨制而成的石器为主，称为新石器时代，同时已经出现陶器，已进入全新世早期。旧石器所使用的岩石之岩性及其结构特征为：其一是岩石质地坚硬，如石英岩、脉石英、石英砂岩；其二是就地取材，丁村人取当地的石灰岩；其三是包括砍砸器（薄片状）、刮削器、尖状器。

8.5.1.5 原始人类生活的古气候环境

地球历史发展到第四纪时期，气候变化频繁，大致经历了红崖冰期、鄱阳冰期、大姑冰期、庐山冰期和大理冰期五个冰期和间冰期（表8-1）。人类出现于鄱阳冰期和大姑冰期之间的间冰期。原始人类每经受一次寒冷气候的冰期，便迎来一次冰期之后的间冰期温暖气候。这个时期人类的生产和生活便得以迅速发展。在整个第四纪，人类大致经历了四次冰期和间冰期的气候波动。人类在这种极端艰苦的自然环境和气候条件下，为了生存而忙碌奔波，为了发展与大自然搏斗。在这漫长的岁月里，原始人类学会了直立行走，学会了制造工具，继而一步步从野蛮、蒙昧过渡到文明时代。从新石器时代开始，气候处于冰后期的温暖时期，气候由南到北，逐渐变暖，原始人类也由南方逐渐向北迁徙。

表8-1 原始人类生活环境与古气候

地质时代 （绝对年龄）	人类历史阶段 （考古期）			原始人类	古气候
全新世 （1万年）	新石器时期		龙山/陶寺/良渚文化		冰后期
			仰韶/半坡/河姆渡文化		
			仙人洞/裴李岗文化		
更新世晚期 （11万年）	旧石器时期	新人 （晚期智人）	山顶洞文化	山顶洞人/资阳人/ 河套人/柳江人	大理冰期
		古人 （中期智人）	萨拉乌苏文化	长阳人/大荔人/ 马坝人	庐山-大理间冰期
					庐山冰期
更新世中期 （73万年）		直立人 （早期智人）	北京人文化	北京人/丁村人/ 蓝田人/元谋人	大姑-庐山间冰期
					大姑冰期
					鄱阳-大姑间冰期
			西侯度文化	西侯度人	鄱阳冰期
更新世早期 （187万年）					红崖-鄱阳间冰期
					红崖冰期

8.5.2 人类文明历史时期文化的地学环境特征

一般认为，中国从公元前21世纪建立夏朝，开始有了文字记载，即进入人类文明史。夏之前为传说，大致相当于新石器时代末期。

随着生产力的提高，社会发展，朝代更替，文化迁移和传播，在不同地域具有不同的文化特征。

8.5.2.1 早期文明发迹地与地学环境特征

（1）黄河中下游地区古都与人类活动

黄河中下游是中国古代文明的重要发源地。从传说的尧、舜、禹发迹和建都的选址来看，主要在黄河中游地区。尧建都于平阳（山西临汾），舜建都于蒲坂（山西永济），故里在山西安邑；禹建都于安邑（山西运城）。这三处建都的地方位于黄河支流、汾河下游的晋南地区。它代表了中国文明历史前夕与进入文明史之交的文化地域特征，所以山西晋南地区为"根祖文化"的发源地。

在以后的几千年内，又有许多朝代在黄河中下游地区建都，其中有安阳（商朝）、西安（十三个王朝的古都）、洛阳（东周、东汉、曹魏、武周、西晋、北魏、后梁、后唐、后晋，共九朝）、开封（夏，战国时的魏，五代时期的后梁、后晋、后汉、后周，北宋、金）、商丘（商朝的前期建都处）等古都。与都城相伴生的周边广大城乡地区遗存了大量的历史文化遗迹和名胜古迹。例如：安阳的殷墟，西安的秦始皇陵（陪葬的秦兵马俑）、汉茂陵（汉武帝刘彻陵墓）、唐乾陵（唐高宗李治和武则天合葬墓），唐朝盛世时期的佛教圣地（法门寺、慈恩寺、大雁塔、小雁塔、荐福寺等），洛阳的白马寺、古汉墓群、龙门石窟，洛阳附近汉光武帝刘秀的陵墓和其余10个皇帝的陵墓，开封的铁塔、龙亭、繁塔等。

（2）西安地学环境特征

古城选址关键问题首先是安全性、防御性和有利于统治与管理的地学环境。其次是气候温和、水资源丰沛，利于发展农业，物产丰富，有利于发展经济的自然条件。

西安古称长安，以西安为中心的"八百里秦川"是十三朝古都所在地，自公元前1134年周王朝在这里建都算起，先后有西周、秦（实际在咸阳）、西汉、东汉、新莽、西晋、前赵、前秦、后秦、西魏、北周、隋、唐十三个王朝，都在这里建都。此外，农民起义领袖黄巢的大齐和李自成的大顺也都曾经先后把西安定为国都。西安为什么被历代帝王如此青睐，纷纷在这里建都？这与西安地区的自然环境条件是分不开的。

秦川即关中平原，所谓关中，是指秦川的四周有四大关隘，东有函谷关，南有武关，西有大散关，北有萧关。古代关中地区气候温和，雨量充沛，土地肥沃，物产丰富，所以成为我们祖先理想的休养、生息、繁衍之地。又由于关中地区环山带水，关隘险阻，因而又成为古代王朝建都的理想之地。关中平原东部是由北而南再东去的滚滚黄河；南部是横亘华夏大地中部的秦岭山脉，它是我国南北气候带的分界带；北部和西部是绵延起伏、由东而西的北山山系，主要山岳有梁山、黄龙山、尧山、嵯峨山、岐山、陇山等。这种环山带水的自然环境，构成了关中平原的天然屏障，保证了关中平原的安全。《通志·都邑序》指出："建邦设都，皆凭险阻。山川者，天之险阻也；城池者，人之险阻也。城池必依山川以为固。"由此可见，秦川地区具备建都的优越地学环境。

古时，秦川地区的水利资源极为丰富，长安周围更是河流密布，素有"八水绕长安"之说，即泾、渭、浐、灞、沣、滈、潏、涝八条河流环绕长安，为长安城注入了生命的活力。其中渭河最为重要，渭河由西而东，横穿关中平原，成为关中平原主要的生产生活取水源地。

(3) 洛阳地学环境特征

九朝古都洛阳，因处洛河之阳而得名，位居河南省西部的伊洛盆地，地处黄河中下游南岸。北有太行天险，南临伊阙，北靠邙山，东有虎牢、成皋之险，西据函谷、崤渑之隘。四周群山环绕，中间是一片平原，伊水、洛河、瀍河、涧河蜿蜒流贯其间，地势险要，土地肥沃，气候温和，雨量适中，水源充足，物产富饶。由此也成为帝王建都的必选之地。

8.5.2.2 中后期文明发展地与自然环境

(1) 江南的开发和经济中心的转移

由于黄河流域出现多次较大的内乱和北方少数民族的南进，引起中原人口大量南迁。与此同时，农业生产技术也得以在南方广泛传播，农田水利事业有了较大发展。至中唐时期，南方经济已经超过北方。随着江南的开发，经济中心也逐渐向南转移。

江南都城主要是南京和杭州。

(2) 南京地学环境特征

雄踞东南的南京，古称金陵，坐落于长江下游的中心。南京东部是连绵起伏的宁镇山脉，东南与平坦广袤的太湖平原和膏腴千里的钱塘江流域遥遥相望，西扼滚滚奔腾的长江天险之咽喉，与坦荡辽阔的江淮平原隔江相接。南京地区的地形大势是：山地、丘陵、平原、江河、湖沼，纵横交错，有机地构成一体，自古就有"龙盘虎踞"之称誉。

南京又称"石头城"，以山之雄奇闻名于天下。在南京与镇江之间的宁镇山脉，其西翼分三支楔入南京及周边郊区。北支沿江耸立，有龙潭山、栖霞山、乌龙山、幕府山，它们悬崖峭壁，临江而立，是城北的天然屏障。其中幕府山屹立城北外围，自古就是南京的江防要地，幕府山东北端有一座突出于江边的石矶，这就是长江四大石矶之一的"燕子矶"。北支向西南延伸为低丘，与象山、老虎山、狮子山、清凉山（又名石头山，石头城之来历）连成一脉。

中间一支乃宁镇山脉的最高峰钟山（也叫紫金山），位居南京城东，在诸山系中分外高耸，气势雄伟，犹如巨龙蟠伏之势（虎踞龙盘之来历）。由于钟山前坡为紫红色的页岩，在阳光照耀下，金光闪闪，所以又叫紫金山。钟山西延入城，自东而西形成富贵山、覆舟山、鸡笼山、五台山与鼓楼岗等低山丘陵。覆舟山北临玄武湖。

南支有汤山、青龙山、黄龙山、大连山，跨秦淮河谷地有方山、祖堂山、牛首山、凤凰山等。汤山是南京有名的温泉地。

南京有两条河流流经，秦淮河和金川河向北注入长江。秦淮河的一支穿行南京城内，这就是有名的"十里秦淮"。主要的湖泊是玄武湖和莫愁湖。

南京北有长江天险，城区群山环立，山间小盆地河流湖泊交错，形成山环水绕、山奇石险、湖荡众多、滩洲排比、钟灵毓秀的地貌格局。这里气候温和、物产丰腴，从而使南京成为兵家必争之地，王朝建都的绝佳选择。

（3）杭州地学环境特征

杭州是中国历史上著名的古都之一，有着悠久的历史和璀璨的文化。

杭州地区在远古时期，是一个波涛汹涌、呈马蹄形的浅海海湾。现在西湖北边的宝石山和吴山，当时是两个环抱着这个海湾的岬角。在后来的年代里，随着汹涌澎湃的潮汐日夜冲击这个海湾，同时带来大量泥沙。在海水不断地涨潮落潮影响下，又有宝石山和吴山两个岬角南北阻挡，潮汐作用携带来的大量泥沙逐渐沉积下来，形成沙洲。这些沙洲日积月累，不断向东、南、北三个方向延伸扩大，最后吴山和宝石山的沙洲汇合，把海湾和大海分隔，从而形成西湖。

杭州地区围绕西湖一带，主要发育古生代地层（以泥盆系、石炭系为主）。形成的山峰有的为泥盆纪砂岩，有的为石炭纪碳酸盐岩，其间也有岩浆岩的侵入体。围绕西湖，东部展布有吴山山脉，西南部为琅珰岭，众多的山峰星罗棋布地展布于杭州地区。杭州东南地带主要有九华山、凤凰山、玉皇山、将台山、九曜山、南屏山、云居山和大慈山；西南地带主要有大华山、虎跑山、五云山、白鹤峰、青龙山、南高峰、棋盘山、寿星头、天竺山、天马山、吉庆山、月桂峰、天喜山、飞来峰、美人峰、北高峰；北部地区主要有灵峰山、老和山、西湖景区内的宝石山等。周边的江河溪流呈网状展布，东边是大运河，西北有沿山河，西南有九溪十八涧，南边是钱塘江。这些环绕西湖的山峰与溪涧河流和西湖相配，构成一幅山水辉映的壮丽图画。杭州总体风貌体现为山清水秀的柔美，加上这里气候温和，雨水充沛，物产丰富，农业发达，难怪南宋皇帝迁都到这里便"临安"享乐，不思国难了。

8.5.2.3 晚期文明发展地——北京及其自然环境

（1）北京的沿革

晚古文明的发展地以北京为最。北京自古以来就是兵家必争之地。在洪荒时代，北京地区就是"北京人"的摇篮。远古时期，北京西南的龙骨山一带，是一片草原，当时植物繁茂，果类丰富。草原上奔驰着各种动物，为高级动物的生存提供了优越的条件，所以"北京人"得以在这里繁衍生息，在随后漫长的岁月里，北京经历了"三皇五帝"的更迭、治理，创造了石器时代的文明，从此跨进了青铜时代。

北京地区最早的城市是燕蓟古城。周初分封"黄帝之后于蓟"，同时"封召公于燕"。后来，燕都泯，蓟城兴，当时的蓟城大致在以前北京的宣武区一带。唐朝时期北京地区设幽州，蓟城是其治所。随着契丹族的兴起，举兵南下，攻占幽州城，同时升幽州为南京，改国号为辽。辽圣宗开泰元年（1012年），称南京为燕京。现在燕京的遗迹有北京的团城、大觉寺、天宁寺塔和牛街清真寺。随着女真族兴起，在"靖康之变"以后建立了大金国，金朝统治者迁都燕京，同时对燕京进行扩建，并改燕京为中都，此时北京地区真正成为政治中心。

1211年，蒙古成吉思汗的骑兵打败金兵，破居庸关直至中都城，中都城陷落。蒙古族统一中国以后，将中都又改称燕京，忽必烈称帝（元世祖，年号中统）。元至元元年（1264年），忽必烈下诏以燕京为中都，作为陪都。元至元八年（1271年）十一月，定国号为大元。次年二月，忽必烈改中都为大都。从此，北京取代了长安、洛阳、开封等古都的地位，成为中国这个统一的多民族国家的政治中心。

元朝灭亡以后，明朝的第二个皇帝朱棣由南京迁都北京。农民起义领袖李自成于明崇祯十七年（1644年）攻克北京，明朝灭亡。李自成仅仅占领北京42天。清顺治元年（1644年），多尔衮率领清军占领北京。从此，北京再次成为一个统一的多民族国家的政治中心。

辛亥革命推翻了中国几千年的封建统治，清王朝覆灭，中华民国成立。中华民国期间，北京始终是世界关注的焦点大都市。1949年，中华人民共和国成立，北京重新成为中国的政治中心——首都。

（2）北京的地学环境特征

北京能够从一个小小的居民点成长为一座重要的城市，进而从一个地区政治中心发展到全国的政治中心。这期间除了政治的原因外，与北京所处的自然地理位置有着密不可分的重要关系。

北京的地形似一个半封闭的海湾。北京的东、北、西三面为群山环绕，状若围屏，只有东南一隅伸向辽阔的华北大平原，一望无际，地理学上称之为"北京湾"，即北京小平原。

北京小平原内有永定河、潮白河、拒马河、温榆河和沟河五大水系，这些水系的主体自西北向东南蜿蜒而过，奠定了"前挹九河，后拱万山"之形胜。永定河是北京最大的河流，它是由山西发源的桑干河流入河北进入北京境内，易名为永定河。早期永定河曾由北京城北流过，沿河流域残留有一系列的淀湖，诸如海淀、积水潭、西海和后海（什刹海）、北海、中海、南海、中南海、龙潭湖等。后来永定河改道由房山区向南进入河北省，注入海河。

在区域地形上看，北京由两大山脉组成，西部是太行山，进入北京的余脉即现在的西山。北京北部为燕山山脉的军都山，燕山在北京一带为花岗岩基岩，岩石致密坚硬，山势巍峨挺拔，层峦叠嶂，十分壮观雄奇。在这里可北望蒙古高原，其南接大平原，由此向东，逶迤数百里直抵渤海之滨。在燕山山脉众多山岭之中，分布着许多天然的冈岭、谷峪、关隘，如密云的北古口、昌平的南口等。燕山山脉上有长城蜿蜒屹立其上，居庸关、司马台、金山岭、慕田峪等是北京地区长城的关隘、咽喉锁钥之地。

在气候方面，北京属于温带大陆性季风气候带。主要特点是冬季寒冷干旱，夏季炎热多雨，冬季、春季和秋季多西北风，夏季多东南风。秋季是北京的黄金季节，秋高气爽是北京秋季的最大特点。

北京地区的植被为暖温带落叶阔叶林兼有草原植物的成分，同时保留有一些热带植被的科属，北京有维管植物169科、869属、2056种和177个变种。主要植物有花楸、白蜡树、七叶树、文冠果、黄连木等，北京的名花古木有银杏、桫椤树、黄栌（红叶）、蜡梅、柘树、紫竹、玫瑰、芍药、玉兰等。北京的市花为月季和菊花，市树是国槐、侧柏。北京的珍禽异兽主要有：金钱豹、狍子、獾、狐、野猪、青羊、牦牛、麋鹿、梅花鹿、大天鹅、金雕、松鸡、啄木鸟、三宝鸟、黄鹂、杜鹃、燕子、大山雀等。

第 9 章
地学旅游资源评价体系

9.1 地质景观区评价

9.1.1 定性评价

9.1.1.1 单项特色定性评价

单项特色定性评价着重于某一地质体或者某一地质现象特色、特征的定性评价。譬如：象形山体、湖泊水体、景观区气候、景观区交通条件等。

9.1.1.2 多项综合定性评价

多项综合定性评价主要着重于一个地区的综合地质特征、多种地质景观的定性评价。

地学旅游资源与其他自然旅游资源不完全相同，它具有一定的限定性和特色性，多数地质体不但要有观赏价值，而且要考虑其科学研究和科学考察价值。所以，对其定性评价首先要考虑其级别——世界级、国家级、地区级三个级别，地质特征评价多考虑此。除级别特色和特征定性评价，还应该有其他定性评价，如面积（区域综合地质体）、体积（单一地质体）等。

（1）世界级

具有世界性意义，在全球都具有科学研究价值。比如全球少有的典型剖面、地质构造、地层序列、地质现象、古生物群落、岩石组成、沉积组合、地质作用、地貌特征（如丹霞地貌、雅丹地貌）等。具有独一无二的典型性，如首先研究的地区，首先确定的地层剖面，第一次发现的古生物化石种群，首次发现的地质构造，首次发现的矿物，首次发现的岩石等。

（2）国家级

在国内为典型地质现象、地质景观，在国内具有研究价值，可与世界典型地质现象对比，国内具有对比意义，成为国内其他地区研究的重要参考地点。

（3）地区级

可作为国内同类地质现象、地质景观对比、研究的典型代表。在本区域内保存完好，发育齐全，出露良好，交通区位好，具有很高的研究价值。

9.1.2 定性评价典型例证

9.1.2.1 地层剖面

（1）世界级（国际性）地层剖面

英国寒武纪地层剖面，奥陶纪地层剖面，志留纪地层剖面，泥盆纪地层剖面；俄罗斯乌拉尔山区二叠纪地层剖面；中国震旦纪地层剖面；德国侏罗纪地层剖面。这些地层剖面地点都是最初命名地。

(2) 国家级地层剖面

长江三峡震旦纪地层剖面，天津蓟县元古代地层剖面，云南梅树村寒武纪地层剖面，山东张夏寒武纪地层剖面，浙江奥陶纪、河北唐山奥陶纪地层剖面，山西太原石炭纪、二叠纪地层剖面，贵州石炭纪地层剖面，广西南丹海相泥盆纪地层剖面。广西桂林南边村二叠纪与石炭纪（P/C）界线层型剖面，浙江长兴三叠纪-二叠纪（T/P）界线层型剖面，属于世界级的"金钉子"（Golden spike）等。

9.1.2.2 地质构造

(1) 世界罕见——美国加利福尼亚"安德列斯大断裂"被确定为未来洋壳的孕育地带。

(2) 国内典型——山东—安徽的"郯庐大断裂"（贯穿山东郯城到安徽庐江）。

(3) 区域典型——鄂西北地区的"青峰大断裂"（贯穿房县、保康、南漳、谷城）。

9.1.2.3 综合地质景观和特征

(1) 世界级

阿尔卑斯山地区——包括欧洲中南部，覆盖了意大利北部、法国东南部，瑞士、列支敦士登、奥地利北部，德国南部及斯洛文尼亚等国。

中国的青藏高原地区——被称为"世界屋脊""第三极"，南起喜马拉雅山脉南缘，北至昆仑山、阿尔金山和祁连山北缘，西部为帕米尔高原和喀喇昆仑山脉，东及东北部与秦岭山脉西段和黄土高原相接。

(2) 国家级

中国国家级地质公园都是国内外著名的景观地质遗迹，如：云南石林岩溶峰林，湖南张家界砂岩峰林，江西庐山第四纪冰川，福建漳州海滨火山地貌，安徽黄山岩浆岩地貌，甘肃敦煌雅丹地貌，黄河壶口瀑布，江西龙虎山丹霞地貌，黑龙江五大连池火山地貌等。其中有些地质公园已经被确定为世界地质公园。

9.1.3 定量评价

9.1.3.1 景观地质体、地质现象定量评价

(1) 景观地质体、地质现象定量评价参见表9-1的第1～7项。

(2) 景观地质体评价主要考虑因素：地质体面积（Q）+地貌特殊度（I）+形貌丰度（R）+地质现象特殊度（G）+直观度（S）+周边植被（P）+可进入性（E）。

9.1.3.2 区域地质现象与地貌综合定量评价

这主要是指以地学旅游资源为主的旅游区。一般是指以地学旅游景观为主的景观区,可以根据上述地质体与地质现象综合定量评价公式进行评价。如果作为旅游风景区考虑,应该在上述基础上,再增加地质内涵的丰富度与复杂度(Ga),当地的气候条件(C)和水文条件(H),参见表9-1的第8～10项。

表9-1 地理环境综合评价

参 数	分值等级/分				
	100～80	80～60	60～40	40～20	20～0
1. 面积(Q) km^2	面积一般以区域为主、以自然形成的风景区为整体考虑,一般在50～400km^2之间都按满分计算;大于或小于此,可适当减分				
2. 形象特殊度(I)	稀有	少见	比较少见	一般	差
3. 形貌丰度(R)	极其丰富多彩	丰富多彩	丰富	一般	差
4. 地质现象特殊度(G)	世界少有	国内少有	地区少见	一般	常见
5. 直观度(S)	非常清楚	很清楚	比较清楚	不太清楚	不清楚
6. 周边植被(P)	植被发育极好,覆盖率极高,90%以上	植被发育良好,覆盖率高,70%～80%	比较发育,覆盖率一般60%～70%	植被较少,覆盖率低,50%～60%	植被覆盖率极低,低于50%
7. 可进入性(E)	非常方便	方便	基本方便	不太方便	不方便
8. 丰度、复杂度(Ga)	极其丰富	丰富	比较丰富	不太丰富	不丰富
9. 气候条件(C)	极好	好	比较好	不好	恶劣
10. 水文条件(H)	极为丰富	丰富	比较丰富	不丰富	极其缺水
11. 经济条件(Ei)	经济非常发达	经济发达	经济比较发达	经济不太发达	经济发展滞后
12. 投资环境(In)	投资环境非常优越,有极大的吸引力	投资环境优越,吸引力强	投资环境比较优越,有一定的吸引力	投资环境较差,吸引力不强	投资环境很差,条件不成熟
13. 社会条件(Si)	社会稳定	社会比较稳定	社会基本稳定	社会不太稳定	社会不稳定
14. 历史、文化(Hc)	历史文化积淀深厚,有特色	历史文化积淀比较深厚,有特色	历史文化积淀丰富,有一定特色	历史文化积淀较浅,但有一定特色	历史文化积淀浅显,没有自己的特色
15. 科技水平(Sc)	科技发达,力量雄厚	科技比较发达,力量比较雄厚	科技正在发展中,力量不太雄厚	科技欠发达,急需科技人才	科技不发达,留不住人才

9.2 地理环境综合评价

地理环境除上述地质、地貌因子外，还涉及经济、投资环境、社会、文化、历史、科技发展水平等，具体见表9-1第11～15项和评价公式。

以上各项的综合评价计算公式如下：

$$Ge = \sum_{i=1}^{15} X_i$$

其中，X_i的X_1、……、X_{15}分别代表Q、I、R、G、S、P、E、Ga、C、H、Ei、In、Si、Hc、Sc。

9.3 生态环境综合评价

9.3.1 生态环境因素

生态环境是指由生物群落及非生物自然因素组成各种生态系统的整体，主要或完全由自然因素形成，并间接、潜在、长久地对人类的生存和发展产生影响。生态环境的破坏，最终会导致人类生活环境的恶化。

生态环境主要考虑以下诸因素：生态平衡现状、生态系列特征、生态群落特征、生物因素条件、生态价特点和生态宗条件等。

9.3.2 生态环境评价

生态环境综合评价，实际上是对生态环境各项因子的科学调查、数据分析、判断生物物种之间的相互依存关系现状和统计生态失衡的原因等，然后作出有关生态环境现状的评价或者得出评估结论。

9.3.2.1 生态因素评价

生态环境综合评价主要是通过生态因素（因子）的五个方面来评估：（1）气候条件——包括光、热、降水、大气等；（2）土壤条件——物理化学特征：质地、酸碱度、土壤水、营养元素；（3）生物条件——地面和土壤中的植物和微生物；（4）地理条件——地理位置、地势高低、地形起伏、地质历史条件等；（5）人为条件——开垦、采伐、引种、栽培等。

地理条件和人为条件常常是通过引起气候、土壤、生物条件的变化，对生物发生影响。通过对生态因子的评估，大致了解生物群落（包括动物群落和植物群落）在本区域内的相互关系。

9.3.2.2 生态系统评估

在自然环境变化的情况下，生态系统评估的主要调查和评估内容如下：（1）生物群落现状；（2）生态系统各类生物的适应能力和生态平衡关系；（3）生物群落对地理环境的适应能力（包括生物种类、种群数量、种群分布受环境冲击情况下的自我调节能力）等。

9.4 地学资源旅游区综合评价

9.4.1 定性评价

9.4.1.1 三大价值评价

科学研究价值、历史文化价值、美学观赏价值，即传统的三大价值评价。三大价值的定性评估，主要是从旅游资源的吸引功能和吸引力进行考虑的评价，这是旅游区确定开发导向的基础。

9.4.1.2 六大条件评价

主要评价内容包括六个方面：景区的地理位置和交通条件，景观的地域组合条件，景区旅游资源容量条件，旅游客源市场条件，旅游开发投资条件，施工条件。

六大条件评价是一种综合性评价，不仅涉及旅游区环境背景和开发条件，而且涉及与旅游市场的关系。实际上涉及旅游活动六大要素——食、住、行、游、购、娱的环境背景条件。

9.4.1.3 三大效益评价

三大效益即经济效益、社会效益、环境效益。经济效益主要考虑旅游目的地社区和服务接待业创造的经济价值；社会效益主要考虑旅游活动给当地社区带来的思想观念和文化影响；环境效益则主要是研究对自然环境、人文环境的破坏程度。

9.4.2 定量评价

9.4.2.1 风景优美度定量评价

风景优美度主要是针对风景区旅游资源吸引力特征制定的参数，具体见表9-2。

表9-2 风景优美度参数和分值等级

参数	权重（%）	分值等级/分				
		10~8	8~6	6~4	4~2	2~0
1. 形象美	20	非常美	很美	比较美	一般	不美
2. 色彩美	10	很丰富	丰富	较丰富	一般	不丰富
3. 音响美	10	非常动听	很动听	较动听	一般	无
4. 动态美	10	非常美	很美	较美	一般	不美
5. 意境美	10	非常美	很美	较美	一般	无
6. 组合美	10	非常优异	很优异	较优	一般	无
7. 奇特效应	10	很强烈	强烈	较强烈	一般	无
8. 风土人情及传说	10	非常丰富多彩	很丰富	较丰富	少量	无

9.4.2.2 旅游区景观综合评价

主要针对旅游地风景区环境氛围建立的评价模型，具体见表9-3。

表9-3 旅游地风景景观价值特征评价模型

参数	权重（%）	分值等级/分				
		10~8	8~6	6~4	4~2	2~0
1. 要素种类	10	非常全	比较全	比较多	一般	不全
2. 优美度	25	非常美	很美	比较美	一般	不美
3. 特殊度	15	罕见	少见	较少见	较普遍	很普遍
4. 规模度	15	宏大	很大	较大	较小	很小
5. 历史文化科学价值	25	极高	很高	较高	一般	不高
6. 景象组合	10	极佳	很好	较好	一般	不好

9.4.2.3 旅游地风景区综合评价

根据旅游地风景区的美学价值、环境氛围，并考虑该区的开发利用条件，制定综合评价模型，由此比较全面地对旅游区进行科学的定量评估，具体见表9-4。

表9-4 旅游地风景区综合评价分项权重值

分项	权重（%）
1. 景观价值特征（I）	40~50
2. 环境氛围（Q）	20
3. 开发利用条件（K）	30~40
合计	100

9.4.2.4 中国观赏型旅游地评价模型

对于旅游区的综合性评估，多数依然是集中于自然风景旅游地。这主要是由于观赏性旅游活动一直处于各类旅游活动的前列，市场前景可观。就旅游者而言，对于旅游地的选择是通过相互比较来择优选取的，其结果是风景区之间的竞争越来越激烈。对于这类旅游区的开发而言，必须对本地的旅游资源、旅游环境、旅游从业人员和旅游设施等进行科学合理的综合评估，同时要与相邻旅游区或者风景区的旅游资源条件、旅游环境、旅游设施等进行对比，从而更好、更准确地确定本区旅游开发导向，制定适合自身的旅游开发策略。

在对旅游区综合评估方面，楚义芳等人建立了中国观赏型旅游区评价模型（表9-5，参见表9-6、表9-7、表9-8），这个模型涉及的因素比较全面，具有一定的科学性，是目前在对旅游地进行评价和旅游开发规划工作中比较常用的评价方法。

表9-5　旅游地评价因子模型表

评价因子层次	第一层（F）	第二层（S）	第三层（T）
评价因子内容	旅游地内的旅游资源（F_1）	质量（S_1）	地形与地质（T_1） 水体（T_2） 气候（T_3） 动物（T_4） 植物（T_5） 文物古迹（T_6） 民族风俗（T_7）
		规模（S_2）	景点集中程度（T_8） 景点容纳量（T_9）
	旅游地区域条件（F_2）	自然生态（S_3） 用地条件（S_4） 城镇分布（S_5） 基础设施（S_6） 旅游设施（S_7）	
	旅游地区位特征（F_3）	可及性（S_8）	联接客源地的交通条件（T_{10}） 与客源地间的距离（T_{11}）
		与其他旅游地关系（S_9）	与附近旅游地类型的异同（T_{12}） 与附近旅游地间的激励（T_{13}）

注：本表根据楚义芳（1989）模型图修改。

表9-6 第一、二层因子的权重

评价因子	代 码	权重值
旅游资源	F_1	7.024（10.00）
质量	S_1	5.762（8.202）
规模	S_2	1.262（1.789）
区域条件	F_2	1.418（10.00）
自然生态	S_3	0.682（4.598）
用地条件	S_4	0.159（1.073）
城镇分布	S_5	0.161（1.105）
基础设施	S_6	0.229（1.549）
旅游设施	S_7	0.248（1.673）
区位特征	F_3	1.495（10.00）
可及性	S_8	1.273（8.514）
与其他旅游地关系	S_9	0.222（1.486）
总计		10.00

表9-7 旅游资源评价因子权重

评价因子	代号	观赏型旅游资源类型				
		海岸型	河湖型	山岳型	平原型	人文型
质量	S_1	5.762（10.00）				
地形地质	T_1	1.203（2.087）	1.194（2.073）	2.267（3.935）	0.380（0.660）	—
水体	T_2	1.616（2.804）	1.725（2.994）	0.495（0.859）	0.710（1.232）	—
气候	T_3	1.167（2.205）	0.801（1.391）	0.546（0.948）	0.551（0.957）	—
动物	T_4	0.258（0.449）	0.261（0.452）	0.385（0.668）	0.273（0.473）	—
植物	T_5	0.370（0.420）	0.403（0.700）	0.631（1.095）	0.593（1.029）	—
文化古迹	T_6	0.665（1.154）	0.838（1.455）	0.871（1.512）	0.871（1.512）	5.041（8.75）
民俗风情	T_7	0.483（0.839）	0.539（0.935）	0.566（0.983）	0.566（0.983）	0.720（1.25）
规模	S_2	1.262（10.00）				
景点集中度	T_8	1.001（7.930）				
景区容纳量	T_9	0.261（2.070）				

表9-8 区位特征评价因子权重

评价因子	代 号	权重值
可及性	S_3	1.273（10.00）
联接客源地交通条件	T_{10}	1.096（8.398）
与客源地间距离	T_{11}	0.104（1.602）
与其他旅游地关系	S_4	0.222（10.00）
与附近旅游地类型异同	T_{12}	0.178（8.010）
与附近旅游地间距离	T_{13}	0.044（1.990）

9.5 国家旅游局关于旅游资源的分类评价

关于旅游资源的评价，国家旅游局制定了一套新的评价方法，主要是采用对旅游资源单体打分的方法。旅游资源评价赋分标准见表9-9。

表9-9 旅游资源评价赋分标准

评价项目	评价因子	评价依据	赋值/分
资源要素价值（85分）	观赏游憩使用价值（30分）	全部或其中一项有极高的观赏价值、游憩价值、使用价值	30~22
		全部或其中一项具有很高的观赏价值、游憩价值、使用价值	21~13
		全部或其中一项具有较高的观赏价值、游憩价值、使用价值	12~6
		全部或其中一项具有一般观赏价值、游憩价值、使用价值	5~1
	历史文化科学艺术价值（25分）	同时或其中一项具有世界意义的历史价值、文化价值、科学价值、艺术价值	25~20
		同时或其中一项具有全国意义的历史价值、文化价值、科学价值、艺术价值	19~13
		同时或其中一项具有省级意义的历史价值、文化价值、科学价值、艺术价值	12~6
		历史价值、或文化价值、或科学价值、或艺术价值具有地区意义	5~1
	珍稀奇特程度（15分）	有大量珍稀物种，或景观异常奇特，或此类现象在其他地区罕见	15~13
		有较多珍稀物种，或景观奇特，或此类现象在其他地区很少见	12~9
		有少量珍稀物种，或景观突出，或此类现象在其他地区少见	8~4
		有个别珍稀物种，或景观比较突出，或此类现象在其他地区较多见	3~1
	规模、丰度与几率（10分）	独立型旅游资源单体规模、体量巨大；集合型旅游资源单体结构完美、疏密度优良级；自然景象和人文活动周期性发生或频率极高	10~8
		独立型旅游资源单体规模、体量较大；集合型旅游资源单体结构很和谐、疏密度良好；自然景象和人文活动周期性发生或频率很高	7~5
		独立型旅游资源单体规模、体量中等；集合型旅游资源单体结构和谐、疏密度较好；自然景象和人文活动周期性发生或频率较高	4~3
		独立型旅游资源单体规模、体量较小；集合型旅游资源单体结构较和谐、疏密度一般；自然景象和人文活动周期性发生或频率较小	2~1
	完整性（5分）	形态与结构保持完整	5~4
		形态与结构有少量变化，但不明显	3
		形态与结构有明显变化	2
		形态与结构有重大变化	1

↘续表

评价项目	评价因子	评价依据	赋值/分
资源影响力（15分）	知名度和影响力（10分）	在世界范围内知名，或构成世界承认的名牌	10~8
		在全国范围内知名，或构成全国性的名牌	7~5
		在本省范围内知名，或构成省内的名牌	4~3
		在本地区范围内知名，或构成本地区名牌	2~1
	适游期或使用范围（5分）	适宜游览的日期每年超过300天，或适宜于所有游客使用和参与	5~4
		适宜游览的日期每年超过250天，或适宜于80%左右游客使用和参与	3
		适宜游览的日期超过150天，或适宜于60%左右游客使用和参与	2
		适宜游览的日期每年超过100天，或适宜于40%左右游客使用和参与	1
附加值	环境保护与环境安全	已受到严重污染，或存在严重安全隐患	−5
		已受到中度污染，或存在明显安全隐患	−4
		已受到轻度污染，或存在一定安全隐患	−3
		已有工程保护措施，环境安全得到保证	3

9.6 地质遗迹资源评价体系

在地质公园评价中，主要是对地质公园范围内所属的地质遗迹潜在价值的综合评估，评价内容主要围绕其自然性、系统性、完整性、典型性、稀有性、优美性、科学性、社会经济效益、生态效益等方面进行综合评价，由此为地质公园保护、开发、管理等方面提供重要的参考依据。国家地质公园关于地质遗迹资源的评价目前还没有统一的标准，根据一些学者和地质公园规划专家们的经验，这里介绍三种评价体系方法。

9.6.1 地质遗迹资源与开发利用条件评价

张国庆、田明中等在地质公园申报项目中，结合地质遗迹资源价值和地质遗迹资源开发利用条件两大因子评价层，提出地质遗迹资源评价方法（表9-10）。

表9-10 地质遗迹资源评价指标体系

评价综合	权重	评价项目层	权重	评价因子层	权重
地质遗迹资源价值	0.7	景观价值与功能	0.41	科学研究价值	0.12
				科普教育功能	0.1

↘ 续表

评价综合	权重	评价项目层	权重	评价因子层	权重
地质遗迹资源价值	0.7	景观价值与功能	0.41	美学价值	0.06
				历史文化价值	0.05
				经济与社会价值	0.08
		自然属性特征	0.29	典型性	0.08
				稀有性	0.08
				自然性	0.05
				系统性和完整性	0.08
地质遗迹资源开发利用条件	0.3	地理环境条件	0.06	地理位置	0.02
				可保护性	0.015
				安全性	0.005
				环境容量	0.02
		区域经济水平	0.1	区域发展总体水平	0.03
				开放意识及社会承受力	0.02
				城镇依托及劳力条件	0.02
				资金条件	0.03
		基础服务设施	0.08	基础设施	0.04
				服务设施	0.04
		客源区域条件	0.06	客源地区位条件	0.02
				区域人口与水平	0.025
				与相邻旅游地的关系	0.015

9.6.2 地质遗迹规模组合评价

王铠铭、武法东、张建平在北京延庆地质公园申报工作中，采用地质遗迹价值、地质遗迹规模与组合、地质遗迹外部因素三个综合因子评价层（表9-11）。

表9-11 北京延庆地质公园地质遗迹评价指标

评价综合层	权重	评价项目层	权重	评价因子层	权重	因子含义
地质遗迹价值	0.587	观赏价值	0.155	稀有性	0.063	地质遗迹国内外出现几率
				奇特性	0.035	形态特征
				完整性	0.029	自然状态、保存状态
				愉悦度	0.028	艺术造型的美观程度

↳ 续表

评价综合层	权重	评价项目层	权重	评价因子层	权重	因 子 含 义
地质遗迹价值	0.587	科学价值	0.294	科学研究	0.176	科学研究程度
				科普教育	0.118	科普教育程度
		文化价值	0.138	历史文化	0.054	景区历史文化价值
				宗教传说	0.084	宗教民俗价值
地质遗迹规模与组合	0.252	遗迹规模	0.126	遗迹面积	0.054	遗迹面积大小
				遗迹宏伟度	0.072	遗迹数量或长宽高
		遗迹地域组合	0.126	多样性	0.081	园区内地质遗迹丰富程度
				协调性	0.045	不同遗迹之间的配合程度
地质遗迹外部因素	0.161	资源影响力	0.102	社会认知度	0.056	社会对园区内地质遗迹的认知程度
				社会影响力	0.046	园区内地质遗迹对人的影响程度
		环境状况	0.059	环境地质适宜性	0.035	园区内地质遗迹与周围环境适应程度
				地质稳定性	0.024	地质遗迹的稳定状况

9.6.3 景观价值与开发条件评价

方世明、李江风、赵来时建立的地质遗迹评价指标（2008）如表9-12所示。

表9-12　地质遗迹评价指标

O层	权重	F层	权重	S层	权重
资源景观价值评价	0.70	科学价值	0.20	科学研究	0.12
				科普教育	0.08
		美学价值	0.15	美感度	0.06
				奇特度	0.04
				规模度	0.05
		历史文化价值	0.08		
		稀有性	0.12		
		自然完整性	0.10		
		经济价值	0.05	市场需求度	0.02
				经济效益	0.03

↙续表

O层	权重	F层	权重	S层	权重
资源开发利用条件评价	0.30	区域经济水平	0.05		
		与中心城市距离	0.04		
		可进入性	0.06		
		基础服务设施	0.06	基础设施	0.03
				服务设施	0.03
		环境容量	0.05		
		地域类型组合	0.04	排列组合	0.02
				区域互补性	0.02

第10章
地学旅游资源开发与调查

10.1 区域旅游资源开发的意义

为了科学、合理、全面而充分地利用旅游资源，必须对区域旅游资源进行科学、合理的开发，尤其是自然旅游资源的开发。自然旅游资源主要涉及地质、地貌、水资源、动植物资源、大气旅游资源以及部分与人类活动关系密切的宇宙现象、天体等旅游资源。

人类生活在地球上，无时无刻不在与地球打交道，地球是宇宙空间的一部分。地球的运转、一年四季的更替、大气的变幻莫测、天体的来去、宇宙物质等，都直接对地球产生影响，也都直接或间接地与人类生活（尤其是衣食住行）发生关系。人类对自然旅游资源的观赏实际上就是人类对地球和宇宙的认真了解过程。平时，人类把大部分时间都用来忙于各种事务，无暇光顾周围的世界。人们利用闲暇时间，走出斗室，亲近自然，领略自然风光，才能真正感受和体会到大自然的美好。但是，浩瀚宇宙、茫茫大地，空间何其大，资源何其多！我们不可能全面地、一览无遗地观赏，不能盲目地周游，更何况有些原始的、人迹罕至的地区，由于其环境条件的限制，人类还无法亲身经历。所以，人类要在繁杂、五彩缤纷的自然界采撷其精华，领略其精髓，必须对区域旅游资源进行开发。

开发最原始的概念就是以自然资源为对象付出劳动，从而达到利用的目的。区域旅游资源开发就是通过人类的劳动——体力的和脑力的，使自然旅游资源得到科学合理的利用。

综上所述，区域旅游资源开发的意义就在于：①对自然旅游资源科学、合理地利用；②对自然旅游资源进行科学、精心地保护；③给自然旅游活动创造一个良好的环境氛围——合理的路线布局和科学、精彩的景点设计；④为旅游用地提供科学合理的规划布局。

10.2 地学旅游资源开发原则

10.2.1 区域性原则

区域性原则也是整体性原则。自然旅游资源的开发必须是区域性的，因为自然旅游资源占有一定的空间，而自然界又是一个整体，不是各自孤立和分隔的，否则这种开发就是不全面的，没有一个全面科学的考虑和筹划，将会对自然旅游资源产生破坏，甚至是毁坏。要知道，大部分的自然旅游资源是在漫长的地质时代经过各种地质作用的长期孕育、造化而形成的，一旦遭到破坏，人类是无法恢复或修复的。

10.2.2 选择性原则

在自然界中不是所有的自然景观、地质现象和地貌景观都可以作为旅游资源被利用，只有那些特殊的、具有美学和观赏价值的自然资源才可以吸引旅游者。这就要求突出特色，突出精华或突出典型，突出时节性。

有些自然现象是不需要开发的，例如大气旅游资源，它是不依人类的意志而发生的，人类对气候更替和气象的发生是无能为力的，只能是巧借和顺应，只能是根据大气运动规律和气候变化规律，适时安排，巧妙借助。

突出特色。就是要通盘考虑大区域旅游资源的组合规律和展布特点与小区域的差异，尽可能选取具有自己个性的代表形象。

突出精华。也就是突出典型，因为在本区域内的自然旅游资源，尽管有自己的个性和特色，但是不必全面开发，应该选择最具代表性的典型形象和典型景观予以开发，否则就会重复，显得泛泛，降低资源的观赏效果，使旅游者失去游兴。

突出时节性。自然界随着地球围绕太阳的公转和自转运动，产生四季，春夏秋冬一年四季气候的温、热、凉、寒，给自然界带来不同的景观和景色，不同的季节给植被带来繁盛荣茂和枯萎凋谢的变化，不同的季节，气象变换各异，春风、夏雨、秋风、冬雪，或云，或雾，或霜，或冰。春天给原野披上绿色的翠衣，夏日给江河送来丰沛的水源，秋时把金黄铺洒在山川，冬季把大地装扮成银装素裹。庐山的云雾、峨眉山的佛光、黄山的云海、山林的翁郁苍翠、江南的柳岸葱绿、北国的冰封雪舞。这些景观美不胜收，但是必须在适合的季节才能获取最佳的观赏效果。

10.2.3 可持续发展原则

可持续发展的原则就是要保护生态环境，有利于生态平衡。

旅游可持续发展国际协议提出五个目标：①增进人们对旅游所产生的环境效应与经济效应的理解，强化其生态意识；②促进旅游的公平发展，改善旅游接待地区的生活质量；③向旅游者提供高质量的旅游经历；④保护未来旅游开发赖以生存的环境质量；⑤保护影响生物的性态和分布的环境条件。

10.3 区域旅游资源调查

10.3.1 旅游资源调查目的和内容

旅游资源调查是区域自然旅游资源开发的前提，是人们认识、了解，从而掌握自然旅游资源特性的基础性工作，只有在调查的基础上才能很好地开发利用。

10.3.1.1 调查目的

旅游资源调查的目的在于开发旅游资源，为旅游业服务，为旅游活动服务。通过区域性旅游资源的系统调查，人们可以比较全面地了解区域乃至全国性旅游资源的分布规律和成因类型，了解旅游资源的科学、文化和美学价值，提供开发和保护这些旅游资源的有利条件，并指出需要考虑的不利因素，为开发、评价、规划和保护旅游资源，为改善、扩大已经开发的旅游区提供科学依据。这对于合理而充分地利用旅游资源，拓展旅游活动的范围，发展区域旅游业和经济，进而为国民经济建设服务具有重要的战略意义。

10.3.1.2 调查内容

旅游资源调查的内容主要涉及：①查明区域内自然旅游资源的分布特征；②掌握分布规律和旅游资源类型；③了解是否有旅游利用价值；④平衡生态保护和利用的可能；⑤资源利用的程度。在此基础上重点查明那些可供旅游业利用的自然资源类型、质量、美学价值和可观赏价值等。

10.3.2 旅游资源调查与资料收集的方法

10.3.2.1 室内资料的收集

在旅游资源调查中，室内资料的收集是非常重要的第一步，属于第二手资料的收集。通过室内资料，可以对调查区的基本情况和整体概况得到比较全面系统的了解，如自然环境背景，社会发展历史，经济发展现状，区域风土民情，当地居民习俗、生活格调，区域物产特产，以及与旅游相关的交通设施、通信网络、服务接待设施、商业网点、保健卫生设施、文化基础、宗教信仰等。

旅游资源调查不能只是局限于旅游资源本身，而是应该对旅游资源的整体赋存环境背景做全面的资料收集，包括区域外围地区的相关资料，要跳出本区域来了解本区域。

10.3.2.2 野外资料的收集

野外资料为原始资料，也是第一手资料。原始资料需要亲自走出去，通过亲身踏勘、考察、躬身访问（个人访问、电话采访）、问卷调查、笔录、摄像和照相等方式，了解旅游区的自然资源赋存状况、开发利用现状和人文旅游资源的保护、保存与开发利用情况，当地的地质、地理环境和开展旅游活动条件。

10.3.2.3 问卷调查法

问卷调查的主要对象是旅游客源市场，即通过游客的印象，比较客观地了解调查区旅游供给市场的现状评价，包括：主体形象、核心文化、自然和人文旅游资源特色和优势、对游客的吸引力、服务接待设施、旅游管理人员素质等，由此对开发利用旅游资源作出科学、合理的决断。问卷调查表格见表10-1。

表10-1　××地区旅游市场现状及旅游评价调查表

尊敬的游客：

欢迎来到××旅游，耽搁您的宝贵时间来填写本表，您的帮助将有利于我区旅游业服务质量的提高。谢谢您！调查项目如下（请直接填写或打√）：

1. 您来自　　　省　　　市（地区），您的性别　　　、年龄　　　。
2. 您的文化程度：初中以下/高中/中专/大专/本科/硕士以上
3. 您的职业：政府职员/企业员工/文教科技工作者/个体经营者/农民/学生/军人/待业/离退休
4. 您的出游目的：公务/商务/观光游览/休闲度假/探亲访友/宗教/过境/其他
5. 您的出游方式：一个人/与亲友结伴/与同事结伴/单位组织/旅行社组团
6. 您在××地区的总花费：　　　元
7. 您已经或准备停留时间：不过夜/1～2夜/3～5夜/6夜以上
8. 您的停留意愿（如果时间允许）：愿意多停留几天/不愿意停留
9. 您的住宿方式：亲友家中/酒店/旅馆/其他
10. 您来××地区游览的次数：第1次/2次/3次/4次/5次以上
11. 您已购买或准备购买：土特产品/工艺品/烟、酒及其他饮品/中药材/其他/不知买什么
12. 您的就餐地点：酒店餐厅/街上餐馆/景点附近餐厅/亲友家/方便食品/其他
13. 您本次的游览线路：来时游览过何地？/准备再游览何地？/不准备游览或回家
14. 您来本地旅游是因为：亲友同事介绍/报刊广告/网络广告/广播电视广告/旅行社促销/其他
15. 您在本地游览过的景点或参加过的旅游项目：□/□/□/□/□/□
16. 您最喜欢的景点或旅游项目（限选3个）：□/□/□/□/□/□
17. 您认为本地对外交通状况：方便/一般/不方便
18. 您认为市县与景点（乡）交通状况：方便/一般/不方便
19. 你认为本地娱乐设施状况：齐全丰富/一般/不足；希望增加的活动内容：
20. 您认为本地物价：偏高/合理/较低
21. 您对××地区及有关县市的印象：城镇卫生：好/较好/一般/较差/差；城镇绿化：好/较好/一般/较差/差；城镇治安：好/较好/一般/较差/差；居民友好程度：好/较好/一般/较差/差；经济繁荣程度：好/较好/一般/较差/差；总体印象：好/较好/一般/较差/差。
22. 您认为最能代表××地区形象（或者您想到××地区最先想到）的词或事物是：
23. 您喜欢（希望参加）的旅游产品（项目）类型：自然山水观光；文化历史观光；生态农业观光；动植物考察；探险漂流；其他专项探险（洞穴、峡谷、登山）；其他专项旅游（节日、购物、风味饮食）；普通度假旅游；特色度假旅游（保健、草药、运动）；商务旅游；探亲访友；会议旅游（以上每一项用以下5个标准评价：①非常有吸引力；②有较强吸引力；③有一定吸引力；④吸引力一般；⑤有限吸引力）

注：以上表格仅供参考。

10.3.3 旅游资源调查和相关资料收集的内容

在区域调查中，对自然旅游资源赋存环境和条件的了解是调查的核心。地学旅游资源的区域环境调查，主要是对区域内可供观赏的地学诸要素进行全面考察和测量，收集相关的资料。

10.3.3.1 区域自然旅游资源宏观背景调查

区域自然旅游资源调查主要通过野外调查获得，具体调查项目主要包括以下内容：

（1）区域地层发育和展布特征

该项调查主要涉及：

①地层发育特征——地层的时代和空间产状特征以及年代延续性，根据地层中古生物化石分布发育情况，确定其科学研究价值、旅游观赏价值和旅游开发价值。

②地质构造类型、展布方位和发育特征——断裂构造形成的陡崖景观，由此伴生的瀑布景观，褶皱构造尤其是向斜构造可能赋存的矿泉与温泉资源。

③地层的岩石类型和横向分布规律——不同的岩石类型形成不同的地貌景观，一般情况下，花岗岩系列由于内部结构，即粒度比较均匀一致，风化后呈浑圆状，如安徽黄山、山东崂山、江西三清山等。变质岩系列岩石质地坚硬，由于受到地质应力的高温高压作用，往往形成尖峭或陡峭的山形，如山西五台山、山东泰山、陕西华山、河南嵩山、江西庐山、湖北武当山、贵州梵净山等。沉积岩系列比较复杂，石英砂岩质地比较坚硬，一般形成块状山形，如果产状平缓，可以形成陡而高的山峰，如张家界的砂岩峰林地貌。细砂岩、粉砂岩和泥页岩类由于质地软弱，往往形成平缓的山脉或者冈丘。碳酸盐岩类（以石灰岩为主）由于岩溶作用，形成喀斯特地貌和溶洞景观，如广西桂林漓江山水和溶洞群、贵州织金洞及其岩溶地貌景观、四川兴文石海石林及溶洞等。

④地层风化破坏特征——质地坚硬的岩层，在区域内形成高山，如花岗岩、质地坚硬的变质岩、石英砂岩等。泥质成分高的变质岩（如片岩、千枚岩等）、粉砂岩和页岩类，其岩石质地软弱，一般形成低矮的小丘和平缓的冈岭、山丘。这类岩石很容易风化，往往形成滑塌、滑坡等地质灾害。这在自然资源调查中是必须要注意的一项内容。

（2）地貌类型和发育阶段

地貌就是地形。地貌分类的依据不同，分类方法也不同。根据自然旅游资源发育展布状况，采取以地理单元分类和岩石类型分类为主，以地质作用分类为辅的方法。①地理单元分类主要有：山地峰岭地貌、丘陵地貌、流水地貌、湖泊地貌、海岸地貌、黄土地貌等；②岩性分类主要有：花岗岩地貌、变质岩地貌、砂岩地貌、页岩地貌和碳酸盐岩地貌等；③与旅游资源开发相关的地质作用地貌主要有：风化地貌、剥蚀地貌、堆积地貌等；④根据不同的环境条件可以分为：河流作用和风化作用为主的丹霞地貌，风沙磨蚀作用为主的雅丹地貌，岩溶作用为主的喀斯特地貌等。

地貌随着时间变迁，也在发生变化，处于不同地质时期的地貌，其景观造型也不相同。地貌演化的阶段主要有四个时期，即：幼年期、中年期、老年期和衰退期等，其中以中年期的地貌最具观赏价值。幼年期地貌发育不成熟，不容易形成高山、陡峭的山峦、孤峰和峰林等。老年期的山，有些已经风化瓦解，山貌杂乱，山石垮塌严重。衰退期的山貌已经变成平缓而杂乱的冈丘。只有中年期的山貌陡峻、峭拔、峥嵘，景观雄奇优美。

（3）水文条件和水资源现状

水文条件主要是指地表水和地下水两种存在方式。地表水主要有江河、湖泊、海洋、冰川和人工湖与水田；地下水主要是指埋藏（渗透）于地表以下岩石和松散堆积物空隙中的水体，泉和井是地下水的露头。尽管地下水只是在岩石的空隙中缓慢地渗流，但是它的地质作用却很显著，可以形成优美的风景景观，另外也有地下河景观。例如广西桂林山水及溶洞（七星岩、芦笛岩）、北京房山石花洞、贵州织金洞、安顺龙宫洞、张家界黄龙洞、肇庆芦笛岩等，就是地下水溶蚀作用的产物。鄂西腾龙洞为地下河景观，这种地貌被称为岩溶地貌（或者喀斯特地貌），它主要发育在碳酸盐岩石中。另外，地下水不仅发育在潮湿地区，在干旱的沙漠、极地和高山地区同样有地下水存在。

水体是重要的自然旅游资源，具有非常明显的地学特征。水体不仅具有很高的观赏价值，同时也是人类生活必不可少的自然资源和赖以生存的必需物质，工业、农业对于水体的依赖，植物和动物对于水体的依赖等都是非常强烈的。可以说，世界万物都不能离开水体，离开水体世界就没有了生命。

在地学旅游资源调查中，水体是至关重要的一项内容，主要调查项目包括：地表水的类型、地下水的赋存状态和活动情况等。具体地，就是要了解该区域水体以什么状态展布，地表水有河流、湖泊，还有海洋，或者形成瀑布，或者泉的露头等；地下水在本区的发育赋存情况，如果有泉水喷出或岩溶地貌发育，则说明地下水丰富。另一种地下水形式是矿泉水（如吉林抚松县的泉阳泉、靖宇县的桃源泉、涡特儿），更是地学旅游资源开发的重点。根据调查工作的详略程度，必要时还需要绘制水资源分布图，测定地下水的蕴藏量和查清其分布规律等。

根据地下水的储存条件和运动规律，探明地下水随季节变化情况及其活动特征，以及可能给人类和环境带来的地质灾害。

地下水的运动状态有层流状态和紊流状态两种主要形式。地下水的基本类型有：包气带水（指埋藏在包气带中的地下水）、潜水、承压水。

包气带是指水渗入地下后，在水量多时会以重力状态垂直下渗。当水量少时，则呈毛细水、薄膜水或者吸着水状态保存在岩石空隙中，这种地带的水主要呈垂直方向的运动，故称为地下水的垂直运动带，因为空隙中并未充满水，又称包气带（aeration zone）。地下水下渗时，因遇到隔水层阻隔而汇聚起来，当水充满空隙时，则形成饱水带（saturation zone）。

地下水具有潜蚀作用和溶蚀作用。地下水的岩溶作用，主要形成溶沟与石芽、落水洞、溶斗与溶蚀洼地、溶洞、溶盆与溶原等。

地下水的沉积作用，主要形成溶洞沉淀物或沉积物类的石钟乳（stalactite）、石笋（stalagmite）、石柱（stalacto-stalagmite），三者通称钟乳石。泉华类沉积物主要有灰华、硅华等。渗水裂隙和孔隙中的沉积物——常见的有方解石脉、石英脉、铁锰，也有相应的沉积结核。溶洞碎屑物沉积与堆积作用则形成岩溶角砾岩。

（4）气候气象条件

中国自北而南划分为五个气候带。寒温带——主要包括黑龙江省最北部和内蒙古东北端；中温带——寒温带以南，长城以北及新疆准噶尔盆地；暖温带——大致包括长城以南、秦岭至淮河以北的广大地区和新疆塔里木盆地；亚热带——包括秦岭到淮河以南、青藏高原以东的绝大部分地区；热带——包括雷州半岛一带、海南岛、南海诸岛及广西、云南、台湾的南部地区。这五个气候带直接控制着旅游区和风景名胜区的气候特征。青藏高原由于高度大，地带性规律遭到破坏，不按上述标准划分。

大气中各种物理状态和物理现象的总称主要包括：冷、暖、干、湿、风、云、雨、雪、雾、霜、雷、电、光象等。主要的气象要素包括：气温、气压、湿度等状态和凝结、降水、风云、大气、光象等。大气光象是在太阳和月球等自然光源的照射下，由于大气分子、气溶胶和云雾降水粒子的反射、折射、衍射和散射等作用而引起的一系列光学现象。主要有：曙暮光、朝晚霞、虹、晕、华、宝光环、海市蜃楼和星光闪烁等。

（5）生物群落和组合类型

在一定的区域内，生物生活在一起，能够形成与一定生存环境条件相适应的动植物群。这些动物群落和植物群落相互影响，相互制约，由此构成不同的生物组合类型和不同的生物群落。

生物群落和生物组合类型往往是一个地区地学旅游资源环境的重要影响因素。中国地域辽阔，自南而北的各气候带生物群落都是不同的，各有自己的动植物组合类型。

在区域上，我国主要有五个温度带，其植物群落主要为：热带雨林群落（如中国海南和云南西双版纳）、亚热带常绿阔叶林群落（中国华南）、暖温带落叶阔叶林群落（东起辽西山地、辽东半岛和胶东半岛山地丘陵，西到青海东部，北界长城，南到秦岭和淮河以北山地丘陵）、中温带混交林群落（以中国东北的东部为中心，包括小兴安岭、张广才岭、完达山及长白山脉等地）、寒温带针叶林群落（中国大兴安岭北部一带的内蒙古和黑龙江地区）等。

另外，还有不同地区各自特色的植物群落——季雨林、稀树草原、温带草原、荒漠植被、苔原植被等群落。在垂直气候带地区，植物垂直分布也非常明显，从山脚到山顶，依次可以划分为森林带、灌丛带、草地带等垂直植物群落带。

10.3.3.2 区域旅游资源景观美学要素调查

景观美学要素主要包括形象美、色彩美、动态美、声响美（听觉美）、朦胧美、意境美、嗅觉美、象征美等。

（1）形象美

形象美主要有雄、秀、奇、险、幽、旷六种类型。

雄——雄伟、雄壮、壮观、壮美、崇高、宏大。雄伟强调的是形状、性状，雄壮侧重于气势、气魄、声势。如山之雄（泰山天下雄），水之雄（黄果树瀑布、钱塘江潮）。"雄"的审美感受体现为赞叹、震撼、震惊、愉悦、崇敬、崇高、叹为观止。

秀——秀美、秀媚（秀丽妩媚）、灵秀、钟秀、神秀、娟秀（秀丽）、隽（俊）秀、清秀、柔媚、柔美、优美等。

奇——罕见、特殊、奇异、少见稀奇。自然界的各种物体、现象、状态都可以有"奇"景。"黄山天下奇"为奇石、怪松、云海、泉瀑。奇石主要是各种造型的山石，如：仙桃石、喜鹊登梅、猴子观海、金龟探海；怪松（与奇石结合）有：梦笔生花、迎客松；云海变幻无穷，烟云飘荡千山万壑；泉瀑有温泉、人字瀑、九龙瀑。此外，峨眉山的"佛光"和山东蓬莱的"海市蜃楼"也让人称奇。"奇"的审美感受体现为新奇、新颖、赏心悦目。

险——险峻、险要。以自然风光类山体为代表的形象特征。五岳之中，以"华山天下险"为典型的"险"。"自古华山一条路"，山势陡峭，如"上天梯""擦耳崖""百尺峡""千尺幢"等。借助于山势而建的建筑物，如北岳恒山的悬空寺也以险著称。

幽——以水体、林木为主，视野受到限制，林中的小溪，幽静，丛林之幽，竹林之幽，原始森林的幽静。如青城山之幽——"青城天下幽"。"幽"的美感体现为悠闲自在、安逸、恬静。

旷——与幽相对的是旷，开阔，洪荒。视野几乎没有遮挡，不受限制，可以决眦，或者骋目远眺。美感为心旷神怡，一望无际。如广袤的沙漠、草原、平原，浩大的湖泊、海洋。

(2) 色彩美

色彩指五颜六色的颜色——赤、橙、黄、绿、青、蓝、紫，五彩缤纷、五光十色。主要审美在于人的视觉感受。比如：蔚蓝的天空，湛蓝的大海，茫茫戈壁，漫漫黄沙，白茫茫的雪原，绿色的草原，青山绿水，青翠的竹子，黄色的油菜花，黄澄澄的谷穗儿，粉红色的桃花，绿油油的作物等。

(3) 动态美

指自然景观中，自然现象的动态美。比如：云彩的飘逸，流水引起的波动，风引起的树林、树木的摇动；风起云涌、乌云翻滚，行云流水，波涛汹涌、惊涛拍岸、激浪滔天，流泉飞瀑，雨打芭蕉；生物（动物）的活动，如猛虎下山、金蛇狂舞、万马奔腾、涌动的羊群、好动的猴子、笨拙的狗熊、敏捷的小鹿、趾高气扬的仙鹤、蹦蹦跳跳的麻雀等。

(4) 声响美（听觉美）

声响即声音、声调，包括音乐和其他的声响。能引起美感的自然是悦耳的声音、美妙的响声、迷人的曲调、醉人的音乐等。声响美的种类包括：鸟语悠扬，风声瑟瑟、飕飕、萧萧、呼呼，雨声滴答、潇潇、淅淅、沥沥、沙沙、潺潺、哗哗，水声潺潺、哗哗、涓涓、汩汩、淙淙、叮咚、滴答，昆虫鸣叫的啾啾、唧唧、吱吱，以及其他动物叫声的听觉美，钟声、铃声的听觉美等。

(5) 朦胧美

朦胧美是一种若隐若现的感觉，往往是模模糊糊、虚虚实实、隐隐约约，显得神秘、玄妙、幽邃，这种感觉很容易引起人们的遐想，产生幻想。如大雾弥漫、烟笼雾绕、烟雨迷蒙、阴雨霏霏。

(6) 意境美

意境美与朦胧美有相似之处，但又有区别。有些意境并不朦胧，如："敕勒川，阴山下。天似穹庐，笼盖四野。天苍苍，野茫茫，风吹草低见牛羊。"（北朝民歌《敕勒歌》）

（7）嗅觉美

山野的泥土香、野花香、稻谷香、水果香，沁人心脾。如八月桂花到处飘香，"鸟语花香""地肥水美五谷香"（民歌《人说山西好风光》）。饭店、餐馆的美味佳肴，阵阵喷鼻香，"芳气袭人是酒香"（《红楼梦》）。

（8）象征美

古人"感物咏志""托物寄情""触景生情""触物生情""以心照物"。如："花中四君子"——梅花、兰花、翠竹、菊花；"岁寒三友"——青松、翠竹、腊梅，青松苍劲挺拔，腊梅傲雪，岁寒不凋，翠竹谨节，宁折不弯，竹子清雅、高洁；"凌波仙子"——水仙花；荷花——出淤泥而不染，象征高洁；杨柳枝——送别。

另外还有象征感情、性格、祝愿和身份的宝石和象征美好幸福的宝石类的诞生石（具体详见第13章）。

10.3.3.3 规划区相关资料收集

室内资料的收集，主要有以下几个方面：

（1）发展改革委员会

地区国民经济和社会发展计划及远景规划；地区年鉴、最新人口普查相关数据。

（2）自然资源部门

国土利用现状和规划情况。重点景区1∶5万地形图；土壤类型及分布范围、面积；水土流失分布现状及流失程度，相关材料及图件；土地利用及水土保持规划文本及规划图件等；森林覆盖率、林地面积、林种结构及分布、各乡镇林相图；森林公园或林场分布、范围、森林覆盖率、林种、面积等；珍稀、濒危动物、植物现状（种类、分布）及分布图，保护情况的文字材料；退耕还林情况与规划；林业规划文本和规划图件等；主要农作物现状（种类、分布、面积等），经济高效农业现状（种类、分布、面积等），果、牧、渔等副业现状，农村生态燃料（沼气等）利用现状，农业规划等。

（3）交通部门

区域交通规划文本及规划图；区内航空客运运输情况，机场设置和航班，机场飞行区等级（表10-2）；铁路交通方面的高铁、动车和其他客运情况；全区公路现状，包括：等级（高速、一级、二级、三级、四级、等外）及客运交通运输现状、客运车辆数、完成客运量、开通客运线路数及里程等。

表10-2　中国机场飞行区等级划分

飞行区等级	最大可起降飞机种类举例	国内各等级飞行区等级举例
4F	空中客车A380等四发远程宽体超大客机	北京首都、天津滨海、上海浦东、广州白云、西安咸阳、深圳宝安、武汉天河、成都双流、南京禄口、杭州萧山、桂林双江等国际机场
4E	波音747、空中客车A340等四发远程宽体客机	石家庄正定、太原武宿、沈阳桃仙、哈尔滨太平、上海虹桥、南昌昌北、重庆江北、海口美兰、长沙黄花、兰州中川、长春龙嘉等国际机场
4D	波音767、空中客车A300等双发中程宽体客机	秦皇岛山海关、邯郸、运城关公、黄山屯溪、宜昌三峡、襄阳刘集、北海福成、柳州等机场
4C	空中客车A320、波音737等双发中程窄体客机	北京南苑、张家口宁远、大同云冈、吕梁大武、临汾乔李、延吉朝阳、长白山、安庆天柱山、九江庐山、衡阳南岳、汉中城固、惠州等机场
3C	波音733、ERJ、ARJ、CRJ等中短程支线客机	乌海、罗定、恩施许家坪、怀化芷江等机场

（4）城市建设部门

地区城市建设总体规划文本及规划图件、主要乡镇规划文本及规划图件。城市基础设施、公用设施、风景园林绿化和市容市貌建设，园林工程、环境工程与建设，城市道路、桥梁、路灯、绿化、排水、排涝、污水处理等市政设施、环境卫生，市政建设、公用事业建设等事项有关资料。

（5）电信系统

目前开办业务种类、邮政网点、交换机门数、已开通程控电话门数、已通电话行政村数、每百人拥有电话数及远景规划；已建移动通信基站个数、分布地点、信号覆盖面，特别是各重点旅游景区（点）移动通信现状等；现代网络与宽带、光纤宽带布局等。随着Wi-Fi无线网络通信技术的发展，可能有些传统的电信业务会逐渐退出、停止业务。

（6）水利水电部门

本地区主要供水水源分布点、供水规模、供水人数、自来水普及率，主要旅游景区排水系统及方式；水能蕴藏量及已开发量、已建水电站数、装机台数、总装机容量、火电及其他能源方式现状、输变电站规模及数量、输变线路长度、农村通电率、主要景区电力接口现状等。

（7）环保部门

大气环境质量现状（各乡镇及主要景区）、污染程度及污染物构成、主要污染源分布、排污量，未来治理规划，空气质量监控、优良天数、雾霾天数、PM2.5 及空气质量指数（AQI）；水环境质量现状（主要河流、湖泊、水库及景区水体质量等级），主要污染区分布范围及污染因子，污染源分布点及排污量，治理规划；声环境质量。

（8）文化、文物部门

地方史实、民间文学艺术、传说、民间习俗、节庆等文字和图片资料；文物及遗迹、遗址现状及保护措施、保护规划、保护经费状况；当地现代文学作品（小说、戏剧、歌曲、舞蹈等）；地区志、各县市地方志等。

当地非物质文化遗产：传统口头民间流传的传说或文字记载，其他文学作品；传统美术、书法、音乐、舞蹈、地方戏剧、曲艺和杂技；传统技艺、医药和历法；传统礼仪、风俗，中国传统节日（春节、元宵节、清明节、端午节、中元节、中秋节、重阳节），少数民族地方特色节庆民俗；传统体育和游艺；其他非物质文化遗产，以及属于非物质文化遗产组成部分的实物（如广西、广东、云南、贵州、四川、湖南少数民族地区的打击乐器铜鼓）和场所等。

（9）民政税务部门

地区与各县市地图（最新行政区划图，可以是纸质或电子，做规划底图用）；目前地方适用及执行税种、税率构成情况及政策出处，特别是旅行社、宾馆、景区等与旅游有关企业等。

（10）气象部门

本地区历年（分月统计）气象气候资料（日照、风力、风向、相对温度、平均温度、极端高温、极端低温）；重点乡镇及重点景区相应气象气候资料。

关于气候、气象资料的具体收集内容简述如下：气候分区、风速、降水量（mm）、平均气温（℃）、大气效应（大气对地面的保暖作用）、平均相对湿度（%）、日照小时数（时）、日照辐射、冰冻以及灾害性气候、避暑气候和避寒气候等。

根据生理气候评价指标（表10-3），主要收集近5年期间的年平均气温、年平均相对湿度值两项资料。

表10-3 生理气候评价指标

温湿指数（THI）范围	>28.0	28.0～27.0	26.9～25.0	24.9～17.0	16.9～15.0	<15.0
体感程度	炎热	热*	暖*	舒适**	凉*	冷

注：*表示适宜于旅游活动；**表示既适宜旅游，也适宜休疗养。

根据温湿指数公式：

$$THI = t - 0.55(1-f) \cdot (t-14.47)$$

（式中t为气温，f为相对湿度）

求出某地区的平均温湿指数，一般认为，宜于开展旅游活动的温湿指数（THI）值为15～27（表10-3）。下面以山西省汾阳市为例来说明，将汾阳市所统计的1998－2001年的平均气温和平均相对湿度值，代入温湿指数公式，求得汾阳市1998－2001年各月份的平均温湿指数（THI）值（表10-4）。从表中可以得知，汾阳市适宜开展旅游活动的月份主要为5—9月（统计结果表明，4—10月为适宜开展旅游活动的月份，即210天／年），个别年份（如1998年）可以包括4月份。通过对表10-3生理气候评价指标和表10-4平均温湿指数值的分析，汾阳市每年的5—9月份的生理气候评价指数几乎都在17～25之间（表10-3）。这些参数值的意义在于：这个时段的体感程度为"舒适"——也就是说，既适宜旅游，也适宜休疗养，这在旅游活动中是最理想的体感指数。

表10-4 汾阳市平均温湿指数（THI）

年	月											
	1	2	3	4	5	6	7	8	9	10	11	12
1998	-0.67	-3.99	7.88	15.32	16.92	20.87	23.12	21.74	18.2	12.32	8.20	3.46
1999	3.00	6.90	8.71	14.35	17.92	21.60	23.26	22.06	18.25	11.26	6.18	3.15
2000	-3.60	1.67	9.63	13.66	18.89	21.07	23.40	21.07	16.15	10.26	3.79	3.55
2001	0.71	4.44	9.77	13.29	17.27	21.53	23.36	21.17	16.46	11.22	5.07	0.29

（11）工业、商业系统

特色商品生产加工企业及产品情况资料；酒店及等级，餐馆数量、分布及风味餐馆（点）、特色菜肴；主要购物场所、类型、数量；地区主要商品品牌，主要旅游商品（旅游纪念品、工艺品、保健品、烟酒等）的品种、品牌、特色、产供销情况等。

（12）旅游部门

旅游行业管理现状与服务咨询现状文字材料；最近国家及省旅游局有关旅游方面的政策法规；历年接待游客总人数、人均停留时间、人均天花费、旅游直接收入、旅游总收入；旅行社类别、数量、从业人员数量及学历结构、导游人数及学历结构；已开发主要旅游线路、项目及内容；外语专业人才现状；旅游车队车型、台数及座位；旅行社组团情况、接团情况及客源地域结构统计；宾馆数量和主要宾馆名称、分布、床位数，年平均床位出租率，从业人员数及学历层次；二三家具有代表性的宾馆（星级最高或主要景点景区周边）连续12个月的经营情况；主要景区（点）介绍材料及典型景观照片，主要景区（点）门票价格；主要景区（点）餐馆数量、营业面积或餐位数；周边地区旅游资源及游客人数等资料；当地举办过或即将举办的各种节庆、商贸、体育等活动的时间、地点、规模等资料。

（13）本区外围地区资料的收集

周边县市的主要自然环境特征，人文历史文化特色，以及外围地区各县市的自然环境和人文环境背景，尤其是外围地区最基本的与旅游关系密切的资料，主要有：山脉、水体、植被、历史文化、经济发展、交通和旅游资源特色等。

10.4 区域旅游资源开发过程

10.4.1 自然旅游资源调查

10.4.1.1 大区域旅游资源概略性调查

一个地区旅游资源调查，首先要纵观全区，对全区进行全面踏勘，目的是先对全局有所了解。确定该区的主体自然旅游资源和人文资源，尤其要关注历史大事件和特殊地学景观。

概查又称作概略性调查，指全国性或者大区域性的旅游资源调查。一般使用比例尺小于1/500 000的地理底图。概查通常是对已经开发或者未开发的已知地区的旅游资源现状进行现场核查。概查可以采用填制调查表格或者调查卡片的方法进行，并且适当地进行现场核实。调查结果利用旅游资源表和旅游资源分布图表示，在必要时提供相应的调查报告。概查的主要目的在于了解全国或者大区域（如省级区域或者华北、华中、华南等大区）的旅游资源类型及其分布特征、目前开发程度等，据此为统一规划、宏观管理和综合开发提供区域的背景依据。

10.4.1.2 区域性旅游资源普查

区域性旅游资源普查主要用于省级和省内区域旅游资源的调查。普查所用图件一般为大、中比例尺（1/200 000～1/50 000）的地形图或地理图。普查是对一个旅游资源开发区或者远景规划区的各种旅游资源进行综合性调查，以实地考察为主。第一步，主要收集1/200 000～1/50 000的地形图、地质图及航空照片等，对调查区的地形、地质概况有一个比较全面的了解。第二步，通过航片解译，寻找可供开发利用的潜在旅游资源和旅游景观。

10.4.1.3 路线景观的系统调查

在区域性旅游资源调查的基础上，进一步进行路线穿越式调查。首先在调查区以一定的格局布置观察路线，一般情况下，布设线条状路线即可，特殊部位可考虑网格状布局。调查内容主要涉及调查区的自然景观及其物质组成、地质地貌特征、水文地质条件与水体类型（河流、湖泊、海洋、泉瀑等）、气候气象特征、动植物景观特征以及人文景观等，对此进行现场勘查并记录。同时利用照相、摄像、素描图等科学方法记录这些可供开发的景观特征。一般情况下，对于所有的景观点均应该统一编号、翔实记录，并且标识在地图上。普查的结果以旅游资源图、调查报告及附以辅助资料（图片、照片、录像等）的形式总结出来，向有关单位提供。普查的目的在于为旅游开发区和远景规划区提供翔实、系统、全面的旅游资源分布和景观特征的资料，为旅游资源的开发评价与规划，旅游业决策作前期准备。

10.4.1.4 区域主要景观点的详查

详查一般是在普查、系统调查和评价的基础上进行。一般应以面、线、点的方式进行详细查勘，通过区域（面）普查和路线（线）系统穿越调查，然后对发现的旅游资源景观进行筛选，确定一定数量高质量、高品位的景观点（点）作为开发对象，然后进行更加翔实的实地勘查。这样经过面（区域）—线（路线穿越）—点（具体景观点）的逐步深入调查，对区域旅游资源的总体面貌和特色形象就有了比较全面和深入的了解。

详查除了对调查对象的景观类型、景观特征和景观成因等进行深入调查研究之外，还应该对景观背景环境做必要的叙述，对诸如地形高差、最佳观景位置、观景场地、交通路线及其与周边环境空间的相互关系等，进行实地勘查和测量。每个调查对象都应该有具体的数据控制。详查的结果应该编制成不同景观的详查图件或者实际材料图，并且编写详查报告，编制有关的图件、图片、图像和照片资料。

旅游资源详查所用图件一般使用大比例尺地形图（1/5000～1/50 000）作底图。详查图除标明景观位置外，还应该标明建议的最佳观赏景点、旅游路线和服务设施点。在详查中，重点景观点的相关数据要求真实可靠，不可以随意估计。尤其是对于重点地段和重要问题必须记录在案，甚至需要进行专题研究和评估，对关键性问题提出规划性建议。

在旅游资源的详查中，往往涉及专业性的调查，从而为专业旅游资源的开发提供翔实的资料和相关科考的数据。

10.4.2 资料整理归纳与分类

野外旅游资源调查的资料必须经过室内的整理和归纳，一般应该按照旅游资源分类系统进行归纳。关于旅游资源分类系统，目前多采用国家旅游局制定的分类系统（具体可以参考国家旅游局《旅游资源分类与评价》），即：地文景观类（A），水域风光类（B），生物景观类（C），天象气候景观类（D），遗址遗迹类（E），建筑与设施类（F），旅游商品类（G），人文活动类（H），共8个主类、31个亚类和155种基本类型（表2-4），也可以按照第2章自然旅游资源成因分类系统进行归纳综合（参见第2章表2-1）。

旅游资源归纳分类的另外一种情况是对资源品位和级别的归纳分类整理。根据旅游资源的特殊度、独特性和垄断性特征，对旅游资源进行评价和评估。对于世界少有、国内稀少、地区特有者，可根据其规模大小、体量、分布面积等，划分出世界级、国家级、省级和地市级等级别。

第11章

旅游地分类与旅游区划

11.1 旅游地概念与特性

11.1.1 旅游地概念
旅游地有两种表述：广义的旅游区和旅游供给综合体。

11.1.1.1 广义的旅游区
旅游地是对各种不同规模形式和特征的旅游风景区的通称，也就是广义的旅游区。旅游地有两方面的含义：其一是指旅游者观光、游览、访问的目的地，即旅游活动区与旅游资源所在地；其二是土地利用规划的一种方式，如农业用地、林业用地、牧业用地等，旅游地则是一种具有休憩功能的用地。

旅游地的属性特点是指在该地域内不仅分布有已被开发利用的旅游资源，而且在经济结构上有多层次的旅游业，即拥有综合性的旅游供给设施和服务。

11.1.1.2 旅游供给综合体
含有若干共性特征的旅游景点（旅游资源）和旅游接待设施组成的地域综合体。

11.1.2 旅游地的三大基本条件

11.1.2.1 具有一定数量和吸引力强的旅游资源
旅游资源是旅游业的客体，是认定一个旅游地的基础条件和先决条件。旅游地经过开发、规划具备了一定的旅游功能，由此才能开展旅游活动。但是如果没有吸引人的旅游资源，便失去旅游活动的载体和依托。所以，一个理想的旅游地的开发、规划、建设，并能够形成热点旅游地，有赖于该地域旅游资源的开发、规划和对旅游产品进行精心设计。

11.1.2.2 具有一定规模和接待能力的旅游设施
旅游服务接待设施通常是指旅游活动六要素（食、住、行、游、购、娱）相关的宾馆、饭店、旅游交通设施、购物设施、休憩设施与游乐设施等。一般地，作为旅游地的依托城镇，特别是大中城市旅游设施的配套建设和旅游服务接待设施的完善程度和档次是判定一处旅游地好与差的重要标志之一。旅游服务设施是吸引旅游者的主要因素和重要形象。

11.1.2.3 具有一定的可进入性
可进入性是旅游地开展旅游活动的前提。影响可进入性的因素很多，但是最主要的是交通设施条件和旅游地容纳客源的条件，其次是旅游地的安全条件和当地居民对待旅游业的态度。影响旅游安全的因素包括政治、社会和自然等方面的原因，诸如战争、社会治安、恶劣气候、洪水、风暴和地震等。

11.1.3 旅游地特性

11.1.3.1 空间地域性

旅游地是地球表层一处特殊的地理空间，首先要具有一定的地域范围，占据地球表层一块具体的空间位置。就目前而言，这种地理空间是人类可以到达的区域。

11.1.3.2 游览观光性

旅游地与其他地域最大的区别在于它是一处风景优美地，是使人产生美感的、具有一定的游览观光和游憩价值的空间。

11.1.3.3 科学文化性

知名度高的旅游地，往往拥有具备一定科学性、历史性、文化性和具有轰动效应的景观资源。以自然风光为主的旅游区，其地学内涵必然丰富多彩，如特殊的地貌特征（如丹霞地貌、喀斯特地貌、火山地貌、风蚀地貌、冰川与冰碛地貌、峡谷风光等），典型的地质剖面、地质构造、古生物化石基地，典型地质作用现象（河流作用、海洋作用、火山活动、冰川作用等）。从人文的角度看，旅游地又是一处历史古迹或古人类活动遗址，它可以是一座历史文化名城，或少数民族聚居地，或者宗教圣地等。

11.1.3.4 系统组合性

旅游地是集旅游资源、旅游服务接待设施、旅游功能设施以及相关的服务设施为一体的空间地域组合，包括食、住、行、游、购、娱多项功能或者是交流、学习、休憩、颐养之地。另外旅游地还包括交通设施、饭店、旅行社、旅游管理机构，以及非旅游机构的保健、保险、医院、银行、商场、公安等。

11.2 旅游区划

11.2.1 旅游区划的目的

旅游区划的目的主要在于对旅游资源的科学、合理和充分利用，在于揭示旅游资源的内在规律和不同区域旅游资源的分布状态与组合特征，在于确定不同旅游区的旅游功能和资源优势，最终做到科学、合理地利用、开发和保护旅游资源，制定开发战略，从而带动该区的经济发展。具体地要达到如下目的：

（1）遵循一定的方法、原则，进行详细考察、勘查，进行科学分析、综合，确定合理的区域界线。

（2）确定旅游区的性质、特征、地位，抓住特色，确定形象，制定开发导向。

（3）确定旅游区的依托城市、依托城镇和各级旅游经济中心。

11.2.2 旅游地区划的原则

旅游地区划要具有科学性、合理性，避免随意性和盲目性，要遵循一定的原则。

11.2.2.1 旅游资源的完整性和整体性

科学地划定一处旅游地，首先要考虑区域范围内旅游资源的特色，旅游资源自然环境和历史文化背景的完整性和整体性。分区界线比较清楚，尤其是大区之间，要有一定的地理障碍或者地理隔离（如台湾旅游区和青藏高原旅游区），要体现出历史文化的差异（如丝绸之路旅游区）。

11.2.2.2 行政区域的协调性和统一性

考虑到社会经济发展的历史演化，有些行政区域是几百年甚至几千年演化来的，作为行政管理已经形成一种历史的约定和认同。旅游地区划尽可能保持这种历史延续下来的人为界线，尽可能协调和统一。考虑到区域协调和管理的方便，在旅游地区划时，应尽可能照顾行政区域的统一性。

11.2.2.3 地域文化的一致性或近似性

有些地域，行政区划不足以统一或者协调旅游资源，必须考虑区域内历史文化的融会特征和自然文化的连续现象。比如长江三峡，不可能用行政区划把其分割为两个三峡，必须两个行政区共同协调来解决区划。又如黄河流域，具有特殊的历史文化背景，不可能截然分割开来，其区域跨度大，涉及的省份也比较多。

以上原则主要考虑自然旅游资源和人文旅游资源的分布与组合特征，也主要是针对旅游大区的区划提出。至于一些特殊的旅游区划，如大陆气候带分区和中国文化地理分区，由于划分依据不同，所以就不可能完全遵循上述的原则。还有一些小区的划分，其考虑因素更为复杂，除了上述大原则，还会有一些具体的限定，那就要具体问题具体分析了。

11.2.3 中国旅游区划

中国旅游区划，迄今为止还没有颁布法律意义上的正式方案。各派学者根据自己工作和研究的专业特长，为了科研、教学或旅游规划工作的需要，分别从不同角度、不同目的，提出各自不同的划分方案。根据不完全统计，主要有以下学者提出旅游区划分方案：周进步（1985）、濮静娟（1987）、孙仲明（1987）、郭来喜（1988）、刘振礼（1988）、雷明德（1988）、阎守邕（1989）、孙大闻和吴必虎（1990）、陈传康（1991）、保继刚（1993）等。这些学者的分区方案多数是以行政区划为依托，兼顾地理位置、旅游资源特征和经济环境等因素，如濮静娟以气候为依据进行划分，陈传康以文化为主要依据划分。

11.2.3.1 旅游地理分区

旅游地理分区最基本的是以地理行政区划为依据的分类方案（表11-1）。

表11-1　中国旅游地理区划方案

旅游大区	包括的省、市、区
东北旅游区	辽宁、吉林、黑龙江
华北旅游区	北京、天津、河北、山西、内蒙古
华东旅游区	山东、安徽、江苏、上海、浙江、福建
华中旅游区	河南、湖北、湖南、江西
华南旅游区	广东、广西、海南
西南旅游区	重庆、四川、贵州、云南、西藏
西北旅游区	陕西、宁夏、甘肃、青海、新疆
港澳台旅游区	香港、澳门、台湾

11.2.3.2 旅游地理区划

旅游地理区划由郭来喜提出三个层次：旅游带、旅游省和旅游区。

旅游带——为一级旅游区。为跨省、自治区、直辖市的旅游地域组合。其职能是协调省际之间的关系，进行横向联系，组织区域性的旅游路线和对外开放口岸。

旅游省——为二级旅游区。主要以现有的省、自治区、直辖市为基本地域组合，个别地区略有改动。以省级行政区作为旅游区的主要考虑是尽可能适应中国现有行政管理体制，便于领导、管理和协调。

旅游区——为三级旅游地域组合。它可以是一座大城市，也可以是中等城市，还可以是几个旅游城市的地域组合。主要职能是开发建设旅游景点及其相应的旅游服务设施，组织、协调、管理旅游活动中的食、住、行、游、购、娱等旅游服务项目。

具体划分为9个旅游带、29个旅游省和149个旅游区（表11-2）。

表11-2　郭来喜旅游地理分区方案（1988）

旅　游　带	旅　游　省	旅游区（数量）
1.京华古今风貌旅游带	北京、天津、河北	8个旅游区
2.白山黑水北国风光旅游带	辽宁、吉林、黑龙江	13个旅游区
3.丝路寻踪民族风情旅游带	甘肃、宁夏、内蒙古、新疆	22个旅游区
4.华夏文明访古旅游带	陕西、山西、河南、山东	24个旅游区
5.西南奇山秀水民族风情旅游带	四川、云南、贵州、广西、重庆	29个旅游区
6.荆楚文化湖山景观旅游带	湖北、湖南、江西	16个旅游区
7.吴越文化江南水乡风光旅游带	江苏、浙江、上海、安徽	15个旅游区
8.岭南文化南亚热带—热带风光旅游带	福建、广东、海南	16个旅游区
9.世界屋脊猎奇探险旅游带	西藏、青海	6个旅游区

注：由于当时海南省和重庆市还未划分为独立的省、市，原方案中没有这两个省、市，此处做了必要的补充。旅游区不再列出，只注明数量。

11.2.3.3　大陆地区季节气候分区

濮静娟等应用特吉旺提出的以气温为主导因素考虑的舒适度和风效指数概念，对中国大陆地区进行旅游季节气候分区，划分方案见表11-3。

表11-3　濮静娟旅游季节气候划分方案（1987）

气候大区		气　候　区		气候亚区			分布范围
符号	名称	符号	舒适月份 (-1, 0, 1)	符号	-b月份	n月份	
I	北方温带 气候大区	I_1	6, 7, 8	I_1a	6		黑龙江大部，吉、辽，内蒙古北部
				I_1b	9		新、甘、宁、蒙、吉、冀
				I_1c	6, 9		黑、吉
				I_1d			黄山、泰山、华山
		I_2	6, 7, 8, 9		6, 9		辽东

↘ 续表

气候大区		气候区		气候亚区			分布范围
符号	名称	符号	舒适月份 (-1, 0, 1)	符号	-b月份	n月份	
I	北方温带气候大区	I_3	5, 6, 7, 8, 9		5, 9		新、甘、宁、陕、晋、冀、鲁、豫
		I_4	4, 5, 6, 7, 8, 9		10	5	吐鲁番
		I_5					五台山
II	南方亚热带气候大区	II_1	4, 5, 6, 7, 8, 9, 10		10	7, 8	甘陕鄂，潼关—菏泽
		II_2	5, 6~9, 10		5, 10	7, 8	豫南，淮北，江苏
		II_3	4, 5, 6~9, 10	II_3a	5, 10	7, 8	长江中下游
				II_3b	4, 10	7, 8, 9	安徽大别山南麓
		II_4	4, 5, 6~9, 10, 11		4, 11	7, 8	福建福州以北
		II_5	4, 5, 6~9, 10		4, 10, 11	7, 8	桂北、湘赣、闽南
		II_6	3, 4, 5~9, 10, 11, 12		4, 11	7, 8, 9	闽厦门—福州沿海
		II_7	3, 4, 5~10, 11		3, 4, 11, 12	7, 8, 9	桂西江，粤南岭
		II_8	3, 4~10, 11, 12		3, 4, 11, 12	5, 6~9	桂右江，粤南部
		II_9	1, 2, 3, 4~9, 10, 11, 12			5	滇西南
		II_{10}	1, 2, 3, 4~9, 10, 11, 12		1, 2, 3, 12	5, 6~9	滇河口—粤湛江
III	青藏云贵大区	III_1			6, 7, 8, 9		青藏高原
		III_2	4, 5, 6~9, 10		4, 5~8, 9		云贵高原
		III_3					峨眉山

11.2.4 中国文化地理分区

王会昌的中国文化地理分区（1992），把中国按文化特征分为两大区，即中国东部农业文化区和西部游牧文化区，其分区界线东部从黑龙江的爱辉到云南省的腾冲。具体细分见表11-4。

表11-4 中国文化地理分区

东部农业文化区	西部游牧文化区
传统农业文化亚区	蒙新草原—沙漠游牧文化亚区
西南少数民族农业文化亚区	青藏高原游牧文化亚区

其中，传统农业文化亚区可进一步细分为12个小区（副区）：关东、燕赵、黄土高原、中原、齐鲁、淮河流域、巴蜀、荆湘、鄱阳、吴越、岭南、台湾等；蒙新草原—沙漠游牧亚区进一步分为3个小区（副区）：内蒙古、北疆、南疆等。

尽管王会昌所做的是文化地理分区，但是对于中国生态文化旅游而言，这将是一个值得考虑的方案。

11.2.5 中国地学旅游资源分区

以地质旅游资源为主要特色而进行分类者，有徐泉清、孙志宏等编写的《中国旅游地质》（地质出版社，1997）一书。该书的分类与众不同处在于，在考虑行政区划的前提下（省市级）更多地考虑了地质内涵和自然地理特征。具体划分为六大区（表11-5）。

表11-5 中国地学旅游资源分区

大 区	包括的省、市、区
华北区	北京、天津、河北、山西、河南、山东、内蒙古等省、市、区
东北区	东北三省（辽宁、吉林、黑龙江）
华东区	上海、江苏、浙江、安徽、福建、台湾六省、市
华南区	广东、江西、海南、湖南、湖北五省
西南区	四川、重庆、云南、贵州、广西、西藏六省、市、区
西北区	陕西、甘肃、宁夏、青海、新疆五省、区

11.3 旅游地类型

11.3.1 旅游地类型概述

为了满足不同旅游者的各种爱好和需求，充分发挥旅游地优势和特色，有计划地组织客源和旅游活动，确立该地旅游业的发展方向，有必要划分出不同特性和功能的旅游地类型。

目前，对旅游地类型的划分依据、命名和方法还不一致。美国称之为"娱乐土地利用"；法国则将各类型旅游地统称为"疗养城和游乐城"；俄罗斯称为"休息用地"和"游憩地域综合体"。

中国的一些学者从旅游地的构景角度考虑，依其旅游功能和对当地的经济生活及建筑方面的影响，划分为风景旅游地、文化旅游地、历史古迹旅游地、民族风情旅游地、现代工程旅游地、娱乐休憩旅游地、综合性旅游地等。

考虑到旅游地学学科体系，本章主要考虑与旅游地学密切相关的空间地域组合。这些旅游地类型主要有：观光旅游地、度假旅游地、健身旅游地、修学旅游地、科考旅游地、生态旅游地等。有些旅游地可能会是多功能性质的，所以这里只介绍旅游地的功能，不作具体的旅游地划分和描述。

11.3.2 观光游览旅游地

观光型旅游地，在自然风景方面，风景优美，景观特殊，山水林俱佳，具有周边风景不可替代的观光功能；在人文旅游资源方面，其历史文化灿烂，历史文化遗存丰富多彩，具有世界声誉，或者是世界级文化遗产而享誉海内外，或者是本国独有的，吸引世界旅游者来观光。

中国广西桂林，是"山水甲天下"的风景优美之地。另外，四川九寨沟和黄龙、云南香格里拉和西双版纳、湖南张家界等，都是世界少有的自然风光优美的观光旅游地。

观光游览旅游地以自然风景旅游地为主，主要有以下三种类型：

11.3.2.1 山岳型

中国的安徽黄山、江西三清山、山东泰山、河南嵩山、四川峨眉山、陕西华山、福建武夷山、山西恒山、湖南衡山、江西庐山等；横跨欧洲中南部的阿尔卑斯山。

11.3.2.2 水景型

江河类型：长江三峡、浙江富春江、广西漓江、河南郑州黄河游览区，以及晋陕交界的黄河壶口瀑布旅游区等。

湖泊类型：江苏浙江太湖、湖南洞庭湖、浙江杭州西湖、吉林长白山天池、青海青海湖、江西鄱阳湖、湖北武汉东湖、安徽巢湖等。还有许多人工湖（水库）也成为旅游区，如海南松涛水库、浙江千岛湖等。

海滨类型：河北秦皇岛、山东青岛、辽宁大连、福建鼓浪屿、海南天涯海角和亚龙湾等。

11.3.2.3 自然保护型

四川九寨沟、湖南武陵源、湖北神农架、四川卧龙、贵州梵净山、陕西太白山、海南尖峰岭和霸王岭等。

11.3.3 度假休憩旅游地

度假型旅游地主要考虑因素是体感的舒适度和精神的愉悦感。旅游者可以通过度假型旅游地优雅的环境和各种各样的服务设施及其可参与的活动（如娱乐、健身、绘画艺术等）等，而得到充分的精神享受。度假型旅游地位置一般选择海滨、湖滨、山地、温泉、山乡和林区等自然环境。

11.3.3.1 海滨度假旅游地

海滨度假型旅游地有：河北秦皇岛市北戴河度假区、海南三亚、福建厦门鼓浪屿、广西北海银滩、山东威海成山角等。国外有名的海滨度假区有南美加勒比海地区、地中海沿岸、墨西哥海湾、印度洋岛群、澳大利亚、南太平洋岛群、印度尼西亚巴厘岛、菲律宾、新加坡等。在这里，旅游者可以充分享受到"3S"——阳光（Sun）、沙滩（Sand）、海水（Sea）的魅力。这里有充足的阳光、未受到污染的沙滩和海水、温湿的海洋气候。这些因素构成海滨度假最重要的条件。海滨地区开展的休闲活动主要有海水游泳、海上运动（如冲浪、帆船航行、滑水、垂钓、赶海、观日出等）和沙滩活动（沙滩排球和散步、骑马、沙丘日光浴等）。

下面以中国河北省秦皇岛和海南省三亚两地的海滨旅游度假地为例予以介绍：

（1）河北秦皇岛海滨（以北戴河、南戴河为主）旅游度假区

秦皇岛海滨以北戴河和南戴河开发较早，也比较成熟。北戴河是闻名中外的旅游度假胜地，拥有海洋、森林、湿地三个主要的生态系统，有联峰山、鸽子窝、中海滩三大风景群组等40余处景观。1898年，清光绪帝御批北戴河为避暑地，开辟为"允中外人士杂居，至此洋味洋派风行，异域情调流转"的避暑区。

1918年，朱启钤先生发起组织了北戴河海滨公益会，任会长，并捐献大洋，组织规划和开发建设北戴河海滨度假区。北戴河南临渤海，历史悠久，自春秋战国以来，曾经有齐桓公、燕昭王、秦始皇、汉武帝（刘彻）、魏武帝（曹操）、唐太宗（李世民）、清高宗（乾隆）等帝王来这里巡视、驻跸。这里有曹操所写"东临碣石"的古碣石地区。从这里可以看出，早在三国时期这里就已经成为游

览胜地。北戴河海滨三面临水，北倚联峰山，沿海正好是渤海暖流与大陆的交汇处，气候比较温暖湿润。海滨空气中富含氧、钠、碘等人体必需的元素，负氧离子含量为4000个/cm³。海滨周边森林覆盖率达54%。在环海十多公里狭长的滨岸地带内，自然与人文景观丰富多彩，有山、水、林、石、洞、泉、陡壁悬崖、楼、阁、亭、台、塔、寺庙等，国内许多省市都在这里建有度假村、疗养所。北戴河的气象景观主要是观日出。北戴河周边的景观区有鸽子窝景区、联峰山景区、中海滩景区、碧螺塔景区等。中海滩景区是北戴河的精华地带，这里有猫石湾、狼窝、老虎石、犀牛望月、碣石园、鲁迅公园、黎村苗寨、奇园怪楼、中国神话乐园、秦皇宫等景观点和游乐点。

南戴河和黄金海岸一带游乐园、游乐设施多，功能齐全，有滑沙场、滑草场、儿童游乐场、浴场、滑水场、跳水、沙滩球场、水上游乐艇等。

（2）海南三亚海滨旅游度假地

海南三亚海滨地带地域广阔，旅游功能丰富多样，三亚湾、大东海、小东海、亚龙湾都是天然泳场，天涯海角更是游人乐而忘返的旅游胜地。

亚龙湾背靠绿山，面向南海，海面平滑如镜，清澈透底。9m深水中的鱼儿和五彩珊瑚均可看得一清二楚。百米宽的海滩沙细如粉，柔软如棉，色白如雪，水温常年保持在23℃以上，是一处冬季避寒和度假的胜地。

大东海位于三亚市东约2km处，为一个弓形海湾。海滨带有东南平行走向的两条小山脉，有长达千米的洁白沙滩，周边一排排葱翠的椰树似巨型绿伞给海滩遮阳，一年内没有刺骨的寒流，没有连绵的阴雨，四季如春，常年朝霞撒玉，丽日铺银，夕照流金。年平均水温20℃。大东海以其碧水、白沙、青山、绿椰、阳光等见长，沙滩宽缓低平，海水浅而湛蓝，成为蜚声中外的"天然浴场"。

鹿回头位于三亚湾，是一座峻峭的小山岭，因为地形酷似一个回头凝望高处的坡鹿而得名。山顶有一巨型石雕像：一只神鹿转头回眸，两旁分别倚立着英俊的黎族青年猎手和美丽的黎族少女。山顶公园曲径通幽，沿山势建有听潮亭、观海轩、情人岛，以及猴山、鹿舍、黎家寮房、龟鳖天堂、游鱼仙池等景观点。周边鸟语花香，蜂蝶竞舞，椰树婆娑，风影摇曳，槟榔亭亭玉立，杜鹃花、木棉花殷红如火。这些天人共造的景观，配以这里的气候、阳光、山水，吸引着海内外的游人。

11.3.3.2 湖滨度假旅游地

中国比较有名的湖滨度假型旅游地，有武汉东湖、杭州西湖、江苏太湖（苏州湖滨和无锡湖滨）、扬州瘦西湖等。湖滨度假型旅游地的旅游功能和规模也比较大，例如武汉东湖风景区及其周边的游乐区。湖滨度假型旅游地往往建有度假区或者度假村。典型湖泊度假旅游地介绍如下：

(1) 杭州西湖旅游地

主要是以杭州西湖风景名胜区为核心的旅游地，位于浙江省杭州市中心，分为湖滨区、湖心区、北山区、南山区和钱塘区。秀丽的湖光山色和众多的名胜古迹闻名中外。风景区核心景区的杭州西湖，其地学成因为海迹湖。西湖作为游览胜地已经有二千多年的历史。曾经使用过的名称有：名圣湖、金牛湖、武林水、钱塘湖。苏轼的名句"欲把西湖比西子"传诵以后，人们又把西湖称作"西子湖"。

西湖的北、西、南三面环山，近湖滨地带主要为泥盆纪砂岩地层，向外依次为石炭系和二叠系石灰岩，九畹溪一带出露比较老的志留系砂页岩地层。西湖的西北部有"双峰插云"和"龙井问茶"景观，这里有山有洞，主要发育石炭系和二叠系，有名的龙井茶就产自志留系砂页岩、石炭系和二叠系石灰岩中。虎跑泉和钱塘江大桥一带主要发育泥盆系砂岩。这一带的景点基本以古生代地层（志留系、泥盆系、石炭系和二叠系）为背景，由此构成这里的山、水、泉、洞、溪、峰、峦。山峰主要有吴山、云居山、南屏山、凤凰山、将台山、九曜山、青龙山、大慈山、虎跑山、吉庆山、天马山、棋盘山等，溶洞主要有黄龙洞、紫云洞、烟霞洞、金鼓洞、栖霞洞、水乐洞、石屋洞、南观音洞、北观音洞、紫来洞、灵华洞，泉水有龙井泉和虎跑泉。

西湖风景主要是以西湖旧十景、西湖新十景和"三评十景"为主的景点，以及周围的佛塔和寺庙。

西湖旧十景（南宋时期）：苏堤春晓、平湖秋月、曲院风荷、断桥残雪、柳浪闻莺、花港观鱼、雷峰夕照、南屏晚钟、双峰插云、三潭印月。

西湖新十景（1985）：云栖竹径、满陇桂雨、虎跑梦泉、龙井问茶、九溪烟树、吴山天风、阮墩环碧、黄龙吐翠、玉皇飞云、宝石流霞。

三评西湖十景（2007）：灵隐禅踪、六和听涛、岳墓栖霞、湖滨晴雨、钱祠表忠、万松书缘、杨堤景行、三台云水、梅坞春早、北街梦寻。

西湖周边的景观主要有岳飞庙（岳坟）、灵隐寺、净慈寺、焚天寺、六合塔、保俶塔、雷峰塔（重建）、钱塘江大桥、白堤、楼外楼、孤山中山公园、西泠印社等。

(2) 云南滇池旅游地

滇池位于昆明市西南部，是一个烟波浩渺、风姿秀逸的高原湖泊。四周山峰主要为石炭纪和二叠纪地层，以石灰岩为主。滇池是受到第三纪喜马拉雅运动的影响而形成的高原石灰岩断层陷落湖。湖泊海拔高度1886m，湖面南北长39km，东西方向最大宽度13.5km，湖面积约为318km^2。

滇池四面群山连绵，东有金马山，西为碧鸡山，北倚蛇山（又名长虫山），南枕白鹤山。这些起伏连绵的山形成"昆明坝子"的天然屏障。沿湖周边分布有海埂公园、西山森林公园、观音山、白鱼口、西山华亭寺、大观楼等风景区，以及郑和公园、牛恋乡、石寨山滇王墓、盘龙寺等名胜地等。

11.3.4 科学考察旅游地

11.3.4.1 科学考察旅游的意义

科学考察旅游地的主要功能是普及科学文化知识，开阔旅游者的眼界，提高其文化素质，有些科学考察旅游地具有极其重要的科学研究意义。

以地学为主的科考旅游地主要有：高山地带、峡谷地带、火山区域（包括火山遗迹地）、冰川区、山地区、草原、沙漠、荒漠、砾漠、戈壁、湿地、自然保护区、生态保护区、典型的地质剖面和古生物化石产地等。

非洲是当代地学科考的主要基地，尤其是东非裂谷系及其周边的国家，成为探索地球奥秘的大本营。从大地构造、板块运动、火山喷发，到珍稀动物的繁衍、栖息及特色植物的滋生繁衍，非洲大陆保留了许多其他大陆没有的野生动物和珍稀植物种群，成为科学考察和科考旅游的理想去处。

11.3.4.2 科学考察旅游地分类

科学考察旅游地主要是自然公园类，如国家公园、地质公园、森林公园和湿地公园等，以及植物园、天然动物园。

（1）自然公园

自然公园是以自然界的山水、林木、花草、动物、生态环境等资源为主，划定一定范围，采取必要的生态保护措施，安排适当和必要的基础服务设施，由此构成的供大众休闲的场所。

自然公园大部分是自然生态保护区，因而具有保护自然资源环境和提供休闲游览的双重功能。自然公园内常有一些历史文化遗迹。这些历史文化遗迹既是保护对象，也是具有观赏和感受历史文化价值的区域空间。这些遗迹长期与自然和谐共存，成为公园的有机组成部分。自然公园与城市公园的功能不同。它一般远离城市，不是城镇居民日常必不可缺的活动场所，主要是面对异地（特别是大中城市）

游客，在一定时段内，使游客离开喧闹的城市，改变一下环境，满足体验大自然的旅游欲望。

世界上第一个国家自然公园是1872年在美国建立的黄石国家公园。它是美国在西部开发中，为了保护这里优美的自然景观，通过国家立法而建立的能为公众享有的游憩观光公园。之后，美国建立了一系列类似的国家公园。世界各国参照这一模式也陆续建立了各自的国家公园，成为保护自然、服务公众的自然公园。

根据不同的自然资源，自然公园可以分为：森林公园、湿地公园、地质公园、海岛公园、沙漠公园等。有些公园兼有森林、草地、河湖、山岳、峡谷、洞穴、珍稀动物、地质遗迹等资源中的两种或多种资源，属于综合自然公园，也称国家公园。

另外有些公园是在城市中人工营造的自然环境园地，如动物园、植物园、郊野公园（绿地）等，这类公园大都为城市居民服务，一般被列入城市公园。

自然公园是认识大自然的实物宝库，所以它又是对大众进行科普教育的科学公园。地质公园是了解地球演化历史的科学公园，森林公园、湿地公园是为人们提供认识动植物、了解生态变化规律的科学公园。

（2）国家公园

"国家公园"（National Park）概念源自美国，主要是指具有代表性的自然生态系统、珍稀濒危野生动物物种的天然集中分布地，具有特殊价值的自然遗迹地和文化遗址等。它是国家为了保护一个或多个典型生态系统的完整性，为生态旅游、科学研究和环境教育提供场所而划定的需要特殊保护、管理和利用的重点自然生态功能区域。在这个区域，空间以资源维护和研讨为主，只允许游客作为现代及未来科学、教育、启智而进入，禁止进行任何开发活动。其主要功能是：①提供保护性的自然环境；②保存物种及遗传基因；③供国民游憩及繁荣地方经济；④促进学术研究及环境教育。

目前确认的中国十大国家公园包括：三江源国家公园、湖北神农架国家公园、福建武夷山国家公园、浙江钱江源国家公园、湖南南山国家公园、云南香格里拉普达措国家公园、东北虎豹国家公园、大熊猫国家公园、昆仑国家公园、北京长城国家公园。

11.3.4.3 自然公园分类

我国的自然公园分类主要介绍地质公园、森林公园和湿地公园，就广义的分类而言也包括国家公园、风景名胜区和海洋公园等。

(1) 地质公园

地质公园（geopark）是以具有特殊地质科学意义、稀有的自然属性、较高的美学观赏价值，具有一定规模和分布范围的地质遗迹景观为主体，并融合其他自然景观与人文景观而构成的一种独特的自然区域。地质公园既为人们提供具有较高科学品位的观光旅游、休闲度假、保健疗养、文化娱乐的场所，又是地质遗迹景观和生态环境的重点保护区，是地质科学研究与普及的基地。目前，我国已经先后建立8批国家级地质公园，共272处，其中有37处（11批）已经由联合国教科文组织确定为世界地质公园（详见附录4、附录5）。

(2) 森林公园

森林公园是以大面积人工林或天然林为主体而建设的公园。天然公园保管有自然景观。森林公园除保护森林景色的自然特征外，还要根据造园要求适当加以整顿布置。公园内的森林只采用抚育采伐和林分改造等措施，不进行主伐。可以在按法定程序申报批准的森林地域，开展森林旅游与愉悦休闲活动。森林公园是经过修整可供短期自由休假的森林，或是经过逐渐改造而形成一定的景观系统的森林。目前已经建立国家级森林公园803处（详见附录3）。

森林公园是一个综合体，它具有建筑、疗养、林木经营等多种功能，同时，也是一种以保护为前提利用森林的多种功能为人们提供各种形式的旅游服务的可进行科学文化活动的经营管理区域。在森林公园里可以自由休息，也可以进行森林浴等。

(3) 湿地公园

湿地公园是指以水为主体的公园，是以湿地良好生态环境和多样化湿地景观资源为基础，以其科普教育、功能利用和弘扬湿地文化等为主题，并建有一定规模的旅游休闲设施，可供人们旅游观光、休闲娱乐的生态型主题公园。我国已建国家湿地公园827处，列入《国际重要湿地名录》的湿地（2016年）共计49处（详见附录6）。

湿地公园是具有湿地保护与湿地利用、湿地研究、科普教育、生态观光、休闲娱乐等多种功能的社会公益性生态公园。国家湿地公园也就是国家湿地自然保护区。湿地公园与湿地野生动植物保护栖息地和湿地管理区等共同构成湿地保护管理体系。

(4) 植物园

植物园（the botanical garden）是调查、采集、鉴定、引种、驯化、保存和推广利用植物的科研单位，以及普及植物科学知识，并供群众游憩的园地。植物园中的植物一般按其不同的种类有规划地培养，虽然植物园在布局和收藏上一般也考虑到美学观念，但其科学使用价值是最主要的，这是它与一般的观赏花园的区别。大多数植物园由大学或专门的科研机构管理。

植物园的分类：科研系统植物园、教育系统植物园、园林系统植物园、生产系统植物园。生产系统主要包括林业（树木园）、农业（作物种和品种）、轻工（芳香植物培育）和卫生（药用植物）等部门。另外，没有特定意义的森林植物园如秦岭国家植物园、西安植物园、贵州省植物园、湖南省森林植物园等。

(5) 动物园与天然动物园

动物园（zoological garden）是搜集饲养各种动物，进行科学研究和迁地保护，供公众观赏并进行科学普及和宣传保护教育的场所。动物园有两个基本特点：一是饲养管理野生动物（非家禽、家畜、宠物等家养动物）；二是向公众开放。符合这两个基本特点的场所即是广义上的动物园，包括水族馆、专类动物园等类型；狭义上的动物园指城市动物园和野生动物园。动物园的基本功能是对野生动物的综合保护、对公众开放参观和保护教育。

野生动物园是指对生存于自然状态下的动物，划定一定的区域范围进行保护。这些野生动物是不需要人工驯养的各种哺乳动物、鸟类、爬行动物、两栖动物、鱼类、软体动物、昆虫及其他动物。野生动物园基地只用作科学研究和考察，不是专门供观光游览之地。

11.3.5 宗教文化旅游地

11.3.5.1 世界主要宗教圣地

宗教文化旅游在世界各地的旅游活动中占有很大的比重，尤其是以三大宗教为主的宗教朝圣、朝觐。主要的宗教朝觐地包括：伊斯兰教旅游胜地为沙特阿拉伯麦加朝圣地，基督教（耶稣教）以意大利罗马（梵蒂冈，天主教）为中心，佛教圣地有尼泊尔加德满都、柬埔寨吴哥、泰国曼谷等。中国宗教旅游地有四大佛山——山西五台山、安徽九华山、浙江普陀山、四川峨眉山。藏传佛教圣地主要有西藏拉萨（布达拉宫）、日喀则等。位于内蒙古阿拉善左旗的巴润别立广宗寺，藏名"丹吉楞"，俗称南寺，是内蒙古名望最高、规模最大的藏传佛教圣地。

11.3.5.2 地学环境对宗教的影响

(1) 世界三大宗教地区分布特征

宗教文化地往往与一个地区的地学环境（如气候带、地貌、山水、植被环境等）有着密切的关系。世界三大宗教为佛教、伊斯兰教和基督教。三大宗教的诞生地与当地的地学环境，尤其是气候和地貌有密切关系。

基督教（或耶稣教）的诞生地在北半球高纬度地区，其朝圣地以意大利首都罗马为中心。公元1世纪，基督教发源于罗马的巴勒斯坦省，即今日的以色列、巴勒斯坦和约旦地区，位于地中海东南部，地貌主要为沙漠、山地和海岸平原。

伊斯兰教主要信奉者位于沙漠广布的伊斯兰地区。在北半球欧亚大陆的中东地区，以干旱的沙漠环境为主，其诞生地在阿拉伯，这里沙漠多，没有高山。

佛教诞生地为古印度迦毗罗卫国（今尼泊尔），为亚洲赤道附近的热带亚热带地区的高山地带。

（2）中国道教与名山

在中国，信奉真武大帝者多在山地发育地带（中国的名山）和玄武岩发育区（海南琼北地区）。因为道教主要是修炼养生，选择的环境主要是青山绿水风景优美的有名山地。中国道教四大名山为安徽齐云山、湖北武当山、四川青城山、江西龙虎山。另外，江苏茅山、江西三清山、山西北武当山等，都是中国有名的道教圣地。驰名中外的中国五岳——东岳泰山（东岳大帝，天齐仁圣大帝，泰山神，泰山君）、西岳华山（西岳大帝，金天愿圣大帝）、北岳恒山（北岳大帝，安天玄圣大帝）、南岳衡山（南岳大帝，司天昭圣大帝）、中岳嵩山（中岳大帝，中天崇圣大帝），乃是中国汉文化五大名山的总称。

11.3.6 历史文化旅游地

11.3.6.1 中国八大古都

历史文化旅游地：古人类文化方面有仰韶文化、半坡文化、河姆渡文化、良渚文化等。文化中心地有中国的北京、西安、洛阳、南京、开封、杭州、安阳、郑州等古都。

在中国历史长河众多的政权中，历代只对"二十五史"记载的国家，即从三皇五帝、夏、商、两周、秦、两汉、三国两晋、南北朝、隋唐五代、辽、两宋、金、元、明到清朝予以认可。被视为正统朝代都城的只有西安、洛阳、南京、北京、开封、杭州、安阳、郑州这八大古都曾作为中国有历史记载或考古证据的、统治时间较长的主要政权所建首都。

11.3.6.2 历史文化名城

中国历史文化名城，如山西平遥、云南丽江等为世界文化遗产。世界著名古城和古国有雅典（古希腊）、罗马（古罗马帝国）、巴黎、埃及等。

1994年以前，共公布了三批99座中国历史文化名城，随后在2001年至2017年间，又陆续增加35座城市，共计134座。其中由于海南琼山市划归为海口市的一个区，由此变成133座（参见附录7）。

11.3.7 风景名胜区旅游地

综合性旅游，尤其是观光游览和消遣旅游时，人们往往首先选择到知名度高的风景名胜区旅游。这些风景区或以自然风光为主，或以人文景观著称，或者宗教氛围浓郁，或者在历史的演化进程中逐渐形成一处综合性强的，集自然、人文、科学文化、宗教等于一体的风景名胜区。中国地域辽阔，旅游资源丰富，东、西、南、北、中，都有优美的、知名度高的风景点（区）。自1982年起，国务院总计公布了9批244处国家级风景名胜区（见附录1）。其中，第一批至第六批原称国家重点风景名胜区，2007年起改称中国国家级风景名胜区。

第12章

旅游环境保护与生态旅游

12.1 旅游环境

12.1.1 旅游环境的内涵

旅游环境就是我们人类生活的空间环境，即人类和万物赖以生存的地球，包括地球表层的岩石圈、生物圈、水圈和大气圈，以及人类自身创造的各类人文环境。它是自然生态、人文社会各种因素的总和。这里包含了自然旅游资源环境和人文旅游资源环境两大领域。

另外，旅游环境还包含旅游活动的行为和服务环境，包括食、住、行、游、购、娱，与其有关的交通、服务接待、休假娱乐和文化活动等人文社会因素。

自然旅游资源环境就是地球表层各种具美学价值和吸引力的景观与造型，如山岳峰岭、森林、草原、沙漠、云海、河流、湖泊、海洋等。人文旅游资源则涉及人类历史进程中创造的一切物质文明、精神文明及其遗存。它们或为固态的造型（如宫殿建筑、园林等），或为动态的事象（如民俗风情、艺术表演）。

12.1.2 旅游环境问题

所有困扰人类的环境问题，在旅游活动中也突出地反映出来，再加上旅游活动本身所造成的环境问题更为敏感和突出。一方面是对旅游者的伤害和对服务环境造成的污染，另一方面是对旅游资源的毁坏，特别是有些旅游资源是国家级自然保护地，这种破坏需要漫长的岁月才有可能恢复，有些资源也可能永远都无法恢复。

12.1.2.1 旅游资源的脆弱性和不可再生性

旅游环境是一种特殊的环境，既是静态环境，又是动态环境。它是集审美、休闲、娱乐、消遣和观赏等行为于一体的资源空间环境。而旅游资源又有着与其他资源不同的特性，尤其是自然成因的旅游资源，最大特性是其脆弱性和不可再生性。所谓脆弱性是指其很容易遭受损坏和毁坏，由此导致旅游环境的退化、恶化和毁灭，失去旅游功能；所谓不可再生性是指某些自然旅游资源本身是地球演化过程中由大自然塑造而成的，像泰山、黄山和长江三峡这类自然景观，它们曾经历了许多个百万年，甚至上亿年才孕育成现在的形态面貌。泰山的雄伟骨架是一套变质杂岩，其生成年龄距今约有28亿~30亿年的历史；黄山花岗岩体是距今约7000万年前地壳运动（地质学家称为燕山运动）的产物，这是形成景观环境的基础，其山体的崛起并形成各种形态的奇特景观（如仙桃石、梦笔生花、仙人下棋等）则是几百万年地质作用的结果；长江三峡著名的巫山神女峰，其基岩年龄值为2亿多年，其造型形成也经历了几百万年潜移默化的地质作用才磨砺而成。以上所有年龄值是人类不可能体验和想象的，但是在人类这短暂的经历中一旦遭破坏，就将永远地从地球上消失而不复存在，尽管人类可以去复制一个雷同的造型，但它毕竟不是自然生成的，从而失去其观赏的真正价值。动物和植物资源也是如此，其脆弱性和不可再生性更为突出，曾经在地球上称霸1亿多年的恐龙类，由于其生存的生态环境改变和遭受破坏，在极短的时间内全部覆灭，也意味着它们永远地从地球上消失。当今世界依然有许多生物从地球上悄然消失。不论它们是古代的物种还是现在生存的生命体，一旦绝灭将永远不会重新出现在地球上。

12.1.2.2 环境破坏与污染

旅游环境被破坏和遭污染有自然因素和人为因素两个方面。

（1）自然因素

在自然因素中，风吹、日晒、雨淋等自然风化可引起固态旅游资源的崩裂、垮塌、表层剥落、物像磨损而变模糊（如石窟造像）、木质结构腐朽破败、壁画褪色等；地震、火山喷发、暴雨、洪水、泥石流和滑坡等灾变和突发事件，对环境有极大的破坏性，甚至是毁灭性的。有些灾害在造成毁坏同时还产生污染，如火山喷发、森林大火在造成毁灭的同时还造成大气的污染，伴随地震发生的瘟疫流行，直接危及人类和生物的生命。

（2）人为因素

人类非旅游活动对环境的破坏，即整个人类生产、生活所造成的公害也危及旅游环境。就某种意义上说，人类活动造成的环境破坏与污染比自然因素造成的破坏更具危险性和毁灭性。这种环境的破坏和污染是全球性的，旅游环境也难逃此厄运。例如人们熟悉的工业排放废水、废气，农田施用化肥、农药，许多有害元素和放射性废料进入大气和水体，以石化燃料为主的大量CO_2排入大气，森林严重破坏降低对CO_2的吸收功能，能源中大量SO_2进入大气形成酸雨等。由此而引发出一系列灾害：臭氧层出现空洞、温室效应加剧、冰川消融、海平面上升、水土流失、水质和大气污染严重、土质退化、风沙肆虐、气候失调、旱涝频繁、沙漠化加剧、地下水位下降、生态失调、动植物濒临绝灭的数量增加和速度加快等。

12.1.2.3 旅游业直接对环境的影响

旅游活动造成的环境破坏和污染也越来越引起人们的关注，特别是对大气、水体和生物界产生的影响也相当严重。进入旅游区的主要交通工具——汽车排放大量CO_2；生活用能源也主要是排放CO_2；超载的游客呼出大量CO_2。家用电器排放的废气直接危及臭氧层。旅游区内各种生产和生活（餐饮、洗涤、洗澡和食品加工等）消耗大量水资源。在世界一些著名度假区和游览区，因水体污染而富营养化导致海水和湖水藻类滋生，使水体缺氧引起鱼类等水生生物大批死亡。生活垃圾中所含铅、汞等有毒元素直接危害人体健康，甚至危及生命。传染病医院排放的废物废水进入人类生活用水中使水体污染而传播各种疾病。大气和水体污染导致林木花卉死亡，过多游人把大片植被踩死，土壤固化。自然保护区边缘过量地垦荒、伐林，使野生动物丧失栖息地，加剧食肉动物和非食肉动物关系的压力，限制迁移运动。贫困地区居民出于赚钱目的大量偷猎捕杀野生动物。在人类精心"护理"下的一些野生动物，其捕食和繁衍规律被破坏，甚至改变生活习性。这些环境问题已经引起了社会的关注，也给旅游区管理者敲响了警钟。

12.2 旅游可持续发展

综上所述，环境问题是非常严峻的。旅游环境问题已经到了非治理不可的时刻。科学而合理地解决好以下三大课题是旅游环境可持续发展的关键：其一是社会、经济与环境之间的协调发展；其二是对旅游环境的保护；其三是大力提倡生态旅游。

12.2.1 社会、经济与环境的协调发展

旅游业发展和旅游区开发将会导致旅游地及其所依托区域的社会、经济和环境的变化。当地社区和居民要严格遵照该区旅游用地规则方案，合理安排旅游专项设施、公共设施、旅游加工业和农副业的用地计划，不可为眼前利益而毁林、随意开山取石、乱挖土方，破坏当地特色资源，偷猎珍稀野生生物。

随着旅游业发展，游客大量涌入旅游区，旅游服务接待设施也急剧增加。对于游人而言，来到一处旅游地只是短暂地临时逗留，环保意识淡薄，往往会出现一些不负责任的随意行为，如践踏草坪、攀折花木、随手丢抛垃圾，甚至乱丢火种（如烟头）等。但是这对于旅游区来说，则是长期的、无时无刻不在产生的麻烦。鉴于此，有关部门应制定相应的环境保护措施、法规和必要的限定，并派专人负责管理和宣传，对社区居民也要进行大力宣传和教育，增强环保意识，让每个市民都了解当地环境与自己生活的密切关系，在社区内形成人人爱护环境、大家一齐行动的风气。

12.2.2 把环境保护纳入区域规划

旅游区开发规划要与依托城市的规划协调一致,在交通设施、给水排水、排污设施、各类用地、绿化带布局、环境卫生等方面要科学合理地规划设计,尽可能避免无秩序、无规则状态。海滨带的建筑物要充分考虑到热带风暴和飓风的侵袭,地震多发区要有防震措施;有大面积水体环境的度假区要采取具体可行的措施防止污水泛滥和富营养物质超量;对于当地的古老文化及其遗存要有防范和监测措施;在规划中尽可能小地改变和破坏当地生态环境,尽量维护当地的地理条件和生态环境的完整性、继承性,为其自然复原创造有利条件。

12.2.3 保护大气与水资源的重要性

旅游环境可持续发展最核心的问题是对大气和水资源的保护。在茫茫宇宙中,地球之所以能够以其独有的环境优势造就人类和万物,除去宇宙间的其他运动规律之外,至关重要的因素就是大气与水体的存在及其所特有的成分构成。在地球形成早期(距今约40亿年前),大气圈的形成首先是臭氧层的出现,而后出现富H_2大气。原核生物(菌类、藻类)出现以后,进而演化为少O_2富CO_2大气和水体。直到距今10亿年前后,多细胞动物和高级藻类出现,才基本形成富O_2大气和水体,地球上的生物才得以迅速发展和演化。由此可以看出大气与水体的演化是一个极其漫长而复杂的过程。距今10亿年以来能基本保持住这一大气和水体,是大自然本身调节的结果。随着人类文明的发展和世界人口的急剧增长,掠夺性开发地球表层各类资源(包括矿产资源),大肆排放污物、废气、废水,由此导致臭氧层遭破坏,温室效应加剧,大气与水体中的有害成分过量增加,使得大气和水体本身的调节功能受到限制,遭到严重破坏。大自然回报给人类的则是各种自然灾害的频繁发生和环境的急剧恶化,从而打破了地球外部圈层惯有的运动规律。

由上不难看出,大气和水体对于人类和生物界是多么重要。人类保护环境,首先就是要保护大气和水资源。尽管各国已经具备这种危机感,做了大量防治和补救工作,但在一些经济落后的区域依然未予以足够重视。城市垃圾的埋藏是一种愚蠢的行为,它是未来地下水和大气的潜在污染源。随着人口的增加,消费水平提高,垃圾会成倍地增多。应该采取分离和化解的方法彻底"销毁"垃圾,使其能再生利用,这样既节省资源又净化了环境。节省能源(主要有石油、煤炭、电力、水、气等),也是保护大气和水体不可忽视的措施。

12.3 生态旅游提出及其环境意义

12.3.1 生态旅游的起始与概念的提出

12.3.1.1 生态旅游

（1）生态旅游概念的产生

生态旅游的原始含义是人们出于一种教育的目的，到一些较少受到干扰和污染的区域进行自然旅行。"生态旅游"作为术语，起始于20世纪80年代。最早由Hetor Ceballos和Lascurain（1983）首先提出。"生态旅游"英文为"ecological tourism"，作为缩写"Ecotourism"首次出现于罗玛丽（Romeril, 1985）的一篇文章中。而罗玛丽是参考了巴道斯基（Budowski, 1976）较早时期的一篇文章。由此可以认为巴道斯基是最早涉及生态旅游概念的学者。

（2）生态旅游内涵

生态旅游是指旅游者出于回归自然、体验古朴文化、保护自然生态和传统文化等动机，在不损害生态环境可持续发展的前提下，到自然环境优美或人文气息浓郁地区进行的以自然资源和传统文化为客体，并促进旅游地经济、社会、生态效益同步协调发展的一种新型的可持续性旅游活动。生态旅游依赖于当地原生态的正常生态系统，强调保护当地的旅游资源、社会利益。它由主体（生态旅游者）、客体（生态旅游资源）和介体（生态旅游业）三大要素组成。这三个要素在一个有机整体中共存，并形成相互依存、相互作用、相互促进的稳定关系。

（3）生态旅游的环境意义与发展趋势

生态旅游的产生和发展是由于全球环境问题所引起的。其最初目的是想借助人类本身的意识，采取生态旅游方式来保护和改善自然环境系统质量，并且在资金上能给予支持。

实践证明，通过开发生态旅游项目和开展生态旅游活动，逐渐改变了国际旅游客源市场的构成和客流流向——使得原先传统的以涌向工商业发达城市为主的客流改变为由发达城市流向大自然，追求返璞归真，体味天人合一，感悟人类与自然和谐的深远意义。由此，旅游者在生态旅游活动中，不再是纯粹观赏、娱乐和享受，而是自发地参与更多保护环境的实际行动。最初的生态旅游只是为了维护生态系统的健康而采取的权宜之计，在随后的二十多年里，生态旅游活动迅速发展，并且从此掀起一股全球性的生态旅游热潮。近年来通过人与自然的密切接触，生态旅游已经深入人心，成为当今旅游业发展的一种潮流和责任。

12.3.1.2 生态旅游活动的演进

1990年，国际生态旅游协会（International Ecotourism Society）将其定义为：在一定的自然区域中保护环境，并提高当地居民福利的一种旅游行为。自从提出这一概念到现在，不同学者根据自己的实践和工作研究情况，从不同角度提出过关于生态旅游的概念。

下面将提出生态旅游概念的学者按时间顺序介绍如下：1992年，主要有Valentine、Scace、Grifone和Usher；1993年，生态旅游协会（The Ecotourism Society）的Lindberg、Hawkins、J.Butler、Allcock（1994）等，以及Goodwin（1996）、Fennell（1999）都提出过生态旅游的定义。

（1）Allcock（1994）等人的定义

生态旅游是包含了自然环境教育和解释的自然旅游，对它的管理具备生态可持续性特点。这一定义的"自然环境"之中包含了文化因素，同时"生态可持续性"包括拨专款返回当地社区及对资源进行长期的保护。

（2）Goodwin（1996）的定义

生态旅游是一种低影响的自然旅游，它会促进对物种及动物栖息地的保护，其方式有直接促进保护，或通过向当地社区居民提供足够的收益来促进间接的保护，因为收益会使社区居民将他们的野生动植物遗产当作收益的来源而加以保护。

（3）Fennell（1999）的定义

生态旅游是一种可持续形式，并以自然资源为基础的旅游方式。它的中心主要是体验及了解自然，生态旅游应该进行合乎生态伦理道德的管理，以促进其低影响、非消耗性的特点，而且，它要定位于社区（控制、利益与规模）。它主要发生在自然区域，并将促进这类地区的保护与保存。

（4）澳大利亚生态旅游协会（EAA，2000）的生态旅游内涵

生态旅游是一种具备生态可持续性的旅游方式，它主要关注对自然区域的体验，并培养对自然环境和文化的理解、欣赏与保护。

综上所述，生态旅游的内涵应包含两个方面：其一是回归大自然，即到生态环境中去观赏、旅行、探索，目的在于享受清新、轻松、舒畅的自然与人的和谐气氛，探索和认识自然，增进健康，陶冶情操，接受环境教育，享受自然和文化遗产等；其二是要促进自然生态系统的良性运转。不论是生态旅游者或经营者，甚至包括得到收益的当地居民，都应当在保护生态环境免遭破坏方面做出贡献，也就是只有在旅游和保护均有保障时，生态旅游才能显示其真正的科学意义。

12.3.2 人类社会文明发展与生态旅游

12.3.2.1 人类社会文明发展的阶段

人类社会文明的发展大致经历了采猎文明（史前文明）、农业文明、工业文明，到20世纪后期开始出现生态文明。

(1) 采猎文明

也叫史前文明。在人类诞生的初期，生产力水平非常低，人类聚集于气候适宜、水资源充足的地方，过着采集和狩猎的原始生活。人类完全是自然的一员，被动地依赖于山林、水、风、雷电等自然条件和自然现象，以及为人类提供衣食的动植物，人类的行为尚未引起环境问题。

(2) 农业文明

公元前3000年左右，作为人类社会文明最早发源地的古埃及进入农业文明时代。农业文明的主要特征是人类利用自身力量改变局部生态系统和区域生态系统。虽然人类在改变局部生态系统时也会导致平衡的失调，但是从整体上看，由于人口数量少，生产规模不大，社会组织程度不高，农业文明远未达到能引发全球性环境问题的程度。

(3) 工业文明

18世纪，西方工业革命浪潮席卷全球，机器延伸了人的器官，化石能源取代了畜力，社会化大生产代替了手工生产，人类开始影响地球的生物化学循环，改变物质循环与能量流动，创造出更加灿烂的物质文明。

在工业文明时代，人类摒弃了"天人合一"的古朴思想，"驾驭自然、做自然的主人"的机械论思想开始统治全球。人们把环境与社会、客观世界与主观世界绝对地割裂开来，前者是被动的，后者的任务则是发现、认识、研究以至于征服前者。人类在"人定胜天"思想的支配下，迅速地发展和运用最新科学技术，去征服每一寸土地和每一片空间。人类在征服自然的时候，根本没有意识到在人与环境之间还存在着一种协同发展的规律，也没有认识到在人类对环境每一次作用的同时都会存在一种程度不同的反馈作用。这一反馈作用随着人类物质欲望的日益增加而增大，以至于最终引发全球性环境问题，引起了人类的震惊与正视。人们不得不大声疾呼：拯救地球！拯救人类！

(4) 生态文明

生态文明强调，人类社会与环境协调发展将最终实现人类的可持续发展；人类在注重物质价值的同时更应追求精神价值；人类在从环境中索取物质的同时，也应注重对环境的投入；空间上，各个国家、各个民族应平等地拥有环境资源与生存空间；时间上，不同年代的人群应平等地享用这些资源；科学与社会、哲学、艺术重新走向统一和融合；艺术上，从单纯表明人类自我转变为更多地赞美自然和爱护自然；技术上，从改造自然转变为养护自然；国家之间从单纯地注重军事安全转变为更多地关注全球安全。未来的新文明将是人类与自然以及人类自身之间高度和谐的生态文明。这在人类社会的各个方面已经得到充分的体现。

12.3.2.2 生态文明对旅游的启示

随着人类对生态文明的认识不断深化，许多部门提出了社会、经济和环境的全新发展目标。由此产生了生态城市、生态农业、生态旅游资源、生态化工、生态环境、生态产品和商品、生态规划和生态旅游开发等全新的生态文明或生态文化概念，同时人类根据生态学的思维和生态意识，人从理论上提出生态文化和生态伦理学的概念。从而使生态学逐步成为当今社会一切行动的准则，生态旅游即成为当代旅游业的首选行动指南和发展目标。

12.4 生态系统与生态平衡

12.4.1 生态系统与物质循环

12.4.1.1 生态系统

生态系统也称生态系，是生物群落及其地理环境相互作用的自然系统。例如森林、草原、苔原、湖泊、河流、海洋、农田等。生态系包括四个基本组成部分：①无机环境；②生物的生产者，如绿色植物；③消费者，如草食动物和肉食动物；④分解者，如腐生微生物。生物之间存在一种生物链（食物链或食物网）的关系。

一个物种在一定空间范围内的所有个体的总和在生态学里称为种群（population），所有不同种类的生物的总和为群落（community），生物群落连同其所在的物理环境共同构成生态系统（ecosystem）。生态系统就是生命系统和环境系统在特定空间的组合。其特征是系统内部以及系统与系统外部之间存在着能量的流动和由此推动的物质的循环。森林、草原、河流、湖泊、海洋、山脉或其一部分都是生态系统；农田、水库、城市则是人工生态系统。生态系统具有等级结构，即较小的生态系统组成较大的生态系统，简单的生态系统组成复杂的生态系统，最大的生态系统是生物圈。

12.4.1.2 生态系统结构

生态系统由物理环境和生物群落两大部分组成。阳光、O_2、CO_2、水、植物营养素（无机盐）是物理环境的最主要要素，生物残体（如落叶、秸秆、动物和微生物尸体）及其分解产生的有机质也是物理环境的重要要素。物理环境除了给活的生物提供能量和养分之外，还为生物提供其生命活动需要的媒质，如水、空气和土壤。而活的生物群落是构成生态系统精密有序结构和使其充满活力的关键因素，各种生物在生态系统的生命舞台上各有角色。

生态系统的生命角色有三种，即生产者、消费者和分解者，分别由不同种类的生物充当。生产者吸收太阳能并利用无机营养元素（碳、氢、氧、氮等）合成有机物，将吸收的一部分太阳能以化学能的形式储存在有机物中。

生产者的主体是绿色植物和能够进行光合作用的菌类。由于这些生物能够直接吸收太阳能和利用无机营养成分合成构成自身有机体的各种有机物，我们称它们是自养生物。

消费者是直接或间接地利用生产者所制造的有机物作为食物和能源，而不能直接利用太阳能和无机态的营养元素的生物，包括草食动物、肉食动物、寄生生物和食腐动物。消费者以动物为主，按其取食的对象可以分为几个等级：草食动物为一级消费者，肉食动物为次级消费者（二级消费者或三级消费者）等。杂食动物既是一级消费者，又是次级消费者。

分解者是指所有能够把有机物分解为简单无机物的生物，它们主要是各种细菌和部分真菌。分解者以动植物的残体或排泄物中的有机物作为食物和能量来源，通过它们的新陈代谢作用，有机物被分解为无机物并最终还原为植物可以利用的营养物。

消费者和分解者都不能够直接利用太阳能和物理环境中的无机营养元素，我们称它们为异养生物。值得特别指出的是，物理环境（太阳能、水、空气、无机营养元素）、生产者和分解者是生态系统缺一不可的组成部分，而消费者是可有可无的。

12.4.1.3 生态系统物质循环

在生态系统中，物质从物理环境开始，经生产者、消费者和分解者，又回到物理环境，完成一个由简单无机物到各种高能有机化合物，最终又还原为简单无机物的生态循环。通过该循环，生物得以生存和繁衍，物理环境得到更新并变得越来越适合生物生存的需要。在这个物质的生态循环过程中，太阳能以化学能的形式被固定在有机物中，供食物链上的各级生物利用。生物维持生命所必需的化学元素虽然为数众多，但有机体的97%以上是由氧、碳、氢、氮和磷五种元素组成的。下面分别介绍碳、氮和磷的生态循环过程。

(1) 碳循环

碳循环主要表现在绿色植物从空气中吸收CO_2，经光合作用转化为葡萄糖，并放出O_2。在这个过程中离不开水的参与，有机体再利用葡萄糖合成其他有机化合物。碳水化合物经食物链传递，又成为动物和细菌等生物体的一部分。生物体内的碳水化合物一部分作为有机体代谢的能源经呼吸作用被氧化为CO_2和水，并释放出其中储存的能量。由于这个碳循环，大气中的CO_2大约20年就完全更新一次。

(2) 氮循环

大气中含大量的分子态氮，但是绝大多数生物都不能够利用分子态的氮，只有豆科植物的根瘤菌和某些蓝绿藻能够将大气中的氮气转变为硝酸盐加以利用。植物从土壤中吸收无机态的铵态氮（铵盐）和硝态氮（硝酸盐），用来合成氨基酸，再进一步合成各种蛋白质。动物只能直接或间接利用植物合成的有机氮（蛋白质），经分解为氨基酸后再合成自身的蛋白质。在动物的代谢过程中，一部分蛋白质被分解为氨、尿酸和尿素等排出体外，最终进入土壤。动植物残体中的有机氮则被微生物转化为无机氮，从而完成生态系统的氮循环。

(3) 磷循环

磷是构成核酸的重要元素。磷在生物圈中的循环属于沉积型循环。生态系统中磷的来源是磷酸盐岩石和沉积物，以及鸟粪层和动物化石。这些磷酸盐进入水体和土壤，供植物吸收利用，然后进入食物链。经短期循环后，这些磷的大部分随水流失再回到海洋的沉积层中。

(4) 生态系统能量流

推动生物圈和各级生态系统物质循环的动力，是能量在食物链中的传递，即能量流。与物质的循环运动不同，能量流是单向的，它从植物吸收太阳能开始，通过食物链逐级传递，直至食物链的最后一环。在每一环的能量转移过程中都有一部分能量被有机体用来推动自身的生命活动（新陈代谢），随后变为热能耗散在物理环境中。

一个生态系统的总产量可以用能量、生物量表示。生态系统中各种生物量按照能量流的方向沿食物链递减，处在基层的绿色植物的生物量最多，其次是草食动物，再次为各级肉食动物，处在顶级的生物量最少，形成一个生态金字塔。只有当生态系统生产的能量与消耗的能量大致相等时，生态系统的结构才能维持相对稳定状态，否则生态系统的结构就会发生剧烈变化。

12.4.2 生态环境与生态平衡

12.4.2.1 生态环境

生态是指各类生物之间和生物与周围环境之间的相互联系、相互作用。生态环境是指生物及其生存繁衍的各种自然因素、条件的总和，是一个大系统，是由生态系统和环境系统中的各个"元素"共同组成。

生态环境是指影响人类生存与发展的水资源、土地资源、生物资源以及气候资源数量与质量的总称，是关系到社会和经济持续发展的复合生态系统。生态环境问题主要是指人类为其自身生存和发展，在利用和改造自然的过程中，对自然环境破坏和污染所产生的危害人类生存的各种负反馈效应。

12.4.2.2 影响因素

生态环境的主要影响因素包括：生态平衡现状、生态系列特征、生态群落特征、生物因素条件、生态价特点和生态宗条件等。生态价——生态值或生态可塑性，它是指生物对生态环境条件（如温度、光、氧、湿度、盐分、压力、食物等）能够适应的幅度，适应幅度大的就是生态价高，反之就是生态价低；生态宗——指同一物种内因适应不同生境而表现出具有一定结构或功能差异的不同类群。生态宗有四种类型：地理宗、食物宗、寄生宗、季节宗。

12.4.2.3 生物群落

生物群落是一定时间内居住在一定区域或环境里各种生物种群的集合。一个物种在一定空间范围内所有个体的总和在生态学上称为种群，所有不同种类的生物总和为群落。生物群落实际上是生活在一定环境中相互影响、相互制约，构成一个自然生态单元的许多种生物的总体。一个生物群落是由许多不同物种的种群所组成，其中全部的动物总体称作动物群落，全部的植物总体称为植物群落。地质历史时期的生物界已经变成生物遗体（包括残体）或者遗迹化石，其群落研究主要有四种类型：

（1）尸体群落

指生物的尸体堆积。由不同时间和地点的生物遗体堆积而成，其中可能混有仍然生存生物的部分遗体等。

（2）残体群落

生物尸体堆积和生物活动遗迹的集合体。如植物的落叶、孢子、花粉，节肢动物脱落的甲壳，哺乳动物脱落的乳齿，鸟类的羽毛等，以及留在沉积物中或其表面的生物生活活动遗迹，如足迹、移迹、潜穴及排泄物等。

（3）埋藏群落

被沉积物覆盖而保存下来的残体群落。埋藏群落可以分为未经搬运的原地埋藏群落和经过搬运的异地埋藏群落。

（4）化石群落

化石群落指保存为化石的部分埋藏群落。化石群落的形成经历了长期而复杂的变化过程，已远非原来生物群落的全貌。化石群落是地球诞生以来，特别是距今38亿年地球孕育最早生物以来，研究生物演化的重要依据。大型的生物化石景观（如珊瑚礁化石）和生物化石实体（如恐龙化石）是科学考察、科普教育和游览观光的重要旅游资源和景观。

12.4.2.4 生态平衡

生态平衡即自然平衡。生物群落和生态系统在发展过程中，各种对立因素（相互排斥的生物种和非生物条件），通过相互制约、转化、补偿、交换等，达到一个相对稳定阶段；在通常没有受到外力剧烈干扰的情况下，生态系统中的能量流和物质循环总是平稳地进行着，与此同时生态系统的结构也保持相对的稳定状态，这叫作生态平衡。

在生态系统内部，生产者、消费者、分解者和非生物环境之间，在一定时间内保持能量与物质输入、输出动态的相对稳定状态。生态平衡最明显的表现就是系统中的物种数量和种群规模相对平稳。生态系统具有自我调节和维持平衡状态的能力。当生态系统的某个要素出现功能异常时，其产生的影响就会被系统做出的调节所抵消。

12.4.2.5 生态失调

生态失调是由于外来干扰超越生态系统的自我调节能力，使生态系统不能恢复到原来状态的现象。生态系统具有自我调节能力，但这种调节能力具有一定的限度，这个限度叫"生态阈限"。超越了生态阈限，自动调节能力降低甚至消失。生态平衡失调，系统中有机体数量减少，生物量下降，组分缺失，能量流动和物质循环发生障碍，信息流阻塞，这一系列连锁反应导致整个系统慢性崩溃。

目前，人类对生态环境的影响力已经超过自然力，而且主要是负面的，成为破坏生态平衡的主要因素。一是大规模地把自然生态系统转变为人工生态系统，严重干扰和损害了生物圈的正常运转，农业开发和城市化是这种影响的典型代表；二是大量取用生物圈各种资源，严重破坏了生态平衡，森林砍伐、水资源过度利用是其典型例子；三是向生物圈超量输入人类活动所产生的产品和废物，如化肥、杀虫剂、除草剂、工业"三废"和城市"三废"等，严重污染和毒害生物圈的物理环境和生物组分，包括人类自己。

12.5 生态旅游环境与生态旅游活动

12.5.1 生态旅游环境

生态旅游环境首先是自然环境。自然保护区是重要的生态旅游环境，也是一处未遭受破坏或基本未遭受破坏的自然环境。大多数自然保护区都是为了达到使其自然环境和生物多样性相对不受干扰而得到保护的目的，所以，这里为生态旅游提供了适宜的物质环境。

12.5.1.1 自然保护区

世界自然保护联盟（IUCN，1994）对自然保护区的定义为：为环境保护和维持生物多样而划定的一块特定陆地或海洋区域，是纯自然环境或是与文化资源相联系的，并通过法律或其他有效措施对其进行管理的区域。

《中华人民共和国自然保护区条例》第二条对自然保护区的定义为："对有代表性的自然生态系统、珍稀濒危野生动植物物种的天然集中分布区、有特殊意义的自然遗迹等保护对象所在的陆地、陆地水体或者海域，依法划出一定面积予以特殊保护和管理的区域。"

为了维护生态平衡和生态旅游环境质量，许多国家和地区都在致力于自然保护区和国家公园系统的建设工作。自然保护区的首要任务就是保护自然生态环境，从而也就保护了自然旅游资源。在保护的同时具有促进风景景观完美的作用。国家公园系统尽管具有开放性的旅游功能，但是也具有对自然环境和生态系统的保护作用。自然保护区可以作为一个国家或地区珍贵的自然遗产或文化遗产永久保存、保护下来，并作为一处科学研究基地。其目的就是保存自然生态系统的纯真性，即纯天然性。

国家建立自然保护区，主要是把一些能揭示自然界内在规律的、具有科学研究价值和典型意义的生态区域（如森林、草原、水域、湿地、荒漠及其相伴生的动物等各种不同生态类型的区域），以及自然历史演化过程中的遗存、遗迹（如火山活动遗迹、地貌景观、地层景观、古生物景观和化石产地等特殊地质过程景观）等，规划并圈定一定的区域范围，设定专门的研究管理机构，其职能在于保护、管理和建设这个区域。

世界自然保护联盟提出自然保护区的六种类型（表12-1）。这个标准或分类系统的基本原则已经成为国际广泛公认的保护区分类标准。

表12-1 世界自然保护联盟（IUCN）提出的自然保护区的类型

类型	名称	描述
1a	严格的自然保护区	指一类陆地或海洋区域，具有突出的或代表性的生态系统、地质或生理学特征、特殊的物种，具有原生性而适于科学研究或环境监测
1b	野生动物保护区	大面积未受到或略受到人类侵扰的陆地或海洋。保持着其自然特征和生态功能，没有永久性或显著的人类居所，保护和管理以便保持其自然环境
2	国家公园	自然的陆地或海洋区域，命名设立：①目前和将要产生的一个或多个生态系统的完整性；②禁止与其命名、建立目标不相符的开发和土地占用；③提供保证满足精神的、科学研究的、环境教育的、休闲游览的活动条件，但是所有这些条件要与当地环境和文化相协调
3	自然纪念地	这类区域，包含一个或多个特别的自然或自然文化形态，因为其固有的珍稀性、代表性、美学价值和文化重要意义而具有突出的或唯一的价值
4	生境/物种保护管理区	特定陆地或海洋区域，通过积极的人工管理以便达到保证生境的维持和满足特殊物种的需求
5	陆地和海洋景观保护区	陆地区域及适合的海洋区域，其中人与自然长期的相互作用，已经形成了突出特色，如重要的美学、生态学或文化价值，通常具有丰富的生物多样性。保护这种传统的相互关系的完整性，对于这样一个区域的保护、维持和演进是非常重要的
6	资源管理保护区	区域内具有占优势的未受到干扰的自然生态系统，对其管理的目的是保证其生物多样性的长期保护和维护，同时使其能持续地提供自然产物和服务功能，以满足社区的需要

12.5.1.2 中国的自然保护区

（1）中国自然保护区分类

中国关于自然保护区的限定：国家为了保护自然环境和自然资源，促进国民经济可持续发展，将一定面积的陆地和水体划分出来，并经各级人民政府批准而进行特殊保护和管理的区域。根据国家标准（GB/T14523—93《自然保护区类型与级别划分原则》），我国的自然保护区划分为3个类别9个生态系统类型（见表12-2）。

表12-2 中国自然保护区分类标准

	类　别	类　型	备注
1	自然生态系统（自然保护区）	①森林②草原与草甸③荒漠④内陆湿地和水域⑤海洋与海岸	5个类型
2	野生生物类自然保护区	⑥野生动物⑦野生植物	2个类型
3	自然遗迹类自然保护区	⑧地质遗迹⑨古生物遗迹	2个类型

（2）全国自然保护区分类型统计

根据2018年按省份统计的情况，主要按照各省森林生态、草原草甸、荒漠生态、内陆湿地、海洋海岸、野生动物、野生植物、地质遗迹、古生物遗迹的面积及数量进行统计。

目前，我国70%的陆生生态系统种类、80%的野生动物和60%的高等植物，特别是国家重点保护的珍稀濒危植物绝大多数都在自然保护区里得到较好的保护。我国目前有自然保护区1500多处。

中国被列为世界自然遗产地（1992—2017年）的自然保护区有：四川九寨沟风景名胜区（1992年12月7日）、四川黄龙风景名胜区（1992年12月7日）、湖南武陵源风景名胜区（1992年12月7日）、云南三江并流保护区（2003年7月2日）、四川大熊猫栖息地（2006年7月12日）、中国南方喀斯特（云南、贵州、重庆、广西，2007年6月27日一期；2014年6月23日二期）、江西三清山国家公园（2008年7月8日）、中国丹霞（贵州、福建、湖南、广东、江西、浙江，2010年8月1日）、中国云南澄江化石遗址（2012年7月1日）、新疆天山（2013年6月21日）、湖北神农架（2016年7月17日）、青海可可西里（2017年7月7日）。

（3）国家级自然保护区

我国的自然保护区分为国家级自然保护区和地方各级自然保护区，由此构建国家生态安全屏障和地方生态安全屏障。截至2018年，我国的国家级自然保护区共有535处（详见附录2）。

国家级自然保护区是推进生态文明、构建国家生态安全屏障、建设美丽中国的重要载体。强化自然保护区建设和管理，是贯彻落实创新、协调、绿色、开放、共享新发展理念的具体行动，是保护生物多样性、筑牢生态安全屏障、确保各类自然生态系统安全稳定、改善生态环境质量的有效举措。

12.5.1.3 湿地保护区

湿地是地球的"肾脏"。湿地类型主要有六种：海洋及其海滨地带、冰川与雪山、水库与水田、湖泊、沼泽、河流等。

2004年我国制定了湿地的新划分方案，这个新方案将我国的湿地划分为八大湿地区：①东北湿地区；②黄河中下游湿地区；②长江中下游湿地区；④滨海湿地区；⑤云贵湿地区；⑥东南华南湿地区；⑦西北干旱湿地区；⑧青藏高寒湿地区。我国的国家级湿地保护区，基本都划定为国家湿地公园（具体参见附录6）。

12.5.1.4 草地的退化和沙化

（1）草地的退化

我国草地面积居世界第二位，将近60亿亩，占全国陆地面积的40％左右。据卫星遥感调查技术统计，1995年与20世纪80年代中期相比，草地退化面积（不包括轻度退化）从13亿亩增加到20亿亩，10年中增加7亿亩。全国可利用草地以每年2％的速率加速退化，已经构成资源与环境的重大问题之一。

（2）草地的沙化

我国草地的沙化现象更为严重。内蒙古阴山北面由于风沙侵蚀，80％的耕地沙化，形成了1万多平方千米的风蚀沙化带。这一发展趋势已经对北京的生态环境造成严重威胁。

资料显示，我国草地沙化的主要原因是盲目开垦草原，过度放牧，过度樵采草地植物等，由此造成我国水土流失面积逐年增加。由于人类对草原的严重破坏，特别是撂荒行为，使我国发生沙尘暴的范围越来越大，次数越来越多。

12.5.2 生态旅游活动

12.5.2.1 世界生态旅游及其相关建议

（1）世界旅游组织与联合国环境规划署的提醒

世界旅游组织（WTO）和联合国环境规划署（UNEP）提醒所有从事生态旅游的部门注意以下几点：①最大限度地让政府、私营企业、公众和消费者意识到，生态旅游能够促进自然和文化遗产的保护和提高农村地区的生活水平；②为保证生态旅游在长时期内的可持续发展，应该进行有关生态旅游的规划、管理、法规制定和监督等方面的知识宣传；③加强生态旅游领域成功经验的交流；④增加生态旅游目的地和产品在国际市场上的促销机会。

（2）生态旅游的世界合作

为达到上述生态旅游的目的，世界旅游组织和联合国环境规划署在以下几个方面进行了合作：①与世界保护联盟合作出版国家公园和保护区旅游可持续发展的管理指南；②在2001—2002年，就生态旅游某一具体问题在世界范围内举办地区性会议和研讨会；③把2002年世界旅游日的主题定为生态旅游；④建立网站，让不同的组织机构和企业代表获得有关活动的信息，交流开展生态旅游项目的经验和教训。

（3）国际生态旅游年的主要活动

世界生态旅游峰会于2002年5月19日至22日在加拿大魁北克举行。此次大会是有史以来有关生态旅游的最高级别会议，参加会议的代表有政府部长和其他官员、旅游公司和旅游协会、地方政府、国家公园与生态旅游相关的民间组织以及学术界人士。

（4）世界旅游组织和联合国环境规划署的建议

①各国政府鼓励旅游和环境部门成立跨部门的工作小组，以协调有关生态旅游年国家级的活动，国际间的协调工作则由世界旅游组织和联合国环境规划署进行；②各国政府制订有关生态旅游可持续发展的国家战略和具体计划；③各国政府为从事生态旅游的中小企业在技术、资金和促销方面给予支持；④建立多种体制的规范和监督系统，特别是涉及环境、社会和文化可持续发展方面；⑤设立政府和地方级别的庆祝国际生态旅游年委员会，由各级政府旅游和环境部门、私营企业、民间组织、公众以及当地新闻媒体组成；⑥欢迎各国政府和企业向世界旅游组织和联合国环境规划署介绍本国"国际生态旅游年"活动计划。

12.5.2.2 生态旅游活动的特点

生态旅游总的特点主要是：

（1）所有建立在自然基础上的旅游形式，游客的主要目的是观察和欣赏自然以及在自然界中流传下来的传统文化。

（2）具有教育和理解的特点。

（3）通常是由专业的小型地方企业为少数人组织的活动。国外不同规模的旅行社也可以组织、操作或销售生态旅游项目，一般情况下为小型旅游团。

（4）最大限度地降低对自然、社会和文化环境的负面影响。

（5）在以下几方面有利于对自然界环境的保护：①给所在地的公众、组织以及自然保护区的管理部门带来经济效益；②给当地公众提供额外就业机会和增加收入的机会；③增强地方公众和游客保护自然和文化遗产的意识。

12.5.2.3 生态旅游活动需要注意的问题

（1）土地使用权所在地公众进行生态旅游开发的控制。

（2）以保护生物和文化多样性为目的的自然保护区概念是否具有效性和公正性。

（3）在特殊敏感的区域进行操作时给予额外警示监督的必要性。

（4）适合进行生态旅游开发地区的土著和传统的权利。

12.5.3 生态旅游与可持续发展

12.5.3.1 生态旅游与可持续发展的区别

1988年，世界旅游组织对旅游的可持续发展原则作了如下定义："可持续旅游表现在它可以在这种方式下管理所有的资源，即在满足经济、社会和审美需要的同时，保持文化统一，基本的生态进程、生物多样性进程和生命支持系统。"

对于生态旅游与可持续旅游概念应清楚地加以区分：

（1）生态旅游只是旅游业中的一部分，而可持续旅游原则应适用于各种旅游活动、运作、设施和项目，包括常规的与可选择的形式。

（2）"国际生态旅游年"将给我们提供一个在世界范围内交流生态旅游成功经验的机会，以便为以后可持续发展奠定基础。这就意味着在从生态旅游获得最大的经济、环境和社会效益的同时，避免过去的缺点和反面影响。

（3）世界各地许多生态旅游公司和政府以及研究人员都在为更好地了解生态旅游，改进它的规划、管理和促销技巧进行努力。但是到目前为止，还没有一个真正意义上的尝试可以让不同部门的人士发表他们的意见，广泛传播他们的成果，或者把这些成果利用起来，使它们能够为确保生态旅游获得预期的经济、环境和社会效益提供必要条件。

12.5.3.2 生态旅游是旅游环境可持续发展的重要途径

生态旅游促使环境保护由静态保护向动态保护转变。生态旅游已经成为当今旅游业大力推崇的旅游项目。亚洲太平洋旅行协会（PATA）所倡导的生态旅游和"绿色战略"是加强环境保护和可持续发展的一项重大决策。生态旅游是通过旅游活动让人类真正认识自然、了解自然、利用自然，从而保护自然。在旅游中了解人类对地球各种环境的依赖行为，认识人类与生物界的亲情和相互依赖关系，从而真正地去热爱自然、爱护森林、爱护绿地、爱护水体、爱护大气、爱护动物，并深刻地认识到如果地球上只剩下人类，那将是极大的孤独和悲哀。

12.6 中国生态旅游地简介

12.6.1 野生动物观赏景点

12.6.1.1 鸟类观赏点

知名观鸟景观点25处：北京西山观鸟、百鸟园，河北北戴河及其周围地区观鸟，青海青海湖鸟岛观鸟，新疆巴音布鲁克州观天鹅、赛里木湖观鸟，内蒙古鄂尔多斯东胜泊江海子观鸟，宁夏沙湖观鸟，辽宁盘锦双台河口观鸟，辽宁旅顺口老铁山观鸟，吉林通榆向海自然保护区观鸟，黑龙江齐齐哈尔扎龙自然保护区观鸟，陕西汉中洋县观朱鹮，江西鄱阳湖观鸟，安徽紫蓬山、黄甫山观鸟，上海崇明岛东滩观鸟，江苏盐城观丹顶鹤，山东长岛、鲁南海滨、黄河口观鸟，山东荣成天鹅湖观天鹅，河南黄河故道、鸡公山观鸟，福建厦门大屿观白鹭，贵州草海观黑颈鹤，云南昆明观海鸥，湖南衡阳江口鸟洲观鸟，湖南衡阳团湖观鸟，广东流溪河观鸟，广东新会小鸟天堂。

12.6.1.2 其他动物景观点

其他动物景观点14处：河北秦皇岛野生动物园，新疆奇台卡拉麦里山（野驴），内蒙古呼伦贝尔新巴尔虎右旗（蒙古羚羊、黄羊），黑龙江哈尔滨东北虎林园，四川卧龙、蜂桶寨、王朗自然保护区（大熊猫），安徽宣州（扬子鳄），江苏大丰（麋鹿），海南东方（坡鹿），海南陵水南湾（猕猴），广西梧州云龙公园（黑叶猴），广西陇瑞自然保护区（白头叶猴），广西隆安龙虎山（猕猴），云南西双版纳野象谷（大象），湖北神农架（金丝猴、娃娃鱼）。

12.6.2 草原、沙漠等自然生态考察点

12.6.2.1 沙漠探险旅行

沙漠探险4处：甘肃敦煌玉门关、阳关沙漠，新疆塔里木盆地塔克拉玛干沙漠、胡杨林景观，内蒙古科尔沁沙地、巴丹吉林沙漠、库布齐沙漠，陕西榆林沙漠（沿古长城）。

12.6.2.2 保护环境行动之旅

保护环境行动之旅7处：北京蟒山森林公园植树，河南郑州花园口植树，洛阳黄河河岸植树，内蒙古恩格贝沙漠植树，毛乌素沙漠植树，西藏清洁珠峰山麓，宁夏沙坡头植树与治沙。

12.6.2.3 自然生态考察游

（1）森林生态考察

森林生态系统是以乔木为主体的生物群落。主要考察地有：云南西双版纳热带雨林，广西姑婆山、大明山、陇瑞热带雨林，海南尖峰岭、霸王岭、吊罗山热带雨林，浙江天目山自然保护区，浙江天台山华顶森林公园，四川甘孜贡嘎山原始森

林、四川蜀南竹海、四川邛崃山脉、卧龙、蜂桶寨等大熊猫自然保护区,西藏雅鲁藏布大峡谷原始森林保护区,吉林长白山原始森林、内蒙古麒麟山原始森林、白音敖包沙地云杉林,贵州赤水桫椤国家级自然保护区。

（2）草原生态考察

草原生态系统是以各种草本植物为主体的生物群落与其环境构成的功能统一体。主要考察地有：内蒙古呼伦贝尔草原,科尔沁草原,鄂尔多斯草原,黄河三角洲草地。

（3）沙漠生态考察

沙漠生态系统主要分布在亚热带和温带极端干燥少雨的地区,我国的荒漠分布于西北、内蒙古和宁夏地区。典型考察地有：新疆塔里木绿色走廊,古尔班通古特沙漠莫索湾绿洲,宁夏中卫沙坡头。

（4）岩溶生态考察

典型的岩溶地貌主要发育在我国西南地区。其实除西北地区外,中国大部分地区都发育有喀斯特地貌。典型景观如：辽宁本溪水洞,北京房山云水洞,浙江桐庐瑶琳仙境,重庆奉节天坑地缝,广东韶关南岭地下森林,贵州织金洞、兴义万峰林,四川兴文石海等。

12.6.2.4 中国一级保护野生动植物名录

（1）中国一级保护野生植物

根据2020年7月国家林业和草原局、农业农村部公布的《国家重点保护野生植物名录（征求意见稿）》,目前我国一级保护野生植物共有53种和2类（表12-3）。

表12-3 中国国家一级保护野生植物

水韭科	水韭属（所有种）
凤尾蕨科	荷叶铁线蕨
冷蕨科	光叶蕨
银杏科	银杏
苏铁科	苏铁属（所有种）
柏科	巨柏、水松、水杉、崖柏
松科	百山祖冷杉、资源冷杉、梵净山冷杉、元宝山冷杉、银杉、巧家五针松、毛枝五针松

↓续表

木兰科	华盖木、焕镛木（单性木兰）
兰科	美花兰、文山红柱兰、暖地杓兰、霍山石斛、杏黄兜兰、小叶兜兰、巨瓣兜兰、长瓣兜兰、白花兜兰、格力兜兰、巧花兜兰、亨利兜兰、波瓣兜兰、麻栗坡兜兰、飘带兜兰、紫纹兜兰、白旗兜兰、秀丽兜兰、彩云兜兰
葡萄科	深裂山葡萄
桦木科	普陀鹅耳枥、天目铁木
扁距木科	膝柄木
使君子科	萼翅藤、红榄李
龙脑香科	东京龙脑香、坡垒、望天树、云南娑罗双、广西青梅
茅膏菜科	貉藻
山茱萸科	云南蓝果树
五列木科	猪血木
山茶科	杜鹃红山茶
苦苣苔科	报春苣苔
巨藻科	昆布
红翎菜科	珍珠麒麟菜

资料来源：http://www.forestry.gov.cn/main/153/20200710/085720879652689.html。

（2）中国一级保护野生动物

根据2020年6月国家林业和草原局、农业农村部公布的《国家重点保护野生动物名录（征求意见稿）》，目前我国一级保护野生动物共有198种（表12-4）。

表12-4 中国国家一级保护野生动物

兽纲64种	懒猴属所有种、台湾猴、北豚尾猴、长尾叶猴、叶猴属所有种、仰鼻猴属所有种、白掌长臂猿、长臂猿属所有种、黑长臂猿属所有种、穿山甲属所有种、马来熊、大熊猫、紫貂、貂熊、熊狸、丛林猫、云豹、金钱豹、虎、雪豹、西太平洋斑海豹、亚洲象、普氏野马、蒙古野驴、野骆驼、小鼷鹿、麝属所有种、黑鹿、豚鹿、梅花鹿、坡鹿、白唇鹿、麋鹿、驼鹿、野牛、爪哇野牛、野牦牛、蒙原羚、普氏原羚、高鼻羚羊、羚牛属所有种、赤斑羚、喜马拉雅斑羚、塔尔羊、台湾鬣羚、河狸、儒艮、北太平洋露脊鲸、灰鲸、蓝鲸、小须鲸、南极须鲸、塞鲸、布氏鲸、大村鲸、长须鲸、大翅鲸、侏露脊鲸、白䰲豚、恒河豚、中华白海豚、伊洛瓦底江豚、长江江豚、抹香鲸

↙ 续表

鸟纲87种	四川山鹧鸪、海南山鹧鸪、斑尾榛鸡、黑嘴松鸡、黑琴鸡、红喉雉鹑、黄喉雉鹑、黑头角雉、红胸角雉、灰腹角雉、黄腹角雉、虹雉属所有种、蓝腹鹇、褐马鸡、白颈长尾雉、黑颈长尾雉、黑长尾雉、白冠长尾雉、灰孔雀雉、海南孔雀雉、绿孔雀、青头潜鸭、中华秋沙鸭、白头硬尾鸭、小鹃鸠、大鸨、波斑鸨、小鸨、白鹤、白枕鹤、赤颈鹤、丹顶鹤、白头鹤、黑颈鹤、小青脚鹬、勺嘴鹬、黑嘴鸥、遗鸥、中华凤头燕鸥、河燕鸥、黑脚信天翁、短尾信天翁、彩鹳、黑鹳、白鹳、东方白鹳、白腹军舰鸟、黑头白鹮、白肩黑鹮、朱鹮、彩鹮、黑脸琵鹭、海南鳽、栗头鳽、黄嘴白鹭、鹈鹕属所有种、胡兀鹫、白背兀鹫、黑兀鹫、秃鹫、乌雕、白肩雕、金雕、白腹海雕、玉带海雕、白尾海雕、虎头海雕、毛腿雕鸮、四川林鸮、白喉犀鸟、冠斑犀鸟、双角犀鸟、棕颈犀鸟、花冠皱盔犀鸟、红腿小隼、猎隼、矛隼、银脸丝冠鸟、黑头噪鸦、灰冠鸦雀、金额雀鹛、黑额山噪鹛、白点噪鹛、蓝冠噪鹛、灰胸薮鹛、栗斑腹鹀、黄胸鹀
爬行纲20种	平胸龟、缅甸陆龟、凹甲陆龟、四爪陆龟、海龟科所有种、棱皮龟、鼋、斑鳖、鳄蜥、孟加拉巨蜥、圆鼻巨蜥、桓仁滑蜥、井冈山脊蛇、三索蛇、西藏温泉蛇、四川温泉蛇、香格里拉温泉蛇、蛇岛蝮、莽山烙铁头蛇、扬子鳄
两栖纲9种	安吉小鲵、中国小鲵、挂榜山小鲵、普雄原鲵、辽宁爪鲵、镇海棘螈、峰斑蛙、小腺蛙、务川臭蛙
硬骨鱼纲10种	中华鲟、长江鲟、鳇、白鲟、鲥、北方铜鱼、圆口铜鱼、长丝（鱼芒）、川陕（贝氏）哲罗鲑、黄唇鱼
肠鳃纲2种	多鳃孔舌形虫、黄岛长吻虫
昆虫纲3种	中华蛩蠊、陈氏西蛩蠊、金斑喙凤蝶
双壳纲1种	大砗磲
头足纲1种	鹦鹉螺
珊瑚纲1种	红珊瑚科所有种

资料来源：http://www.forestry.gov.cn/main/153/20200619/092731170435586.html。

第13章

精美的地学珍品宝玉石

13.1 珠宝玉石与金银饰品

13.1.1 珠宝玉石——地球赐予人类的珍品

宝石和玉石是地球岩石圈最为精美的"石头"。它是地球诞生以来，46亿年孕育、凝练和造化形成的珍宝。它光彩夺目，由此成为人类最珍爱的饰品，佩戴着它不仅有益于身体健康，而且体现出人类生活格调的高雅、自信和幸福。它是人类财富的象征、华贵至尊的珍品，地质作用的精华，大自然孕育的尤物，是地球赐予人类最昂贵的无价之宝。

13.1.2 宝石

13.1.2.1 宝石的概念

宝石（jewel）主要是结晶矿物，除了欧泊和黑曜岩为非晶质，绝大部分宝石都由矿物组成，是一种最美丽而贵重的矿石。矿物是自然产出的单质（单体化学元素）和化合物（复合化学元素）。单质者如金刚石（C），化合物者如水晶（SiO_2）、刚玉（Al_2O_3，即红宝石和蓝宝石）、欧泊（$SiO_2 \cdot nH_2O$）。宝石可制作成首饰，如钻石、水晶、祖母绿（被称为"绿宝石之王"）、红宝石、蓝宝石和金绿宝石（变石、猫眼）等。

宝石的颜色鲜艳，质地晶莹，光泽灿烂，坚硬耐久，同时赋存稀少，尤其是那种经过琢磨和抛光可以达到珠宝要求的石料或矿物。宝石在大气和化学药品作用下不会起变化。

宝石主要是非金属矿物。作为广义的宝石，有些学者把自然金（Au）、自然铜（Cu）也列入宝石行列。少数天然矿物集合体（如玛瑙、欧泊），还有少数几种有机质材料（如琥珀、珍珠、珊瑚、煤精和象牙），也包括在广义的宝石之内。

13.1.2.2 宝石的三大特点和三大价值

宝石作为观赏、佩戴和装饰用的具有收藏价值的矿物，具有三大特点：其一是瑰丽，作为宝石的首要条件是晶莹艳丽、光彩夺目，或具有特殊的光学效应；其二是耐久，即质地坚硬，经久耐用；其三是稀少，物以稀为贵，这是宝石价值的重要因素。

宝石还具有三大价值：商品价值——宝石行业成为很多国家的经济支柱；货币价值——由于宝石资源的不可再生性，所以高档宝石可以作为硬通货币储存和收藏；艺术价值——一件光彩夺目、玲珑剔透的珠宝饰品，可以代表永恒、成功、吉祥和好运。

13.1.3 玉石

玉石即精美的岩石，是矿物的集合体。玉石有硬玉和软玉两类。硬玉主要是翡翠，软玉以和田玉为代表，其他还有岫岩玉、独山玉（南阳玉）、蓝田玉、东陵玉（东陵石）、寿山石等。湖北的绿松石是玉石中的上品。玛瑙习惯上叫做玉石，实际属于宝石类，它的成分为SiO_2，属于隐晶质矿物玉髓类。

13.1.4 珍珠

珍珠被列为宝石。珍珠是由淡水珠蚌和海洋中的海贝体内分泌的碳酸钙质结晶而成的矿物文石所形成。文石是一种层状碳酸钙。淡水的"蚌类"主要有珠蚌、三角帆蚌（河蚌）等；海水中的珍珠贝类主要是白蝶贝、黑蝶贝。

13.1.5 金银首饰

黄金首饰和白银首饰。黄金首饰根据含金量区别质量，24K黄金一般被认为是纯金（金含量为99.99％或者99.9％），18K黄金的金含量相对低（金含量为75％），12K黄金的金含量为50％。其他K金可以按24K为100％予以计算。如16K（66.67％）、10K（41.67％）、8K（33.33％）等。

13.1.6 "白金"首饰

"白金"可分两类。一类为铂金（Pt），它又可按其含铂的纯度分为Pt950和Pt900两种。Pt950含钯（Pd）量为5％，Pt900含钯量为10％；另一类为白金，它具有铂金的外表。其实，它是一种以18K黄金（Au）为主（75％），另含有Pd（钯）、Rh（铑）、Ag（银）、Cu（铜）、Ni（镍）及Zn（锌）等元素组合而成的首饰。其价格与黄金相当，是一种新型的首饰金属，其组合配方尚未完全公开。很多人误以为白金即是铂金，商家经常以此而误导消费者。18K白金首饰的正确名称应是白色18K金首饰。

13.2 宝石的物理特征与鉴定

13.2.1 宝石矿物的物理特征

宝石矿物主要有八大物理特征，这也是宝石鉴定的基础。

13.2.1.1 宝石晶质体

宝石是晶体。晶体矿物可分为七大晶系（图13-1）：等轴晶系（金刚石、黄铁矿、萤石、石榴石晶体矿物）；六方晶系（含铬翠绿色绿柱石、祖母绿）；三方晶系（蓝宝石、红宝石、碧玺、石英、菱锰矿）；四方晶系（金红石、硫酸镍晶体）；斜方晶系（橄榄石、黄玉、黝帘石、堇青石、金绿宝石、红柱石、顽火辉石）；单斜晶系（翡翠、软玉、孔雀石、正长石、锂辉石）；三斜晶系（斜长石、绿松石、蔷薇辉石、斧石）。

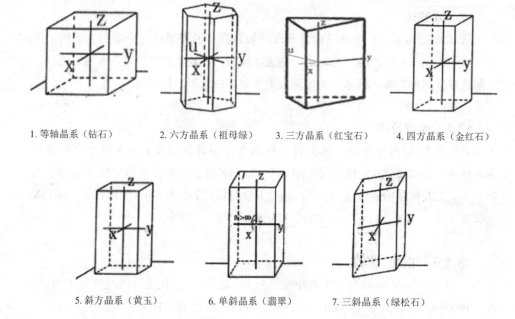

1. 等轴晶系（钻石）　　2. 六方晶系（祖母绿）　　3. 三方晶系（红宝石）　　4. 四方晶系（金红石）

5. 斜方晶系（黄玉）　　6. 单斜晶系（翡翠）　　7. 三斜晶系（绿松石）

图13-1　晶体矿物的七大晶系

13.2.1.2 宝石的光学性质

宝石的光学性质主要包括：折射、反射、全反射（金刚石等）、色散、光波、光谱、偏光等。尤其以折射、反射、色散为最显著特征。宝石的折射是重要光学性质，均质体宝石光学各向同性者为单折射，各向异性晶体若有两个折射率，称为双折射。这两条光线的折射率之差，就称为双折射率；宝石的光泽主要是光的反射、折射，如金刚光泽，它体现了宝石的基本性质。宝石的色散指的是把白光（自然光）分解成它的组成色的现象，如同用三棱镜能将日光分解成七色一样的道理，琢磨后的宝石均会造成色散现象，并根据宝石的折射率不同而有差异。宝石能造成色散现象的能力称为宝石的色散度，如钻石的色散度高，灿烂的光彩十分耀眼夺目，水晶的色散度则较低。

13.2.1.3 宝石的解理与断口

（1）宝石矿物的解理——结晶矿物受力后，由于自身结构的原因造成晶体沿一定结晶方向裂开成光滑平面的性质，称为解理。裂开的光滑平面称为解理面。

（2）宝石矿物的断口——矿物在外力打击下，不按一定结晶方向破裂而形成的断开面。断口按其断裂后的形态可分为贝壳状、锯齿状、参差状和平坦状断口。断口可作为鉴定矿物的一种辅助依据，例如，水晶矿物（石英）常具贝壳状断口。

13.2.1.4 宝石的硬度与韧度

（1）宝石（矿物）的硬度

宝石的硬度是指其抵抗刻划的能力。德国矿物学家摩斯根据常见的10种高纯度矿物样品的抵抗刻划能力设定了摩氏硬度计，由低到高顺序为：滑石1级，石膏2级，方解石3级，萤石4级，磷灰石5级，长石6级，石英7级，黄玉8级，刚玉9级，钻石10级（表13-1）。

表13-1 矿物（宝石）硬度表

级别	典型矿物	相当物件
10级	金刚石（钻石）	无
9级	刚玉（红宝石、蓝宝石）	无
8级	黄玉	砂纸
7级	石英	锉钢刀
6级	正长石	小刀
5级	磷灰石	玻璃
4级	萤石	铁钉
3级	方解石	铜币
2级	石膏	指甲
1级	滑石	无

（2）宝石的韧度

宝石的韧度也叫宝石的韧性，主要是指宝石对锤击、冲压、切割、撕拉的抵抗能力。不同的宝石韧性不同，故生产工艺也不尽相同。

13.2.1.5 宝石的颜色——反射色、投射色、色温

宝石的颜色主要是通过反射色、投射色、色温来体现的。反射色是在垂直照

射光下矿物磨光面所呈现的颜色。投射色是指在白光的照射下所显示的颜色。色温是一种温度衡量方法，是表示光线中包含颜色成分的一个计量单位。矿物在被加热到不同的温度时会发出不同颜色的光，呈现为不同颜色。鉴定宝石颜色主要是看它的色相、明度、彩度。宝石颜色有他色和自色。以钻石为例，钻石是自然界最硬的物质，被誉为"宝石之王"，以无色透明者为佳，无色微带蓝色者称为"水火钻"，价值最高。粉、蓝、绿、金黄等色因罕见也为珍品。

另外，我们平常见到最多的彩色宝石主要有水晶、玛瑙、琥珀等。最贵重的彩色宝石有红宝石、蓝宝石、祖母绿、猫眼，还有海蓝宝石、碧玺等中档彩色宝石。

13.2.1.6 宝石的光泽、透明度和比重

（1）光泽——主要有金刚光泽、玻璃光泽、珍珠光泽、树脂光泽、丝绢光泽和金属光泽；（2）透明度——透明、半透明、亚透明、半亚透明、不透明；（3）比重——主要是物体的重量/物体体积。这些特性是鉴定矿物（宝石）的重要依据。

13.2.2 宝石鉴定要点

自然界的矿物（包括有机的和无机的）大约有3000种，在这么多种类的矿物中，适合于加工作为宝石的只有百余种。在这百余种矿物中，对于珠宝首饰商来说，也只有大约20种是最主要和最具经济价值的。

那么，这100/3000和20/100是依据什么标准确定的呢？珠宝鉴定是对所有珠宝玉石及有机宝石的种属、纯度、合成、人工、处理及部分产地特征进行鉴别的工作，可以通过剔除伪造仿制处理的假冒珠宝玉石，准确鉴别珠宝的真伪，以保护购买者的权益。

第一是漂亮。这是最主要的一个因素。如钻石，如果其透明度、净度、白度达不到宝石级的要求，就不能成为宝石，而只能用在工业上。

第二是耐用性。即具有一定的硬度，否则这种矿物就算再美也不适合人们的"亲密接触"，因为它很易损坏。一般好宝石的硬度在6.5以上。

第三是稀少。物以稀为贵，是"石"之所以为"宝"的重要依据。对于宝石来说，稀少是重要的尺度。产量越少，需求越大，其价值就越高。以上三点是确定矿物是否能当选为宝石的重要条件。

我们通常说的宝石又称"有色宝石"，它本身不包含钻石。钻石是宝石中的特殊品种，且绝大多数是无色的。宝石之美在于颜色、光泽、反射光能力、透明度、硬度和不变形、不变质及其个体大小和重量等。

宝石的重量以"克拉"（法语carat，英语karat）计算。1克拉等于0.2克（200

毫克），1克拉等于100分，超过30分的钻石价格就开始猛涨。戒指与耳坠上镶嵌的钻石往往在10～30分之间为多。

13.2.3 宝石的光学效应

13.2.3.1 猫眼现象

以弧面形切磨的某些珠宝玉石，表面呈现的一条明亮光带，随样品的转动光带会移动或出现光带张合现象称为猫眼效应。多数是由于含有密集平行排列的针状、管状或片状内含物造成的。

13.2.3.2 星光现象

以弧面形切磨的某些珠宝玉石，表面呈现出两条或两条以上交叉亮线为星光效应，常为四射或六射星线，多是由于内部含有密集的两向或三向针状内含物所致。

13.2.3.3 变彩效应

宝石内部的内含物或结构特征反射出的光所产生的一种漫反射效应称青白光彩效应。如：月光石是由折射率稍有不同的正长石和钠长石平行交叉的超微细结构，产生漂浮状的淡蓝色或白色光彩，也称为月光现象。

13.2.3.4 钠石光彩现象

宝石的钠石光彩现象常被误认为游彩；它主要是由钙钠斜长石中的双晶层受光线干扰、绕射以及一些漫射现象所造成的光学效应。

13.2.3.5 游彩现象

宝石的游彩现象实际是光从某些特有的结构反射出时，由于干涉或绕射作用而产生的一系列颜色，随观察方向不同而变化的现象，如蛋白石（Opal，中文译作欧珀或欧泊）。

13.2.3.6 虹彩现象

光透过折射率不同的薄膜或薄层时，在宝石表面或内部产生的彩虹色为虹彩效应，如：火玛瑙、虹彩玛瑙。

13.2.3.7 变色效应

在不同光源照射下，样品呈现明显颜色变化的现象称为变色效应，常用日光和白炽灯两种光源进行观察。

13.2.3.8 洒金现象

这是宝玉石内部细小片状矿物包体对光反射所产生的闪烁效应。"洒金"看起来就像生锈一般，比如洒金翡翠，由于翡翠中的矿物质含有"铁"，由褐铁矿浸染而形成"黄雾"。这种洒金翡翠别致漂亮，且有招财的吉利气。

13.3 宝玉石种类与精品介绍

13.3.1 宝石之王——钻石

13.3.1.1 钻石的特性

钻石的原材料就是金刚石矿物。只有那些透明如水的、达到了作为宝石原料要求的金刚石（宝石金刚石），经过加工、琢磨，变成闪耀迷人、彩色光芒的宝石级金刚石才能称为钻石。主要产地有：南部非洲、澳大利亚和俄罗斯等地。金刚石之所以珍贵，主要有下面的一些原因：

（1）特别稀少，地球上罕见

矿物金刚石大部分都是黑色不透明的，或者有很多裂纹包裹体。这些都不可能加工成钻石，只有极少量透明的才能加工成钻石。

（2）金刚石是世界上最硬的物质

在摩氏硬度计所定矿物的10个级别中，金刚石为10级（表13-1）。金刚石硬度最高，可以刻划任何物体。

（3）具有极高的折射率和很大的色散

金刚石折射率高达2.4左右，几乎是世界上透明物质中折射率最高者。折射率高，反光能力就很强，所以表面磨光的钻石能大量反射外界光线。钻石把表面和射入内部的光全部反射出来，使整个钻石闪烁出耀眼的光芒。

钻石的色散很大。一束白光由赤、橙、黄、绿、青、蓝、紫七种色光组成，由于七种色光的波长不同，其折射率差别很大。这样，当一束白光射入钻石后，长波的红光和短波的紫光会分散开来。由于折射率很大，红光和紫光之间的距离被拉开的就越大，就更远，色散也就很大，从而使钻石呈现出五颜六色的彩光和五光十色的闪光。当你佩戴着钻石不停地晃动、移动的时候，钻石便不停地闪耀着美丽迷人、光彩夺目的彩色光芒。

（4）金刚石的化学性质特别稳定

金刚石的化学性质特别稳定，不风化、不变形、不变质。它不仅在空气中稳定，而且用强酸和强碱也不能腐蚀。我们在清除宝石金刚石表面的杂质时，可以用强酸、强碱长期浸泡，把杂质溶去，金刚石丝毫不会被损坏。

13.3.1.2 钻石的评价标准——4C

评价一颗钻石的价值，往往取决于4个因素：重量（克拉Carat）、洁净度（Clarity）、颜色（Color）、切磨（Cut）。在国际首饰行业中，"4C"缺一不可。

（1）重量

钻石的重量用克拉（Ct）计算，1克拉＝0.2克。钻石珍贵的原因之一就是稀罕，重量大者就更稀罕，一般达到1克拉以上者就属于大钻，钻石价格与大小的关系为：

$$N = m \times K$$

（N——钻石价值；m——克拉数的平方；K——每克拉市场价）

例如：每克拉钻石单价为1万元，一颗3克拉的钻石价值就是：

$3^2 \times 1$万元＝9万元

（2）洁净度

即纯度和透明度。洁净度很高的钻石，由于无杂质、无瑕疵，应当是完全无色透明的，其价值就很高。

根据GIA（美国宝石学院，Gemological Institute of America）标准可分为：①完全洁净级（FL）；②内部洁净级（IF）；③极轻微瑕疵级（VVS）；④很轻微瑕疵级（VS）；⑤轻微瑕疵级（SI）；⑥不洁净级（I）。

国家标准分为：LC（无瑕级），VVS_1-VVS_2（极微瑕级），VS_1-VS_2（瑕疵级），SI_1-SI_2（小瑕级）。另外还有较差的级：P1（小花），P2（中花），P3（大花）等。

（3）颜色

钻石颜色非常重要，国际珠宝界对钻石颜色的分级十分严格，颜色一直是决定钻石是否名贵和价值高低的基本和首要因素。作为宝石级钻石，主要有无色、接近无色、微黄色、淡浅黄色、浅黄色五种。另外，粉红色、蓝色、绿色、紫色和金黄色的罕见，可作为稀有珍品收藏。中国钻石分级系统把无色定为100，以后逐步下来是近无色、微黄、淡浅黄、浅黄，号码也从99、98、97、96……至77。77以下颜色为非宝石级钻石。

（4）切磨

也称切工，根据钻石的光学、折光、色散、透明等物理特性，在切磨钻石时，其工艺水平主要取决于角度和比例是否正确（切割恰当的宝石可以折射更多的光线,倍添闪烁火光),式样是否新潮、新颖,琢磨是否精巧等因素。如果角度不当、比例不当、式样陈旧、琢磨粗糙,其价值就大打折扣。

13.3.2 星光闪耀的宝石——红宝石、蓝宝石

红宝石和蓝宝石都是色彩瑰丽而透明的矿物刚玉晶体,化学成分为Al_2O_3,结晶属三方晶系,完整的晶体为六边形桶状或者柱状。刚玉硬度为9,仅次于金刚石,折光率为1.760和1.768。红、蓝宝石硬度大(也算最硬的矿物之一),不容易被刻划伤和磨毛,刚玉的化学性质非常稳定,在空气中经久不变,也不会燃烧,不溶于酸,这些特性都是高级宝石所具备的。

13.3.2.1 红宝石

目前规定的专指红色的刚玉宝石,其他的红色宝石,都不能称"红宝石",只能称作"红色××宝石"。

13.3.2.2 蓝宝石

最早泛指各种蓝色宝石,后来专指蓝色的刚玉宝石。近年来,这一含义又改变为泛指宝石级刚玉中除红色以外的其他各种颜色(包括蓝色、浅蓝色、绿色、黄色、无色等)的刚玉宝石。其名称叫法为黄色蓝宝石、无色蓝宝石等。

13.3.3 最美最艳丽的绿宝石——祖母绿

13.3.3.1 祖母绿名称来历

英文名称emerald。祖母绿来源于波斯语(伊朗,Zumurrud,原来译作"助木鲁")。中国古代将其称作"字母绿"或者"芝麻绿",都是谐音。祖母绿又名翠绿宝石,绿刚玉,矿物学名叫纯绿宝石,俗称吕宋绿。钻石、红宝石、蓝宝石、祖母绿和猫眼石并列为世界五大珍贵宝石。

13.3.3.2 祖母绿矿物特征

在矿物学上,祖母绿是矿物绿柱石的一种,属于六方晶系,为非均质体,硬度7.5~8,比重2.67~2.78,折光率1.56~1.60,其化学成分是$Be_3Al_2Si_6O_{18}$。其颜色是一种特殊晶莹翠绿的祖母绿色,其绿色之美是任何绿色宝石所无法比拟的。祖母绿的绿色是因有少量的杂质元素Cr(铬,杂质以Cr_2O_3的形式出现,含量0.15%~0.20%,高含量者可达0.5%~0.6%,颜色到浓绿色,是代替了矿物成分中的Al而引起的。

90%的祖母绿产自哥伦比亚,其他主要产地有南非、津巴布韦、俄罗斯的乌

拉尔、巴西等地。祖母绿的最大特色是独有的绿色，如果不是Cr引起的绿色就绝不可能绿得如此鲜艳美丽。祖母绿是所有绿色宝石中最为瑰丽的，被称作"绿色宝石之王"。

13.3.3.3 祖母绿经济评价

祖母绿的经济评价条件主要有四项：

颜色——以翠绿、浓绿色为佳，绿色偏蓝、偏黄色者次之。

透明度——晶莹剔透，清澈明亮为最佳，半透明者只能列入三级品。

纯净度——祖母绿多有瑕疵，纯净者罕见而珍贵，属特级品。1级、2级、3级品裂隙分别不得超过5％、10％、15％。

重量——祖母绿的晶体或块度都很小，一般5克拉以上已是难得的珍品，2克拉以上的成品或半成品已经很有价值。

13.3.4 湛蓝海水凝成的宝石——海蓝宝石

海蓝宝石也是绿柱石家族的成员，是含铁的天蓝色、海蓝色绿柱石，或者是一种蓝色、蓝绿色而又清澈透明的绿柱石。海蓝宝石的绿色主要来自其内部所含微量二价铁。

海蓝宝石由于具有一种中空或者充满液体的细长管状包体，当其密集排列时，即可琢磨出"猫眼"效应。其质量要求是清澈通透，颜色以较深的海水蓝为佳，晶体要比较大，最好能切出10克拉以上的戒面。

13.3.5 宝石之奇——猫眼石、变石

13.3.5.1 金绿宝石猫眼石

"猫眼石"专指具有猫眼效应的金绿宝石，其他任何具有猫眼效应的宝石矿物，都不能笼统地称作"猫眼石"，而必须在其名称前面冠以矿物名称，如：祖母绿猫眼、石英猫眼等。

金绿宝石的化学组成为铍铝酸盐（$BeAl_2O_4$），晶体呈柱状或板状，有棕黄色、绿黄色等几个品种；呈玻璃光泽，硬度8.5，比重3.73，贝壳状断口，条痕白色。当它的内部具有密集定向排列的纤维状或者针状矿物包裹体或管状孔洞时，就会由光线反射而产生一条像猫眼瞳孔的光亮带，这就是猫眼效应。

13.3.5.2 变石猫眼石

据不完全统计，在2000多种矿物中，除金绿宝石外，具有猫眼效应者有20余

种，以后还会有所增加。这些具有猫眼效应的宝石矿物（除金绿宝石外）名称是：变石猫眼石（既有变色现象，又有猫眼效应，非常罕见而珍贵）、红宝石、蓝宝石、祖母绿、碧玺（电气石）、海蓝宝石、石英、锆石、锡石、透辉石、透闪石、月光石、拉长石、橄榄石、阳起石、方柱石、绿帘石、红柱石、顽火辉石、蛇纹石、磷灰石、硅灰石、针铁石、孔雀石猫眼等。

"变石"也称"亚历山大石"。是金绿宝石中含铬而具有变色效应的品种。变石具有在阳光下呈绿色和在白炽灯或烛光下呈红色的变色效应。

13.4 玉石的特性、质量与鉴定

13.4.1 软玉的主要品种和特征

玉石根据其硬度分为硬玉和软玉两大类。硬玉主要是翡翠。软玉主要有和田玉、南阳玉（独山玉）、岫玉（岫岩玉）、玛瑙等。近年来有一些新品种的玉，主要有祁连玉，也叫酒泉玉，产地主要在甘肃酒泉、张掖等地，古诗有"葡萄美酒夜光杯"，夜光杯就是祁连玉制成的；其次是青海玉（昆仑玉，主要产自昆仑山一带）和阿富汗玉（大部分产自阿富汗和土耳其，现在有人认为真正的阿富汗玉是产自阿尔卑斯山的一种玉石）等。

13.4.2 翡翠及其鉴定

翡翠属于硬玉，也称翡翠玉、翠玉、缅甸玉。翡翠的化学成分为$NaAl(SiO_3)_2$，柱状到纤维状集合体，致密块状，单斜晶系。上等的翡翠绿色是其结构中含有CrO_3（三氧化铬）杂质所致。

13.4.2.1 翡翠的"货"

翡翠质量的好坏用"货"来表示，"货"表示翡翠的档次、等级和品相。"货"分为A、B、C三个级别：A货——为天然的真色翡翠，是没有经过任何人工加工或处理的天然翡翠；B货——简称"漂胶玉"，是将质量欠佳的天然翡翠，用浓酸和漂白液浸泡，使之去黑、去黄，并用环氧树脂充填（又叫"注胶"，也有不注胶的B货）等特殊方法处理后，使其水头变好、颜色变美的真玉改色翡翠，其翠绿色多为本色；C货——简称"染色玉"，是指"真玉假色"的各种翡翠玉器，C货的翠绿色是由人工将无色翡翠加热后染色所致，所以也叫"加色玉"（或"炝色玉"）。加色玉既不美观，又不稳定，所以价格很低。但是用无色透明的翡翠加色而成的C货则相当美观，具有很大的欺骗性。

另外，还有一种B+C货——简称"漂胶染玉"。如果在原玉翠绿色偏淡的情况下，加入不含铬的绿色颜料，这样经过加工的翡翠就被称为"B+C货"。

13.4.2.2 翡翠鉴定要素和术语含义

翡翠玉的鉴定要素主要有地、水头、雾、红皮、椿、俏色绝品、脏色、石花、广片、子料和璞、赌货和开门子。

（1）翡翠的"地"

就是玉石的底色，或称"底"。北方称作"底子"，南方称作"地张"。如细白地上（底上）有青辣椒般翠绿的玉，可称作为"白地青"或"白底青"。一般而言，在翡翠玉中，除了翠绿色以外的部分都被称作"底子"（地子）。翡翠玉的底子种类很多，比较常见的有23种。这里主要介绍几种比较好的"地"：

①玻璃地——透明，明亮如玻璃般的地子，为所有底子中最高级的一种。

②藕粉地——透明或半透明，像熟莲藕色地子，其特点是紫色或粉色，透明的很有价值。

③豆青地——半透明，像豆青色的地子，常常带有白色点状石花。绿色豆青中，透明价值相当高，一只好玉镯可值数万元以上（石花越少，翠绿越多越好）。具有浓翠绿的玉叫豆青出翠（或称出彩）。

④紫花地——半透明或透明，间有紫花的地子。

⑤青花地——广东称花青地。半透明或透明，飘青花或黑绿色的花。

⑥细白地——半透明，质地细润而色白的地子。

另外，还有四种比较差的"地"：

⑦瓷地——半透明或不透明，质地如瓷器，使人有凝滞感的地子。

⑧干白地——不透明，水头差的地子。

⑨糙豆青地——不透明，质地粗糙，石性石花粗大。

⑩狗屎地——不透明，质地粗，水头差，呈黑褐色或黄褐色，其形态如狗屎的地子。

（2）水头

在玉器行业中，把玉的透明度叫"水头"。透明度高（好）叫"水头足"，透明度差叫"没水头"，或者叫"干巴"。一件翡翠玉器，颜色好（有翠绿），水头足，称作"有色有种"，其价值就高；颜色好而水头差，叫做"有色无种"；水头好而颜色差，叫做"有种无色"。

①雾——雾是分布在翡翠皮壳和玉肉之间的一种外来矿物质。这些矿物质充填于翡翠矿物颗粒的间隙中，其形状犹如雾一般，故称之为雾。"雾"有白雾、黄

雾、红雾、黑雾等多个品种。白雾、黄雾最好，红雾次之，黑雾最差。

②红皮——翡翠中的"红"生于玉肉中，也生于内皮和外皮。生于内皮中者，"雾"称为"红皮"，亦称"翡红"。

③椿——翡翠玉肉中的紫色称为"椿"，也称"紫罗兰"。浓紫而水头好的紫罗兰翡翠玉器具有较高的价值，深受广大消费者喜爱。

④俏色与俏色绝品——俏色特指在一块玉料上的颜色被运用得非常巧妙，对于这样的玉雕作品，人们称作"俏色"。对于世上绝无仅有、只此一件的高级俏色品，被称作"俏色绝品"。

⑤脏色——在一块玉料中，往往不免存在一些黑点或黄点，不仅不能作俏色利用，反而大大影响产品的质量和价值。这些有害脏点，叫作"脏色"。

⑥石花——翡翠中常有透明度稍差的小团块与纤维状晶体交织在一起的现象，称为"石花"。根据形状与特征的不同，可以分为以下几种类型：比较干巴死板者称作"石脑"；比较散碎者称为"芦花"；状似棉絮者称作"棉花"；白色与绿色混在一起者称作"韭菜拌豆腐"。

（3）翡翠绿色等级

翡翠玉的等级主要是由翡翠玉绿色的程度来划定（表13-2）。

表13-2 翡翠的绿色等级

	超高档	高档	中档	低档
绿的程度	宝石绿	翠绿	绿色中稍夹蓝	绿色中显黑或多蓝、闪黑
种水分类	全透明，质地细而坚硬	基本透明，质地较细坚硬	半透明，质地坚实	微透明，质地中常有棉出现

（4）翡翠绿色好坏的"十字口诀"

①浓、淡——"浓"指颜色深绿而不带黑；"淡"指绿色浅，显示无力。

②阳、阴——"阳"指颜色鲜艳明亮；"阴"即绿色昏暗而凝滞。

③俏、老——"俏"指绿色显得美丽晶莹；"老"指绿色显得平淡呆滞。

④正、邪——"正"指绿色鲜艳纯正；"邪"即是绿色中泛有黄、青、蓝、灰、黑等色，价值明显降低。

⑤和、花——"和"指绿色均匀而不花；"花"指绿色呈丝条状或有散点、散块。

（5）主要绿色翡翠品种

翡翠按颜色和质地分，有宝石绿（翡翠中的最佳颜色）、艳绿、黄阳绿、阳俏绿、玻璃绿、鹦哥绿、菠菜绿、浅水绿、浅阳绿、蛙绿（蛤蟆绿）、瓜皮绿、梅花绿、蓝绿、灰绿、油绿（也称油青），以及紫罗兰和藕粉地等二十多个品种。

（6）玉石的仔料、璞、赌货和开门子

①仔料——目前中缅边界出售的翡翠原料多是从缅甸的河床里采集到的翡翠大砾石块（翡翠滚石），块度在20cm至50cm左右为多，这类翡翠原料叫作"仔料"。

②璞——蕴藏有玉的石头。由于含翡翠的砾石在河床里经历了漫长的风化搬运磨蚀过程，其表面均有一层与内部特征不太相同的外皮，这层外皮称作玉"璞"。

③赌货——玉石市场有直接购买翡翠原料（仔料）的习惯。由于仔料的外边都有一层厚薄不等的外皮（璞）与内部相隔，很难判断内部玉质的优劣，如果在不开口的情况下进行交易，对于买卖双方都有很大的冒险性，对于以这种方式进行交易的仔料，行家们称之为"赌货"。

④开门子——也叫开天窗。在赌货交易中，为了显示翡翠仔料（砾石块）内部的颜色和质地，一般都在靠皮（璞）的部位锯开一个大小不等的口子，这个口子就叫"开门子"。玉石商为了牟取暴利常有开假门子的现象，即将一件质次的砾石块上镶上一块质地较好的门子，然后做一层假皮，以假乱真，以次充好。

13.4.3 玉石种类与精品

13.4.3.1 中国四大名玉

（1）和田玉

产于新疆和田县。主要产地是昆仑山、天山、阿尔金山。和田玉是由闪石类矿物组成的特殊集合体，化学成分为硅酸盐类（硅酸钙、镁、铁），摩氏硬度6~6.5，比重2.9~3.1，参差状断口，油脂光泽，半透明至不透明，颜色有白、青、黄、黑、红等多种。化学性质稳定，除氢氟酸外，能耐强酸、强碱。和田玉也叫"软玉""国石"。

（2）独山玉

产于河南南阳市东北部的独山，是一种黝帘石化斜长岩。

（3）绿松石

产地主要是湖北郧县，其次为湖北郧西、竹山、陕西、河南、云南等地。绿松石为一种含水的铜铝磷酸盐。

(4) 岫玉

因产于辽宁岫岩县而得名。广义的岫玉包括辽宁岫岩、广东南方、四川会理、新疆昆仑和北京十三陵所产黄岫玉等，矿物名称为蛇纹石。

岫岩玉是中国玉文化史上开发最早、最悠久的玉种。5000多年前北方红山文化时期，岫岩玉的开发利用更是达到巅峰。考古发现黄河中下游及长江流域等新石器文化遗址出土的玉器中，也多有岫岩玉器。

13.4.3.2 玉的分级及价值

（1）和田玉分级

一等品——颜色洁白，质地细腻、无裂纹、无杂质，块重在5kg以上。

二等品——颜色较白，质地细腻、无裂纹、无杂质，块重在3kg以上。

三等品——颜色青白，质地较细、无裂纹、稍有杂质，块重在3kg以上。

（2）独山玉分级

特级——单一的绿色或绿白色，质地细腻，无白筋，无裂纹，块重在20kg以上。

一级——白色、奶油白色或绿色，色泽鲜艳，无裂纹，无杂质，块重在5kg以上。

二级——干白色、绿色或杂色，色泽鲜艳，无裂纹，无杂质，块重在3kg以上。

三级——色泽较鲜艳，稍有裂纹，稍有杂质，块重在1kg以上。

13.4.3.3 玛瑙

玛瑙是指具有纹带状构造的玉髓，它是一种胶体矿物，主要成分为SiO_2。玛瑙的硬度为6.5~7，比重为2.65，贝壳状断口，透明至半透明，玻璃光泽。质纯的玛瑙为白色，因为含有色素离子和杂质，便出现灰、褐、红、绿、蓝、黑等颜色。

（1）主要品种

①缟玛瑙——纹带很细，最珍贵者为"红缟玛瑙"；②带玛瑙——玛瑙肉质具带状构造，有单色或多色等品种；③苔藓玛瑙——含绿泥石或者沿裂纹有氧化锰（黑色）的渗入，出现树枝状或者苔藓植物状花纹；④火玛瑙——在条带层中含有氧化铁板片状矿物晶体，能闪烁火红色光泽；⑤染色玛瑙——由于天然蓝玛瑙、绿玛瑙都很少见，红玛瑙虽然多，但是其颜色深浅又往往不如人意，于是就出现了"玛瑙人工染色"新工艺，这种工艺可以将优质白玛瑙染成各种颜色。

（2）玛瑙产地

中国的玛瑙产地分布广泛，几乎各省区都有，主要产地有辽宁、黑龙江、内蒙古、河北、湖北、山东、宁夏、新疆、西藏、江苏（南京雨花石）十省区。

13.5 观赏石审美与鉴赏

观赏石五彩缤纷，淡雅质朴，是大自然造化的结晶。中国自古以来就有对天然石的钟爱，"园无石不秀，宅无石不雅"，在古代园林艺术和文人墨客的庭院和书斋里都有一些奇石和怪石作为装点，以示典雅、高雅，展示"书香门第"。他们把观赏石誉为"立体的画""无声的诗"。

13.5.1 观赏石定义、称谓与特性

13.5.1.1 观赏石的定义

（1）广义的定义

观赏石是指具有观赏性或具有观赏价值的奇石。凡具有观赏、玩味、陈列、装饰价值，能使人感官产生美感、舒适感、联想、激情等的一切自然形成的石体均可称为观赏石。它不受大小、存在形式、地理位置的限制，包括宏观的地质构造（如广西桂林象鼻山、骆驼山，福建东山岛风动石，黄山飞来石）和借助于显微镜观察到的五彩缤纷的微观世界。

（2）狭义的定义

指天然形成的具有观赏、玩味、陈列和收藏价值的各种石体，包括一般未经琢磨而直接用于陈列、收藏、教学或者装盆、造园的岩石、矿物、化石和陨石等。

13.5.1.2 观赏石的多种称谓

观赏石在我国有多种称谓，主要有供石、石玩、案石、几石，其他别称有雅石、奇石、灵石、怪石、趣石、丑石、文石、玩石、珍石、寿石、禅石、美石、欣赏石等。在韩国称寿石，在我国台湾、印度尼西亚和日本称雅石等。

根据天然观赏石发现出产的地点，则可分为山石、平原石、水石、洞穴石、戈壁石；根据天然观赏石的造型和观赏主题，可分为景观石、象形石、画面石、奇异石、彩玉石等。中国古代的传统习惯一般以出产地为观赏石命名，按出产地点命名分类可以充分体现各地的特色、文化、环境与地貌。

13.5.1.3 观赏石的特性

（1）天然性

观赏石通常是浑然天成，而且保持天然产出状态。经过雕刻加工者不属于观赏石的范畴。

（2）奇特性

观赏石在颜色、形态、质地、纹理、图案、内部特征等方面，常常表现出生

动形象、妙趣横生、玩味无穷的特点，体现为"新、奇、美、异、独、特"的"奇矿异石"。例如"阿诗玛"头像造型石、十二生肖图案石等。

（3）稀有性

天然观赏石的一种造型和石质类型都是独一无二的。因为珍稀难求，才能在国际市场独领风骚。宝玉石通常也是稀有的，但是一般来说，作为宝玉石原料的岩石、矿物晶体或矿物集合体不应作为观赏石。观赏石与宝玉石的区别在于：如果矿物晶体、矿物集合体、岩石作为宝玉石的原料，加工成宝玉石或艺术品之后，其经济价值超过观赏石，就应将它作为宝玉石；相反，如果加工后的经济价值不如作为观赏石的价值高，则应属于观赏石之列。

（4）科学性

有些观赏石具有深奥的科学道理或反映某个时空阶段的科学事件，具有重要的科学研究价值。如陨石、南极石等。

（5）艺术性

观赏石是一种天然的艺术品。观赏石的艺术性主要体现为造型、图案给人带来的回味感、愉悦感、美感、联想或激情。人们从观赏中能得到美的享受，得到艺术的陶冶。有些生物化石本身就是一种大自然的艺术作品。

（6）可采性

所有观赏石都应该是采集于大自然之中，并能用于室内收藏、陈列或方便于其他的欣赏方式。自然景观类山石与观赏石的最大区别在于其块度的大小和可移动性，大型山水景观石一般是不可以整体移动的，而观赏石是能够整体移动的。

（7）区域性

某些观赏石带有浓郁的地区色彩，具有地方土著风格。例如南京雨花石、江苏太湖石、宜昌三峡石、西北地区的风棱石、喀斯特地区的钟乳石等。

（8）商品性

观赏石作为一种特殊的矿产资源，是一种财富。它可以直接或间接地买卖，从而产生经济价值，具有一般商品的特性。

13.5.2 观赏石分类

13.5.2.1 综合分类

根据观赏石产出背景、形态特征及其所具意义等，可对观赏石进行分类。

(1) 造型石

最常见的类型，通常是一些造型奇特的岩石等，以婀娜多姿的造型为特色。如江苏太湖石、桂林钟乳石、新疆及内蒙古的风棱石。

(2) 纹理石

具有清晰、美丽的纹理或层理、裂理，以平面图案为特色，求神似，赏其意。如南京雨花石、宜昌三峡石、柳州红河石等。

(3) 矿物晶体

为近年来被国内外藏石家广泛收集、珍藏的类型，漂亮完整的单晶、双晶、连晶、晶簇或稀有品种的微小晶体。如雄黄、辰砂、辉锑矿、黑钨矿、水晶、香花石等。

(4) 生物化石

完整清晰和形态生动的动物化石。如三叶虫、菊石、昆虫化石、恐龙蛋、植物化石。

(5) 事件石

外星物质坠落、火山、地震等重大事件遗留下来的或在某个历史事件中有特殊意义的石体，如陨石、火山喷发的火山弹。

(6) 纪念石

历史名人、雅士收藏过的石质品或具有特殊纪念意义、科学价值的石体。如蒲松龄、孙中山、朱德、沈钧儒、郭沫若等收藏过的砚台或雅石，国家之间赠送的月岩、南极石等。

(7) 文房石

质地细腻和形奇色怪，既具有一定实用性，也具有观赏价值的石体，如端砚石、昌化石图章、蝙蝠石、镇纸石等。

13.5.2.2 观赏石产出特征分类

(1) 岩石造型类

主要有以下六类：①地表风蚀作用为主形成的奇特造型。如雄伟泰山、险峻华山、新疆魔鬼城（风蚀景观）；②由于海蚀、河蚀（河流冲刷）作用形成的自然造型。如各地海滩、湖滨的鹅卵石等；③淋积作用形成的自然造型。如岩溶地貌的石钟乳和石笋、青海盐钟乳、广东孔雀石等；④火山喷发形成的岩石造型。如流纹岩、安山岩、玄武岩等；⑤沉积形成的有观赏价值的纹理岩造型。如产自华南二叠纪晚期的纹层状硅质岩、三叠纪的纹层状灰岩、湖南武陵源石英砂岩奇峰等；⑥天外来石，如陨石等。

（2）矿物晶体类

①以石取贵——本身具宝石价值或为我国独特的贵稀品种。如多色电气石、海蓝宝石、方解石、雄黄、雌黄晶簇等；②以色形奇巧或组合惊人而取胜。某些矿物本身可能并不珍贵，但是难得的是各具特色的晶形，如萤石、黄铁矿晶簇，玫瑰花状蓝铜矿和绿色丝绒般孔雀石集合体；③特别少见奇特的是内部包含液体、气体或固体包裹体的矿物晶体。如水胆水晶、水胆绿柱石晶体，固体包裹体等。

（3）古生物化石类

指有观赏价值的古生物化石。主要有：①珊瑚类化石，如拖鞋珊瑚、六方珊瑚、贵州珊瑚、链珊瑚、蜂巢珊瑚（蜂窝珊瑚）；②腕足类化石，如中国石燕、弓石燕、分喙石燕、鸮头贝等；③节肢动物中体态较大者，如三叶虫类的蝙蝠虫、德氏虫、蝴蝶虫、王冠虫化石；④完整的笔石化石；⑤软体动物中的头足类震旦角石、阿门角石、假提罗菊石、菊石化石；⑥单体完整的鱼类化石，如多鳃鱼、狼鳍鱼、江汉鱼等；⑦爬行类化石，如四川马门溪龙、无盾龟、满洲龟、贵州龙、南漳龙、矢部龙等；⑧古人类化石及古脊椎动物化石。如北京猿人、蓝田猿人、恐龙、铲齿象、剑齿象等化石；⑨有观赏价值的植物化石。如硅化木；⑩其他生物——蛋与足迹类化石（如恐龙蛋、鸵鸟蛋、恐龙足迹、三叶虫痕迹化石）、鸟类（中华龙鸟、始祖鸟）、昆虫类（蜻蜓、蜜蜂）和两栖类（如蛙）、角质类（鹿角、牛角、羊角化石）等。

（4）其他天然观赏石类

天然观赏石又被人们称为自然观赏石，是指天然石在自然界中被原生态的开发、开采出来，保持了石头本身的自然形态，不做任何人工加工的纯天然观赏石。欣赏观赏石是一种对视觉美的发现、品鉴的行为艺术。人们所欣赏的是自然之力对石头本身的神奇造化。天然观赏石是地球上最古老的天然"艺术"，是无声的诗、立体的画，是凝固的哲理，是无法重复的大自然的杰作。天然观赏石的作者是宇宙、地球、火山、大海、冰川、风、雨、雷、电、岁月，是整个自然界。它记载了地球的历史，蕴藏着无数人类共同的宝藏，等待人类去发现它、认识它、开启它、欣赏它、利用它、开发它。大自然造就"石头"并没有什么特定的目的，却给人以启迪。

13.5.2.3 观赏石成因分类

观赏石成因分类主要是根据地质作用过程进行的分类，共有八种类别：

（1）沉积、变质和岩浆作用形成的。如纹理石、版画石、菊花石、花纹大理石、火山弹、眼球状片麻岩等。

（2）结晶作用形成的绚丽晶体或晶簇。如水晶、萤石、石膏、多色电气石、辉锑矿、辰砂、雄黄、天青石等晶体或晶簇，如水胆玛瑙、水胆水晶等。

（3）各种成矿作用形成的矿物组合或者美妙且结构构造奇特的矿石。如自然金、自然银、自然铜、孔雀石及晶洞状、伟晶状、皮壳状矿石。

（4）风蚀、河蚀、海蚀作用形成的砾石或者各种形态的奇石。如雨花石（南京）、灵璧石（安徽灵璧县）、英石（英德石、广东英德）、风蚀蘑菇石。

（5）地下水溶蚀淋滤作用形成的怪石。如太湖石、昆山石、上水石、奇特钟乳石等。

（6）动植物化石及动物遗迹化石。如鱼类、珊瑚、菊石、腕足类化石、包括有昆虫的琥珀、团藻灰岩、硅化木。

（7）构造作用形成的构造岩。如各种特殊角砾岩、被鲜亮色彩类矿物充填的碎裂岩。

（8）天外来客。如陨石、月岩、雷公墨（陨石玻璃）。

13.5.3 观赏石审美与鉴赏

13.5.3.1 色彩美

观赏石绚丽多彩的颜色，首先直观地反映在人的眼中。例如：紫色水晶之紫，孔雀石之绿，红宝石之红，蓝宝石的蓝色等。有些观赏石五颜六色——赤、橙、黄、绿、青、蓝、紫，非常耀眼，南京雨花石就可以产生这样的效果。水晶由于生成环境不同，可以产生各种不同的颜色，主要有无色透明、乳白色、紫色、红色、黄色、绿色、烟色以及黑色等。有些观赏石在不同的光源照射下，可以呈现不同的颜色，例如变石在白天（日光光源）呈深绿色，晚上在白炽灯光下则呈紫红色。

13.5.3.2 形态美

观赏石的形态美也称形体美，同样是构成观赏石之美的重要因素。色彩美与形态美如同平面与立体、表面与内部、图画与雕刻之间的关系，二者相辅相成，互为映衬。形态美大致可以分为美的造型、美的组合和美的花纹图案等。

（1）造型美

有些岩石和矿物的天然造型，其精美程度巧夺天工，就连能工巧匠也惊叹不已，其中有动物造型、人物造型和其他物体造型。作为"花石纲"遗物之"江南四大名石"——冠云峰、瑞云峰、绉云峰、玉玲珑，充分展示了大自然的峰峦入云之造型美。北京云纹石的古朴凝重，安徽灵璧石的起伏跌宕、沟壑交错，或粗犷峥嵘，都展示了自然造型美。

（2）组合美

主要有矿物晶体组合（晶簇）和岩石类组合，尤以矿物晶体组合为佳。例如天然的辉锑矿、辰砂、雌黄、雄黄、黑钨矿、白钨矿、石榴石、石膏晶簇、黄铁矿晶簇、水晶晶簇、方解石晶簇等。

（3）花纹图案美

造型是立体的美，图案是观赏石表面花纹勾勒出来的花纹与线条美。许多纹理石的表面花纹（如三峡石、江汉石、泰山石）呈现出象形文字、人物、动物、花卉、十二生肖等图案，又比如红河石表面的动物和人物图案等。

13.5.3.3 神韵美

神韵美也称象征美、寓意美或内涵美。不同的石质、石体、石态，可以通过人们的想象体现出某种寓意深奥的哲理、精神、思想、感悟等，也可以表达某种性格。如雨花石象征坚定、无我、幸运等。如诞生石就是人为的一种象征。

（1）象征美好幸福的宝石

在欧美、东南亚等地，你可以从人们佩戴的宝石装饰品上镶嵌的宝石品种看出主人出生的月份。人们为了辟邪护身，戴上12种不同的宝石与一年12个月相配，称为诞生石。

1月诞生石——红色石榴石宝石，象征忠诚、友爱、贞操；2月诞生石——紫色水晶，象征诚实、心地善良；3月诞生石——海蓝宝石，象征勇敢、沉着、心情愉快；4月诞生石——钻石，象征纯洁无瑕、爱情永固；5月诞生石——祖母绿，寓意新绿，象征幸福和事业的成功；6月诞生石——珍珠或变石，能净化心灵，象征富裕和健康长寿；7月诞生石——红宝石，意味火红的阳光高悬空中，象征热情和品德高尚；8月诞生石——橄榄石，融合黄色的高贵与绿色希望，象征幸福与夫妻和谐；9月诞生石——蓝宝石，雨过天晴的湛蓝天空，象征慈爱和德高望重；10月诞生石——碧玺或欧泊石（贵蛋白石），如彩虹七色光谱、秋天的天空，象征希望和幸福；11月诞生石——托帕石（黄晶），带给人美貌和智慧，象征真挚的爱情；12月诞生石——绿松石（土耳其玉）或锆石，鼓舞人们的心情，象征成功和必胜。

（2）宝石的其他象征

宝石的其他象征（感情、性格、祝愿和身份）有：石榴石——忠诚、友爱；紫晶——诚实、和平；海蓝宝石——勇敢、聪明；钻石——纯洁、无瑕；祖母绿——幸运、幸福；珍珠——健康、富贵；红宝石——热情、尊严；橄榄石——合欢、幸福；蓝宝石——慈爱、诚实；碧玺——安乐、祥和；黄水晶——友爱、幸福；锆石——成功、尊贵。

13.5.4 观赏石评价
13.5.4.1 观赏石品质（石质）评价

判断观赏石品质（石质）是否属于奇、美、异、独、特，这里有一个人们公认的、多年经验总结的评价标准。主要为：

（1）天然产出，经过稍许粗加工者尚可；（2）造型奇特，但是外观必须稳定、均衡；（3）花纹别致，图案、纹理清晰逼真；（4）晶体完整，晶形无损；（5）颜色艳美或者色调丰满、丰富；（6）光泽强烈或者自然柔和；（7）组合讲究、考究或特色明显；（8）珍奇稀少且罕见难求，独一无二者最佳；（9）意境深邃，含蓄回味，赏心悦目；（10）内涵深远或意义特殊；（11）硬度适宜或大，块度适中，利于搬运或运输。

13.5.4.2 观赏石"以丑为美"评价

人们对于观赏石也经常采用"瘦、透、漏、皱"予以评价。这也是太湖石评价的标准。习惯上"石以丑为美"，丑的标准就是"瘦、透、漏、皱"四大评价原则。

（1）瘦

体态苗条多姿，迎风玉立之势，或者石体挺拔俊秀，线条明晰。

（2）透

石体表面多凹凸，高低不平，即指山石的纹理贯通，用地质学的科学术语来说，就是岩石的沉积层理、构造线理（岩石的结构、构造）等。在叠石时，假山山石要顺应天然岩石的层理和线理，或者说要遵循自然岩石的结构、构造。岩石的结构是指组成岩石的物质成分与粒度大小，岩石的构造是指岩石形成过程中的层理（水平层理、波状层理、交错层理、板状层理、楔状层理、厚层、薄层、纹层，生物作用的构造——生物爬痕、潜穴等构造）。

（3）漏

石体具有空洞、孔隙，大孔小穴，上下、左右、前后孔孔相套，八面玲珑。这类岩石主要是碳酸盐岩的石灰岩、硅质岩类、铁质岩类等一些化学成因的岩石。假山主要是石灰岩和少量硅质岩，也有变质岩、花岗岩。这些岩石在长期的风化过程中，日晒雨淋，风吹水浸，岩石中一些容易溶化的物质成分，随着时光的流逝，慢慢地就被溶蚀掉，留下空洞、孔隙、缝隙。岩石上有大孔、小孔、长孔、圆孔、不规则的空洞等，从而体现为涡洞相套，上下贯穿。

(4) 皱

石体玲珑多孔，石纹贯通，纹理纵横，笼络隐起，即指岩石表面的凹凸褶皱。由于岩石的成分复杂，有的物质成分坚硬，有些成分则软弱。在风化过程中，软弱的物质成分很快被溶蚀、剥蚀，形成凹陷；坚硬的部分则不容易被剥蚀，于是就凸起来，从而使岩石显现为凹凸的褶皱。山石有皱，才能显出苍老，也方能显现出真山之气。

13.5.4.3 化石观赏石评价

化石观赏石评价原则主要是"真、稀、奇、形、神、色、质、量"八字原则：

(1) 真——真实无伪，化石必须是天然形成的。

(2) 稀——稀有难得，罕见难求，如鸟化石、蜻蜓化石、蛇化石等。

(3) 奇——奇特新奇，如恐龙蛋中还有未出壳的已经成恐龙形的胚胎化石。

(4) 形——形体形态，生物保存的完整程度及其体态的造型美。

(5) 神——神态、艺术魅力，化石所反映出的意境能否永恒地耐人寻味，让人久久难忘。

(6) 色——色质，色对比度。化石观赏石的优劣除考虑其本身的色质，色度的鲜明和稳定程度外，对于有围岩的标本，还要考虑化石体与围岩之间的色彩对比度强弱。一般来说，底色浅，主体色深者为佳，底色深，主体色浅者稍次。

(7) 质——质地，成分。一是化石的石化程度；二是化石受何种矿物成分替代。交代矿物一般有：铁质、硅质、钙质、镁质、泥质或升馏作用残留的炭质等，当然，植物、笔石、昆虫多数为升馏残留的炭质，不能一律视为质差者。风化强弱也是评价要点。

(8) 量——分量，大小，即标本的大小和重量。小者如卵似拳，便于手头把玩；大者如壶如盆，便于厅堂陈设品味；户外庭院立者，也以大不过人体为宜。

13.5.4.4 优质砚石的评价

要求细腻有铓，均密润泽，矿物粒度、岩石硬度皆要适中。优质石砚需具有发墨快、不损笔、纹理美、雕工细，且具"贮墨三日不涸"的特性。

具体要求：①砚坯上没有裂隙，没有充填的矿物细脉，例如石英脉、方解石脉等；②砚石的上下板面要平整，无明显的挠曲和褶皱，厚度大于2cm；③组成砚石岩石的矿物颗粒要细，一般不宜大于0.01mm，颗粒分布均匀，致密，透水性弱，颗粒分布均匀，颜色深，击之声音清脆为佳，如有各种天然花纹或黄铁矿、白铁矿微晶使砚石呈现银星、金星、金晕时，更是锦上添花，大大提高砚石的价值；④岩石硬度中等，一般要求摩氏硬度3~4。

13.5.4.5 历史上著名的江南四大造型名石

（1）玉玲珑

存于上海豫园玉华堂，以"漏"著称于世，为宋代"花石纲"遗石。据记载，宋徽宗赵佶为在首都汴梁建造花园艮岳，从全国各地搜罗名花奇石，即"花石纲"，其中有的奇峰因种种原因没能运走，史称"艮岳遗石"，玉玲珑即其中之一。

（2）绉云峰

置于杭州西湖花圃"掇景园"内，以"瘦""皱"为主要特色，为宋代"花石纲"遗石。岩石为深灰色英德石，岩石形成于泥盆纪。

（3）冠云峰

置于苏州留园内，石高6.5m，以"瘦"秀著称，为浅灰色太湖石。另外，留园内还有"朵云峰""岫云峰"二石，与冠云峰合称"留园三峰"。冠云峰相传为宋代"花石纲"遗物，因石巅高耸，四展如冠，所以取名"冠云"。另一说认为"冠云"之名出自郦道元《水经注》中的"燕王仙台东台有三峰，甚为崇峻，腾云冠峰，高霞翼岭"[1]。

（4）瑞云峰

1779年从留园移到织造府花园，即现在苏州市第十中学校园内。石高10m，约1.2m宽，集"瘦、皱、漏、透"于一身，也是"花石纲"遗物。

13.5.5 典型观赏石欣赏

13.5.5.1 太湖石

太湖石属于石灰岩类岩石。太湖地区发育的地层主要为晚古生代（石炭纪、二叠纪）和中生代（主要为三叠纪）的地层，尤其是下中三叠统地层。多数为灰色，少数为灰白色和灰黑色。由于滨太湖地带长期遭受湖浪的冲击和湖水的溶蚀，在漫长的岁月里，形成被大自然雕琢的曲折圆润的太湖石。

---

1. [北魏] 郦道元. 水经注. 卷十一.

主要太湖石有：冠云峰（苏州留园）、玉玲珑（上海豫园）、绉云峰（杭州西湖）、湖石峰（苏州狮子林）、瑞云峰（苏州第十中学）、仙人峰（南京瞻园）、矗云峰（嘉定汇龙潭）。

13.5.5.2 灵璧石

又称八音石，是一种结晶很细、结构致密的碳酸盐岩经风化而成。安徽省灵璧县为最早开发地。这与安徽东北部广泛发育震旦纪、寒武纪、奥陶纪白云岩和石灰岩有关。颜色灰、白、赭、绿和杂色。可形成奇特造型，石质坚硬厚重，结构致密，体态瘦透，敲击有金属般声响，类似八个音符的声音。

13.5.5.3 英德石

又称英德太湖石，产地为广东英德。位于粤北山区西南部，地层比较齐全，从震旦纪到二叠纪都有发育，以碳酸盐岩地层为主间有硅质岩类，总体以岩溶地貌为主发育。石灰岩黑色为多，间有白色，石质坚硬，体态嶙峋，棱角纵横，纹理细腻，具有天然的丘壑褶皱，线条曲折多变。"瘦、透、漏、皱"是其评价标准，但是英德石也有体态丰满、润泽者，也是欣赏佳品。

13.5.5.4 巢湖石

又称巢湖太湖石，如天然雕塑。巢湖石除具有太湖石的造型奇巧和"瘦、透、漏、皱"等共性外，还具有孔洞多而圆润，孔壁之光等特点，堪称一绝。巢湖地区广泛发育奥陶纪石灰岩。岩石内常有方解石组成的筋（脉）纵横穿插，数量多，分布广，在石上形成英文字母、阿拉伯数字和汉字图案。石上常见有硅质或泥钙质成分形成的"瘤"，并含有海生无脊椎动物化石，精美的化石本身也是一种观赏石，与玲珑剔透的巢湖石融为一体，相得益彰，成为备受人们青睐的双重观赏石。

13.5.5.5 昆山石

产地为江苏昆山市，昆山石主要为白云岩，成分为碳酸钙和碳酸镁，地质时代为寒武纪。昆山石产于昆山市玉峰山，即马鞍山中。昆山石天然多窍，色泽白如雪、黄似玉，晶莹剔透，所以又称巧石、玲珑石，开采至今已有近千年历史，历来被视为艺术欣赏品。

13.5.5.6 茅山石

产地为南京茅山，主要发育奥陶纪碳酸盐岩，为灰岩、白云质灰岩、白云岩为主夹有硅质岩层，岩石呈灰白色，佳者俗称水石。《格古要论·珍宝论》有云："句容茅山石，白而有光，有水石，冷白色，或有水路，或有饭糁，色好者与真玉相似，虽刀刮不动，终有石性……"[2]

13.5.5.7 云纹石

云纹石主要产于北京市房山区与河北省涞水县交界的燕山东麓部。云纹石成因比较复杂，主要为元古代藻类叠层石灰岩。除了"水成"（沉积岩类）的，也有"火成"（构造变动、岩浆活动和接触变质岩类）的。由于受到地壳运动和岩浆活动影响，地层发生揉皱，形成各种形态的云纹石。通过层状岩石的厚薄颜色变化和差异风化而体现奇特造型，如大鹏展翅、秃鹰回首等。

13.5.5.8 松香石

产于广西壮族自治区柳州溶洞中的一种矿物观赏石。松香石化学成分$CaCO_3$，斜方晶系，并非真正的松香，而是溶洞中张性构造角砾岩带中次生的棕褐色文石，文石的柱面劈成不规则条块，是方解石的同质异象体，具有特殊的观赏性。

13.5.5.9 芦管石

芦管石主要见于安徽、浙江、江苏、广西，以及新疆伊犁和博尔塔拉州赛里木湖一带，呈白色或黄色。它是湖边芦苇被钙化包围胶结，待湖水退后芦苇枯死，腐烂留下钙质所形成的奇特形状，并保持原芦管的岩石。

13.5.5.10 菊花石

许多矿物，如红柱石、天青石、方解石、阳起石、符山石、硅灰石、电气石、锂蓝闪石、叶蜡石（或叶腊石，化学结构式为$Al_2[Si_4O_{10}](OH)_2$）、长石、石膏等，可形成形态各异的菊花石。

主要产地为湖南、湖北（天青石矿物），北京（红柱石），新疆（锂蓝闪石），广西、贵州（电气石、方解石），柳州（黄铁矿），云南（玄武岩中的斜长石），其他地区有江西、安徽地区的沉积岩菊花石（主要发育在二叠纪含燧石团块灰岩地层中）。观赏价值高的有湖南浏阳菊花石、京西菊花石、湖北宣恩菊花石、河北兴隆菊花石、陕西菊花石等。

---

2. [明]曹昭. 格古要论. 卷六.

第 14 章
地质公园及其行动计划

14.1 地质公园行动计划背景

14.1.1 地质遗迹面临的危机

随着人类社会的发展，人类在开发利用自然旅游资源的同时，对自然资源和环境的破坏越来越严重，许多地带已经面目全非，地球上原始自然状态的遗迹越来越少。科学家们已经看到这种危机，意识到问题的严重性，预感到这种状况发展下去将对人类生存意味着什么。人类赖以生存的地球太应该被珍惜了。珍惜地球，首先应该珍惜与人类直接相关的地球表层自然环境，保护地壳上尽可能多的自然性和原始性。地质公园作为一种新型的、具有特殊科学含义的旅游资源，有助于提高旅游活动的科学品位，有利于缓解旅游与环境保护之间的矛盾，从而保护好地球上为数不多的、最原始生态"宝地"。

14.1.2 联合国教科文组织的行动

为了有效地保护地质遗迹，联合国教科文组织（UNESCO）第29次大会决定"建立具有特殊地质特色的全球地质景区网络"。156次执行局会议为了贯彻这一决定，决议启动并组织实施世界地质公园计划（UNESCO Geopark Program）。选择地质上有特色、同时景观优美、有一定历史文化内涵的地质遗迹区（点）建立地质公园，以期建立全球地质公园网络、将景观与人文历史紧密结合，强调地质遗迹的保护与地方经济发展紧密结合，强调地质公园的开发与生产资料教育紧密结合，强调地质遗迹的保护与地质研究紧密结合，强调地质公园的发展与当地民众就业特别是残疾人就业紧密结合，强调为了保护地质遗迹应重视开发，以开发来促进保护。联合国教科文组织建立了世界地质公园计划秘书处和世界地质公园咨询委员会，以及世界地质公园专家小组，开展可行性研究，制订计划方案和实施指南。

14.1.3 中国建立地质公园的设想

我国被联合国教科文组织选为首批世界地质公园试点国家，这主要是由于我国早在1985年就提出建立国家地质公园的设想，以此作为地质遗迹保护区中的一种特殊保护类型。国土资源部[1]高度重视地质遗迹保护工作。1999年12月，国土

---

1. 2018年3月，第十三届全国人民代表大会第一次会议批准国务院机构改革方案，提出组建自然资源部。自然资源部保留国土资源部的职责，将国家发改委、住建部、水利部、农业部、国家林业局、国家海洋局、国家测绘地理信息局等7个部门的部分职责合并，不再保留国土资源部、国家海洋局、国家测绘地理信息局。

资源部在山东威海召开了全国地质地貌景观保护工作会议，会上讨论了2000—2010年《全国地质遗迹保护规划》，在规划中重新提出了建立国家地质公园的设想。此举受到联合国教科文组织驻中国代表的重视。为了更好地推动我国地质遗迹保护工作，国土资源部决定成立国家地质公园领导小组，负责地质公园建设等重大政策决策和审批等。该领导小组下设国家地质公园办公室，挂靠国土资源部地质环境司，负责拟定有关的地质公园法规、规划、组织实施地质公园建设等日常工作。为了指导国家地质公园规划工作，国土资源部特编制了《国家地质公园总体规划工作指南》。2010年国土资源部发布了《国家地质公园规划编制技术要求》（国土资发〔2010〕89号）等文件。

14.2 地质公园的理论基础

14.2.1 地质公园的内涵

14.2.1.1 地球演化的原始记录（遗迹）

地质公园（Geopark）是地球在其演化过程中形成并保留下来的、目前地球上保存完整的、基本未遭受破坏的、保持其自然原始状态的自然空间环境。它是在依法划定的范围内，以其重要的地质科学意义，优美秀丽的地质遗迹景观为主体，融合其他自然与人文景观，并强调需要加以保护的自然公园。

14.2.1.2 重要的自然旅游资源

从旅游的角度来看，地质公园是生态旅游资源的重要组成部分，地质公园是旅游资源环境保护的理想选择方式。

地质遗迹是21世纪重要的旅游资源。就某种意义而言，地质公园是能集中体现某一地质作用或地质过程中在地球表层保存下来的遗迹、遗物的精华和精品，也即地球历史演化过程中遗留在地球表层的精彩一幕的遗存。在特定的自然条件下，在特定的地史环境里，某一地区集中而完好地保存并体现出某些地质特征和地质现象，把这些地质遗迹和遗存进行科学合理的规划，使其既受到保护，同时又可以供游人参观、游览或考察。这种特定的地质环境空间就是地质公园。

国土资源部（国土资厅发〔2000〕77号）《关于申报国家地质公园的通知》指出：地质公园（Geopark）是以具有特殊的科学意义，稀有的自然属性，优雅的美学观赏价值，具有一定规模和分布范围的地质遗址景观为主体；融合自然景观与人文景观并具有生态、历史和文化价值；以地质遗迹保护，支持当地经济、文化和环境的可持续发展为宗旨；既为人们提供具有较高科学品位的观光游览、度假休息、保健疗养、科学教育、文化娱乐的场所，同时也是地质遗迹景观和生态环境的重点保护区，地质科学研究与普及的基地。

地质遗迹景观是指在地球演化的漫长地质历史时期由于内外动力的地质作用而形成、发展并保存下来的珍贵的、不可再生的，并能在现在和可预见的将来，可供人类开发利用并产生经济价值，以提高人类当前和将来福利的自然遗产。重要的地质遗迹是宝贵的自然资源，更是人类的宝贵财富，是生态环境的重要组成部分。我国是世界上地质遗迹资源比较丰富，分布地域广阔，种类齐全的少数国家之一。

14.2.2 地质公园的分类

地质公园分类还没有一个公认的标准。依据不同，划分的方案也就不同。下面从地质遗迹的地质内涵和展布规模等不同角度探讨地质公园的分类。

14.2.2.1 地质过程遗迹分类

地质过程遗迹是指在漫长的地质历史发展时期，各个地质历史阶段的地质产物和记录。地质记录主要有无机和有机两大类，无机的主要是沉积物的组成成分（化学成分和元素组合等）、地质过程中的各种事件形迹记录（如高压、高温、火山喷发、岩浆活动、变质形迹、沉积构造等）；有机的主要是生物界，各个地质时期都有不同的生物景观、生物遗迹、遗物和生物群落组合类型。比较典型的、具有保护价值的地质过程遗迹归纳见表14-1。

表14-1　地质遗迹分类表

	基本类别	典型地区和案例
1	古生物化石类	硅化木化石地（新疆、江西）、恐龙化石地（四川自贡、云南禄丰）、恐龙蛋化石地（湖北郧县、河南南阳）、关岭动物群化石地（贵州）
2	熔岩与火山遗迹	海南琼山马鞍岭、山西大同火山口群、吉林长白山、黑龙江镜泊湖、新疆天山天池、福建漳州滨海火山景观
3	地层剖面类	天津蓟县元古代地层剖面、长江三峡震旦纪地层剖面、广西南丹泥盆纪海相地层剖面、广西桂林南边村石炭纪/二叠纪界线型剖面，浙江长兴煤山二叠系—三叠系界线层型剖面和点（GSSP）
4	古人类遗址类	北京周口店古人类遗址地、山西丁村人遗址地、云南元谋人遗址地、广西柳江人遗址地
5	古气候遗迹类	庐山冰川遗迹地

↓续表

	基本类别	典型地区和案例
6	特殊地质构造类	断层构造（庐山龙首崖）
7	古地理环境遗迹类	典型古湖泊环境（山东山旺）、古河流环境（南京雨花台）、古海洋环境（广西桂林泥盆纪、石炭纪地层，贵州都匀地区泥盆纪和石炭纪地层）
8	综合地质作用类	雅鲁藏布大峡谷
9	风化剥蚀类	雅丹地貌（新疆、黄土地貌）、丹霞地貌（广东仁化、福建武夷山、江西龙虎山等）
10	河流侵蚀类	云南石林地貌
11	变质岩地貌类	山东泰山、河南嵩山、山西五台山等
12	岩浆岩地貌类	安徽黄山、九华山、江西三清山、浙江天目山等
13	特殊地貌类	岩溶地貌、丹霞地貌、雅丹地貌、砂岩峰林地貌、象形地貌（海南保亭毛公山、湖北兴山睡佛山）等
14	矿床地质类	广西大厂锡矿、湖北大冶铜绿山、江西瑞昌古矿坑、查尔汗盐湖等
15	典型矿物型类	江苏东海县水晶矿
16	地质灾害遗迹类	地震灾害（河北唐山、云南丽江）、滑坡地质灾害、泥石流地质灾害等
17	地热矿泉类	西藏羊八井地热区、云南腾冲地热火山
18	现代冰川类	新疆天山、四川海螺沟

说明：以上所举例证，目前还没有全部被评定为地质公园，只作分类参考。

14.2.2.2 地质年代分类

根据地质年代分类，主要是依据地质演化的阶段性，由老到新划分地质公园（表14-2），其考虑因素主要是地层剖面、古生物化石、岩相古地理环境等。

表14-2 地质年代划分的地质公园分类

	代	纪
1	新生代地质公园	第三纪地质公园、第四纪地质公园
2	中生代地质公园	三叠纪地质公园、侏罗纪地质公园、白垩纪地质公园
3	晚古生代地质公园	泥盆纪地质公园、石炭纪地质公园、二叠纪地质公园
4	早古生代地质公园	寒武纪地质公园、奥陶纪地质公园、志留纪地质公园
5	前寒武纪地质公园	太古代地质公园、元古代地质公园

14.2.2.3 地质遗迹的综合程度分类

根据地质遗迹综合程度，将地质公园划分为两种类型：单一性地质公园和综合性地质公园。

14.2.2.4 地质公园级别分类

（1）根据科学价值划分

地质公园的级别分类，主要考虑地质遗迹的科学价值、研究价值，在世界范围内稀有罕见，同时考虑其可进入性、可观赏性、可利用性等，具体分级见表14-3。

表14-3 根据科学价值和规模级别划分的地质公园

级别	主要特征	典型例证
世界级	科学价值极高，在世界上也是罕见的，可申报为或已经被列入《世界自然遗产名录》的	北京周口店猿人、浙江长兴煤山二叠系—三叠系界线层型（为全球层型剖面——"金钉子"）、张家界世界地质公园、江西庐山地质公园、河南云台山地质公园、云南石林地质公园、广东丹霞地质公园、安徽黄山地质公园、黑龙江五大连池地质公园和贵州织金洞地质公园
国家级	科学价值很高，在国际上有很高的知名度，是国际科学交流的重要地区	天津蓟县元古代地层剖面、长江三峡震旦纪地层剖面、四川自贡恐龙化石地、湖北郧县恐龙蛋化石地、黑龙江漠河地质公园等
省级	科学价值高，在国内有一定知名度，具科学交流价值	海南万宁东山岭花岗岩景观、海南儋州石花洞地质公园、东牟平养马岛省级地质公园

（2）根据保护价值划分

根据保护价值，将地质公园划分为：一级保护地质公园、二级保护地质公园和三级保护地质公园。

（3）根据空间展布面积划分

根据空间展布面积，可将地质公园划分为特大型、大型、中型、小型等四个级别。特大型——保护区面积大于$100km^2$；大型——保护区面积在$50\sim100km^2$；中型——保护区面积在$10\sim50km^2$；小型——保护区面积小于$10km^2$。

14.2.3 地质公园的功能

14.2.3.1 科学研究功能

（1）研究地球科学的摇篮

这是建立地质公园最基本的条件。一个地质公园可以代表某一个地质年代

（时期）的地质过程记录，具有很强的典型性。这个区域的地质现象发育完好，地质剖面发育完整，具有世界参考价值和对比意义，或者是世界上独有的地质记录和地质现象。地质公园是地球上的一块未被随意开发的原始"处女地"。随着人类对地球资源开发力度的不断加大和开发范围的不断延伸，这样保存完好的原始地区会越来越少，范围越来越小。随着时间的推移，其科学研究价值也就越来越显得突出。它是研究地球发展历史、演化规律和宇宙发展演化规律的微型实验室，是人类认识地球、认识宇宙的窗口，也是人类认识自己、预测人类未来发展趋势的哲学经典。

（2）地质考察旅行对西方哲学与进化论的启迪

欧洲的阿尔卑斯山是最早开展地质旅行的"自然公园"或"地质公园"，这里既有地球科学的论战，也有哲学观点的交锋。它不仅是地质科学的摇篮和研究自然科学、地球演化的摇篮，而且是哲学思维的启示地和论战载体。在这里确立了生物进化论（英国达尔文，C.R.Darwin），建立了确定时间先后的地层层序律（丹麦斯坦诺，N. Steno）。欧洲哲学的建立和形成，与当时阿尔卑斯山区的地质调查有着密切关系。欧洲18世纪后期出现的"水成论"（德国魏尔纳，A.G.Werner）与"火成论"（英国郝屯，J.Hutton）、"均变说"（英国莱伊尔，C.Lyell）与"灾变说"（法国居维叶，G.Cuvier）的哲学思想大论战，以及19世纪提出的"活动论"（德国魏格纳，A.Wegener）与"固定论"、达尔文的"生物进化论"与"上帝创世说"等都从当时形成的地质调查热潮中开阔了视野，得到了启示。恩格斯对居维叶"灾变说"进行批判，"水成论"被教皇视为《圣经》的"经典"。

14.2.3.2 参观游览功能

可供旅游者参观游览的地质公园主要是一些具有奇特地质现象与地貌景观的地质公园。随着人类旅游观念的更新与转变、文化素质的提高，追求自然，追求新奇，追求科学成为一种时尚，集中体现大自然奥秘的地质公园无疑成为人们旅游的热点目的地。

14.2.3.3 环境保护功能

地质公园首先是一处集中体现某一地质时代和某些地质作用与地质过程的遗存物及其所占据的空间环境。它是一处自然遗产，是一处受保护的自然环境区域。人们通过它的科学价值和其与人类的密切关系研究，逐渐认识到对这些地质遗迹和遗存进行保护的重要性，建立地质公园可以有效地对该地质景观进行保护，引起人们的重视，增强保护意识。

14.3 地质公园申报工作

14.3.1 为什么要申报地质公园

申报地质公园的目的有三个方面：（1）为了科学、合理和有效地保护地质遗迹，保护自然环境，为此向国土部、财政部申请相应的经费，或者由地方政府自筹资金；（2）更好地、有效地普及地学知识，促进公众科学素质的提高，建立地质公园博物馆，设立科普解说牌（长廊）；（3）开展旅游活动、促进地方社会经济的发展。

14.3.2 如何申报地质公园

14.3.2.1 申报程序

（1）申报依据

地质公园的申报审批工作主要依据《国土资发〔2000〕77号》和《国土资发〔2009〕50号》两个文件，确认资格授予和批准命名。

（2）国家地质公园申报

①申报条件：国家级地质遗迹≥3处，科普教育地≥20处，5～6项符合申报条件。已批准建立省（区、市）级地质公园2年以上，揭碑开园，或国家级风景名胜区、国家级自然保护区，或国家森林公园等；②申报初审单位机构与初审推荐：县级以上人民政府提出申请，跨区域的（县、市、省）共同提出申请，省市国土资源与行政主管部门、国土资源部地质环境司、省级初审、推荐；③申报与评审：每省≤2个国家地质公园候选地，合规性审查符合条件，评审委员会进入评审程序，原则上每两年申报一次。

（3）国家地质公园审批

主要由国家地质遗迹保护评审委员会评审报告，分四步：①评审阶段——由国家地质遗迹保护领导小组授予资格决定；②建设阶段——三年内编制《国家地质公园总体规划》，按期完成地质公园建设；③审查验收与批准阶段——正式授予国家地质公园称号；④实地复核阶段——公园所在地人民政府复核并举行揭碑开园仪式。

（4）四级地质公园批准组织和颁发证书组织

①世界地质公园（UNESCO Geopark）：必须由联合国教科文组织批准和颁发证书。②国家地质公园（National Geopark）：必须由所在国中央政府（目前中国由国家自然资源部代表中央政府）批准和颁发证书。③省级地质公园（State Geopark）：必须由省级政府（目前中国由省自然资源厅、局代表省级政府）批准和颁发证书。④县（市）级地质公园（County Geopark）：必须由县（市）级政府

批准和颁发证书。

14.3.2.2 申报流程

下面以申报国家级地质公园为例，说明申报流程。具体申报要求如下：

（1）申报单位

由公园所在地的省、自治区、直辖市的国土资源主管部门提出申请。

（2）申报时间

申报书必须于每年5月31日前报送，逾期则作为次年申报处理。

（3）申报资料要求

①填写国家地质公园申报书。由国土资源部监制；②拟建国家地质公园的综合考察报告；③拟建地质公园总体规划；④拟建国家地质公园图件，包括公园位置图、地形图、卫片、航片、环境地质图、规划图等；⑤拟建地质公园的地质遗迹及其要保护对象的录像或光盘、照片集；⑥批准建立省级地质公园的文件、土地使用权属证书（按规定"申报国家地质公园"的地区必须为省级地质公园，且原则上应在该级别建设和管理两年以上）。

（4）报批程序

申报材料审查合格后，由评委办公室提交评委会进行评审（一般每年一次，在第四季度召开），经评委2/3以上委员表决通过后报国家公园领导小组审批，第二年宣布批准结果。国家地质公园被批准后，要经过实地检查验收，在地质遗迹保护措施和地质科普导游设施达到要求后，由国土资源部主持揭碑开园仪式。

由上述报批程序可以看出，一个国家地质公园的建成是一项复杂的系统工程，各方面都必须做好相应的前期各项研究工作。

14.3.2.3 前期研究内容

前期工作主要是进行地质调查。首先划定地质公园的区域方位，在收集前人工作资料的基础上，对划定区域进行地质调查、测制地质剖面、测定地质年代、确定地质含义。具体地，前期研究内容大致有以下八个方面：

（1）主要地质遗迹概况及其保护现状；

（2）自然环境状况及人文景观资源状况；

（3）地质公园及其周围地区社会经济状况及其评价；

（4）建立国家级地质公园的综合价值；

（5）地质公园与其他保护机构的关系；

（6）科学研究概况；

（7）前期工作及总体规划简介；

（8）基础设施概况等。

14.3.2.4 前期综合考察

（1）地质公园基本概况

主要涉及：地理位置、自然条件和园区范围，主要保护对象及目的意义，地质公园与其周围地区社会经济状况及其评价，区域地质研究概况等。

（2）地质背景与遗迹评价

主要考查内容有：区域地质背景，地质遗迹的形成条件和形成过程，地质遗迹类型与分布，地质遗迹评价等。

（3）地质公园保护管理现状

地质公园保护管理现状主要包括：机构设置与人员状况，边界划定与土地权属状况和历史沿革，基础工作和管理现状。

14.3.3 建立原则

建立地质公园应该考虑以下四个原则：

（1）必须要有一个依托城市，而且起码应该是一个县、市级的城市。依托城市能够满足旅游活动六要素——食、住、行、游、购、娱的服务接待需求。

（2）必须要有一个以上的风景区、点作为支撑景观。这些风景区（点）在区域范围内有一定知名度和较强吸引力的旅游资源。如：自然旅游资源的风景水体（湖泊、风景河段）、森林公园、风景地貌、溶洞和历史文化价值比较高的人文旅游资源等。

（3）必须要有一个良好的区位环境和便捷的交通条件，可进入性强。交通是进入旅游区的先决条件，没有便捷的交通，游人就不会来；没有旅游者，地质公园也就失去其意义和价值。

（4）地质公园可以作为自然旅游资源的一部分（一个局部）予以考虑，并纳入旅游区规划与设计：确定旅游导向，分析预测客源市场，设计旅游项目，规划旅游线路，同时在地质公园附近修建必要的服务接待设施和保护机构。

14.3.4 地质公园申报表的填写

地质公园的申报是一项复杂而严格的工作，科学性、实用性也很强，申报必须按照严格的程序和步骤进行。具体表格内容见表14-4。

表14-4　地质公园申报表

地质公园名称			
地质公园类型			
地点			
地理坐标			
总面积（km²）		主要地质遗迹面积（km²）	
地方建立保护区状况			
建立时间、批准机构、批准文号			
地质公园建立级别变动情况			
管理机构名称			
隶属关系			
人员编制		科技人员	
行政管理人员		工人	
固定经费来源及数额（万元）			
现有固定资产（万元）			

14.4 地质公园总体规划

14.4.1 总体规划基本内容

14.4.1.1 基本情况

包括：自然地理概况、社会经济概况、历史沿革和公园建设与旅游现状。

14.4.1.2 地质景观资源开发建设条件评价

包括：区域地质概况、区域旅游地质资源、地质遗迹景观、地质旅游资源评价、开发建设条件评价等。

14.4.1.3 总体规划依据和原则

规划依据主要涉及法律法规：《中华人民共和国土地管理法》《中华人民共和国矿产资源法》《中华人民共和国环境保护法》《中华人民共和国城乡规划法》《中华人民共和国水法》《中华人民共和国森林法》《中华人民共和国野生动物保护法》《中华人民共和国自然保护区管理条例》《风景名胜区管理条例》《全国生态环境保护纲要》《地质遗迹保护管理规定》《古生物化石保护条例》等。地质公园在编制规划时，要严格遵循"保护优先，科学规划，合理利用"的原则。

14.4.1.4 总体布局

包括：地质公园性质、地质公园范围、总体布局。

14.4.1.5 环境容量与游客规模

主要是指园区环境空间所能接纳的旅游者数量。包括：生态容量、环境绝对容量、年容量、游客规模等。

14.4.1.6 地质生产资料与游览线路规划

包括：景区划分与规划、景点特色与地质内涵、游览线路设计规划。

14.4.1.7 保护工程规划

包括：地质遗迹景观保护、其他资源保护、生态环境保护、安全卫生工程。

14.4.1.8 旅游服务设施规划

包括：餐饮与住宿、科普娱乐、购物（地质工艺品）、医疗与地学保健、导游标志。

14.4.1.9 基础设施工程规划

包括：道路交通规划、给水工程规划、排水工程规划、供电工程规划、供热工程规划、通信广播电视工程规划。

14.4.1.10 组织管理

包括：管理体制、组织机构、人员职能与编制。

14.4.1.11 投资概算与开发建设顺序

包括：概算依据、投资概算、资金筹措、开发建设顺序。

14.4.1.12 效益评估

包括：经济效益评估、生态效益评估、社会效益评估。

14.4.2 总体规划图件

（1）区域地质图（1/10万～1/20万）

（2）区域综合旅游资源分布图（1/5万～1/20万）

（3）地质公园总体规划图（1/5万～1/20万）

（4）地质遗迹保护规划图（1/5万～1/20万）
（5）主要地质旅游景区（点）规划图（1/1000～1/1万）
（6）地质公园基础建设规划图（1/5万～1/20万）

14.4.3 附件
（1）地质公园可行性研究报告及其批准文件；
（2）有关会议纪要和协议文件；
（3）地质旅游资源调查评价报告。

14.5 地质公园总体规划工作指南
14.5.1 总则
（1）为适应地质公园建设的需要，统一地质公园总体规划的要求，特制定本规划工作指南。

（2）本规划工作指南适用于全国新建和改建的地质公园及其他以地质地貌景观为主的旅游景区的总体规划编制。

（3）本规划工作指南制定的依据是《中华人民共和国环境保护法》《中华人民共和国自然保护区条例》、原地矿部1995年21号令《地质遗迹保护管理规定》《世界地质公园工作指南》等有关法律、法规与规定。

（4）地质公园总体规划的指导思想，应以独特的地质地貌与地质遗迹景观资源为主体，充分利用各种自然与人文旅游资源，在保护的前提下合理规划布局，适度开发建设，为人们提供旅游观光、休闲度假、保健疗养、科学研究、教育普及、文化娱乐的场所，以开展地质旅游促进地区经济发展为宗旨，逐步提高经济效益、生态环境效益和社会效益。

（5）地质公园总体规划应该遵循下列基本原则：

地质公园应以地质遗迹景观和地质生态环境为主体，突出自然科学情趣、山野风韵观光和保健旅游等多种功能，因地制宜，发挥自身优势，形成独特风格和地域特色的科学公园。

以保护地质遗迹景观为前提，遵循开发与保护相结合的原则，严格保护自然与文化遗产，保护原有的景观特征和地方特色，维护生态环境的良性循环，防止污染和其他地质灾害，坚持可持续发展。

为促进当地社会经济可持续发展服务，依据地质等自然景观资源与人文旅游资源特征、环境条件、历史情况、现状特点，以及国民经济和社会发展趋势，以旅游市场为导向，总体规划布局，统筹安排建设项目，切实注重发展经济的实效。

要协调处理好景区环境效益、社会效益和经济效益之间的关系，协调处理景区开发建设与社会需求的关系，努力创造一个风景优美、设施完善、社会开明、生态环境良好、景观形象和旅游观光魅力独特、人与自然协调发展的地质公园。

（6）地质公园规划应分为总体规划、详细规划两个阶段进行。大型而又复杂的地质公园，可以增编控制性详细规划或修建性详细规划。

（7）通过规划与分析对比，地质公园可分为县市级、省级、国家级和世界级四个级别，按用地规模可分为小型地质公园（20km^{2}以下）、中型地质公园（21～100km^2）、大型地质公园（101～500km^2）、特大型地质公园（500km^{2}以上）。

（8）地质公园规划应与国土规划、区域规划、城市总体规划、土地利用总体规划及其他相关规划相互协调。

（9）地质公园规划除执行本规划工作指南外，尚应符合国家有关强制性标准与规范的规定。

14.5.2 一般规定

14.5.2.1 地质遗迹景观（原地矿部第21号令）

（1）对追溯地质历史具有重大科学研究价值的典型层型剖面（含副层型剖面）、生物化石组合带地层剖面、岩性岩相建造剖面及典型地质构造剖面和构造形迹；

（2）对地球演化和生物进化具有重要科学文化价值的古人类与古脊椎动物、无脊椎动物、微体古生物、古植物等化石与产地以及重要古生物活动遗迹；

（3）具有重大科学研究和观赏价值的岩溶、丹霞、黄土、雅丹、花岗岩奇峰、石英砂岩峰林、火山、冰川、陨石、鸣沙、海岸等奇特地质景观；

（4）具有特殊学科研究和观赏价值的岩石、矿物、宝玉石等及其典型产地；

（5）有独特医疗、保健作用或科学研究价值的温泉、矿泉、矿泥、地下水活动痕迹以及有特殊地质意义的瀑布、湖泊、奇泉；

（6）具有科学研究意义的典型地震、地裂、塌陷、沉降、崩塌、滑坡、泥石流等地质灾害遗迹；

（7）需要保护的其他地质遗迹。

14.5.2.2 地质遗迹分级标准

（1）国家级

①能为一个大区域甚至全球演化过程中某一重大地质历史事件或演化阶段提供重要地质证据的地质遗迹；②具有国际或国内大区域地层（构造）对比意义的典型剖面、化石产地；③具有国际或国内典型地学意义的地质景观或现象。

（2）省级

①能为区域地质历史演化阶段提供重要地质证据的地质遗迹；②有区域地层（构造）对比意义的典型剖面、化石及产地；③在地学分区及分类上，具有代表性或较高历史、文化、旅游价值的地质景观。

（3）县级

①在本县的范围内具有科学研究价值的典型剖面、化石及产地；②在小区域内具有特色的地质景观或地质现象。

14.5.3 总体规划布局

14.5.3.1 总体规划布局

（1）总体布局必须全面贯彻有关各项方针、政策及法规。

（2）有利于保护和改善生态环境，妥善处理开发利用与保护之间、游览与生产和服务及生活等诸多方面之间的关系。

（3）从公园的全局出发，统一安排；充分合理利用地域空间，因地制宜地满足地质公园多种功能需要。

（4）在充分分析各功能特点及其相关关系的基础上，以游览区为核心，合理组织各功能系统，既要突出各功能区特点，又要注意总体的协调性，使各功能区之间相互配合、协调发展，构成一个有机整体。

（5）要有长远观点，为今后发展留有余地。

14.5.3.2 地质公园区划

（1）根据地质公园综合发展需要，结合地域特点，应因地制宜设置不同功能区。

（2）生态保护区：保护地质遗迹及生态环境，涵养水源，保持水土，维护公园生态环境为重要功能的地区。

（3）特别景观区：具有独特的地质遗迹景观和自然人文景观的地区。

（4）史迹保护区：地质遗迹与历史遗迹需要特别突出保护的地区。

（5）地质游览区：为游客游览观光区域。主要用于景区、景点建设；在不降低景观质量的条件下，为方便游客及充实活动内容，可根据需要适当设置一定规模的饮食、购物、照相等服务与游艺项目。

（6）野营区：为开展野营、露宿、野炊，模拟野外地质科考调查生活区。

（7）休疗养区：利用特殊的地质条件与自然环境和资源，为游客提供较长时期的休憩疗养、增进身心健康之用地。

（8）游乐区：对于距离城市50km之内的近郊地质公园，为吸引游客，在条件允许的情况下，需建设大型游乐与体育活动项目时，应单独划分区域。

（9）接待服务区：用于相对集中建设宾馆、饭店、购物、娱乐、医疗等接待服务项目及其配套设施。

（10）生产经营区：从事石材生产、矿井开发等非地质旅游业的各种生产活动区。

（11）行政管理区：为行政管理建设用地。主要建设项目为办公厅、仓库、车库、停车场等。

（12）居民生活区：为地质公园职工及公园境内居民集体建设住宅及其配套设施用地。

14.5.3.3 环境容量与游客规模评定

（1）确定合理环境容量应遵循的原则

①合理环境容量必须符合在旅游活动中、在保护旅游资源质量不下降和生态环境不退化的条件下，取得最佳经济效益的要求；②合理环境容量应满足游客的舒适、安全、卫生、方便等旅游需要。

（2）环境容量计算

①应分别按景区、景点可游面积测算日环境容量，并结合旅游季节特点，计算公园年环境容量；②环境容量一般采取面积法、卡口法、游路法等三种测算方法，可因地制宜加以选用或综合运用；③游客容量在环境容量测算基础上，按景点、景区、公园换算日、年游客容量；④根据地质公园所处地理位置、景观吸引能力、公园建成后的旅游条件及客源市场需求程度，按年度分别预测国际与国内游客规模。

14.5.3.4 旅游景点与景区规划

（1）突出地质公园主题，从公园整体到局部都应围绕公园主题安排。

（2）景点必须以地质自然景观为主，突出科技情趣、自然野味，有人文景观做必要的点缀，起到画龙点睛的作用。除特殊功能需要外，景区内不宜设置大型人造景点，如必须设置时，应以不破坏自然景观并与总体布局协调为前提条件。

（3）静态空间布局与动态序列布局紧密结合，处理好动与静之间的关系，使之协调，构成一个有机的艺术整体。

（4）景点的连续序列布局应沿山势、河流水系、道路、疏林、草地等自然地形、地物设置展开。正确运用"断续""起伏曲折""反复""空间开合"等手法，构成多样统一的鲜明连续风景节奏。

（5）景点命名：①要突出科学普及的特点，深入浅出，并保持地质科学内容的严谨性；②高度概括景点特点，主题恰如其分，充分揭示景观的科学内涵与自然美学精髓；③雅俗共赏，应满足各层次多数游人游览需要。不得单纯考虑艺术追求、片面标新立异、古僻、抽象、令人费解；④具有新颖性、知识性与趣味性，能启迪游人的探索自然和游赏兴趣；⑤景名构思应虚实并举，达到意境与景物形体的完美结合。

14.5.3.5 旅游线路规划

（1）游览线路规划

①合理布局，充分利用各种游览方式，形成有机结合，提供丰富的游览内容；②游览线路应有鲜明的阶段性和空间序列变化的节奏感，由起景开始、发展，到高潮、结束，逐渐引人入胜；③游览线路应便捷、安全、使游客在尽可能短的时间内，观赏到景观精华；④使游人能感受和利用地质公园的多种效益功能；⑤有利于地质公园景观资源和环境保护；⑥有利于合理安排游人的食、住、行、游、购、娱等旅游服务设施。

（2）游览方式的选择

应合理利用地形、地势等自然条件，充分体现景点特点，紧密结合游览功能需要，因地因景制宜、统筹安排，选择陆游、水游、空游、地下游览等各种方式。

14.5.4 地质遗迹景观保护规划

14.5.4.1 地质遗迹景观保护区划

保护区划应包括查清需保护的地质遗迹景观资源，明确保护的具体对象，划定保护范围，制定保护原则和措施等基本内容。景观保护的区划应包括生态保护区、自然景观保护区、史迹保护区、景观游览区和发展控制区等，并应符合以下规定：

(1) 生态保护区的划分与保护规定

①对风景区内有科学研究价值或其他保存价值的地质地貌自然景观及其环境，应划出一定的范围与空间作为生态保护区；②在生态保护区内，可以配置必要的研究和防护性设施，应禁止游人进入，不得建设任何建筑设施，严禁机动交通及其设施进入。

(2) 自然景观保护区的划分与保护规定

①对需要严格限制开发行为的特殊地质遗迹和景观，应划出一定的范围与空间作为自然景观保护区；②在自然景观保护区内，可以配置必要的步行游览和安全防护设施，宜控制游人进入，不得安排与其无关的人为设施，严禁机动交通及其设施进入。

(3) 史迹保护区划分与保护规定

①在景区内各级文物和有价值的历代史迹遗址的周围，应划出一定的范围与空间作为史迹保护区；②在史迹保护区内，可以安置必要的步行游览和安全防护设施，宜控制游人进入，不得安排旅宿床位，严禁增设与其无关的人为设施，严禁机动交通及其设施进入，严禁任何不利于保护的因素进入。

(4) 风景游览区的划分与保护规定

①对风景区的景物、景点、景群、景区等各级风景结构单元和风景游赏对象集中地，可以划出一定的范围与空间作为风景游览区；②在风景游览区内，可以进行适度的资源利用行为，适宜安排各种游览欣赏项目；③应分级限制机动交通及旅游设施的配置，并分级限制居民活动进入。

(5) 发展控制区的划分与保护规定

①在风景区范围内，对前面所述四类保护区以外的用地与水面及其他各项用地，均应划为发展控制区；②在发展控制区内，可以准许原有土地利用方式与形态，可以安排同风景区性质与容量相一致的各项旅游设施及基地，可以安排有序的生产、经营管理等设施，应分别控制各项设施的规模与内容。

14.5.4.2 地质遗迹景观保护区的分级

保护区的分级应包括特级保护区、一级保护区、二级保护区和三级保护区等四级内容，并应符合以下规定：

(1) 特级保护区的划分与保护规定

①风景区内的自然保护核心区及其他不应进入游人的区域应作为特级保护区；②特级保护区应以自然地形地物为分界线，其外围应有较好的缓冲条件，在区内不得兴建任何建筑设施。

（2）一级保护区的划分与保护规定

①在一级景点和景物周围应划出一定范围与空间作为一级保护区，宜以一级景点的视域范围作为主要划分依据；②一级保护区内可以安置必需的步行游赏道路和相关设施，严禁建设与风景无关的设施，不得安排旅宿床位，机动交通工具不得进入此区。

（3）二级保护区的划分与保护规定

①在景区范围内，以及景区范围之外的非一级景点和景物周围应划为二级保护区；②二级保护区内可以安排少量的旅宿设施，但必须限制与风景游赏无关的建筑，应限制机动交通工具进入本区。

（4）三级保护区的划分与保护规定

①在风景区范围内，对以上各级保护区之外的地区应作为三级保护区；②在三级保护区内，应该有序地控制各项建设与设施，并应与风景区环境相协调。

14.5.4.3 分类保护或分级保护

保护规划应依据本景区的具体情况和保护对象的级别而择优实行分类保护或分级保护，或两种方法并用，应协调处理遗迹保护、开发利用、经营管理的有机关系，加强引导规划措施。

14.5.5 专题规划

14.5.5.1 游览设施规划

旅行游览接待服务设施规划应包括：游人与游览设施现状分析；客源分析预测与游人发展规模的选择；游览设施配置与直接服务人口估算；旅游基地组织与相关基础工程；游览设施系统及其环境分析等。

14.5.5.2 基础工程规划

地质公园基础工程规划应包括交通道路、邮电通信、给水排水和供电能源等内容，根据实际需要，还可进行防洪、防火、抗灾、环保、环卫等工程规划。具体应符合下列规定：

（1）符合景区保护、利用、管理的要求；

（2）同景区的特征、功能、级别和分区相适应，不得损坏地质旅游景观和风景环境；

（3）要确定合理的配套工程、发展目标和布局，并进行综合协调；

（4）对需要安排的各项工程设施的选址和布局提出控制性建设要求；

（5）对于大型工程或干扰性较大的工程项目及其规划，应进行专项景观论证、生态与环境敏感性分析，并提交环境影响评价报告。

14.5.5.3 居民社区调控规划

凡含有居民点的地质公园，应编制居民点调控规划；凡含有一个乡或镇以上的地质公园，必须编制居民社会系统规划。居民社会调控规划应包括现状、特征与趋势分析；人口发展规模与分布；经营管理与社会组织；居民点性质、职能、动因特征和分布；用地方向与规划布局；产业和劳力发展规划等内容。

居民社会调控规划应遵循下列基本原则：

（1）严格控制人口规模，建立适合风景区特点的社会运转机制；

（2）建立合理的居民点或居民点系统；

（3）引导淘汰型产业的劳力合理转向。

14.5.5.4 经济发展引导规划

经济发展引导规划应以国民经济和社会发展规划、风景与旅游发展战略为基本依据，形成独具地质公园特征的经济运行条件。经济发展引导规划应包括经济现状调查与分析、经济发展的引导方向、经济结构及其调整、空间布局及其控制、促进经济合理发展的措施等内容。

14.5.5.5 土地利用协调规划

（1）土地利用协调规划应包括土地资源分析评估、土地利用现状分析及其平衡表、土地利用规划及其平衡表等内容。

（2）土地资源分析评估应包括对土地资源的特点、数量、质量与潜力进行综合评估或专项评估。

（3）土地利用现状分析应表明土地利用现状特征，风景用地与生产生活用地之间的关系，土地资源演变、保护、利用和管理存在的问题。

（4）土地利用规划应在土地利用需求预测与协调平衡的基础上，表明土地利用规划分区及其用地范围。

（5）土地利用规划应遵循下列基本原则：①突出风景区土地利用的重点与特点，扩大风景用地；②保护风景游赏地、林地、水源地和优良耕地；③因地制宜合理调整土地利用，发展符合风景区特征的土地利用方式与结构。

14.5.5.6 分期发展规划

（1）地质公园总体规划的分期发展规划应符合以下规定：①第一期或近期规

划：5年以内；②第二期或远期规划：5~20年；③第三期或远景规划：大于20年。

（2）在安排每一期的发展目标与重点项目时，应兼顾地质遗迹景观保护、风景观赏、游览设施、居民社会的协调发展，体现地质公园自身发展规律与特点。

（3）近期发展规划应提出发展目标、重点、主要内容，并应提出具体建设项目、规模、布局、投资估算和实施措施等。

（4）远期发展规划的目标应使风景区各项规划内容初具规模，并应提出发展期内的发展重点、主要内容、发展水平、投资估算、健全发展的步骤与措施。

（5）远景规划的目标应提出地质公园规模所能达到的最佳状态和目标。

（6）近期规划项目与投资估算应包括风景游赏、景观保护、游览设施、居民社会四个职能系统的内容以及实施保护措施所需的投资。

14.6 地质公园评审委员会资质和工作制度

14.6.1 评审委员会的任务、职责

受国土资源部的委托，国家地质遗迹（地质公园）评审委员会负责国家级地质遗迹（地质公园）的评审工作，对经地质遗迹（地质公园）主管部门初审合格的申报材料进行评审，以记名方式表决并提出评审委员会评审意见。

14.6.2 评审委员会成员条件

拥护中国共产党领导，作风正派，工作负责，办事公正。

学术造诣较深，能对地质遗迹保护和建设或管理工作提出权威性建议。

具有高级技术职称的专家或主管行政领导。

身体健康，能参加实际工作。

14.6.3 组织机构

14.6.3.1 评审委员会

评审委员会由1名主任委员、3名副主任委员和若干名委员组成，任期三年。评审委员会换届及评审委员会解聘或增补手续，由有关单位提出人选，报国土资源部批准后办理。

14.6.3.2 评审委员会办公室

评审委员会办公室为评审委员会的评审办事机构，挂靠在中国地质学会。其

主要任务是：
(1) 负责评审委员会的日常事务。
(2) 对经主管部门初审合格的国家地质遗迹（地质公园）申报书进行评审。
(3) 建立和管理国家地质遗迹（地质公园）评审工作档案。
(4) 受主管部门委托，开展与世界地质公园组织的联系工作。

14.6.4 评审及复评程序

评审委员会原则上每年召开一次评审会议，一般定于每年第四季度举行。

评审会议由主任委员或主任委员委托副主任委员召集主持。

由国家地质遗迹（地质公园）领导小组指派一至两名评审委员作为主审委员，负责向评审委员会介绍有关地质公园的情况及评估意见，代拟评审委员会评审意见，并依据评审结果修改完成评审意见。

申报国家地质公园复评程序同评审程序。

14.6.5 报批程序

经评审委员会2/3以上评审委员（包括2/3，含有委员委托的代表或书面评审意见）表决后，由评审委员会办公室将评审意见及申报材料报送国土资源部地质遗迹（地质公园）领导小组审查，对在隶属关系、管理体制等方面不存在异议的地质公园，由国土资源部提出审批意见。

对虽经评审委员会2/3以上（包括2/3）评审委员表决通过，但在隶属关系、管理体制等方面存在异议的地质公园，由国土资源部委托国家地质遗迹（地质公园）领导小组负责与地质公园所在省、自治区、直辖市有关部门协调后，报国土资源部审批。

14.7 国家地质公园评审标准

14.7.1 申报与评审

申报国家地质公园，由地质公园所在省、自治区、直辖市国土资源主管部门提出申请。

国家地质公园评审委员会负责国家地质公园的评审工作。

申报国家地质公园的地质公园必须为省（自治区、直辖市）级地质公园，且原则上应在该级别建设和管理二年以上。

申报国家地质公园，必须提交下列材料：
（1）拟建国家地质公园申报书；
（2）拟建国家地质公园综合考察报告；
（3）拟建国家地质公园总体规划；
（4）拟建国家地质公园位置图、地形图、卫片、航片、环境地质图、植被图、规划图及文献等图件资料；
（5）拟建国家地质公园的地质遗迹及主要保护对象的录像带、照片集；
（6）批准建立省（自治区、直辖市）级地质公园的文件、土地使用权属证等有关材料。

国家地质公园评审委员会在听取申请建立国家地质公园的主管部门情况汇报和评估意见后，以记名形式投票表决。经评审委全体成员2/3以上（包括2/3、含委员委托的代表或书面评审意见）表决通过的地质公园，具备报国土资源部审批的资格。

14.7.2 评审指标与赋分

国家地质公园的评审指标由自然属性、可保护属性和保护管理基础三个部分组成，其下又分为12项具体指标。

根据各评审指标的重要程度，分别赋予一定分值，总分为100分。

评审指标总分得分小于60分时，具有否决意见。

14.7.3 国家地质公园评审指标及赋分

14.7.3.1 自然属性（60分）

（1）典型性（15分）
①遗迹的类型、内容、规模等具有国际对比意义（15分）；
②遗迹的类型、内容、规模等具有全国性对比意义（10分）；
③遗迹的类型、内容、规模等在国内具有重要的地学意义（5分）；
④遗迹的类型、内容、规模等属国内常见（0分）。

（2）稀有性（17分）
①属世界上唯一或极特殊的遗迹（17分）；
②属世界上少有或国内唯一的遗迹（12分）；
③属国内少有的遗迹（6分）；
④在国内外均不具特殊性的普通遗迹（0分）。

(3) 自然性（8分）

①基本保持自然状态，未受到或极少受到人为破坏之遗迹（8分）；

②虽受到一定程度的人为破坏，但影响程度很低或稍加人工整理可恢复原有面貌之遗迹（6分）；

③受到比较明显的人为破坏，但经人工整理后仍有较大保护价值的遗迹（3分）；

④人为破坏严重，极难恢复之遗迹（0分）。

(4) 系统性和完整性（10分）

①遗迹的形成过程和表观现象保存系统而完整，内容丰富多样（10分）；

②遗迹的形成过程和表观现象保存比较系统而完整，内容较多样（6分）；

③遗迹的形成过程和表观现象保存不够系统而完整，但基本能反映该类型遗迹的主要特征（3分）；

④遗迹的形成过程和表观现象保存较少，内容单一，不能够反映该类型遗迹的基本特征（0分）。

(5) 优美性（10分）

①具有极高的美学价值（10分）；

②具有较高的美学价值（7分）；

③具有一般的美学价值（4分）；

④不具有美学价值（0分）。

14.7.3.2 可保护属性（20分）

(1) 面积适宜性（6分）；

①面积足以有效保护遗迹的全部保护对象（6分）；

②面积基本能够保护遗迹的全部保护对象（4分）；

③面积能够保护遗迹的主要保护对象（2分）。

(2) 科学价值（8分）

①在地学和生态学等方面具有极高的科学价值（8分）；

②在地学和生态学等方面具有较高的科学价值（4分）；

③在地学和生态学等方面具有一般的科学价值（2分）。

(3) 经济和社会价值（6分）

①在资源利用、旅游、教育等多方面具有重大意义（6分）；

②在资源利用、旅游、教育等多方面具有较大意义（3分）；

③在资源利用、旅游、教育等多方面具有一般意义（1分）。

14.7.3.3 保护管理基础（20分）

（1）机构设置与人员配备（4分）

①具有健全的管理机构和适宜的人员配备，并且专业技术人员占管理人员的比例≥20%（4分）；

②管理机构健全并配备了相应的管理人员，但专业技术人员占管理人员的比例<20%（3分）；

③已建立管理机构，但现有管理人员数量不能满足资源保护与日常管理的需要（1分）；

④尚未建立管理机构（0分）。

（2）边界划定与土地权属（3分）

①边界清楚，无土地使用权属纠纷，已获得全部土地的使用权并领取了土地使用权属证（3分）；

②边界清楚，无土地使用权属纠纷，已获得核心区土地的使用权并领取了土地使用权属证（2分）；

③虽未获得土地使用权，但边界清楚，无土地的使用权属纠纷（1分）；

④边界不清楚，土地使用权属存在较大的争议（0分）。

（3）基础工作（6分）

①完成综合科学考察，系统全面掌握资源、环境本底情况，编制完成详细综合考察报告和总体规划，收集了完整的样本材料（6分）；

②完成综合科学考察，基本掌握资源、环境本底情况，编制完成较详细综合考察报告和总体规划，收集了大部分的样本材料（4分）；

③完成针对主要保护对象的科学考察，初步掌握资源、环境本底情况，完成了部分或初步的科学考察报告和总体规划，收集了主要保护对象的样本材料（2分）；

④尚未开展科学考察，无考察报告和总体规划（0分）。

（4）管理条件（7分）

①具有良好的基础设施，包括完备且先进的办公、保护、科研、宣传教育、交通、通信、生活用房等设施（7分）；

②基本具备管理所需的办公、保护、科研、宣传教育、交通、通信、生活用房等设施（4分）；

③初步具备管理所需的基础设施，但尚不能满足一般管理工作的需求（2分）；

④不具有或基本不具有基础设施，无法进行正常的管理工作（0分）。

14.7.4 国家地质公园评审表

表14-5 国家级地质公园评审表

拟建国家地质公园名称			XX省XX国家地质公园		
指标和赋分					
1.1典型性	满分 15	得分	1.2稀有性	满分 17	得分
1.3自然性	满分 8	得分	1.4系统性和完整性	满分 10	得分
1.5优美性	满分 10	得分	2.1面积适宜性	满分 6	得分
2.2科学价值	满分 8	得分	2.3经济和社会价值	满分 6	得分
3.1机构设置和人员配备	满分 4	得分	3.2边界划定和土地权属	满分 3	得分
3.3基础工作	满分 6	得分	3.4管理工作	满分 7	得分
总分	100				
是否同意建立国家地质公园					
专家签名：				年 月	日

14.7.5 提交成果

（1）国家地质公园综合考察报告提纲（综合材料）。

（2）地质公园总体规划报告。

由规划报告书、规划图纸和附件三部分组成。

（3）总体规划图件（功能图件）。

包括：区域地质图（1/10万～1/20万）；区域综合旅游资源分布图（1/5万～1/20万）；地质公园总体规划图（1/5万～1/20万）；地质遗迹保护规划图（1/5万～1/20万）；主要地质旅游景区（点）规划图（1/1000～1/1万）；地质公园基础建设规划图（1/5万～1/20万）。

（4）航片、卫片、照片集。

（5）光盘。

（6）导游词解说。

（7）路线图。

（8）规划文本。

第 15 章
自然公园及其规划设计

15.1 我国自然公园的建立

自然公园是一处自然状态（以天然性和原始性为特征）的原生态自然区域，是为了强化自然资源保护和生态绝对安全，人类所划定的一块严格受生态保护的地域空间。自然公园包括国家公园、森林公园、地质公园、湿地公园、海岛公园、沙漠公园、生态公园等。也就是说，这些公园都属于自然公园的范畴，也是广义的国家公园。这些公园都是自然保护区的一种形式。

我国最早在1956年划出一片自然区域进行国家保护的是广东省肇庆鼎湖山自然保护区。在1958年又批准了福建三明自然保护区，1963年、1965年又批准了四川4处自然保护区，1975年以保护野生动物（熊猫）为目的而建立自然保护区，1978年开始正式大批量建立自然保护区。到2018年3月，已经建立535处国家级自然保护区，另外还有其他各级、各类自然保护区。这体现了各级政府部门对国土自然生态环境保护的重视。

从20世纪80年代初期起，随着旅游业的迅速发展，在一定区域范围内具有旅游功能的园（景）区大量涌现。国家出于保护与开发的综合考虑，于1985年发布了《风景名胜区管理暂行条例》，使其管理工作走上法治轨道。到2017年为止，命名的国家风景名胜区共9批次，已达244处（见附录1）。

20世纪90年代，国家林业局、国土部等陆续开发建立了以公园命名的园区，如：国家森林公园、国家湿地公园（国家林业局2008年发布《国家湿地公园评估标准》）、国家地质公园等。这类公园基本上还是属于以保护自然区域资源和环境为主，适度发展旅游业的自然园区。除湿地公园外，基本都纳入到2010年《全国主体功能区规划》的"国家禁止开发区"范围，成为禁止工业化和城镇化进行开发的重点生态功能区（表15-1）。截至2017年9月，先后批准了青海三江源等10处自然园区进行国家公园体制试点。表15-1中的各类自然公园，有些已经列入国家公园体制试点范围。总之，自然公园是明确界限的自然境域，在严格保护其资源和环境的前提下适度利用，作为公众观光、休闲的自然区域。

表15-1 国家禁止开发区域基本情况

类　　型	个　　数
国家级自然保护区	535
世界文化自然遗产	53
国家级风景名胜区	244
国家森林公园	803

↳续表

类　　型	个　　数
国家地质公园	272
合　　计	1907

注：数据主要参考《国务院关于印发全国主体功能区规划的通知》（国发〔2010〕46号）。

15.2 自然公园规划

15.2.1 自然公园规划的任务

与城市公园规划设计的"造园"任务不同，自然公园规划设计建设者的任务主要是创造条件，把自然审美、生态价值、科学价值完好地展示出来，为人类所享用。

"自然公园展示规划设计"与"城市公园景观规划设计"有本质不同，前者是"展示"，后者是"造园"。自然景观不是设计出来的，是大自然百千万年甚至几亿年的演化、自然发展演化造就的，即天然自成的。规划师的任务是将自然景观充分"展示"出来，为旅游者享用。任何人工造景都是对自然景观的破坏，造园投资越大，破坏就越大。

15.2.2 自然园区规划的原则

15.2.2.1 综合平衡原则

所谓规划就是"综合平衡各相关元素或相关者的利益，并做出统筹安排"。自然园区规划就是综合国家（资源所有方）、地方政府、当地居民（农民）、旅游者、投资者等多方利益做出的统筹安排。

有些自然区域土地虽为集体所有，但其整个环境及其生态资源影响一个大区域的发展，一旦破坏，难以恢复，规划应该以相关的政策法律为依据，维护其国家整体长远利益。

规划中对于旅游者的利益不能忽视，规划的目标之一是要为公众（游客）提供一个游览方便、服务完善的旅游环境。

其他方面，如农民、投资者以及地方政府的利益当然要顾及，这三者是最活跃的因素，没有他们的积极参与，建设自然公园（或某旅游区）的目标就不能实现。

15.2.2.2 资源保护优先原则

一个自然区域的环境资源不仅对整个大区域的生存环境有影响，同时也是建立该自然公园的资源之本。因此无论从国家整体利益、局部区域的长远利益，还是从本项目的利益出发，都必须遵守资源环境保护优先的原则。保护优先的原则是规划时必须坚持的一点。

15.2.2.3 服务设施在区外原则

任何园区规划都要根据市场和条件，安排必要的游客服务设施和基础设施。较集中的服务设施或大中型服务设施，特别是住宿设施必须安排在景区外，这是在规划布局中必须遵守的准则。据我们所做的各种自然景区规划设计的经验，结合实际环境，可采取"山上游、山下住""岛上游、岛外住""谷中游、沟外住""游在景里、吃在景外、住在村中"等类似的规划理念。

15.2.2.4 与其他规划协调原则

不少自然景区在编制规划之前都曾经或迟或早编制过相关的规划，如国土规划、生态规划，县域、镇域或新农村规划，以及其他专项规划等，这些规划都是经过合法程序的规划。自然景区的规划必须与这些规划相协调，在土地利用安排中，尽可能使其吻合。如确有必要对上述规划作调整，就应与相关部门协商，执行相应的程序，使服务设施建设用地能落到实处。曾见到一些规划编制单位在项目策划中为迎合投资者要求，花了大量精力，编制出创意很新的项目，但最终并没有能够对新项目进行实施，正是因为违背了这一原则。

15.2.2.5 实事求是原则

实事求是的原则就是科学的原则。在任何一个自然园区规划中，遇到的情况总是错综复杂的，必须分析实际情况，科学合理地解决问题。

15.2.3 规划程序

对于自然园区的规划，机械地照搬城市规划、风景名胜区规划、旅游规划通则中所规定的三个阶段——总体规划、控制性详细规划、修建性详细规划"三部曲"的做法是不适宜的。自然园区的范围，小到几十平方公里左右，大到上百平方公里，甚至达数千平方公里。这样大范围的自然园区，绝大部分土地是属于自然状态的生态境域，真正能实际建设服务设施的用地只有几公顷，多则十几公顷。

自然公园园区的规划可以分为两阶段：第一阶段，对于整个自然园区范围，可以编制总体规划大纲或总体规划，包括：选择园区范围、资源评价与保护、市场分析、接待规模与控制、景观选择、游线安排、服务区或门区的选址、建设用地规模（或建设强度控制）确定、环境保护等，编制其相应的成果即可；第二阶段为建设规划，包括两部分：景区外的服务设施以及园区内游览线路及景观展示系统。

景区外的服务区或门区可以将传统的控制性详细规划和修建性详细规划结合起来，直接编制详细规划，为区别起见，我们称为"建设规划"。

园区内的绝大部分地区为原有自然状态，除了保护、恢复原有自然生态环境、安排景观展示（少量游线和少量观景空间）外，再安排人工景观、娱乐、住宿等建设项目就是多余的，就是破坏。自然公园园区内允许有原有村落和原住民，有控制地接待少量过夜旅客，以严格保护自然生态环境不被破坏。

15.3 自然公园景观展示

15.3.1 概念

自然景观展示是指在保护原有自然景观的前提下，采取必要的措施，将其自然美、原生态美、科学美充分展示出来，供人们欣赏、了解和体验。

15.3.2 观景

很显然，展示的目的是为了供人们欣赏其美貌（灵秀、奇特），体验其神奇、壮观，了解其科学内涵与知识，为了叙述方便，将之简单称为"观景"。展示与观景是一个事物的两个方面，展示为了观景，观景是对所展示的自然景观的感受。

观景分为动态观景和静态观景，自然景观是静态的，游客进入自然公园园区内，通过步行和乘坐交通工具到达观赏点，在途中就是动态观景，到观赏点停下来即可观赏到最具特色的景观为静态观景。

15.3.3 自然景观展示方式

处于自然状态的景观是大自然赐予人类的，已经立在大地上，景观展示实际上是搭建可进入的观景平台，为游客接受大自然的恩赐营造一个环境，必要时对被展示对象命名并做出科学解释。

进入的方法不是步行就是乘坐各种交通工具（车、船、索道、马等），在行进途中走走停停，检阅（游览）山山水水，从被检阅对象角度看，这些景观也就展示出来了。

规划设计的任务就是为自然景观设计游览线路、交通方式、观景平台并对其命名、设立解说牌等。前者是解决游客的可达性问题，后者是给游客愉悦感和丰富知识。

15.3.4 展示分类

15.3.4.1 宏观展示

对于规模宏大的自然景观，如山岳峰林地貌，可用寻求登高平台以展示其壮观，或规划游览线进入其中进行动态体验。

15.3.4.2 中距离展示

对于这类自然景观，如奇特岩崖、峡谷、海边、河湖类等，可安排游览线通过崖边、谷中或水边进行动态体验观光。

15.3.4.3 近距离展示

对于洞穴、古树、奇花异草、瀑布、微型景观等，只能进入洞内或就近展示，近距离展示只能停留下来仔细观看。

15.4 自然公园景观展示规划

15.4.1 概念

自然公园景观展示规划是指在自然公园园区的范围内进一步选择可供观赏的自然景观区或景点，并为了展示其良好生态环境、奇特景观、优美风光和最具科学价值的一面，而选择适宜的游赏位置（即观赏点）和安排必要的进入条件（即游览线及其设施）。

15.4.2 游赏景观的选择

在自然公园总体规划阶段已经确定了各类园区、景区和主要的自然景观的基础上，在进入自然公园建设规划阶段时，应对园区、景区内的自然景观、景点进一步挖掘、筛选，确定对外开放的游赏景观点，并进行分类，为下一步选择具体观赏点位置提供依据。游赏景观的选择应在现场考察时进行，并做描述记录和标注在地形图上。

15.4.3 游赏位置的选择

众多的自然景观要能充分地展示给游客，还必须选择合适的观赏地点。这些观赏点位置的选择，要从观赏视距、观赏视域、观赏视角、足够面积、安全性以及可达性等多方面去分析考虑，才能完成。

15.4.4 对自然景观景点命名

15.4.4.1 景名的功能

与任何事物一样，要认识它首先要与名称联系起来，自然景观也是如此。面对一处非常优美的自然景观，如果没有景名，人们怎么去认识它、传播它？因此景名的主要功能是识别、联想、传播。

景名要与实际景观相符，是对景观的升华和高度概括。景名是实景的一面镜子和真实反映，若能把这一功能体现好，其他功能当然很容易实现。

15.4.4.2 自然景观名的类型

景观名称的类型大体有四类：（1）以景观形象特征命名——如黄山风动石、巫山神女峰；（2）以情景加艺术升华命名——如庐山龙首崖；（3）以科学特征命名——如杭州西湖的飞来峰；（4）以地方名加特征来命名——如巫山云雨、黄山云海、黄山的"五老上天都"等。

15.4.4.3 对景名的要求

（1）能高度概括景观、景点特色，充分揭示其内涵，力求恰到好处。

（2）具有科学性、新颖性与趣味性，能激发游客的游赏兴趣和探索求知热情。

（3）景名构思应有虚有实，做到意境与形体的完美结合。

（4）发音能朗朗上口，雅俗共赏，便于传播，不用生疏的科学词汇或孤僻的古文词语。

15.4.4.4 命名程序

命名也是地质公园规划设计的一项重要任务。实际上，对地质景观命名从开始策划地质公园项目时就应着手考虑。在综合考察、总体规划、建设规划，一直到景观展示设计阶段，甚至开园之前，规划设计人员都在思考地质景观名称。

命名最好的方式，是在现场考察时由各方面的专家、地方人士、文化人、旅游者等共同参与，七嘴八舌，初步选定。再回到室内，结合影像，并综合整个园区景名进行调整、整合，形成全园区的系列化景名群。如有些景名形成四字一名的八景、十景或多景组合，有些能对仗押韵好记好传播，有些构成一首诗词等。

15.4.4.5 自然景观解说

一般自然景观,不仅有美学价值,还有科学普及价值。为了便于游客进一步了解景观的这些价值,除对景观景点命名外,还应该对其做进一步解释,这就需要编写解说词。编写解说词也是自然公园建设规划的重要内容之一,由相关专业(如生物、地质、文化等)的专家和规划设计人员共同编写,解说词要求科学、准确、简明扼要、通俗易懂。自然景观解说词是制作景观解说牌和未来导游词编写的依据,有些可以原文照搬。

15.4.5 观赏点面积确定

观赏点的面积根据总体规划估算的游客量和实际能提供的自然地形承载力条件确定。由于不是所有的游客都会到达每一处观赏点,所以到达各点的游客数量和停留时间也不同,其规划的面积也不一样。

重点观赏点一般游客必到,且停留时间相对较长,其面积按高峰时的游客量计算确定。例如某自然公园的某个园区,旅游旺季时的日游客量为1000人,高峰每小时为200人,游客在此景点停留时间为10分钟,最多停留的游客可能就要达到30人,按人均占地面积$5m^2$计算,需要的面积为$150m^2$。一般的观赏点停留时间短,可能只需5~7分钟,其面积仅为$80m^2$。

但由于自然地形条件的限制,在狭窄的地带,不可能提供这样大小的面积,可适当缩小,考虑到观赏点要为游客提供留影时间和场地,观赏点的最小面积不能小于$50m^2$。必要时可架设观赏平台。

此外,中近景观的观赏点面积还要考虑合适的视距和视域要求,为游客摄影留出适当的空间。

15.4.6 游览线及其设施规划

15.4.6.1 观赏线路的选择

观赏线路选择的原则和方法是:先选观赏点,再选择观赏线;尽量利用原有山间小路、开阔之地、缓坡之路,少穿林带、耕地;地形图上选线与实际考察复核相结合,两者缺一不可;安全原则,观赏线路必须避开地质条件脆弱的地带,如泥石流、滑坡、危岩等危险地段。只有对生物物种、生态环境、地质遗迹等基本知识有一定了解,懂得工程基础理论、规划原理,有美学修养,经过多年的实践才能掌握这些原则和方法并选出好的线路,做出切合实际的建设规划。

15.4.6.2 游览方式

进入自然公园园区后,规划安排游客进入观赏点的方式大体有:步行、乘园内游览车(通常为电瓶车或清洁能源车)、乘船(自划、漂流或动力等)、乘空中索道、滑索等。

其中步行是优先考虑的最基本方式,步行道是与观赏点联系最密切的、不可缺少的交通设施。规划的任务就是为园区建立完善的步行系统,包括:园区大门至各观赏点的步行主路;其他交通工具(车、船、索道等)的站点与观赏点之间的步行支道;跨越各种障碍的小型设施,如跨越河、沟的各种小桥(木桥、石桥、索桥等),跨越浅水面、湿地的汀步、栈道;为保护地质遗迹或生态环境而架设的栈道,等等。以上这些除提供游客步行功能外,也与观景点一起构成景观环境的组成部分,对自然景观起着"绿叶托红花"的作用。因此步行系统应纳入自然景观展示规划设计之中。

15.4.6.3 步道规划四要素

(1) 步行道长度

为了保护自然生态环境、减少对地形地貌的破坏,自然公园内应尽可能少修机动车道,多以人行步道引导游客为宜。当然还应考虑地形地貌实际,考虑一般游客所能承受的体力和心理因素。据调查,身体健康的中老年游客在景观单调的路段(步行纵坡小于15%)步行,体力和心理正常承受的距离为2~3km,年轻游客为2.5~3.5km,因此规划安排的穿越景色单调路段一般不要超过2.5km。

(2) 登山步道坡度与高度

在山岳类自然景观的公园内,登山爬坡是一种乐趣,但从游客体力考虑,游客在景色单调的山地爬坡(步行纵坡大于18%),体力和心理正常承受的攀登高度一般不要超过300m为宜。在规划自然公园景区的无特色景观的步行道时,其长度不宜超过2500m,或攀高不宜超过300m,一般两个条件都应满足。

(3) 步行道宽度

主干步道。由园区大门到各景区的步道称为主干步道,其宽度由旺季高峰时人流量决定,还应考虑游客心理和景观,以高峰人流量每分钟20人为一个步道,每个步道宽0.8~1.2m,主干步道至少不少于3个步道,其宽度分别是2.7m、3.4m、4.0m。一般不会超过4.0m宽,如该园区高峰小时人流超过3600人时可考虑再增加步道。

步行支道。由各种交通工具的停站点或主干步道到各观赏点的步行支道,一般不会像主干步道那样出现十分集中的高峰期,加上越深入景观内,地形空间越窄，不宜修更宽的步道，一般分为三级，即1.2m、2.0m、2.7m，很少出现超过3.0m宽的步行支道。

（4）步道的线形

步道的线形包括平面和竖向。总的原则是顺其自然，顺坡就弯，以少动土石方，减少对原有地形的破坏。对于景点密度高的区段，要仔细考察现场，不仅要保护景观资源，而且要考虑步移景换的要求，使纷繁的自然景观能逐一展示给在步道上游览的游客，这类步道称为观景步道或游道。

15.5 各类自然景观展示规划设计方法

15.5.1 山岳型景观展示

山岳型景观特征是空间范围宽广，峰峦起伏，青山绿水、壮观秀丽。常见的地貌包括：峰丛、峰林、丹霞、雅丹、火山和喀斯特地貌等。这类景观从总体上宽广壮观，给人以震撼，游客入内可体验到大自然力量的巨大、神奇；同时在其范围内常常自然散布着神奇、美丽和动人的，甚至天生绝妙的景致（景物、景点或景群），具有极高的观赏价值。这后一点，常常是游客观赏的重点，有些是游客必到之处，常被园林学家称之为园区景观的"高潮"点，不到此点就被认为没有到过此园。

山岳型景观展示规划设计的主要任务是：在保护宏观地貌完整的基础上，在重点保护主要地质景观、保护生态的前提下，安排游客进入其中游览园内重要的景点，引导游客入内体验其神奇，认识自然奥秘，这主要应考虑安排必要的服务设施（小道、平台、垃圾桶、公厕等）。

15.5.2 峡谷型景观展示

峡谷是自然公园中常见的一种地貌景观，它的特点是空间窄长多弯曲，谷深坡陡，时而宽广，时而又成"一线天"；谷中常常伴随有流水、瀑布、跌水、深潭，两侧石缝内也常有泉水出露成瀑；谷边谷中林木茂盛，奇石随处可见；长期的切削、剥落、崩塌，为典型地层剖面出露创造了良好的条件。所有这些地段，使峡谷成为吸引游客和科考的理想天地。

峡谷类自然景观展示主要是通过接受进入谷中的游客"检阅"的方式，以动态游览为主；在奇石、泉瀑、潭溪、洞窟、古树等景物面前稍作停留，近距离欣赏体验。

峡谷景观展示规划设计的主要任务是：在保护的前提下，安排游客进入谷中游览、体验，规划设计相应的服务设施（步道、汀步或栈道、平台、垃圾筒，一般不在峡谷内设公厕），规划这类设施要特别注意保障游客安全。

15.5.3 洞穴型景观展示

天然的溶洞景观或洞窟、洞穴景观是一个封闭的黑暗空间，要使其能展示出来供游客欣赏，必须安排好道路、照明、安全、解说四大系统。洞穴景观有洞中泉、洞中湖、洞中激流、洞中瀑等，洞穴生物则有盲鱼、大鲵、昆虫、蝙蝠、菌类及灯光植物等，由此体现出洞穴景观的神秘和神奇。

15.5.4 森林和生态景观展示

森林和生态景观展示原则是：尽可能保留原有林木生态环境和景观，除安排必要的进入条件（道路）、暂时停留（观景、小憩台）外，不刻意规划设计人工景观；一切人工设施（路、台、棚、亭等）都应远离并不得砍伐古树名木、珍稀保护植物，这些人工设施宜小不宜大，宜窄不宜宽，要把对生态的破坏降到最小。

森林和生态景观规划的重点应该放在选择静态的观赏点位置和动态游线布局上。

15.5.5 天然湿地景观展示

天然湿地公园不包括城乡因排污而进行人工整治后所形成的、为附近居民提供日常休息活动的"城乡公园"。它通常是指"湿地国际组织"在保护世界湿地生态系统和水禽栖息地所制定《湿地公约》[1]中规定的应保护水域系统，即"天然或人工、长久或暂时之沼泽、湿地、泥炭地或水域地带，带有或静止或流动，或为淡水、半咸水或咸水水体者，包括低潮时水深不超过6m的水域"。同时湿地"可包括湿地邻近的河湖沿岸、沿海区域及湿地范围的岛屿或低潮时水深超过6m的水域"。典型的湿地有：河口（如三角洲、滩涂和盐滩）、海域（近岸海域、海岸、珊瑚礁）、河滩（定期被河水淹没的土地，如水草地、有水林地和月牙湖）、沼泽、湖（如池塘、水洼等）。

典型的自然湿地景观有：黄河口三角洲（大片芦苇地）候鸟栖息地、华南沿海的红树林、河北省中部白洋淀，等等。研究表明，湿地在大气、水、非生物、生

---

1. 全称为《关于特别是作为水禽栖息地的国际重要湿地公约》。

物循环中起着不可替代的作用；湿地具有吸收各类污染物质的功能，被人们称为"大地之肾"；同时，湿地是地球上生产力最高的生态系统之一；它的生物多样性也被人们关注。因此国内外许多湿地都被列为重要的生态保护区域。此外，大片湿地特别能吸引大量的鸟类，其特有的景观功能也成为吸引游客的自然资源。

天然湿地景观规划展示方法通常是：适当安排水上栈道；在隐蔽处搭建观鸟平台或观鸟塔。有时为修复被污染的湿地，可选择适当地点利用其生物降解污染物质的特性，建设必要的污水生物处理设施，也是良好的环境科普教育场所。从保护湿地的角度考虑，一般不提倡在水上建设其他旅游设施。

15.5.6 其他自然景观的展示

其他的自然景观包括草原、沙漠、荒漠、黄土、冰雪、珊瑚、海岛等，它们都有各自的自然特性，人们欣赏景观的视野或体验的感受也不相同，因此规划展示的方式各不相同，但相同的原则是在生态保护的前提下解决好可达性即可。

15.6 自然公园的旅游规划与设计

15.6.1 旅游产品设计原则

首先，自然公园的旅游产品设计与规划，基本要点是突出自然生态、科学普及、科学考察、休闲颐养、教育培训与文学艺术交流的功能。所以，其旅游产品规划设计，重点是对资源与其环境进行定位，评价园区的科学价值、文化价值、观赏价值、游乐价值和强身健体价值。要以生态型资源为背景进行产品设计，要凸显生态休闲型、科普科考型、健身疗养型、休闲颐养型等产品，以及野外生存体验方面的旅游产品。

其次，自然公园旅游规划，应着重考虑与"食、住、行、游、购、娱"六大功能相关产品的设计。自然公园更应该重视"交流、学习、颐养"类休闲产品的设计，因为这些功能有益于人与自然的和谐，同时也使人与自然相得益彰。

15.6.2 休闲颐养产品

自然公园最大的优势就是休闲和颐养。在这里主要举办休闲型的会议和文化交流活动。

交流——大型的会议交流，小型的学术交流，或者某些爱好的切磋（如音乐、舞蹈、书法、绘画），这些交流使人的心情放松，心胸开阔，精神愉悦。

学习——举办一些轻松愉快的学习班，如写作，用1～2个月的时间，在自然环境优美的自然公园里相互切磋，相互学习，或者邀请知名人士举办讲座等。这些活动非常有益于人们调养身心、保持健康的身体和心态。

颐养——就是保护调养。这一点对于老年人而言是非常重要的。正如《周易》"颐卦"的卦象所论：研究颐养之道，在于自食其力，溜出山中，万物萌发；君子观此卦象，思生养之不易，从而谨慎言语，避免灾祸，节制饮食，修身养性。

15.6.3 旅游活动六要素

"食、住、行、游、购、娱"是大众旅游认可的六大旅游活动要素。在自然公园旅游规划设计中，这六大要素应根据自然公园的具体情况做出适宜当地生态环境的设计与规划，这就是要把生态环境保护放在首位，一切围绕生态环境质量做文章。

食——应以便餐为主，加工地最好不要在公园内；住——不宜建造大型的宾馆酒店，应以营造清净、秀雅、安宁的环境氛围为主；行——尽可能以步代车，路途较远时可用自行车（平缓之地）、电瓶车为好；游——自然公园游览要以欣赏大自然风光为主，不可以搞人造景点、景区；购——购物点应以销售自然公园的土特产品为主，除了日用品，不应销售外部商品；娱——以环境保护为前提举办娱乐活动，尽量减少噪声和空气污染。

15.6.4 旅游基础设施规划

自然公园的各种基础服务设施是推动现代旅游业发展不可缺少的重要物质基础，主要包括旅游饭店（宾馆）、旅游交通，及各种文化娱乐、体育健身、疗养等物质设备。对于自然公园而言，这些设施必须要考虑对生态环境的影响程度，按照国家规定服务设施在园区外围的原则予以考虑。绝对不允许为了追求经济利益而盲目修建各种与自然公园景观相融性很差，或很不协调的交通（游路）设施和建筑物，否则会极大地破坏原始的自然生态景观。基础设施的选址要避开生态敏感地段，避开地质灾害多发地。

15.6.5 科普教育规划

建立自然公园的重要目的之一即为充分利用自然资源。对于森林公园、湿地公园、地质公园和自然保护区等来说，在围绕生态环境保护进行规划与设计时，应加大科普教育宣传，最好设立大型壁报画栏进行宣传。尤其是公园内国家级

（一级、二级）保护动植物属种，应配以动植物照片、图片与文字说明，并提出具体保护措施和要求。有条件的可以制作一些人工鸟巢，主要用来招引麻雀、山雀、椋鸟、啄木鸟、小猫头鹰、八哥等。巢箱的种类可以多种多样，如竹节式、瓦钵式、捆绑式、木箱式等。它们尤其有助于青少年学生在观赏鸟类的同时，学会保护鸟类。

15.7 自然公园规划中需注意的问题

15.7.1 多头规划的混乱

国内有些自然类公园属于多个主管单位管理，各自编制了不同类型的规划，由此出现同一空间多种用途的现象，使规划难以执行。所以有必要以当地土地利用规划为准进行统一。随着行政体制改革的深入，各类自然公园统一由自然资源部、国家公园管理局统一管理，这类问题将会逐步解决。

15.7.2 解说系统不科学

国内不少自然类公园包含不同时期建设的解说系统，形式较复杂；有些解说内容也不科学，特别是较早时期出现的一些包括神鬼妖魔、穿插迷信色彩的内容，应该全部统一进行纠正，重新编写。自然公园解说内容应该通俗易懂，形象生动，同时要科学严谨，内容主要包括地学背景特征，生物属种与分类系统及其生活习性，生态环境等科学内容，以及对珍稀动植物采取的保护措施和参观时应该注意的安全事项。除在景点前设置解说牌外，必要时可集中设立陈列室或修建博物馆，对本公园所在区域的自然环境背景与演化历史、地层特征与岩石类型、生物物种和对人类可能产生的影响等科学内容进行集中系统展示，详细解说。自然公园规划可设专门章节编写科学的解说系统。

15.7.3 旅游服务设施过多过滥

正常情况下自然公园园区内的服务设施主要是为了解决可达性问题，安排到达景区景点必要的道路，此外还包括解说（包括人员）和安全设施。除此之外的其他旅游服务设施都应该设在门区或园区外。但实际上，现有自然公园园区内旅游服务设施普遍存在过多、过泛、过滥的情况，有些甚至在园区内修建较大的餐厅、大中型娱乐设施等，特别是在园区内集中规划建设餐饮、住宿和培训中心等相关设施。这类与自然公园理念完全不符的旅游设施应该绝对禁止。

15.7.4 服务设施对环境的污染

园区内过多、过滥的旅游服务设施，很容易造成对水环境、大气环境的直接污染，威胁生态环境安全；在服务设施周边容易堆积形成大量固体废物，如不及时清除，不但会影响园内景观，产生视觉污染，而且过多过滥的旅游服务设施，也会造成人流过分集中，并由此威胁到园区内敏感生物群落的正常生长活动和更替。所以，自然公园的规划必须对园区内旅游服务设施严格控制和精心设计。

15.7.5 绝对杜绝外来物种

自然公园园区内的生物是当地得天独厚的地学生态环境经过亿万年的演化形成的特有生态平衡，尤其是国家公园、森林公园、湿地公园、地质公园和自然保护区等，所以必须时刻注意本园区的物种不受干扰和破坏，尤其要绝对杜绝引进外来物种。动物可以在受严格限制的空间驯养、喂养，但是植物绝对不可以引入，这样才能确保自然公园的生态平衡安全，否则会造成该园区的生态失调与生态系统紊乱。

附录

附录1 中国国家级风景名胜区名录（244处）

北京市（2处）

八达岭—十三陵风景名胜区（1），石花洞风景名胜区（4）。

天津市（1处）

盘山风景名胜区（3）。

河北省（10处）

承德避暑山庄外八庙风景名胜区（1），秦皇岛北戴河风景名胜区（1），野三坡风景名胜区（2），苍岩山风景名胜区（2），嶂石岩风景名胜区（3），西柏坡—天桂山风景名胜区（4），崆山白云洞风景名胜区（4），太行大峡谷风景名胜区（8），响堂山风景名胜区（8），娲皇宫风景名胜区（8）。

山西省（6处）

五台山风景名胜区（1），恒山风景名胜区（1），黄河壶口瀑布风景名胜区（2），北武当山风景名胜区（3），五老峰风景名胜区（3），碛口风景名胜区（8）。

内蒙古自治区（2处）

扎兰屯风景名胜区（4），额尔古纳风景名胜区（9）。

辽宁省（9处）

鞍山千山风景名胜区（1），鸭绿江风景名胜区（2），金石滩风景名胜区（2），兴城海滨风景名胜区（2），大连海滨—旅顺口风景名胜区（2），凤凰山风景名胜区（3），本溪水洞风景名胜区（3），青山沟风景名胜区（4），医巫闾山风景名胜区（4）。

吉林省（4处）

松花湖风景名胜区（2），"八大部"—净月潭风景名胜区（2），仙景台风景名胜区（4），防川风景名胜区（4）。

黑龙江省（4处）

镜泊湖风景名胜区（1），五大连池风景名胜区（1），太阳岛风景名胜区（7），大沾河风景名胜区（9）。

江苏省（5处）

南京钟山风景名胜区（1），太湖风景名胜区（1），云台山风景名胜区（2），蜀冈瘦西湖风景名胜区（2），镇江三山风景名胜区（5）。

浙江省（22处）

杭州西湖风景名胜区（1），富春江—新安江风景名胜区（1），雁荡山风景名胜区（1），普陀山风景名胜区（1），天台山风景名胜区（2），嵊泗列岛风景名胜区（2），楠溪江风景名胜区（2），莫干山风景名胜区（3），雪窦山风景名胜区（3），双龙风景名胜区（3），仙都风景名胜区（3），江郎山风景名胜区（4），仙居风景名胜区（4），浣江—五泄风景名胜区（4），方岩风景名胜区（5），百丈漈—飞云湖风景名胜区（5），方山—长屿硐天风景名胜区（6），天姥山风景名胜区（7），大红岩风景名胜区（8），大盘山风景名胜区（9），桃渚风景名胜区（9），仙华山风景名胜区（9）。

安徽省（12处）

黄山风景名胜区（1），九华山风景名胜区（1），天柱山风景名胜区（1），琅琊山风景名胜区（2），齐云山风景名胜区（3），采石风景名胜区（4），巢湖风景名胜区（4），花山谜窟—渐江风景名胜区（4），太极洞风景名胜区（5），花亭湖风景名胜区（6），龙川风景名胜区（9），齐山—平天湖风景名胜区（9）。

福建省（20处）

武夷山风景名胜区（1），清源山风景名胜区（2），鼓浪屿—万石山风景名胜区（2），太姥山风景名胜区（2），桃源洞—鳞隐石林风景名胜区（3），金湖风景名胜区（3），鸳鸯溪风景名胜区（3），海坛风景名胜区（3），冠豸山风景名胜区（3），鼓山风景名胜区（4），玉华洞风景名胜区（4），十八重溪风景名胜区（5），青云山风景名胜区（5），佛子山风景名胜区（7），宝山风景名胜区（7），福安白云山风景名胜区（7），灵通山风景名胜区（8），湄洲岛风景名胜区（8），兔耳岭风景名胜区（8），九龙漈风景名胜区（9）。

江西省（18处）

庐山风景名胜区（1），井冈山风景名胜区（1），三清山风景名胜区（2），龙虎山风景名胜区（2），仙女湖风景名胜区（4），三百山风景名胜区（4），梅岭—滕王阁风景名胜区（5），龟峰风景名胜区（5），高岭—瑶里风景名胜区（6），武功山风景名胜区（6），云居山—柘林湖风景名胜区（6），灵山风景名胜区（7），大茅山风景名胜区（8），神农源风景名胜区（8），瑞金风景名胜区（9），小武当风景名胜区（9），杨岐山风景名胜区（9），汉仙岩风景名胜区（9）。

山东省（6处）

泰山风景名胜区（1），青岛崂山风景名胜区（1），胶东半岛海滨风景名胜区（2），博山风景名胜区（4），青州风景名胜区（4），千佛山风景名胜区（9）。

河南省（11处）

鸡公山风景名胜区（1），洛阳龙门风景名胜区（1），嵩山风景名胜区（1），王屋山—云台山风景名胜区（3），尧山（石人山）风景名胜区（4），林虑山风景名胜区（5），青天河风景名胜区（6），神农山风景名胜区（6），桐柏山—淮源风景名胜区（7），郑州黄河风景名胜区（7），桐柏山—淮源风景名胜区（7）。

湖北省（7处）

武汉东湖风景名胜区（1），武当山风景名胜区（1），大洪山风景名胜区（2），隆中风景名胜区（3），九宫山风景名胜区（3），陆水风景名胜区（4），丹江口水库风景名胜区（9）。

湖南省（21处）

衡山风景名胜区（1），武陵源（张家界）风景名胜区（2），岳阳楼—洞庭湖风景名胜区（2），韶山风景名胜区（3），岳麓风景名胜区（4），崀山风景名胜区（4），猛洞河风景名胜区（5），桃花源风景名胜区（5），紫鹊界梯田—梅山龙宫风景名胜区（6），德夯风景名胜区（6），苏仙岭—万华岩风景名胜区（7），南山风景名胜区（7），万佛山—侗寨风景名胜区（7），虎形山—花瑶风景名胜区（7），东江湖风景名胜区（7），凤凰风景名胜区（8），沩山风景名胜区（8），炎帝陵风景名胜区（8），白水洞风景名胜区（8），九嶷山—舜帝陵风景名胜区（9），里耶—乌龙山风景名胜区（9）。

广东省（8处）

肇庆星湖风景名胜区（1），西樵山风景名胜区（2），丹霞山风景名胜区（2），白云山风景名胜区（4），惠州西湖风景名胜区（4），罗浮山风景名胜区（5），湖光岩风景名胜区（5），梧桐山风景名胜区（7）。

广西壮族自治区（3处）

桂林漓江风景名胜区（1），桂平西山风景名胜区（2），花山风景名胜区（2）。

海南省（1处）

三亚热带海滨风景名胜区（3）。

四川省（15处）

峨眉山风景名胜区（1），黄龙寺—九寨沟风景名胜区（1），青城山—都江堰风景名胜区（1），剑门蜀道风景名胜区（1），贡嘎山风景名胜区（2），蜀南竹海风景名胜区（2），西岭雪山风景名胜区（3），四姑娘山风景名胜区（3），石海洞乡风景名胜区（4），邛海—螺髻山风景名胜区（4），白龙湖风景名胜区（5），光雾山—诺水河风景名胜区（5），天台山风景名胜区（5），龙门山风景名胜区（5），米仓山大峡谷风景名胜区（9）。

贵州省（18处）

黄果树风景名胜区（1），织金洞风景名胜区（2），㵲阳河风景名胜区（2），红枫湖风景名胜区（2），龙宫风景名胜区（2），荔波樟江风景名胜区（3），赤水风景名胜区（3），马岭河峡谷风景名胜区（3），都匀斗篷山—剑江风景名胜区（5），九洞天风景名胜区（5），九龙洞风景名胜区（5），黎平侗乡风景名胜区（5），紫云格凸河穿洞风景名胜区（6），平塘风景名胜区（7），榕江苗山侗水风景名胜区（7），石阡温泉群风景名胜区（7），沿河乌江山峡风景名胜区（7），瓮安县江界河风景名胜区（7）。

云南省（12处）

路南石林风景名胜区（1），大理风景名胜区（1），西双版纳风景名胜区（1），三江并流风景名胜区（2），昆明滇池风景名胜区（2），玉龙雪山风景名胜区（2），腾冲地热火山风景名胜区（3），瑞丽江—大盈江风景名胜区（3），九乡风景名胜区（3），建水风景名胜区（3），普者黑风景名胜区（5），阿庐风景名胜区（5）。

重庆市（7处）

长江三峡风景名胜区（1），缙云山风景名胜区（1），金佛山风景名胜区（2），四面山风景名胜区（3），芙蓉江风景名胜区（4），天坑地缝风景名胜区（5），潭獐峡风景名胜区（8）。

陕西省（6处）

华山风景名胜区（1），临潼骊山风景名胜区（1），黄河壶口瀑布风景名胜区（2），宝鸡天台山风景名胜区（3），黄帝陵风景名胜区（4），合阳洽川风景名胜区（5）。

甘肃省（4处）

麦积山风景名胜区（1），崆峒山风景名胜区（3），鸣沙山—月牙泉风景名胜区（3），关山莲花台风景名胜区（9）。

宁夏回族自治区（2处）

西夏王陵风景名胜区（2），须弥山石窟风景名胜区（8）。

青海省（1处）

青海湖风景名胜区（3）。

新疆维吾尔自治区（6处）

天山天池风景名胜区（1），库木塔格沙漠风景名胜区（4），博斯腾湖风景名胜区（4），赛里木湖风景名胜区（5），罗布人村寨风景名胜区（8），托木尔大峡谷风景名胜区（9）。

西藏自治区（4处）

雅砻河风景名胜区（2），纳木错—念青唐古拉山风景名胜区（7），唐古拉山—怒江源风景名胜区（7），土林—古格风景名胜区（8）。

注：共计244处。黄河壶口瀑布风景区为山西—陕西共有（各算1/2），245−1=244处。第一批：1982年11月8日发布，共44处；第二批：1988年8月1日发布，共40处；第三批：1994年1月10日发布，共35处；第四批：2002年5月17日发布，共32处；第五批：2004年1月13日发布，共26处；第六批：2005年12月31日发布，共10处；第七批：2009年12月28日发布，共21处；第八批：2012年10月31日发布，共17处；第九批：2017年3月21日发布，共19处。

附录2 中国国家级自然保护区名录
（截至2018年3月，共计535个。）

华北地区
北京市（2个）
1. 北京松山国家级自然保护区
2. 北京百花山国家级自然保护区

天津市（3个）
1. 天津古海岸与湿地国家级自然保护区
2. 天津蓟县中上元古界国家级自然保护区
3. 天津八仙山国家级自然保护区

河北省（13个）
1. 河北昌黎黄金海岸国家级自然保护区
2. 河北小五台山国家级自然保护区
3. 河北泥河湾国家级自然保护区
4. 河北大海坨国家级自然保护区
5. 河北雾灵山国家级自然保护区
6. 河北围场红松洼国家级自然保护区
7. 河北衡水湖国家级自然保护区
8. 河北柳江盆地地质遗迹国家级自然保护区
9. 河北塞罕坝国家级自然保护区
10. 河北茅荆坝国家级自然保护区
11. 河北滦河上游国家级自然保护区
12. 驼梁国家级自然保护区
13. 青崖寨国家级自然保护区

山西省（7个）
1. 山西阳城莽河猕猴国家级自然保护区
2. 山西芦芽山国家级自然保护区
3. 山西庞泉沟国家级自然保护区
4. 山西历山国家级自然保护区
5. 山西五鹿山国家级自然保护区
6. 黑茶山国家级自然保护区
7. 灵空山国家级自然保护区

内蒙古自治区（27个）
1. 内蒙古赛罕乌拉国家级自然保护区
2. 内蒙古达里诺尔国家级自然保护区
3. 内蒙古白音敖包国家级自然保护区
4. 内蒙古黑里河国家级自然保护区
5. 内蒙古大黑山国家级自然保护区
6. 内蒙古大兴安岭汗马国家级自然保护区
7. 内蒙古红花尔基樟子松林国家级自然保护区
8. 内蒙古辉河国家级自然保护区
9. 内蒙古达赉湖国家级自然保护区
10. 内蒙古科尔沁国家级自然保护区
11. 内蒙古图牧吉国家级自然保护区
12. 内蒙古大青沟国家级自然保护区
13. 内蒙古锡林郭勒草原国家级自然保护区
14. 内蒙古鄂尔多斯遗鸥国家级自然保护区
15. 内蒙古西鄂尔多斯国家级自然保护区
16. 内蒙古乌拉特梭梭林—蒙古野驴国家级自然保护区
17. 内蒙古贺兰山国家级自然保护区
18. 内蒙古额济纳胡杨林国家级自然保护区
19. 内蒙古阿鲁科尔沁草原国家级自然保护区
20. 内蒙古哈腾套海国家级自然保护区
21. 内蒙古额尔古纳国家级自然保护区
22. 内蒙古鄂托克恐龙遗迹化石国家级自然保护区
23. 内蒙古大青山国家级自然保护区
24. 罕山国家级自然保护区
25. 大青山国家级自然保护区
26. 毕拉河国家级自然保护区
27. 乌兰坝国家级自然保护区

东北地区
辽宁省（19个）
1. 辽宁大连斑海豹国家级自然保护区
2. 辽宁成山头海滨地貌国家级自然保护区
3. 辽宁蛇岛—老铁山国家级自然保护区
4. 辽宁仙人洞国家级自然保护区
5. 辽宁桓仁老秃顶子国家级自然保护区
6. 辽宁白石砬子国家级自然保护区
7. 辽宁丹东鸭绿江口滨海湿地国家级自然保护区
8. 辽宁医巫闾山国家级自然保护区
9. 辽宁双台河口国家级自然保护区
10. 辽宁北票鸟化石国家级自然保护区
11. 辽宁努鲁儿虎山国家级自然保护区

12. 辽宁海棠山国家级自然保护区
13. 辽宁大黑山国家级自然保护区
14. 葫芦岛虹螺山国家级自然保护区
15. 青龙河国家级自然保护区
16. 楼子山国家级自然保护区
17. 建昌县白狼山国家级自然保护区
18. 辽宁章古台国家级自然保护区
19. 五花顶国家级自然保护区

吉林省（19个）
1. 吉林伊通火山群国家级自然保护区
2. 吉林龙湾国家级自然保护区
3. 吉林鸭绿江上游国家级自然保护区
4. 吉林莫莫格国家级自然保护区
5. 吉林向海国家级自然保护区
6. 吉林天佛指山国家级自然保护区
7. 吉林长白山国家级自然保护区
8. 吉林大布苏国家级自然保护区
9. 吉林珲春东北虎国家级自然保护区
10. 吉林查干湖国家级自然保护区
11. 吉林雁鸣湖国家级自然保护区
12. 哈泥国家级自然保护区
13. 松花江三湖国家级自然保护区
14. 吉林汪清国家级自然保护区
15. 吉林白山原麝国家级自然保护区
16. 四平山门中生代火山国家级自然保护区
17. 集安国家级自然保护区
18. 通化石湖国家级自然保护区
19. 园池湿地国家级自然保护区

黑龙江省（39个）
1. 黑龙江扎龙国家级自然保护区
2. 黑龙江兴凯湖国家级自然保护区
3. 黑龙江宝清七星河国家级自然保护区
4. 黑龙江饶河东北黑蜂国家级自然保护区
5. 黑龙江丰林国家级自然保护区
6. 黑龙江凉水国家级自然保护区
7. 黑龙江三江国家级自然保护区
8. 黑龙江洪河国家级自然保护区
9. 黑龙江八岔岛国家级自然保护区
10. 黑龙江挠力河国家级自然保护区
11. 黑龙江牡丹峰国家级自然保护区
12. 黑龙江五大连池国家级自然保护区
13. 黑龙江呼中国家级自然保护区

14. 黑龙江南瓮河国家级自然保护区
15. 黑龙江凤凰山国家级自然保护区
16. 黑龙江乌伊岭国家级自然保护区
17. 黑龙江胜山国家级自然保护区
18. 黑龙江双河国家级自然保护区
19. 黑龙江红星湿地国家级自然保护区
20. 黑龙江珍宝岛湿地国家级自然保护区
21. 黑龙江穆棱东北红豆杉国家级自然保护区
22. 黑龙江东方红湿地国家级自然保护区
23. 黑龙江大沾湿地国家级自然保护区
24. 黑龙江新青白头鹤国家级自然保护区
25. 黑龙江三环泡国家级自然保护区
26. 黑龙江乌裕尔河国家级自然保护区
27. 黑龙江中央站黑嘴松鸡国家级自然保护区
28. 黑龙江茅兰沟国家级自然保护区
29. 黑龙江明水国家级自然保护区
30. 太平沟国家级自然保护区
31. 老爷岭东北虎国家级自然保护区
32. 大峡谷国家级自然保护区
33. 黑瞎子岛湿地国家级自然保护区
34. 北极村国家级自然保护区
35. 公别拉河国家级自然保护区
36. 碧水中华秋沙鸭国家级自然保护区
37. 翠北湿地国家级自然保护区
38. 仙洞山梅花鹿国家级自然保护区
39. 朗乡国家级自然保护区

华东地区
山东省（7个）
1. 山东马山国家级自然保护区
2. 山东黄河三角洲国家级自然保护区
3. 山东长岛国家级自然保护区
4. 山东山旺古生物化石国家级自然保护区
5. 山东滨州贝壳堤岛与湿地国家级自然保护区
6. 山东荣成大天鹅国家级自然保护区
7. 山东昆嵛山国家级自然保护区

江苏省（3个）
1. 江苏盐城湿地珍禽国家级自然保护区
2. 江苏大丰麋鹿国家级自然保护区
3. 江苏泗洪洪泽湖湿地国家级自然保护区

上海市（2个）
1. 上海九段沙湿地国家级自然保护区

2. 上海崇明东滩鸟类国家级自然保护区

浙江省（10个）
1. 浙江清凉峰国家级自然保护区
2. 浙江天目山国家级自然保护区
3. 浙江南麂列岛海洋国家级自然保护区
4. 浙江乌岩岭国家级自然保护区
5. 浙江大盘山国家级自然保护区
6. 浙江古田山国家级自然保护区
7. 浙江凤阳山—百山祖国家级自然保护区
8. 浙江九龙山国家级自然保护区
9. 浙江长兴地质遗迹国家级自然保护区
10. 浙江象山韭山列岛海洋生态国家级自然保护区

安徽省（7个）
1. 安徽鹞落坪国家级自然保护区
2. 安徽古牛绛国家级自然保护区
3. 安徽扬子鳄国家级自然保护区
4. 安徽金寨天马国家级自然保护区
5. 安徽升金湖国家级自然保护区
6. 安徽铜陵淡水豚国家级自然保护区
7. 古井园国家级自然保护区

江西省（15个）
1. 江西鄱阳湖南矶湿地国家级自然保护区
2. 江西桃红岭梅花鹿国家级自然保护区
3. 江西九连山国家级自然保护区
4. 江西武夷山国家级自然保护区
5. 江西井冈山国家级自然保护区
6. 江西官山国家级自然保护区
7. 江西马头山国家级自然保护区
8. 江西鄱阳湖国家级自然保护区
9. 江西九岭山国家级自然保护区
10. 江西齐云山国家级自然保护区
11. 江西阳际峰国家级自然保护区
12. 江西赣江源国家级自然保护区
13. 江西庐山国家级自然保护区
14. 铜钹山国家级自然保护区
15. 婺源森林鸟类国家级自然保护区

福建省（15个）
1. 福建武夷山国家级自然保护区
2. 福建将乐龙栖山国家级自然保护区
3. 福建天宝岩国家级自然保护区
4. 福建深沪湾海底古森林遗迹国家级自然保护区
5. 福建漳江口红树林国家级自然保护区
6. 福建虎伯寮国家级自然保护区
7. 福建厦门珍稀海洋物种国家级自然保护区
8. 福建梁野山国家级自然保护区
9. 福建梅花山国家级自然保护区
10. 福建戴云山国家级自然保护区
11. 福建闽江源国家级自然保护区
12. 福建君子峰国家级自然保护区
13. 福建茫荡山国家级自然保护区
14. 汀江源国家级自然保护区
15. 峨嵋峰国家级自然保护区

中南地区
河南省（13个）
1. 河南黄河湿地国家级自然保护区
2. 河南豫北黄河故道湿地鸟类国家级自然保护区
3. 河南焦作太行山猕猴国家级自然保护区
4. 河南南阳恐龙蛋化石群国家级自然保护区
5. 河南伏牛山国家级自然保护区
6. 河南宝天曼国家级自然保护区
7. 河南鸡公山国家级自然保护区
8. 河南董寨国家级自然保护区
9. 河南连康山国家级自然保护区
10. 河南小秦岭国家级自然保护区
11. 河南丹江湿地国家级自然保护区
12. 河南大别山国家级自然保护区
13. 高乐山国家级自然保护区

湖北省（21个）
1. 湖北青龙山恐龙蛋化石群国家级自然保护区
2. 湖北神农架国家级自然保护区
3. 湖北五峰后河国家级自然保护区
4. 湖北石首麋鹿国家级自然保护区
5. 湖北长江天鹅洲白鱀豚国家级自然保护区
6. 湖北长江新螺段白鱀豚国家级自然保护区
7. 湖北星斗山国家级自然保护区
8. 湖北九宫山国家级自然保护区
9. 湖北七姊妹山国家级自然保护区
10. 湖北洪湖湿地国家级自然保护区
11. 湖北龙感湖国家级自然保护区
12. 湖北赛武当国家级自然保护区
13. 湖北木林子国家级自然保护区
14. 湖北堵河源国家级自然保护区

15. 十八里长峡国家级自然保护区
16. 洪湖国家级自然保护区
17. 南河国家级自然保护区
18. 大别山国家级自然保护区
19. 湖北随州洛阳镇千年银杏谷国家级自然保护区
20. 巴东金丝猴国家级自然保护区
21. 湖北五道峡国家级自然保护区

湖南省（23个）
1. 湖南炎陵桃源洞国家级自然保护区
2. 湖南东洞庭湖国家级自然保护区
3. 湖南壶瓶山国家级自然保护区
4. 湖南张家界大鲵国家级自然保护区
5. 湖南八大公山国家级自然保护区
6. 湖南莽山国家级自然保护区
7. 湖南永州都庞岭国家级自然保护区
8. 湖南小溪国家级自然保护区
9. 湖南黄桑国家级自然保护区
10. 湖南乌云界国家级自然保护区
11. 湖南鹰嘴界国家级自然保护区
12. 湖南南岳衡山国家级自然保护区
13. 湖南借母溪国家级自然保护区
14. 湖南八面山国家级自然保护区
15. 湖南阳明山国家级自然保护区
16. 湖南六步溪国家级自然保护区
17. 湖南舜皇山国家级自然保护区
18. 湖南高望界国家级自然保护区
19. 湖南东安舜皇山国家级自然保护区
20. 湖南白云山国家级自然保护区
21. 湖南西洞庭湖国家级自然保护区
22. 九嶷山国家级自然保护区
23. 金童山国家级自然保护区

华南地区
广东省（13个）
1. 广东南岭国家级自然保护区
2. 广东车八岭国家级自然保护区
3. 广东丹霞山国家级自然保护区
4. 广东内伶仃岛—福田国家级自然保护区
5. 广东珠江口中华白海豚国家级自然保护区
6. 广东湛江红树林国家级自然保护区
7. 广东鼎湖山国家级自然保护区
8. 广东象头山国家级自然保护区
9. 广东惠东港口海龟国家级自然保护区

10. 广东徐闻珊瑚礁国家级自然保护区
11. 广东雷州珍稀水生动物国家级自然保护区
12. 广东罗坑鳄蜥国家级自然保护区
13. 云开山国家级自然保护区

广西壮族自治区（22个）
1. 广西大明山国家级自然保护区
2. 广西花坪国家级自然保护区
3. 广西猫儿山国家级自然保护区
4. 广西山口红树林生态国家级自然保护区
5. 广西合浦营盘港—英罗港儒艮国家级自然保护区
6. 广西北仑河口国家级自然保护区
7. 广西防城金花茶国家级自然保护区
8. 广西十万大山国家级自然保护区
9. 广西弄岗国家级自然保护区
10. 广西大瑶山国家级自然保护区
11. 广西木论国家级自然保护区
12. 广西千家洞国家级自然保护区
13. 广西岑王老山国家级自然保护区
14. 广西九万山国家级自然保护区
15. 广西金钟山黑颈长尾雉国家级自然保护区
16. 广西崇左白头叶猴国家级自然保护区
17. 广西大桂山鳄蜥国家级自然保护区
18. 广西邦亮长臂猿国家级自然保护区
19. 恩城国家级自然保护区
20. 广西元宝山国家级自然保护区
21. 七冲国家级自然保护区
22. 银竹老山资源冷杉国家级自然保护区

海南省（10个）
1. 海南三亚珊瑚礁国家级自然保护区
2. 海南东寨港国家级自然保护区
3. 海南铜鼓岭国家级自然保护区
4. 海南大洲岛海洋生态国家级自然保护区
5. 海南大田国家级自然保护区
6. 海南尖峰岭国家级自然保护区
7. 海南五指山国家级自然保护区
8. 海南坝王岭国家级自然保护区
9. 海南吊罗山国家级自然保护区
10. 鹦哥岭国家级自然保护区

西南地区
重庆市（7个）
1. 重庆缙云山国家级自然保护区

2. 重庆大巴山国家级自然保护区
3. 长江上游珍稀、特有鱼类国家级自然保护区
4. 重庆金佛山国家级自然保护区
5. 雪宝山国家级自然保护区
6. 重庆阴条岭国家级自然保护区
7. 重庆五里坡国家级自然保护区

四川省（29个）
1. 四川龙溪—虹口国家级自然保护区
2. 四川白水河国家级自然保护区
3. 四川攀枝花苏铁国家级自然保护区
4. 四川画稿溪国家级自然保护区
5. 四川王朗国家级自然保护区
6. 四川广元唐家河国家级自然保护区
7. 四川马边大风顶国家级自然保护区
8. 四川长宁竹海国家级自然保护区
9. 四川蜂桶寨国家级自然保护区
10. 四川卧龙国家级自然保护区（直属国家林业局；范围同四川省汶川卧龙特别行政区）
11. 四川九寨沟国家级自然保护区
12. 四川小金四姑娘山国家级自然保护区
13. 四川若尔盖湿地国家级自然保护区
14. 四川贡嘎山国家级自然保护区
15. 四川察青松多白唇鹿国家级自然保护区
16. 四川亚丁国家级自然保护区
17. 四川美姑大风顶国家级自然保护区
18. 长江上游珍稀特有鱼类国家级自然保护区
19. 四川广元米仓山国家级自然保护区
20. 四川雪宝顶国家级自然保护区
21. 四川花萼山国家级自然保护区
22. 四川海子山国家级自然保护区
23. 诺水河珍稀水生动物国家级自然保护区
24. 黑竹沟国家级自然保护区
25. 格西沟国家级自然保护区
26. 四川小寨子沟国家级自然保护区
27. 栗子坪国家级自然保护区
28. 千佛山国家级自然保护区
29. 南莫且湿地国家级自然保护区

贵州省（10个）
1. 贵州习水中亚热带常绿阔叶林国家级自然保护区
2. 贵州赤水桫椤国家级自然保护区
3. 贵州梵净山国家级自然保护区
4. 贵州麻阳河国家级自然保护区

5. 长江上游珍稀、特有鱼类国家级自然保护区
6. 贵州草海国家级自然保护区
7. 贵州雷公山国家级自然保护区
8. 贵州茂兰国家级自然保护区
9. 贵州宽阔水国家级自然保护区
10. 佛顶山国家级自然保护区

云南省（21个）
1. 云南轿子山国家级自然保护区
2. 云南元江国家级自然保护区
3. 云南哀牢山国家级自然保护区
4. 云南高黎贡山国家级自然保护区
5. 云南大山包黑颈鹤国家级自然保护区
6. 云南大围山国家级自然保护区
7. 云南金平分水岭国家级自然保护区
8. 云南黄连山国家级自然保护区
9. 云南文山国家级自然保护区
10. 云南无量山国家级自然保护区
11. 云南西双版纳国家级自然保护区
12. 云南西双版纳纳版河流域国家级自然保护区
13. 云南苍山洱海国家级自然保护区
14. 云南白马雪山国家级自然保护区
15. 云南南滚河国家级自然保护区
16. 长江上游珍稀特有鱼类国家级自然保护区
17. 云南药山国家级自然保护区
18. 云南会泽黑颈鹤国家级自然保护区
19. 云南永德大雪山国家级自然保护区
20. 乌蒙山国家级自然保护区
21. 云南云龙天池国家级自然保护区

青藏地区
青海省（7个）
1. 青海孟达国家级自然保护区
2. 青海青海湖国家级自然保护区
3. 青海可可西里国家级自然保护区
4. 青海隆宝国家级自然保护区
5. 青海三江源国家级自然保护区
6. 青海柴达木梭梭林国家级自然保护区
7. 大通北川河源区国家级自然保护区

西藏自治区（10个）
1. 西藏雅鲁藏布江中游河谷黑颈鹤国家级自然保护区
2. 西藏芒康滇金丝猴国家级自然保护区
3. 西藏珠穆朗玛峰国家级自然保护区

4. 西藏色林错国家级自然保护区
5. 西藏羌塘国家级自然保护区
6. 西藏雅鲁藏布大峡谷国家级自然保护区
7. 西藏察隅慈巴沟国家级自然保护区
8. 西藏拉鲁湿地国家级自然保护区
9. 西藏类乌齐马鹿国家级自然保护区
10. 麦地卡湿地国家级自然保护区

西北地区
陕西省（22个）
1. 陕西周至国家级自然保护区
2. 陕西太白山国家级自然保护区
3. 陕西长青国家级自然保护区
4. 陕西佛坪国家级自然保护区
5. 陕西牛背梁国家级自然保护区
6. 陕西汉中朱鹮国家级自然保护区
7. 陕西子午岭国家级自然保护区
8. 陕西化龙山国家级自然保护区
9. 陕西天华山国家级自然保护区
10. 陕西青木川国家级自然保护区
11. 陕西桑园国家级自然保护区
12. 陕西米仓山国家级自然保护区
13. 陕西陇县秦岭细鳞鲑国家级自然保护区
14. 陕西韩城褐马鸡国家级自然保护区
15. 陕西省略阳珍稀水生动物国家级自然保护区
16. 陕西黄柏塬国家级自然保护区
17. 陕西平河梁国家级自然保护区
18. 陕西老县城国家级自然保护区
19. 陕西观音山国家级自然保护区
20. 丹凤武关河珍稀水生动物国家级自然保护区
21. 黑河珍稀水生野生动物国家级自然保护区
22. 红碱淖国家级自然保护区

甘肃省（16个）
1. 甘肃兴隆山国家级自然保护区
2. 甘肃祁连山国家级自然保护区
3. 甘肃敦煌西湖国家级自然保护区
4. 甘肃安西极旱荒漠国家级自然保护区
5. 甘肃民勤连古城国家级自然保护区
6. 甘肃白水江国家级自然保护区
7. 甘肃莲花山国家级自然保护区
8. 甘肃尕海—则岔国家级自然保护区
9. 甘肃太统—崆峒山国家级自然保护区
10. 甘肃连城国家级自然保护区
11. 甘肃小陇山国家级自然保护区
12. 甘肃盐池湾国家级自然保护区
13. 甘肃安南坝野骆驼国家级自然保护区
14. 甘肃漳县珍稀水生动物国家级自然保护区
15. 黄河首曲国家级自然保护区
16. 秦州珍稀水生野生动物国家级自然保护区

宁夏回族自治区（9个）
1. 宁夏贺兰山国家级自然保护区
2. 宁夏沙坡头国家级自然保护区
3. 宁夏罗山国家级自然保护区
4. 宁夏灵武白芨滩国家级自然保护区
5. 宁夏六盘山国家级自然保护区
6. 宁夏哈巴湖国家级自然保护区
7. 宁夏云雾山国家级自然保护区
8. 火石寨丹霞地貌国家级自然保护区
9. 南华山国家级自然保护区

新疆维吾尔自治区（13个）
1. 新疆阿尔金山国家级自然保护区
2. 新疆罗布泊野骆驼国家级自然保护区
3. 新疆巴音布鲁克国家级自然保护区
4. 新疆托木尔峰国家级自然保护区
5. 新疆西天山国家级自然保护区
6. 新疆甘家湖梭梭林国家级自然保护区
7. 新疆喀纳斯国家级自然保护区
8. 新疆塔里木胡杨国家级自然保护区
9. 新疆艾比湖湿地国家级自然保护区
10. 布尔根河狸国家级自然保护区
11. 巴尔鲁克山国家级自然保护区
12. 霍城四爪陆龟国家级自然保护区
13. 伊犁小叶白蜡国家级自然保护区

附录3 中国国家森林公园

（截至2019年2月，共计853处。）

华北地区（5省、自治区、直辖市，103处）

1. 北京市（15处，面积：68 441.03公顷）

01北京西山国家森林公园，02北京上方山国家森林公园，03北京蟒山国家森林公园，04北京云蒙山国家森林公园，05北京小龙门国家森林公园，06北京鹫峰国家森林公园，07北京大兴古桑国家森林公园，08北京大杨山国家森林公园，09北京八达岭国家森林公园，10北京北宫国家森林公园，11北京霞云岭国家森林公园，12北京黄松峪国家森林公园，13北京崎峰山国家森林公园，14北京天门山国家森林公园，15北京喇叭沟门国家森林公园。

2. 天津市（1处，面积：2126公顷）

01天津九龙山国家森林公园。

3. 河北省（28处，面积：297 501.98公顷）

01河北海滨国家森林公园，02河北塞罕坝国家森林公园，03河北磐槌峰国家森林公园，04河北翔云岛国家森林公园，05河北清东陵国家森林公园，06河北辽河源国家森林公园，07河北山海关国家森林公园，08河北五岳寨国家森林公园，09河北白草洼国家森林公园，10河北天生桥国家森林公园，11河北黄羊山国家森林公园，12河北茅荆坝国家森林公园，13河北响堂山国家森林公园，14河北野三坡国家森林公园，15河北六里坪国家森林公园，16河北白石山国家森林公园，17河北易州国家森林公园，18河北古北岳国家森林公园，19河北武安国家森林公园，20河北前南峪国家森林公园，21河北驼梁山国家森林公园，22河北木兰围场国家森林公园，23河北蝎子沟国家森林公园，24河北仙台山国家森林公园，25河北丰宁国家森林公园，26河北黑龙山国家森林公园，27河北大青山国家森林公园，28河北坝上沽源国家森林公园。

4. 山西省（24处，面积：408 626.38公顷）

01山西五台山国家森林公园，02山西天龙山国家森林公园，03山西关帝山国家森林公园，04山西管涔山国家森林公园，05山西恒山国家森林公园，06山西云岗国家森林公园，07山西龙泉国家森林公园，08山西禹王洞国家森林公园，09山西赵杲观国家森林公园，10山西方山国家森林公园，11山西交城山国家森林公园，12山西太岳山国家森林公园，13山西五老峰国家森林公园，14山西老顶山国家森林公园，15山西乌金山国家森林公园，16山西中条山国家森林公园，17山西太行峡谷国家森林公园，18山西黄崖洞国家森林公园，19山西棋子山国家森林公园，20山西太行洪谷国家森林公园，21山西安泽国家森林公园，22山西仙堂山国家森林公园，23山西二郎山国家森林公园，24山西西口古道国家森林公园。

5. 内蒙古自治区（35处，面积：1 078 985.50公顷）

01内蒙古红山国家森林公园，02内蒙古哈达门国家森林公园，03内蒙古察尔森国家森林公园，04内蒙古海拉尔国家森林公园，05内蒙古乌拉山国家森林公园，06内蒙古乌素图国家森林公园，07内蒙古马鞍山国家森林公园，08内蒙古二龙什台国家森林公园，09内蒙古兴隆国家森林公园，10内蒙古黄岗梁国家森林公园，11内蒙古贺兰山国家森林公园，12内蒙古旺业甸国家森林公园，13内蒙古好森沟国家森林公园，14内蒙古额济纳胡杨国家森林公园，15内蒙古桦木沟国家森林公园，16内蒙古五当召国家森林公园，17内蒙古红花尔基樟子松国家森林公园，18内蒙古喇嘛山国家森林公园，19内蒙古滦河源国家森林公园，20内蒙古河套国家森林公园，21内蒙古宝格达乌拉国家森林公园，22内蒙古龙胜国家森林公园，23内蒙古敕勒川国家森林公园，24内蒙古成吉思汗国家森林公园，25内蒙古莫尔道嘎国家森林公园，26内蒙古阿尔山国家森林公园，27内蒙古达尔滨湖国家森林公园，28内蒙古伊克萨玛国家森林公园，29内蒙古乌尔旗汉国家森林公园，30内蒙古兴安国家森林公园，31内蒙古绰源国家森林公园，32内蒙古阿里河国家森林公园，33内蒙古绰尔大峡谷国家森林公园，34内蒙古图博勒国家森林公园，35内蒙古神山国家森林公园。

东北地区（3省，133处）

6. 辽宁省（32处，面积144 761.12公顷）

01辽宁旅顺口国家森林公园，02辽宁海棠山国家森林公园，03辽宁大孤山国家森林公园，04辽宁首山国家森林公园，05辽宁凤凰山国家森林公园，06辽宁桓仁国家森林公园，07辽宁本溪国家森林公园，08辽宁陨石山国家森林公园，09辽宁盖县国家森林公园，10辽宁元帅林国家森林公园，11辽宁仙人洞国家森林公园，12大连大赫山国家森林公园，13辽宁长山群岛国家海岛森林公园，14辽宁普兰店国家森林公园，15辽宁大黑山国家森林公园，16辽宁沈阳国家森林公园，17辽宁猴石国家森林公园，18辽宁本溪环城国家森林公园，19辽宁冰砬山国家森林公园，20辽宁金龙寺国家森林公园，21辽宁千山仙人台国家森林公园，22辽宁清原红河谷国家森林公园，23大连天门山国家森林公园，24辽宁三块石国家森林公园，25辽宁章古台沙地国家森林公园，26大连银石滩国家森林公园，27大连西郊国家森林公园，28辽宁医巫闾山国家森林公园，29辽宁和睦国家森林公园，30辽宁绥中长城国家森林公园，31辽宁瓦房店国家森林公园，32辽宁铁岭麒麟湖国家森林公园。

7. 吉林省（35处，面积：391 889.57公顷）

01吉林净月潭国家森林公园，02吉林五女峰国家森林公园，03吉林龙湾群国家森林公园，04吉林白鸡峰国家森林公园，05吉林帽儿山国家森林公园，06吉林半拉山国家森林公园，07吉林三仙夹国家森林公园，08吉林大安国家森林公园，09吉林长白国家森林公园，10吉林临江国家森林公园，11吉林拉法山国家森林公园，12吉林图们江国家森林公园，13吉林朱雀山国家森林公园，14吉林图们江源国家森林公园，15吉林延边仙峰国家森林公园，16吉林官马莲花山国家森林公园，17吉林肇大鸡山国家森林公园，18吉林寒葱顶国家森林公园，19吉林满天星国家森林公园，20吉林吊水壶国家森林公园，21吉林通化石湖国家森林公园，22吉林江源国家森林公园，23吉林鸡冠山国家森林公园，24吉林兰家大峡谷国家森林公园，25吉林长白山北坡国家森林公园，26吉林红叶岭国家森林公园，27吉林露水河国家森林公园，28吉林红石国家森林公园，29吉林泉阳泉国家森林公园，30吉林白石山国家森林公园，31吉林松江河国家森林公园，32吉林三岔子国家森林公园，33吉林临江瀑布群国家森林公园，34吉林湾沟国家森林公园，35吉林龙山湖国家森林公园。

8. 黑龙江省（66处，面积：2 290 613.69公顷）

01黑龙江牡丹峰国家森林公园，02黑龙江火山口国家森林公园，03黑龙江大亮子河国家森林公园，04黑龙江乌龙国家森林公园，05黑龙江哈尔滨国家森林公园，06黑龙江街津山国家森林公园，07黑龙江齐齐哈尔国家森林公园，08黑龙江北极村国家森林公园，09黑龙江长寿国家森林公园，10黑龙江大庆国家森林公园，11黑龙江一面坡国家森林公园，12黑龙江龙凤国家森林公园，13黑龙江金泉国家森林公园，14黑龙江乌苏里江国家森林公园，15黑龙江驿马山国家森林公园，16黑龙江三道关国家森林公园，17黑龙江绥芬河国家森林公园，18黑龙江五顶山国家森林公园，19黑龙江茅兰沟国家森林公园，20黑龙江三峡国家森林公园，21黑龙江鹤岗国家森林公园，22黑龙江勃利国家森林公园，23黑龙江丹清河国家森林公园，24黑龙江石龙山国家森林公园，25黑龙江望龙山国家森林公园，26黑龙江胜山要塞国家森林公园，27黑龙江五大连池国家森林公园，28黑龙江完达山国家森林公园，29黑龙江金山国家森林公园，30黑龙江呼兰国家森林公园，31黑龙江伊春兴安国家森林公园，32黑龙江长寿山国家森林公园，33黑龙江桦川国家森林公园，34黑龙江双子山国家森林公园，35黑龙江威虎山国家森林公园，36黑龙江五营国家森林公园，37黑龙江亚布力国家森林公园，38黑龙江桃山国家森林公园，39黑龙江日月峡国家森林公园，40黑龙江八里湾国家森林公园，41黑龙江乌马河国家森林公园，42黑龙江凤凰山国家森林公园，43黑龙江兴隆国家森林公园，44黑龙江雪乡国家森林公园，45黑龙江青山国家森林公园，46黑龙江大沽河国家森林公园，47黑龙江廻龙湾国家森林公园，48黑龙江金山国家森林公园，49黑龙江小兴安岭石林国家森林公园，50黑龙江方正龙山国家森林公园，51黑龙江溪水国家森林公园，52黑龙江镜泊湖国家森林公园，53黑龙江六峰山国家森林公园，54黑龙江夹皮沟国家森林公园，55黑龙江珍宝岛国家森林公园，56黑龙江红松林国家森林公园，57黑龙江七星峰国家森林公园，58黑龙江仙翁山国家森林公园，59黑龙江呼中国家森林公园，60黑龙江加格达奇国家森林公园，61黑龙江双子山国家森林公园，62黑龙江大青观国家森林公园，63黑龙江香炉山国家森林公园，64黑龙江华夏东极国家森林公园，65黑龙江神洞山国家森林公园，66黑龙江七星山国家森林公园。

华东地区（7省、直辖市，223处）

9. 上海市（4处，面积：1952.10公顷）

01上海佘山国家森林公园，02上海东平国家森林公园，03上海海湾国家森林公园，04上海共青国家森林公园。

10. 江苏省（20处，面积：51 960.56公顷）
01江苏虞山国家森林公园，02江苏上方山国家森林公园，03江苏徐州环城国家森林公园，04江苏宜兴国家森林公园，05江苏惠山国家森林公园，06江苏东吴国家森林公园，07江苏云台山国家森林公园，08江苏盱眙第一山国家森林公园，09江苏南山国家森林公园，10江苏宝华山国家森林公园，11江苏西山国家森林公园，12江苏铁山寺国家森林公园，13南京紫金山国家森林公园，14江苏大阳山国家森林公园，15南京栖霞山国家森林公园，16江苏游子山国家森林公园，17南京老山国家森林公园，18江苏天目湖国家森林公园，19南京无想山国家森林公园，20江苏黄海海滨国家森林公园。

11. 浙江省（40处，面积：222 707.32公顷）
01浙江千岛湖国家森林公园，02浙江大奇山国家森林公园，03浙江兰亭国家森林公园，04浙江午潮山国家森林公园，05浙江富春江国家森林公园，06浙江竹乡国家森林公园，07浙江天童国家森林公园，08浙江雁荡山国家森林公园，09浙江溪口国家森林公园，10浙江九龙山国家森林公园，11浙江双龙洞国家森林公园，12浙江华顶国家森林公园，13浙江青山湖国家森林公园，14浙江玉苍山国家森林公园，15浙江钱江源国家森林公园，16浙江紫微山国家森林公园，17浙江铜铃山国家森林公园，18浙江花岩国家森林公园，19浙江龙湾潭国家森林公园，20浙江遂昌国家森林公园，21浙江五泄国家森林公园，22浙江石门洞国家森林公园，23浙江四明山国家森林公园，24浙江双峰国家森林公园，25浙江仙霞国家森林公园，26浙江大溪国家森林公园，27浙江松阳卯山国家森林公园，28浙江牛头山国家森林公园，29浙江三衢国家森林公园，30浙江径山国家森林公园，31浙江南山湖国家森林公园，32浙江大竹海国家森林公园，33浙江仙居国家森林公园，34浙江桐庐瑶琳国家森林公园，35浙江诸暨香榧国家森林公园，36杭州半山国家森林公园，37浙江庆元国家森林公园，38杭州西山国家森林公园，39浙江梁希国家森林公园，40浙江绍兴会稽山国家森林公园。

12. 安徽省（35处，面积：108 254.64公顷）
01安徽黄山国家森林公园，02安徽琅琊山国家森林公园，03安徽天柱山国家森林公园，04安徽九华山国家森林公园，05安徽皇藏峪国家森林公园，06安徽徽州国家森林公园，07安徽大龙山国家森林公园，08安徽紫蓬山国家森林公园，09安徽皇甫山国家森林公园，10安徽天堂寨国家森林公园，11安徽鸡笼山国家森林公园，12安徽冶父山国家森林公园，13安徽太湖山国家森林公园，14安徽神山国家森林公园，15安徽妙道山国家森林公园，16安徽天井山国家森林公园，17安徽舜耕山国家森林公园，18安徽浮山国家森林公园，19安徽石莲洞国家森林公园，20安徽齐云山国家森林公园，21安徽韭山国家森林公园，22安徽横山国家森林公园，23安徽敬亭山国家森林公园，24安徽八公山国家森林公园，25安徽万佛山国家森林公园，26安徽水西国家森林公园，27安徽青龙湾国家森林公园，28安徽上窑国家森林公园，29安徽马仁山国家森林公园，30合肥大蜀山国家森林公园，31合肥滨湖国家森林公园，32安徽塔川国家森林公园，33安徽老嘉山国家森林公园，34安徽马家溪国家森林公园，35安徽相山国家森林公园。

13. 福建省（29处，面积：124 775.76公顷）
01福建福州国家森林公园，02福建天柱山国家森林公园，03福建平潭海岛国家森林公园，04福建华安国家森林公园，05福建猫儿山国家森林公园，06福建三元国家森林公园，07福建龙岩国家森林公园，08福建旗山国家森林公园，09福建灵石山国家森林公园，10福建东山国家森林公园，11福建德化石牛山国家森林公园，12福建三明仙人谷国家森林公园，13福建将乐天阶山国家森林公园，14福建厦门莲花国家森林公园，15福建上杭国家森林公园，16福建武夷山国家森林公园，17福建乌山国家森林公园，18福建漳平天台国家森林公园，19福建王寿山国家森林公园，20福建九龙谷国家森林公园，21福建支提山国家森林公园，22福建天星山国家森林公园，23福建闽江源国家森林公园，24福建九龙竹海国家森林公园，25福建长乐国家森林公园，26福建匡山国家森林公园，27福建南靖土楼国家森林公园，28福建武夷天池国家森林公园，29福建五虎山国家森林公园。

14. 江西省（47处，面积：377 396.88公顷）
01江西三爪仑国家森林公园，02江西庐山山南国家森林公园，03江西梅岭国家森林公园，04江西三百山国家森林公园，05江西马祖山国家森林公园，06江西鄱阳湖口国家森林公园，07江西灵岩洞国家森林公园，08江西明月山国家森林公园，09江西翠微峰国家森林公园，10江西天柱峰国家森林公园，11江西泰和国家森林公园，12江西鹅湖山国家森林公园，13江西龟峰国家森林公园，14江西上清国家森林公园，15江西梅关国家森林公园，16江西永丰国家森林公园，17江西阁皂山国家森林公园，18江西三叠泉国家森林公园，19江西武功山国家森林公园，20江西铜钹山国家森林公园，21江西阳岭国家森林公园，22江西天花井国家森林公园，23江西五指峰国家森林公园，24江西柘林湖国家森林公园，25江西陡水湖国家森林公园，26江西万安国家森林公园，27江西三湾国家森林公园，28江西安源国家森林公园，29江西景德镇国家森林公园，30江西云碧峰国家森林公园，31江西九连山国家森林公园，32江西岩泉国家森林公园，33江西瑶里国家森林公园，34江西峰山国家森林公园，35江西清凉山国家森林公园，36江西九岭山国家森林公园，37江西岑山国家森林公园，38江西五府山国家森林公园，39江西军峰山国家森林公园，40江西碧湖潭国家森林公园，41江西怀玉山国家森林公园，42江西仰天岗国家森林公园，43江西圣水堂国家森林公园，44江西鄱阳莲花山国家森林公园，45江西彭泽国家森林公园，46江西金盆山国家森林公园，47江西洪岩国家森林公园。

15. 山东省（48处，面积：209 688.96公顷）

01山东崂山国家森林公园，02山东抱犊崮国家森林公园，03山东黄河口国家森林公园，04山东昆嵛山国家森林公园，05山东罗山国家森林公园，06山东长岛国家森林公园，07山东沂山国家森林公园，08山东尼山国家森林公园，09山东泰山国家森林公园，10山东祖徕山国家森林公园，11山东日照海滨国家森林公园，12山东鹤伴山国家森林公园，13山东孟良崮国家森林公园，14山东柳埠国家森林公园，15山东刘公岛国家森林公园，16山东樵山国家森林公园，17山东药乡国家森林公园，18山东原山国家森林公园，19山东灵山湾国家森林公园，20山东双岛国家森林公园，21山东蒙山国家森林公园，22山东腊山国家森林公园，23山东仰天山国家森林公园，24山东伟德山国家森林公园，25山东珠山国家森林公园，26山东牛山国家森林公园，27山东鲁山国家森林公园，28山东岠嵎山国家森林公园，29山东五莲山国家森林公园，30山东莱芜华山国家森林公园，31山东艾山国家森林公园，32山东龙口南山国家森林公园，33山东新泰莲花山国家森林公园，34山东牙山国家森林公园，35山东招虎山国家森林公园，36山东寿阳山国家森林公园，37山东阿黄河国家森林公园，38山东峨庄古村落国家森林公园，39山东峄山国家森林公园，40山东滕州墨子国家森林公园，41山东密州国家森林公园，42山东留山古火山国家森林公园，43山东泉林国家森林公园，44山东章丘国家森林公园，45山东峄城古石榴国家森林公园，46山东棋山幽峡国家森林公园，47山东夏津黄河故道国家森林公园，48山东茌平国家森林公园。

华中华南地区（6省、自治区，181处）

16. 河南省（31处，面积133 331.63公顷）

01河南嵩山国家森林公园，02河南寺山国家森林公园，03河南汝州国家森林公园，04河南石漫滩国家森林公园，05河南薄山国家森林公园，06河南开封国家森林公园，07河南亚武山国家森林公园，08河南花果山国家森林公园，09河南云台山国家森林公园，10河南白云山国家森林公园，11河南龙峪湾国家森林公园，12河南五龙洞国家森林公园，13河南南湾国家森林公园，14河南甘山国家森林公园，15河南淮河源国家森林公园，16河南神灵寨国家森林公园，17河南铜山湖国家森林公园，18河南黄河故道国家森林公园，19河南郁山国家森林公园，20河南玉皇山国家森林公园，21河南金兰山国家森林公园，22河南嵖岈山国家森林公园，23河南天池山国家森林公园，24河南始祖山国家森林公园，25河南黄柏山国家森林公园，26河南燕子山国家森林公园，27河南棠溪源国家森林公园，28河南大鸿寨国家森林公园，29河南天目山国家森林公园，30河南大苏山国家森林公园，31河南云梦山国家森林公园。

17. 湖北省（37处，面积：308 200.50公顷）

01湖北九峰国家森林公园，02湖北鹿门寺国家森林公园，03湖北玉泉寺国家森林公园，04湖北大老岭国家森林公园，05湖北大口国家森林公园，06湖北神农架国家森林公园，07湖北龙门河国家森林公园，08湖北薤山国家森林公园，09湖北清江国家森林公园，10湖北大别山国家森林公园，11湖北柴埠溪国家森林公园，12湖北潜山国家森林公园，13湖北八岭山国家森林公园，14湖北浥水国家森林公园，15湖北三角山国家森林公园，16湖北中华山国家森林公园，17湖北太子山国家森林公园，18湖北红安天台山国家森林公园，19湖北坪坝营国家森林公园，20湖北吴家山国家森林公园，21湖北千佛洞国家森林公园，22湖北双峰山国家森林公园，23湖北大洪山国家森林公园，24湖北虎爪山国家森林公园，25湖北五脑山国家森林公园，26湖北沧浪山国家森林公园，27湖北安陆古银杏国家森林公园，28湖北牛头山国家森林公园，29湖北诗经源国家森林公园，30湖北九女峰国家森林公园，31湖北偏头山国家森林公园，32湖北丹江口国家森林公园，33湖北崇阳国家森林公园，34湖北汉江瀑布群国家森林公园，35湖北西塞国家森林公园，36湖北岘山国家森林公园，37湖北白竹园寺国家森林公园。

18. 湖南省（59处，面积：320 804.85公顷）
01湖南张家界国家森林公园，02湖南神农谷国家森林公园，03湖南莽山国家森林公园，04湖南大围山国家森林公园，05湖南云山国家森林公园，06湖南九嶷山国家森林公园，07湖南阳明山国家森林公园，08湖南华山国家森林公园，09湖南黄山头国家森林公园，10湖南桃花源国家森林公园，11湖南天门山国家森林公园，12湖南天际岭国家森林公园，13湖南天鹅山国家森林公园，14湖南舜皇山国家森林公园，15湖南东台山国家森林公园，16湖南夹山国家森林公园，17湖南不二门国家森林公园，18湖南河洑国家森林公园，19湖南岣嵝峰国家森林公园，20湖南大云山国家森林公园，21湖南花岩溪国家森林公园，22湖南云阳国家森林公园，23湖南大熊山国家森林公园，24湖南中坡国家森林公园，25湖南幕阜山国家森林公园，26湖南金洞国家森林公园，27湖南百里龙山国家森林公园，28湖南千家峒国家森林公园，29湖南两江峡谷国家森林公园，30湖南雪峰山国家森林公园，31湖南五尖山国家森林公园，32湖南桃花江国家森林公园，33湖南湘江源国家森林公园，34湖南月岩国家森林公园，35湖南峰峦溪国家森林公园，36湖南柘溪国家森林公园，37湖南天堂山国家森林公园，38湖南宁乡香山国家森林公园，39湖南九龙江国家森林公园，40湖南嵩云山国家森林公园，41湖南天泉山国家森林公园，42湖南西瑶绿谷国家森林公园，43湖南青洋湖国家森林公园，44湖南熊峰山国家森林公园，45湖南蒳溪国家森林公园，46湖南福音山国家森林公园，47长沙黑麋峰国家森林公园，48湖南坐龙峡国家森林公园，49湖南攸州国家森林公园，50湖南矮寨国家森林公园，51湖南嘉山国家森林公园，52湖南永兴丹霞国家森林公园，53湖南齐云峰国家森林公园，54湖南四明山国家森林公园，55湖南北罗霄国家森林公园，56湖南靖州国家森林公园，57湖南嘉禾国家森林公园，58湖南沅陵国家森林公园，59湖南腾云岭国家森林公园。

19. 广东省（24处，面积：206 170.56公顷）
01广东梧桐山国家森林公园，02广东小坑国家森林公园，03广东南澳海岛国家森林公园，04广东南岭国家森林公园，05广东新丰江国家森林公园，06广东韶关国家森林公园，07广东流溪河国家森林公园，08广东南昆山国家森林公园，09广东西樵山国家森林公园，10广东石门国家森林公园，11广东圭峰山国家森林公园，12广东英德国家森林公园，13广东广宁竹海国家森林公园，14广东北峰山国家森林公园，15广东大王山国家森林公园，16广东梁化国家森林公园，17广东神光山国家森林公园，18广东观音山国家森林公园，19广东三岭山国家森林公园，20广东雁鸣湖国家森林公园，21广东天井山国家森林公园，22广东大北山国家森林公园，23广东镇山国家森林公园，24广东南台山国家森林公园。

20. 广西壮族自治区（21处，面积：212 646.73公顷）
01广西桂林国家森林公园，02广西良凤江国家森林公园，03广西三门江国家森林公园，04广西龙潭国家森林公园，05广西大桂山国家森林公园，06广西元宝山国家森林公园，07广西八角寨国家森林公园，08广西十万大山国家森林公园，09广西龙胜温泉国家森林公园，10广西姑婆山国家森林公园，11广西大瑶山国家森林公园，12广西黄猄洞天坑国家森林公园，13广西飞龙湖国家森林公园，14广西太平狮山国家森林公园，15广西大容山国家森林公园，16广西九龙瀑布群国家森林公园，17广西平天山国家森林公园，18广西红茶沟国家森林公园，19广西阳朔国家森林公园，20广西龙潭大峡谷国家森林公园，21广西凤山根旦国家森林公园。

21. 海南省（9处，面积：119 101.93公顷）
01海南尖峰岭国家森林公园，02海南蓝洋温泉国家森林公园，03海南吊罗山国家森林公园，04海南海口火山国家森林公园，05海南七仙岭温泉国家森林公园，06海南黎母山国家森林公园，07海南海上国家森林公园，08海南霸王岭国家森林公园，09海南兴隆侨乡国家森林公园。

西南地区（5省、自治区、直辖市，124处）
22. 重庆市（26处，面积：136 303.35公顷）
01重庆双桂山国家森林公园，02重庆小三峡国家森林公园，03重庆金佛山国家森林公园，04重庆黄水国家森林公园，05重庆仙女山国家森林公园，06重庆茂云山国家森林公园，07重庆武陵山国家森林公园，08重庆青龙湖国家森林公园，09重庆黔江国家森林公园，10重庆梁平东山国家森林公园，11重庆桥口坝国家森林公园，12重庆铁峰山国家森林公园，13重庆红池坝国家森林公园，14重庆雪宝山国家森林公园，15重庆歌乐山国家森林公园，16重庆玉龙山国家森林公园，17重庆茶山竹海国家森林公园，18重庆黑山国家森林公园，19重庆九重山国家森林公园，20重庆大圆洞国家森林公园，21重庆南山国家森林公园，22重庆观音峡国家森林公园，23重庆天池山国家森林公园，24重庆酉阳桃花源国家森林公园，25重庆巴尔盖国家森林公园，26重庆毓青山国家森林公园。

23. 四川省（37处，面积：659 017.28公顷）

01四川都江堰国家森林公园，02四川剑门关国家森林公园，03四川瓦屋山国家森林公园，04四川高山国家森林公园，05四川西岭国家森林公园，06四川二滩国家森林公园，07四川海螺沟国家森林公园，08四川七曲山国家森林公园，09四川九寨国家森林公园，10四川天台山国家森林公园，11四川福宝国家森林公园，12四川黑竹沟国家森林公园，13四川夹金山国家森林公园，14四川龙苍沟国家森林公园，15四川美女峰国家森林公园，16四川白水河国家森林公园，17四川华蓥山国家森林公园，18四川五峰山国家森林公园，19四川千佛山国家森林公园，20四川措普国家森林公园，21四川米仓山国家森林公园，22四川天曌山国家森林公园，23四川镇龙山国家森林公园，24四川二郎山国家森林公园，25四川雅克夏国家森林公园，26四川天马山国家森林公园，27四川空山国家森林公园，28四川云湖国家森林公园，29四川铁山国家森林公园，30四川荷花海国家森林公园，31四川凌云山国家森林公园，32四川北川国家森林公园，33四川阆中家森林公园，34四川宣汉国家森林公园，35四川苍溪国家森林公园，36四川沐川国家森林公园，37四川鸡冠山国家森林公园。

24. 贵州省（25处，面积：165 589.10公顷）

01贵州百里杜鹃国家森林公园，02贵州竹海国家森林公园，03贵州九龙山国家森林公园，04贵州凤凰山国家森林公园，05贵州长坡岭国家森林公园，06贵州尧人山国家森林公园，07贵州燕子岩国家森林公园，08贵州玉舍国家森林公园，09贵州雷公山国家森林公园，10贵州习水国家森林公园，11贵州黎平国家森林公园，12贵州朱家山国家森林公园，13贵州紫林山国家森林公园，14贵州㵲阳湖国家森林公园，15贵州赫章夜郎国家森林公园，16贵州青云湖国家森林公园，17贵州大板水国家森林公园，18贵州毕节国家森林公园，19贵州仙鹤坪国家森林公园，20贵州龙架山国家森林公园，21贵州九道水国家森林公园，22贵州台江国家森林公园，23贵州甘溪国家森林公园，24贵州油杉河大峡谷国家森林公园，25贵州黄果树瀑布源国家森林公园。

25. 云南省（27处，面积：117 399.22公顷）

01云南巍宝山国家森林公园，02云南天星国家森林公园，03云南清华洞国家森林公园，04云南东山国家森林公园，05云南来凤山国家森林公园，06云南花鱼洞国家森林公园，07云南磨盘山国家森林公园，08云南龙泉国家森林公园，09云南太阳河国家森林公园，10云南金殿国家森林公园，11云南章凤国家森林公园，12云南十八连山国家森林公园，13云南鲁布革国家森林公园，14云南珠江源国家森林公园，15云南五峰山国家森林公园，16云南钟灵山国家森林公园，17云南棋盘山国家森林公园，18云南灵宝山国家森林公园，19云南铜锣坝国家森林公园，20云南五老山国家森林公园，21云南紫金山国家森林公园，22云南飞来寺国家森林公园，23云南圭山国家森林公园，24云南新生桥国家森林公园，25云南西双版纳国家森林公园，26云南宝台山国家森林公园，27云南双江古茶山国家森林公园。

26. 西藏自治区（9处，面积：1 186 760.06公顷）

01西藏巴松湖国家森林公园，02西藏色季拉国家森林公园，03西藏冈仁波齐国家森林公园，04西藏班公湖国家森林公园，05西藏然乌湖国家森林公园，06西藏热振国家森林公园，07西藏姐德秀国家森林公园，08西藏尼木国家森林公园，09西藏比日神山国家森林公园。

西北地区（5省、自治区，89处）

27. 陕西省（35处，面积：185 391.77公顷）

01陕西太白山国家森林公园，02陕西延安国家森林公园，03陕西楼观台国家森林公园，04陕西终南山国家森林公园，05陕西天台山国家森林公园，06陕西天华山国家森林公园，07陕西朱雀国家森林公园，08陕西南宫山国家森林公园，09陕西王顺山国家森林公园，10陕西五龙洞国家森林公园，11陕西骊山国家森林公园，12陕西汉中天台国家森林公园，13陕西黎坪国家森林公园，14陕西金丝大峡谷国家森林公园，15陕西通天河国家森林公园，16陕西木王国家森林公园，17陕西榆林沙漠国家森林公园，18陕西劳山国家森林公园，19陕西太平国家森林公园，20陕西鬼谷岭国家森林公园，21陕西蟒头山国家森林公园，22陕西玉华宫国家森林公园，23陕西千家坪国家森林公园，24陕西上坝河国家森林公园，25陕西黑河国家森林公园，26陕西洪庆山国家森林公园，27陕西牛背梁国家森林公园，28陕西天竺山国家森林公园，29陕西紫柏山国家森林公园，30陕西少华山国家森林公园，31陕西石门山国家森林公园，32陕西黄陵国家森林公园，33陕西青峰峡国家森林公园，34陕西黄龙山国家森林公园，35陕西汉阴凤凰山国家森林公园。

28. 甘肃省（22处，面积：471 751.45公顷）

01甘肃吐鲁沟国家森林公园，02甘肃石佛沟国家森林公园，03甘肃松鸣岩国家森林公园，04甘肃云崖寺国家森林公园，05甘肃徐家山国家森林公园，06甘肃贵清山国家森林公园，07甘肃麦积国家森林公园，08甘肃鸡峰山国家森林公园，09甘肃渭河源国家森林公园，10甘肃天祝三峡国家森林公园，11甘肃冶力关国家森林公园，12甘肃官鹅沟国家森林公园，13甘肃沙滩国家森林公园，14甘肃腊子口国家森林公园，15甘肃大峪国家森林公园，16甘肃小陇山国家森林公园，17甘肃文县天池国家森林公园，18甘肃莲花山国家森林公园，19甘肃周祖陵国家森林公园，20甘肃寿鹿山国家森林公园，21甘肃大峡沟国家森林公园，22甘肃子午岭国家森林公园。

29. 宁夏回族自治区
（4处，面积：28 587.00公顷）

01宁夏六盘山国家森林公园，02宁夏苏峪口国家森林公园，03宁夏花马寺国家森林公园，04宁夏火石寨国家森林公园。

30. 青海省（7处，面积：293 296.60公顷）

01青海坎布拉国家森林公园，02青海北山国家森林公园，03青海大通国家森林公园，04青海群加国家森林公园，05青海仙米国家森林公园，06青海哈里哈图国家森林公园，07青海麦秀国家森林公园。

31. 新疆维吾尔自治区
（21处，面积：1 113 196.61公顷）

01新疆天山大峡谷国家森林公园，02新疆天池国家森林公园，03新疆那拉提国家森林公园，04新疆巩乃斯国家森林公园，05新疆贾登峪国家森林公园，06新疆白哈巴国家森林公园，07新疆江布拉克国家森林公园，08新疆唐布拉国家森林公园，09新疆科桑溶洞国家森林公园，10新疆金湖杨国家森林公园，11新疆巩留恰西国家森林公园，12新疆哈密天山国家森林公园，13新疆哈日图热格国家森林公园，14新疆乌苏佛山国家森林公园，15新疆哈巴河白桦国家森林公园，16新疆阿尔泰山温泉国家森林公园，17新疆夏塔古道国家森林公园，18新疆塔西河国家森林公园，19新疆巴楚胡杨林国家森林公园，20新疆乌鲁木齐天山国家森林公园，21新疆车师古道国家森林公园。

附录4 | 中国国家地质公园名录
（共8批，272处）

第一批国家地质公园名单（11处，2001年4月公布）

云南石林国家地质公园、湖南张家界砂岩峰林国家地质公园、河南嵩山国家地质公园、江西庐山国家地质公园、云南澄江动物群国家地质公园、黑龙江五大连池火山国家地质公园、四川自贡恐龙国家地质公园、福建漳州滨海火山国家地质公园、陕西翠华山山崩国家地质公园、四川龙门山国家地质公园、江西龙虎山国家地质公园。

第二批国家地质公园名单（33处，2002年2月公布）

安徽黄山国家地质公园、甘肃敦煌雅丹国家地质公园、内蒙古赤峰市克什克腾国家地质公园、云南腾冲火山国家地质公园、广东丹霞山国家地质公园、四川海螺沟国家地质公园、山东山旺国家地质公园、天津蓟县国家地质公园、四川大渡河峡谷国家地质公园、福建大金湖国家地质公园、河南焦作云台山国家地质公园、甘肃刘家峡恐龙国家地质公园、黑龙江嘉荫恐龙国家地质公园、北京石花洞国家地质公园、浙江常山国家地质公园、河北涞源白石山国家地质公园、安徽齐云山国家地质公园、河北秦皇岛柳江国家地质公园、黄河壶口瀑布国家地质公园、四川安县生物礁—岩溶国家地质公园、广东湛江湖光岩国家地质公园、河北阜平天生桥国家地质公园、山东枣庄熊耳山国家地质公园、安徽浮山国家地质公园、北京延庆硅化木国家地质公园、河南内乡宝天曼国家地质公园、浙江临海国家地质公园、陕西洛川黄土国家地质公园、西藏易贡国家地质公园、安徽淮南八公山国家地质公园、湖南郴州飞天山国家地质公园、湖南崀山国家地质公园、广西资源国家地质公园。

第三批国家地质公园名单（41处，2004年2月公布）

河南王屋山国家地质公园、四川九寨沟国家地质公园、浙江雁荡山国家地质公园、四川黄龙国家地质公园、辽宁朝阳鸟化石国家地质公园、广西百色乐业大石围天坑群国家地质公园、河南西峡伏牛山国家地质公园、贵州关岭化石群国家地质公园、广西北海涠洲岛火山国家地质公园、河南嵖岈山国家地质公园、浙江新昌硅化木国家地质公园、云南禄丰恐龙国家地质公园、新疆布尔津喀纳斯湖国家地质公园、福建晋江深沪湾国家地质公园、云南玉龙黎明—老君山国家地质公园、安徽祁门牯牛降国家地质公园、甘肃景泰黄河石林国家地质公园、北京十渡国家地质公园、贵州兴义国家地质公园、四川兴文石海国家地质公园、重庆武隆岩溶国家地质公园、内蒙古阿尔山国家地质公园、福建福鼎太姥山国家地质公园、青海尖扎坎布拉国家地质公园、河北赞皇嶂石岩国家地质公园、河北涞水野三坡国家地质公园、甘肃平凉崆峒山国家地质公园、新疆奇台硅化木—恐龙国家地质公园、长江三峡国家地质公园（湖北、重庆）、海南海口石山火山群国家地质公园、江苏苏州太湖西山国家地质公园、宁夏西吉火石寨国家地质公园、吉林靖宇火山矿泉群国家地质公园、福建宁化天鹅洞群国家地质公园、山东东营黄河三角洲国家地质公园、贵州织金洞国家地质公园、广东佛山西樵山国家地质公园、贵州绥阳双河洞国家地质公园、黑龙江伊春花岗岩石林国家地质公园、重庆黔江小南海国家地质公园、广东阳春凌宵岩国家地质公园。

第四批国家地质公园名单（53处，2005年8月公布）

河北临城国家地质公园、河北武安国家地质公园、内蒙古阿拉善沙漠国家地质公园、山西壶关太行山大峡谷国家地质公园、山西宁武万年冰洞国家地质公园、五台山国家地质公园、黑龙江镜泊湖国家地质公园、黑龙江兴凯湖国家地质公园、辽宁本溪国家地质公园、大连冰峪国家地质公园、中国大连国家地质公园、延川黄河蛇曲国家地质公园、青海互助嘉定国家地质公园、青海久治年宝玉则国家地质公园、青海昆仑山国家地质公园、富蕴可可托海国家地质公园、大理苍山国家地质公园、四川华蓥山国家地质公园、四川江油国家地质公园、四川射洪硅化木国家地质公园、四川四姑娘山国家地质公园、重庆云阳龙缸国家地质公园、贵州六盘水乌蒙山国家地质公园、贵州平塘国家地质公园、西藏札达土林国家地质公园、安徽大别山（六安）国家地质公园、安徽天柱山国家地质公园、山东长山列岛国家地质公园、山东沂蒙山国家地质公园、泰山国家地质公园、江苏南京六合国家地质公园、上海崇明长江三角洲国家地质公园、德化石牛山国家地质公园、福建屏南白水洋国家地质公园、福建永安桃源洞国家地质公园、江西三清山国家地质公园、江西武功山国家地质公园、河南关山国家地质公园、河南黄河国家地质公园、河南洛宁神灵寨国家地质公园、河南洛阳黛眉山国家地质公园、河南信阳金刚台国家地质公园、湖南凤凰国家地质公园、湖南古丈红石林国家地质公园、湖南酒埠红国家地质公园、湖北木兰山国家地质公园、湖北神农架国家地质公园、湖北郧县恐龙蛋化石群国家地质公园、广东恩平地热国家地质公园、广东封开国家地质公园、深圳大鹏半岛国家地质公园、广西凤山国家地质公园、广西鹿寨香桥喀斯特生态国家地质公园。

第五批国家地质公园名单（44处，2009年8月公布）

吉林长白山火山国家地质公园、云南丽江玉龙雪山国家地质公园、新疆天山天池国家地质公园、湖北武当山国家地质公园、山东诸城恐龙国家地质公园、安徽池州九华山国家地质公园、云南九乡峡谷洞穴国家地质公园、内蒙古二连浩特国家地质公园、新疆库车大峡谷国家地质公园、福建连城冠豸山国家地质公园、贵州黔东南苗岭国家地质公园、宁夏灵武国家地质公园、四川大巴山国家地质公园、贵州思南乌江喀斯特国家地质公园、湖南乌龙山国家地质公园、甘肃和政古生物化石国家地质公园、广西大化七百弄国家地质公园、四川光雾山—诺水河国家地质公园、江苏南京江宁汤山方山国家地质公园、内蒙古宁城国家地质公园、重庆万盛国家地质公园、西藏羊八井国家地质公园、陕西商南金丝峡国家地质公园、广西桂平国家地质公园、山东青州国家地质公园、河北兴隆国家地质公园、北京密云雾灵山国家地质公园、福建白云山国家地质公园、广东阴山国家地质公园、湖南湄江国家地质公园、河北迁安—迁西国家地质公园、湖北大别山（黄冈）国家地质公园、甘肃天水麦积山国家地质公园、河南小秦岭国家地质公园、青海贵德国家地质公园、北京平谷黄松峪国家地质公园、河南红旗渠—林虑山国家地质公园、山西陵川王莽岭国家地质公园、重庆綦江木化石—恐龙国家地质公园、黑龙江伊春小兴安岭国家地质公园、陕西岚皋南宫山国家地质公园、吉林乾安泥林国家地质公园、山西大同火山群国家地质公园、安徽凤阳韭山国家地质公园。

第六批国家地质公园名单（36处，2011年11月公布）

云南罗平生物群国家地质公园、河南尧山国家地质公园、河南汝阳恐龙国家地质公园、山东莱阳白垩纪国家地质公园、新疆吐鲁番火焰山国家地质公园、甘肃张掖丹霞国家地质公园、新疆温宿盐丘国家地质公园、山东沂源鲁山国家地质公园、云南泸西阿庐国家地质公园、广西宜州水上石林国家地质公园、甘肃炳灵丹霞地貌国家地质公园、湖北五峰国家地质公园、西平顺天脊山国家地质公园、贵州赤水丹霞国家地质公园、青海省青海湖国家地质公园、北承德丹霞地貌国家地质公园、河北邢台峡谷群国家地质公园、陕西柞水溶洞国家地质公园、吉林抚松国家地质公园、福建平和灵通山国家地质公园、山西永和黄河蛇曲国家地质公园、内蒙古巴彦淖尔国家地质公园、湖南平江石牛寨国家地质公园、重庆酉阳地质公园、内蒙古鄂尔多斯国家地质公园、四川青川地震遗迹国家地质公园、福建政和佛子山国家地质公园、安徽广德太极洞国家地质公园、湖北咸宁九宫山—温泉国家地质公园、黑龙江凤凰山国家地质公园、陕西耀州照金丹霞国家地质公园、广西浦北五皇山国家地质公园、四川绵竹清平—汉旺国家地质公园、安徽丫山国家地质公园、青海玛沁阿尼玛卿山国家地质公园、湖南浏阳大围山国家地质公园。

第七批国家地质公园名单（23处，2014年1月15日公布）

湖北恩施腾龙洞大峡谷地质公园、广西都安地下河地质公园、湖南通道万佛山地质公园、湖北长阳清江地质公园、山东昌乐火山地质公园、辽宁锦州古生物化石和花岗岩地质公园、内蒙古清水河老牛湾地质公园、湖南安化雪峰湖地质公园、山西榆社古生物化石地质公园、安徽灵璧磬云山地质公园、吉林四平地质公园、福建清流温泉地质公园、福建三明郊野地质公园、广西罗城地质公园、江西石城地质公园、甘肃宕昌官鹅沟地质公园、内蒙古四子王地质公园、安徽繁昌马仁山地质公园、甘肃临潭冶力关地质公园、江苏连云港花果山地质公园、黑龙江山口地质公园、辽宁葫芦岛龙潭大峡谷地质公园、福建宁德兔耳岭地质公园。

第八批国家地质公园名单（31处，2018年3月公布）
湖南宜章莽山地质公园、湖北远安化石群地质公园、黑龙江漠河地质公园、山东五莲县五莲山—九仙山地质公园、内蒙古鄂伦春地质公园、山东邹城市峄山地质公园、黑龙江青冈猛犸象地质公园、浙江仙居神仙居地质公园、吉林辉南县龙湾火山地质公园、福建平潭地质公园、湖南新邵白水洞地质公园、黑龙江鸡冠山地质公园、山西右玉火山颈群地质公园、内蒙古锡林郭勒草原火山地质公园、浙江缙云仙都地质公园、内蒙古巴林左旗七锅山地质公园、福建宁德三都澳地质公园、云南东川泥石流地质公园、甘肃张掖市甘州区平山湖地质公园、海南白沙地质公园、四川盐边格萨拉地质公园、云南巍山红河源地质公园、重庆石柱七曜山地质公园、甘肃甘南州迭部扎尕那地质公园、新疆吉木乃草原石城地质公园、陕西汉中黎坪地质公园、陕西华山地质公园、广东饶平青岚地质公园、贵州紫云格凸河地质公园、广西东兰地质公园、四川达古冰山地质公园。

附录5 中国的世界地质公园
（39处）

中国第一批入选世界地质公园名录（8处，2004年）
1黄山世界地质公园（安徽）、2庐山世界地质公园（江西）、3云台山世界地质公园（河南）、4石林世界地质公园（云南）、5丹霞山世界地质公园（广东）、6中国张家界世界地质公园（湖南）、7五大连池世界地质公园（黑龙江）、8嵩山世界地质公园（河南）。

中国第二批入选世界地质公园名录（4处，2005年）
1雁荡山世界地质公园（浙江）、2泰宁世界地质公园（福建）、3克什克腾世界地质公园（内蒙古）、4兴文世界地质公园（四川）。

中国第三批入选世界地质公园名录（6处，2006年）
1泰山世界地质公园（山东）、2王屋山—黛眉山世界地质公园（河南）、3雷琼世界地质公园（广东、海南）、4房山世界地质公园（北京、河北）、5镜泊湖世界地质公园（黑龙江）、6中国南阳伏牛山世界地质公园（河南）。

中国第四批入选世界地质公园名录（2处，2008年）
1龙虎山世界地质公园（江西）、2自贡世界地质公园（四川）。

中国第五批入选世界地质公园名录（2处，2009年）
1陕西秦岭终南山世界地质公园、2内蒙古阿拉善世界地质公园。

中国第六批入选世界地质公园名录（3处，2010年）
1广西乐业—凤山世界地质公园、2宁德世界地质公园（福建）、3福建兔耳岭风景区。

中国第七批入选世界地质公园名录（2处，2011年）
1安徽天柱山世界地质公园、2香港世界地质公园。

中国第八批入选世界地质公园名录（1处，2012年）
1三清山世界地质公园（江西）。

中国第九批入选世界地质公园名录（2处，2013年）
1北京延庆世界地质公园、2湖北神农架地质公园。

中国第十批入选世界地质公园名录（2处，2014年）
1新疆昆仑山地质公园、2云南大理苍山地质公园。

中国第十一批入选世界地质公园名录（2处，2015年）
1甘肃敦煌世界地质公园、2贵州织金洞世界地质公园。

中国第十二批入选世界地质公园名录（2处，2015年）
1四川光雾山—诺水河地质公园、2湖北黄冈大别山地质公园。

中国第十三批入选世界地质公园名录（3处，2019年）
1新疆可可托海世界地质公园、2安徽九华山世界地质公园、3山东沂蒙山世界地质公园。

附录6 中国国家湿地公园名录（836处）

北京市（2处）
1北京野鸭湖国家湿地公园，2北京房山长沟泉水国家湿地公园。

天津市（4处）
1天津武清永定河故道国家湿地公园，2天津宝坻潮白河国家湿地公园，3天津蓟县州河国家湿地公园，4天津下营环秀湖国家湿地公园。

河北省（20处）
1河北坝上闪电河国家湿地公园，2河北北戴河国家湿地公园，3河北丰宁海留图国家湿地公园，4河北永年洼国家湿地公园，5河北康保康巴诺尔国家湿地公园，6河北尚义察汗淖尔国家湿地公园，7河北崇礼清水河源国家湿地公园，8河北木兰围场小滦河国家湿地公园，9河北香河潮白河大运河国家湿地公园，10河北怀来官厅水库国家湿地公园，11河北张北黄盖淖国家湿地公园，12河北涉县清漳河国家湿地公园，13河北承德双塔山滦河国家湿地公园，14河北内丘鹊山湖国家湿地公园，15河北峰峰滏阳河国家湿地公园，16河北隆化伊逊河国家湿地公园，17河北青龙湖国家湿地公园，18河北任县大陆泽国家湿地公园，19河北卢龙—渠百库国家湿地公园，20河北滦平潮河国家湿地公园。

山西省（17处）
1山西垣曲古城国家湿地公园，2山西千泉湖国家湿地公园，3山西昌源河国家湿地公园，4山西双龙湖国家湿地公园，5山西文峪河国家湿地公园，6山西介休汾河国家湿地公园，7山西神溪国家湿地公园，8山西沁河源国家湿地公园，9山西长子精卫湖国家湿地公园，10山西稷山汾河国家湿地公园，11山西孝义孝河国家湿地公园，12山西静乐汾河川国家湿地公园，13山西洪洞汾河国家湿地公园，14山西右玉苍头河国家湿地公园，15山西大同桑干河国家湿地公园，16山西怀仁口泉河国家湿地公园，17山西左权清漳河国家湿地公园。

内蒙古自治区（38处）
1内蒙古白狼洮儿河国家湿地公园，2内蒙古阿拉善黄河国家湿地公园，3内蒙古巴美湖国家湿地公园，4内蒙古纳林湖国家湿地公园，5内蒙古包头黄河国家湿地公园，6内蒙古额尔古纳国家湿地公园，7内蒙古免渡河国家湿地公园，8内蒙古索尔奇国家湿地公园，9内蒙古锡林河国家湿地公园，10内蒙古哈素海国家湿地公园，11内蒙古萨拉乌苏国家湿地公园，12内蒙古多伦滦河源国家湿地公园，13内蒙古乌海龙游湾国家湿地公园，14内蒙古临河黄河国家湿地公园，15内蒙古乌兰浩特洮儿河国家湿地公园，16内蒙古正蓝旗上都国家湿地公园，17内蒙古白狼奥伦布坎国家湿地公园，18内蒙古扎兰屯秀水国家湿地公园，19内蒙古莫和尔图国家湿地公园，20内蒙古陈巴尔虎陶海国家湿地公园，21内蒙古巴林雅鲁河国家湿地公园，22内蒙古满洲里二卡国家湿地公园，23内蒙古奈曼孟家段国家湿地公园，24内蒙古包头昆都仑河国家湿地公园，25内蒙古兴和察尔湖国家湿地公园，26内蒙古磴口奈伦湖国家湿地公园，27内蒙古达拉特旗乌兰淖尔国家湿地公园，28内蒙古巴林左旗乌力吉沐沦河国家湿地公园，29内蒙古科左后旗胡力斯台淖尔国家湿地公园，30内蒙古扎赉特绰尔欣河国家湿地公园，31内蒙古柴河固里河国家湿地公园，32内蒙古乌奴耳长寿湖国家湿地公园，33内蒙古莫力达瓦巴彦国家湿地公园，34内蒙古南木雅克河国家湿地公园，35内蒙古红花尔基伊敏河国家湿地公园，36内蒙古呼伦贝尔银岭河国家湿地公园，37内蒙古集宁霸王河国家湿地公园，38内蒙古满洲里霍勒金布拉格国家湿地公园。

内蒙古森工（11处）
1大兴安岭根河源国家湿地公园，2内蒙古大兴安岭图里河国家湿地公园，3内蒙古牛耳河国家湿地公园，4内蒙古绰源国家湿地公园，5内蒙古伊图里河国家湿地公园，6内蒙古大杨树奎勒河国家湿地公园，7内蒙古甘河国家湿地公园，8内蒙古阿尔山哈拉哈河国家湿地公园，9内蒙古卡鲁奔国家湿地公园，10内蒙古库都尔河国家湿地公园，11内蒙古绰尔雅多罗国家湿地公园。

辽宁省（17处）

1辽宁铁岭莲花湖国家湿地公园，2辽宁大汤河国家湿地公园，3辽宁大伙房国家湿地公园，4辽宁桓龙湖国家湿地公园，5辽宁法库獾子洞国家湿地公园，6辽宁辽中蒲河国家湿地公园，7辽宁沈北七星河国家湿地公园，8辽宁抚顺社河国家湿地公园，9辽宁葫芦岛龙兴国家湿地公园，10辽宁北镇新立湖国家湿地公园，11辽宁凤城草河国家湿地公园，12辽宁凌源青龙河国家湿地公园，13辽宁盘山绕阳湾国家湿地公园，14辽宁昌图辽河国家湿地公园，15辽宁康平辽河国家湿地公园，16辽宁义县大凌河国家湿地公园，17辽宁盘锦辽河国家湿地公园。

吉林省（22处）

1吉林磨盘湖国家湿地公园，2吉林扶余大金碑国家湿地公园，3吉林大安嫩江湾国家湿地公园，4吉林大石头亚光湖国家湿地公园，5吉林牛心套保国家湿地公园，6吉林镇赉环城国家湿地公园，7吉林东辽鴜鹭湖国家湿地公园，8吉林长春北湖国家湿地公园，9吉林长白泥粒河国家湿地公园，10吉林和龙莫水河国家湿地公园，11吉林通化蝲蛄河国家湿地公园，12吉林八家子古洞河国家湿地公园，13吉林长白山碱水河国家湿地公园，14吉林集安霸王潮国家湿地公园，15吉林临江五道沟国家湿地公园，16吉林辉源凤鸣国家湿地公园，17吉林农安太平池国家湿地公园，18吉林长春新立湖国家湿地公园，19吉林白山珠宝河国家湿地公园，20吉林汪清嘎呀河国家湿地公园，21吉林四平架树台湖国家湿地公园，22吉林敦化秋梨沟国家湿地公园。

黑龙江省（44处）

1黑龙江太阳岛国家湿地公园，2黑龙江白渔泡国家湿地公园，3黑龙江富锦国家湿地公园，4黑龙江安邦国家湿地公园，5黑龙江塔头湖国家湿地公园，6黑龙江齐齐哈尔明星岛国家湿地公园，7黑龙江泰湖国家湿地公园，8黑龙江同江三江口国家湿地公园，9黑龙江肇岳山国家湿地公园，10黑龙江黑瞎子岛国家湿地公园，11黑龙江巴彦江湾国家湿地公园，12黑龙江杜尔伯特天湖国家湿地公园，13黑龙江蚂蜒河国家湿地公园，14黑龙江肇源莲花国家湿地公园，15黑龙江木兰松花江国家湿地公园，16黑龙江白桦川国家湿地公园，17黑龙江宾县二龙湖国家湿地公园，18黑龙江通河二龙潭国家湿地公园，19黑龙江嘉荫茅兰河国家湿地公园，20黑龙江鹤岗十里河国家湿地公园，21黑龙江虎林国家湿地公园，22黑龙江塔河固奇谷国家湿地公园，23黑龙江安达古大湖国家湿地公园，24黑龙江七台河桃山湖国家湿地公园，25黑龙江哈尔滨松北国家湿地公园，26黑龙江青冈靖河国家湿地公园，27黑龙江饶河乌苏里江国家湿地公园，28黑龙江东宁绥芬河国家湿地公园，29黑龙江齐齐哈尔心岛国家湿地公园，30黑龙江哈尔滨阿勒锦岛国家湿地公园，31黑龙江呼兰河口国家湿地公园，32黑龙江尚志蚂蚁河国家湿地公园，33黑龙江富裕友安桥国家湿地公园，34黑龙江绥滨月牙湖国家湿地公园，35黑龙江北安乌裕尔河国家湿地公园，36黑龙江牡丹江沿江国家湿地公园，37黑龙江西安区海浪河国家湿地公园，38黑龙江方正湖国家湿地公园，39黑龙江哈尔滨阿什河国家湿地公园，40黑龙江大庆黑鱼湖国家湿地公园，41黑龙江碾子山雅鲁河国家湿地公园，42黑龙江黑河坤河国家湿地公园，43黑龙江兰西呼兰河国家湿地公园，44黑龙江八五八小穆棱河国家湿地公园。

黑龙江森工（8处）

1黑龙江新青国家湿地公园，2黑龙江东方红南岔湖国家湿地公园，3黑龙江红星霍吉河国家湿地公园，4黑龙江兴隆白杨木河国家湿地公园，5黑龙江亚布力红星河国家湿地公园，6黑龙江绥阳河国家湿地公园，7黑龙江东京城镜泊湖源头国家湿地公园，8黑龙江大海林二浪河国家湿地公园。

黑龙江大兴安岭（8处）

1黑龙江大兴安岭阿木尔国家湿地公园，2黑龙江大兴安岭古里河国家湿地公园，3黑龙江大兴安岭九曲十八湾国家湿地公园，4黑龙江大兴安岭双河源国家湿地公园，5黑龙江大兴安岭砍都河国家湿地公园，6黑龙江呼中呼玛河源国家湿地公园，7黑龙江漠河大林河国家湿地公园，8黑龙江十八站呼玛河国家湿地公园。

上海市（2处）

1上海崇明西沙国家湿地公园，2上海吴淞炮台湾国家湿地公园。

江苏省（26处）

1江苏姜堰溱湖国家湿地公园，2江苏扬州宝应国家湿地公园，3江苏扬州太湖湖滨国家湿地公园，4江苏无锡长广溪国家湿地公园，5江苏沙家浜国家湿地公园，6江苏苏州太湖国家湿地公园，7江苏无锡梁鸿国家湿地公园，8江苏南京长江新济洲国家湿地公园，9江苏太湖三山岛国家湿地公园，10江苏扬州凤凰岛国家湿地公园，11江苏无锡蠡湖国家湿地公园，12江苏溧阳天目湖国家湿地公园，13江苏九里湖国家湿地公园，14江苏淮安古淮河国家湿地公园，15江苏句容赤山湖国家湿地公园，16江苏昆山天福国家湿地公园，17江苏吴江同里国家湿地公园，18江苏徐州潘安湖国家湿地公园，19江苏丰县黄河故道大沙河国家湿地公园，20江苏溧阳长荡湖国家湿地公园，21江苏沛县安国湖国家湿地公园，22江苏建湖九龙口国家湿地公园，23江苏淮安白马湖国家湿地公园，24江苏东海西双湖国家湿地公园，25江苏兴化里下河国家湿地公园，26江苏金坛长荡湖国家湿地公园。

浙江省（11处）

1浙江杭州西溪国家湿地公园，2浙江德清下渚湖国家湿地公园，3浙江丽水九龙国家湿地公园，4浙江衢州乌溪江国家湿地公园，5浙江诸暨白塔湖国家湿地公园，6浙江长兴仙山湖国家湿地公园，7浙江玉环漩门湾国家湿地公园，8浙江杭州湾国家湿地公园，9浙江天台始丰溪国家湿地公园，10浙江云和梯田国家湿地公园，11浙江浦江浦阳江国家湿地公园。

安徽省（26处）

1安徽太平湖国家湿地公园，2安徽迪沟国家湿地公园，3安徽泗县石龙湖国家湿地公园，4安徽三汊河国家湿地公园，5安徽淮南焦岗湖国家湿地公园，6安徽太和沙颍河国家湿地公园，7安徽太湖花亭湖国家湿地公园，8安徽颍州西湖国家湿地公园，9安徽秋浦河源国家湿地公园，10安徽渒河国家湿地公园，11安徽平天湖国家湿地公园，12安徽道源国家湿地公园，13安徽安庆菜子湖国家湿地公园，14安徽桐城嬉子湖国家湿地公园，15安徽界首两湾国家湿地公园，16安徽阜南王家坝国家湿地公园，17安徽利辛西淝河国家湿地公园，18安徽肥西三河国家湿地公园，19安徽休宁横江国家湿地公园，20安徽庐阳董铺国家湿地公园，21安徽肥东管湾国家湿地公园，22安徽巢湖半岛国家湿地公园，23安徽潜山潜水河国家湿地公园，24安徽颍泉泉水湾国家湿地公园，25安徽淮北中湖国家湿地公园，26安徽蒙城北淝河国家湿地公园。

福建省（6处）

1福建长乐闽江河口国家湿地公园，2福建永安龙头国家湿地公园，3福建长汀汀江国家湿地公园，4福建漳平南洋国家湿地公园，5福建永春桃溪国家湿地公园，6福建武平中山河国家湿地公园。

江西省（33处）

1江西孔目江国家湿地公园，2江西东鄱阳湖国家湿地公园，3江西修河国家湿地公园，4江西东江源国家湿地公园，5江西丰城药湖国家湿地公园，6江西南丰傩湖国家湿地公园，7江西庐山西海国家湿地公园，8江西修河源国家湿地公园，9江西潋江国家湿地公园，10江西赣县大湖国家湿地公园，11江西赣州章江国家湿地公园，12江西万年珠溪国家湿地公园，13江西上犹南湖国家湿地公园，14江西会昌湘江国家湿地公园，15江西南城洪门湖国家湿地公园，16江西婺源饶河源国家湿地公园，17江西景德镇玉田湖国家湿地公园，18江西宁都梅江国家湿地公园，19江西鹰潭信江国家湿地公园，20江西遂川五斗江国家湿地公园，21江西三清山信江源国家湿地公园，22江西庐陵赣江国家湿地公园，23江西芦溪山口岩国家湿地公园，24江西寻乌东江源国家湿地公园，25江西石城赣江源国家湿地公园，26江西高安锦江国家湿地公园，27江西横峰岑港河国家湿地公园，28江西资溪九龙湖国家湿地公园，29江西莲花莲江国家湿地公园，30江西崇义阳明湖国家湿地公园，31江西大余章水国家湿地公园，32江西全南桃江国家湿地公园，33江西万安湖国家湿地公园。

山东省（65处）

1山东滕州滨湖国家湿地公园，2山东台儿庄运河国家湿地公园，3山东济西国家湿地公园，4山东黄河玫瑰湖国家湿地公园，5山东马踏湖国家湿地公园，6山东蟠龙河国家湿地公园，7山东安丘拥翠湖国家湿地公园，8山东寿光滨海国家湿地公园，9山东峡山湖国家湿地公园，10山东武河国家湿地公园，11山东月亮湾国家湿地公园，12山东少海国家湿地公园，13山东微山湖国家湿地公园，14山东九龙湾国家湿地公园，15山东济南白云国家湿地公园，16山东沭河国家湿地公园，17山东黄河岛国家湿地公园，18山东东明黄河国家湿地公园，19山东潍坊白浪河国家湿地公园，20山东王屋湖国家湿地公园，21山东东阿洛神湖国家湿地公园，22山东曲阜孔子湖国家湿地公园，23山东莒南鸡龙河国家湿地公园，24山东莱州湾金仓国家湿地公园，25山东云蒙湖国家湿地公园，26山东沂南汶河国家湿地公园，27山东汤河国家湿地公园，28山东沂沭河国家湿地公园，29山东曹县黄河故道国家湿地公园,30山东青州弥河国家湿地公园,31山东潍坊禹王国家湿地公园,32山东昌邑滨海国家湿地公园,33山东博兴麻大湖国家湿地公园,34山东邹城太平湖国家湿地公园,35山东日照傅疃河口国家湿地公园,36山东牟平沁水河国家湿地公园,37山东青岛唐岛湾国家湿地公园,38山东沂水国家湿地公园,39山东平邑浚河国家湿地公园,40山东梁山泊国家湿地公园,41山东诸城潍河国家湿地公园,42山东泗水泗河源国家湿地公园,43山东金乡金水湖国家湿地公园,44山东泰安汶河国家湿地公园,45山东肥城康王河国家湿地公园,46山东禹城徒骇河国家湿地公园,47山东齐河黄河水乡国家湿地公园,48山东单县浮龙湖国家湿地公园,49山东茌平金牛湖国家湿地公园,50山东夏津九龙口国家湿地公园,51山东垦利天宁湖国家湿地公园,52山东威海五垒岛湾国家湿地公园,53山东滨州秦皇河国家湿地公园,54山东东平滨湖国家湿地公园,55山东日照两城河口国家湿地公园,56山东钢城大汶河国家湿地公园,57山东莱芜雪野湖国家湿地公园,58山东聊城东昌湖国家湿地公园,59山东德州减河国家湿地公园,60山东成武东鱼河国家湿地公园,61山东日照西湖国家湿地公园,62山东博山五阳湖国家湿地公园,63山东高密胶河国家湿地公园,64山东兰陵会宝湖国家湿地公园,65山东乐陵跃马河国家湿地公园。

河南省（31处）

1河南郑州黄河国家湿地公园,2河南淮阳龙湖国家湿地公园,3河南平顶山白龟湖国家湿地公园,4河南漯河市沙河国家湿地公园,5河南鹤壁淇河国家湿地公园,6河南濮阳金堤河国家湿地公园,7河南汤阴汤河国家湿地公园,8河南平桥两河口国家湿地公园,9河南南阳白河国家湿地公园,10河南唐河国家湿地公园,11河南陆浑湖国家湿地公园,12河南项城汾泉河国家湿地公园,13河南台前金水国家湿地公园,14河南息县淮河国家湿地公园,15河南民权黄河故道国家湿地公园,16河南安阳漳河峡谷国家湿地公园,17河南林州淇溪国家湿地公园,18河南长葛双洎河国家湿地公园,19河南淅川丹阳湖国家湿地公园,20河南邓州湍河国家湿地公园,21河南泌阳铜山湖国家湿地公园,22河南柘城容湖国家湿地公园,23河南睢县中原水城国家湿地公园,24河南虞城周商永运河国家湿地公园,25河南襄城北汝河国家湿地公园,26河南光山龙山湖国家湿地公园,27河南新县香山湖国家湿地公园,28河南伊川伊河国家湿地公园,29河南鹿邑惠济河国家湿地公园,30河南南乐马颊河国家湿地公园,31河南汝州汝河国家湿地公园。

湖北省（63处）

1湖北神农架大九湖国家湿地公园,2湖北武汉东湖国家湿地公园,3湖北谷城汉江国家湿地公园,4湖北蕲春赤龙湖国家湿地公园,5湖北赤壁陆水湖国家湿地公园,6湖北荆门漳河国家湿地公园,7湖北黄冈市遗爱湖国家湿地公园,8湖北麻城浮桥河国家湿地公园,9湖北惠亭湖国家湿地公园,10湖北莫愁湖国家湿地公园,11湖北大冶保安湖国家湿地公园,12湖北宜都天龙湾国家湿地公园,13湖北金沙湖国家湿地公园,14湖北天堂湖国家湿地公园,15湖北长寿岛国家湿地公园,16湖北返湾湖国家湿地公园,17湖北武山湖国家湿地公园,18湖北通城大溪国家湿地公园,19湖北崇阳青山国家湿地公园,20湖北沙洋潘集湖国家湿地公园,21湖北江夏藏龙岛国家湿地公园,22湖北竹山圣水湖国家湿地公园,23湖北当阳青湖国家湿地公园,24湖北竹溪龙湖国家湿地公园,25湖北浠水策湖国家湿地公园,26湖北仙桃沙湖国家湿地公园,27湖北武汉安山国家湿地公园,28湖北襄阳汉江国家湿地公园,29湖北通山富水湖国家湿地公园,30湖北房县古南河国家湿地公园,31湖北蔡甸后官湖国家湿地公园,32湖北孝感朱湖国家湿地公园,33湖北远安沮河国家湿地公园,34湖北松滋洈水国家湿地公园,35湖北十堰黄龙滩国家湿地公园,36湖北宣恩贡水河国家湿地公园,37湖北荆门仙居河国家湿地公园,38湖北随县封江口国家湿地公园,39湖北宜城万洋洲国家湿地公园,40湖北咸宁向阳湖国家湿地公园,41湖北长阳清江国家湿地公园,42湖北黄冈白莲河国家湿地公园,43湖北武汉杜公湖国家湿地公园,44湖北南漳清凉河国家湿地公园,45湖北枝江金湖国家湿地公园,46湖北汉川汈汊湖国家湿地公园,47湖北环荆州古城国家湿地公园,48湖北公安崇湖国家湿地公园,49湖北安陆府河国家湿地公园,50湖北五峰百溪河国家湿地公园,51湖北孝感老观湖国家湿地公园,52湖北英山张家咀国家湿地公园,53湖北云梦泗水国家湿地公园,54湖北夷陵圈椅淌国家湿地公园,55湖北天门张家湖国家湿地公园,56湖北荆州菱角湖国家湿地公园,57湖北石首三菱湖国家湿地公园,58湖北广水徐家河国家湿地公园,59湖北十堰郧阳湖国家湿地公园,60湖北阳新莲花湖国家湿地公园,61湖北监利老江河故道国家湿地公园,62湖北嘉鱼珍湖国家湿地公园,63湖北十堰泗河国家湿地公园。

湖南省（69处）

1湖南东江湖国家湿地公园，2湖南攸县酒埠江国家湿地公园，3湖南千龙湖国家湿地公园，4湖南水俯庙国家湿地公园，5湖南雪峰湖国家湿地公园，6湖南湘阴洋沙湖—东湖国家湿地公园，7湖南宁乡金洲湖国家湿地公园，8湖南吉首峒河国家湿地公园，9湖南汨罗江国家湿地公园，10湖南五强溪国家湿地公园，11湖南松雅湖国家湿地公园，12湖南耒水国家湿地公园，13湖南毛里湖国家湿地公园，14湖南琼湖国家湿地公园，15湖南新墙河国家湿地公园，16湖南桃源沅水国家湿地公园，17湖南黄家湖国家湿地公园，18湖南书院洲国家湿地公园，19湖南南洲国家湿地公园，20湖南衡东洣水国家湿地公园，21湖南城步白云国家湿地公园，22湖南江华涔天河国家湿地公园，23湖南会同渠水国家湿地公园，24湖南隆回魏源湖国家湿地公园，25湖南邵阳天子湖国家湿地公园，26湖南澧州涔槐国家湿地公园，27湖南桂阳春陵国家湿地公园，28湖南溆浦思蒙国家湿地公园，29湖南华容东湖国家湿地公园，30湖南双牌日月湖国家湿地公园，31湖南常宁天湖国家湿地公园，32湖南绥宁花园阁国家湿地公园，33湖南东安紫水国家湿地公园，34湖南醴陵官庄湖国家湿地公园，35湖南桃江羞女湖国家湿地公园，36湖南平江黄金河国家湿地公园，37湖南茶陵东阳湖国家湿地公园，38湖南洪江清江湖国家湿地公园，39湖南靖州五龙潭国家湿地公园，40湖南鼎城鸟儿洲国家湿地公园，41湖南泸溪武水国家湿地公园，42湖南花垣古苗河国家湿地公园，43湖南衡山萱洲国家湿地公园，44湖南新邵筱溪国家湿地公园，45湖南新化龙湾国家湿地公园，46湖南洞口平溪江国家湿地公园，47湖南衡南莲湖湾国家湿地公园，48湖南石门仙阳国家湿地公园，49湖南大通湖国家湿地公园，50湖南安仁永乐江国家湿地公园，51湖南赫山来仪湖国家湿地公园，52湖南郴州西湖国家湿地公园，53湖南云溪白泥湖国家湿地公园，54湖南新宁夷江国家湿地公园，55湖南金洞猛江河国家湿地公园，56湖南宁远九嶷国家湿地公园，57湖南浏阳河国家湿地公园，58湖南通道玉带河国家湿地公园，59湖南涟源湄峰湖国家湿地公园，60湖南保靖酉水国家湿地公园，61湖南麻阳锦江国家湿地公园，62湖南永顺猛洞河国家湿地公园，63湖南零陵潇水国家湿地公园，64湖南汉寿息风国家湿地公园，65湖南长沙洋湖国家湿地公园，66湖南中方㵲水国家湿地公园，67湖南嘉禾钟水河国家湿地公园，68湖南祁阳浯溪国家湿地公园，69湖南临澧道水河国家湿地公园。

广东省（22处）

1广东星湖国家湿地公园，2广东雷州九龙山红树林国家湿地公园，3广东乳源南水湖国家湿地公园，4广东孔江国家湿地公园，5广东万绿湖国家湿地公园，6广东东江国家湿地公园，7广东海珠国家湿地公园，8广东怀集燕都国家湿地公园，9广东新丰鲁古河国家湿地公园，10广东郁南大河国家湿地公园，11广东海陵岛红树林国家湿地公园，12广东麻涌华阳湖国家湿地公园，13广东中山翠亨国家湿地公园，14广东罗定金银湖国家湿地公园，15广东翁源瀹江源国家湿地公园，16广东花都湖国家湿地公园，17广东开平孔雀湖国家湿地公园，18广东阳东寿长河国家湿地公园，19广东新会小鸟天堂国家湿地公园，20广东四会绥江国家湿地公园，21广东连南瑶排梯田国家湿地公园，22广东深圳华侨城国家湿地公园。

广西壮族自治区（24处）

1广西北海滨海国家湿地公园，2广西会仙喀斯特国家湿地公园，3广西横县西津国家湿地公园，4广西富川龟石国家湿地公园，5广西都安澄江国家湿地公园，6广西靖西龙潭国家湿地公园，7广西百色福禄河国家湿地公园，8广西凌云浩坤湖国家湿地公园，9广西平果芦仙湖国家湿地公园，10广西大新黑水河国家湿地公园，11广西龙州左江国家湿地公园，12广西东兰坡豪湖国家湿地公园，13广西荔浦荔江国家湿地公园，14广西龙胜龙脊梯田国家湿地公园，15广西南丹拉希国家湿地公园，16广西梧州苍海国家湿地公园，17广西南宁大王滩国家湿地公园，18广西全州天湖国家湿地公园，19广西灌阳灌江国家湿地公园，20广西贺州合面狮湖国家湿地公园，21广西昭平桂江国家湿地公园，22广西怡城乐滩国家湿地公园，23广西合山洛灵湖国家湿地公园，24广西兴宾三利湖国家湿地公园。

海南省（3处）

1海南新盈国家湿地公园，2海南南丽湖国家湿地公园，3海南三亚东河国家湿地公园。

重庆市（22处）

1重庆秀湖国家湿地公园，2重庆酉水河国家湿地公园，3重庆皇华岛国家湿地公园，4重庆阿蓬江国家湿地公园，5重庆迎风湖国家湿地公园，6重庆濑溪河国家湿地公园，7重庆彩云湖国家湿地公园，8重庆涪江国家湿地公园，9重庆汉丰湖国家湿地公园，10重庆龙河国家湿地公园，11重庆大昌湖国家湿地公园，

12重庆青山湖国家湿地公园，13重庆迎龙湖国家湿地公园，14重庆巴山国家湿地公园，15重庆南川黎香湖国家湿地公园，16重庆秀山大溪国家湿地公园，17重庆石柱藤子沟国家湿地公园，18重庆铜梁安居国家湿地公园，19重庆梁平双桂湖国家湿地公园，20重庆武隆石桥国家湿地公园，21重庆合川三江国家湿地公园，22重庆綦江通惠河国家湿地公园。

四川省（29处）
1四川南河国家湿地公园，2四川大瓦山国家湿地公园，3四川构溪河国家湿地公园，4四川柏林湖国家湿地公园，5四川若尔盖国家湿地公园，6四川桫椤湖国家湿地公园，7四川遂宁观音湖国家湿地公园，8四川西充青龙湖国家湿地公园，9四川南充升钟湖国家湿地公园，10四川邛海国家湿地公园，11四川营山清水湖国家湿地公园，12四川仁寿黑龙滩国家湿地公园，13四川新津白鹤滩国家湿地公园，14四川蓬安相如湖国家湿地公园，15四川隆昌古宇湖国家湿地公园，16四川阿坝多美林卡国家湿地公园，17四川红原嘎曲国家湿地公园，18四川松潘岷江源国家湿地公园，19四川平昌驷马河国家湿地公园，20四川广安白云湖国家湿地公园，21四川纳溪凤凰湖国家湿地公园，22四川雷波马湖国家湿地公园，23四川白玉拉龙措国家湿地公园，24四川绵阳三江湖国家湿地公园，25四川油读让水河国家湿地公园，26四川沙湾大渡河国家湿地公园，27四川炉霍鲜水河国家湿地公园，28四川巴塘姊妹湖国家湿地公园，29四川渠县柏水湖国家湿地公园。

贵州省（45处）
1贵州石阡鸳鸯湖国家湿地公园，2贵州威宁锁黄仓国家湿地公园，3贵州六盘水明湖国家湿地公园，4贵州余庆飞龙湖国家湿地公园，5贵州思南白鹭湖国家湿地公园，6贵州纳雍大坪箐国家湿地公园，7贵州沿河乌江国家湿地公园，8贵州六盘水娘娘山国家湿地公园，9贵州德江白果坨国家湿地公园，10贵州兴义万峰国家湿地公园，11贵州江口国家湿地公园，12贵州安龙招堤国家湿地公园，13贵州万山长寿湖国家湿地公园，14贵州北盘江大峡谷国家湿地公园，15贵州碧江国家湿地公园，16贵州晴隆光照湖国家湿地公园，17贵州安顺邢江河国家湿地公园，18贵州贵阳阿哈国家湿地公园，19贵州罗甸蒙江国家湿地公园，20贵州都匀清水江国家湿地公园，21贵州荔波樟江河国家湿地公园，22贵州贵定摆龙河国家湿地公园，23贵州遵义乐民河国家湿地公园，24贵州凤冈龙潭河国家湿地公园，25贵州汇川喇叭河国家湿地公园，26贵州湄潭湄江国家湿地公园，27贵州习水东风湖国家湿地公园，28贵州黎平八舟河国家湿地公园，29贵州六盘水牂牁江国家湿地公园，30贵州黔西水西国家湿地公园，31贵州从江加榜梯田国家湿地公园，32贵州惠水涟江河国家湿地公园，33贵州平塘平舟河源国家湿地公园，34贵州福泉岔河国家湿地公园，35贵州务川洪渡河国家湿地公园，36贵州清镇红枫湖国家湿地公园，37贵州望谟北盘江国家湿地公园，38贵州册亨北盘江国家湿地公园，39贵州贵阳百花湖国家湿地公园，40贵州独山九十九滩国家湿地公园，41贵州台江翁你河国家湿地公园，42贵州修文岩鹰湖国家湿地公园，43贵州玉屏舞阳河国家湿地公园，44贵州黄果树国家湿地公园，45贵州印江车家河国家湿地公园。

云南省（16处）
1云南红河哈尼梯田国家湿地公园，2云南洱源西湖国家湿地公园，3云南普者黑喀斯特国家湿地公园，4云南普洱五湖国家湿地公园，5云南盈江国家湿地公园，6云南鹤庆东草海国家湿地公园，7云南蒙自长桥海国家湿地公园，8云南石屏异龙湖国家湿地公园，9云南通海杞麓湖国家湿地公园，10云南晋宁滇池国家湿地公园，11云南沾益西河国家湿地公园，12云南玉溪抚仙湖国家湿地公园，13云南保山青华海国家湿地公园，14云南泸西黄草洲国家湿地公园，15云南兰坪箐花甸国家湿地公园，16云南江川星云湖国家湿地公园。

西藏自治区（18处）
1西藏多庆错国家湿地公园，2西藏雅尼国家湿地公园，3西藏嘎朗国家湿地公园，4西藏当惹雍错国家湿地公园，5西藏嘉乃玉错国家湿地公园，6西藏白朗年楚河国家湿地公园，7西藏拉姆拉错国家湿地公园，8西藏朱拉河国家湿地公园，9西藏阿里狮泉河国家湿地公园，10西藏类乌齐紫曲河国家湿地公园，11西藏琼结琼玉河国家湿地公园，12西藏比如娜若国家湿地公园，13西藏曲松下洛国家湿地公园，14西藏卓玛朗措国家湿地公园，15西藏贡觉拉妥国家湿地公园，16西藏那曲夯错国家湿地公园，17西藏日喀则江萨国家湿地公园，18西藏边坝炯拉错国家湿地公园。

陕西省（38处）
1陕西西安浐灞国家湿地公园，2陕西三原清峪国家湿地公园，3陕西淳化冶峪河国家湿地公园，4陕西蒲城卤阳湖国家湿地公园，5陕西千阳千湖国家湿地公园，6陕西铜川赵氏河国家湿地公园，7陕西丹凤丹江国家湿地公园，8陕西宁强汉水源国家湿地公园，9陕西陕旬河源头国家湿地公园，10陕西凤县嘉陵江国家湿地公园，11陕西太白石头河国家湿地公园，12陕西旬邑马栏河国家湿地公园，13陕西千渭之会国家湿地公园，14陕西㶟水国家湿地公园，15陕西丹江源国家湿地公园，16陕西牧马河国家湿地公园，17陕西朝邑国家湿地公园，18陕西千层河国家湿地公园，19陕西七星河国家湿地公园，20陕西徐水河国家湿地公园，21陕西落星湾国家湿地公园，22陕西汤峪龙源国家湿地公园，23陕西富平石川河国家湿地公园，24陕西延安南泥湾国家湿地公园，25陕西白水林皋湖国家湿地公园，26陕西洛南洛河源国家湿地公园，27陕西潼关黄河国家湿地公园，28陕西宜君ंग地湖国家湿地公园，29陕西临渭沈河国家湿地公园，30陕西平利古仙湖国家湿地公园，31陕西汉中葱滩国家湿地公园，32陕西汉阴观音河国家湿地公园，33陕西西安田峪河国家湿地公园，34陕西凤翔雍城湖国家湿地公园，35陕西耀州沮河国家湿地公园，36陕西镇坪河源国家湿地公园，37陕西礼泉甘河国家湿地公园，38陕西石泉汉江莲花池古渡国家湿地公园。

甘肃省（12处）
1甘肃张掖国家湿地公园，2甘肃兰州秦王川国家湿地公园，3甘肃民勤石羊河国家湿地公园，4甘肃文县黄林沟国家湿地公园，5甘肃嘉峪关草湖国家湿地公园，6甘肃酒泉花城湖国家湿地公园，7甘肃康县梅园河国家湿地公园，8甘肃金塔北海子国家湿地公园，9甘肃金川金水湖国家湿地公园，10甘肃永昌北海子国家湿地公园，11甘肃临洮洮河国家湿地公园，12甘肃景泰白墩子盐沼国家湿地公园。

青海省（19处）
1青海贵德黄河清国家湿地公园，2青海西宁湟水国家湿地公园，3青海洮河源国家湿地公园，4青海都兰阿拉克湖国家湿地公园，5青海德令哈尕海国家湿地公园，6青海玛多冬格措那湖国家湿地公园，7青海祁连黑河源国家湿地公园，8青海乌兰都兰湖国家湿地公园，9青海玉树巴塘河国家湿地公园，10青海天峻布哈河国家湿地公园，11青海互助南门峡国家湿地公园，12青海泽库泽曲国家湿地公园，13青海班玛玛可河国家湿地公园，14青海曲麻莱德曲源国家湿地公园，15青海乐都大地湾国家湿地公园，16青海刚察沙柳河国家湿地公园，17青海贵南茫曲国家湿地公园，18青海甘德班玛仁拓国家湿地公园，19青海达日黄河国家湿地公园。

宁夏回族自治区（13处）
1宁夏石嘴山星海湖国家湿地公园，2宁夏银川国家湿地公园，3宁夏吴忠黄河国家湿地公园，4宁夏黄沙古渡国家湿地公园，5宁夏青铜峡鸟岛国家湿地公园，6宁夏天湖国家湿地公园，7宁夏固原清水河国家湿地公园，8宁夏鹤泉湖国家湿地公园，9宁夏太阳山国家湿地公园，10宁夏简泉湖国家湿地公园，11宁夏镇朔湖国家湿地公园，12宁夏平罗天河湾国家湿地公园，13宁夏中卫香山湖国家湿地公园。

新疆维吾尔自治区（49处）
1新疆赛里木湖国家湿地公园，2新疆乌鲁木齐柴窝堡湖国家湿地公园，3新疆乌齐里克河源国家湿地公园，4新疆阿勒泰克兰河国家湿地公园，5新疆阿克苏多浪河国家湿地公园，6新疆玛纳斯河国家湿地公园，7新疆和布克赛尔国家湿地公园，8新疆博斯腾湖国家湿地公园，9新疆乌伦古湖国家湿地公园，10新疆尼雅河国家湿地公园，11新疆拉里昆国家湿地公园，12新疆塔城五弦河国家湿地公园，13新疆沙湾千泉湖国家湿地公园，14新疆伊犁那拉提沼泽国家湿地公园，15新疆泽普叶尔羌河国家湿地公园，16新疆额敏河国家湿地公园，17新疆英吉沙河国家湿地公园，18新疆于田克里雅河国家湿地公园，19新疆乌什托什干河国家湿地公园，20新疆哈密河国家湿地公园，21新疆霍城伊犁河谷国家湿地公园，22新疆伊宁伊犁河国家湿地公园，23新疆青河县乌伦古河国家湿地公园，24新疆吉木乃高山冰缘区国家湿地公园，25新疆尼勒克喀什河国家湿地公园，26新疆布尔津托库木特国家湿地公园，27新疆麦盖提唐王湖国家湿地公园，28新疆昭苏特克斯河国家湿地公园，29新疆吉木萨尔北庭国家湿地公园，30新疆疏勒香妃湖国家湿地公园，31新疆莎车叶尔羌国家湿地公园，32新疆帕米尔高原阿拉尔国家湿地公园，33新疆富蕴可可托海国家湿地公园，34新疆巴楚邦克尔国家湿地公园，35新疆尉犁罗布淖尔国家湿地公园，36新疆和硕塔什汗国家湿地公园，37新疆呼图壁大海子国家湿地公园，38新疆天山阿合牙孜国家湿地公园，39新疆阿合奇托什干河国家湿地公园，40新疆温泉博尔塔拉河国家湿地公园，41新疆天山北坡头屯河国家湿地公园，42新疆哈巴河阿克齐国家湿地公园，43新疆叶城宗朗国家湿地公园，44新疆察布查尔伊犁河国家湿地公园，45新疆特克斯国家湿地公园，46新疆阜康特纳格尔国家湿地公园，47新疆吐鲁番艾丁湖国家湿地公园，48新疆伊犁雅玛图国家湿地公园，49新疆照壁山国家湿地公园。

新疆生产建设兵团（3处）
1新疆生产建设兵团第七师胡杨河国家湿地公园，2新疆生产建设兵团第二师恰拉湖国家湿地公园，3新疆生产建设兵团第十师丰庆湖国家湿地公园。

中国列入《国际重要湿地名录》的湿地（截至2020年，共计56处）

第一批：
1. 黑龙江扎龙自然保护区，2. 吉林向海自然保护区，3. 海南东寨港自然保护区，4. 青海青海湖鸟岛自然保护区，5. 湖南东洞庭湖自然保护区，6. 鄱阳湖自然保护区，7. 香港米埔和后海湾国际重要湿地。

第二批：
1. 上海市崇明东滩自然保护区，2. 大连国家级斑海豹自然保护区，3. 江苏大丰麋鹿自然保护区，4. 内蒙古达赉湖自然保护区，5. 广东湛江红树林国家级自然保护区，6. 黑龙江洪河自然保护区，7. 广东惠东港口海龟国家级自然保护区，8. 鄂尔多斯遗鸥自然保护区，9. 黑龙江三江国家级自然保护区，10. 广西山口国家级红树林自然保护区，11. 湖南南洞庭湖湿地和水禽自然保护区，12. 湖南汉寿西洞庭湖（目平湖）自然保护区，13. 兴凯湖国家级自然保护区，14. 江苏盐城保护区（盐城沿海滩涂湿地）。

第三批：
1.辽宁双台河口湿地，2.云南大山包湿地，3.云南碧塔海湿地，4.云南纳帕海湿地，5.云南拉什海湿地，6.青海鄂凌湖湿地，7.青海扎凌湖湿地，8.西藏麦地卡湿地，9.西藏玛旁雍错湿地。

第四批：
1.上海长江口中华鲟湿地自然保护区，2.广西北仑河口国家级自然保护区，3.福建漳江口红树林国家级自然保护区，4.湖北洪湖省级湿地自然保护区，5.广东海丰公平大湖省级自然保护区，6.四川若尔盖国家级自然保护区。

第五批：
浙江杭州西溪国家湿地公园。

第六批：
1.黑龙江七星河国家级自然保护区，2.黑龙江南瓮河国家级自然保护区，3.黑龙江珍宝岛国家级自然保护区，4.甘肃尕海则岔国家级自然保护区。

第七批：
1.武汉蔡甸沉湖湿地自然保护区，2.神农架大九湖国家湿地公园，3.山东黄河三角洲湿地，4.吉林莫莫格自然保护区，5.黑龙江东方红湿地自然保护区。

第八批：
1.安徽升金湖国家级自然保护区，2.广东南澎列岛海洋生态国家级自然保护区，3.甘肃张掖黑河湿地国家级自然保护区。

第九批：
1.天津北大港湿地，2.内蒙古毕拉河国家级自然保护区，3.黑龙江哈东沿江湿地自然保护区，4.江西鄱阳湖南矶湿地国家级自然保护区，5.河南民权黄河故道国家湿地公园，6.西藏扎日南木错湿地，7.甘肃黄河首曲国家级自然保护区。

附录7 中国国家历史文化名城

第一批24座，于1982年2月8日公布：
1.北京2.承德3.大同4.南京5.苏州 6.扬州7.杭州8.绍兴9.泉州10.景德镇11.曲阜12.洛阳13.开封14.荆州15.长沙16.广州17.桂林18.成都19.遵义20.昆明21.大理22.拉萨23.西安24.延安

第二批38座，于1986年12月8日公布：
1.天津2.保定3.济南4.商丘5.安阳6.南阳7.武汉8.襄阳9.潮州10.重庆11.阆中12.宜宾13.自贡14.镇远15.丽江16.日喀则17.韩城18.榆林19.武威20.张掖21.敦煌22.银川23.喀什24.呼和浩特25.上海26.徐州27.平遥28.沈阳29.镇江30.常熟31.淮安32.宁波33.歙县34.寿县35.亳州36.福州37.漳州38.南昌

第三批37座，于1994年1月4日公布：
1.正定2.邯郸3.新绛4.代县5.祁县6.哈尔滨7.吉林8.集安9.衢州10.临海11.长汀12.赣州13.青岛14.聊城15.邹城16.临淄17.郑州18.浚县19.随州20.钟祥21.岳阳22.肇庆23.佛山24.梅州25.雷州26.柳州27.琼山28.乐山29.都江堰30.泸州31.建水32.巍山33.江孜34.咸阳35.汉中36.天水37.同仁县

增补（36座，2001—2018年）
2001年：山海关区、凤凰县（2001年12月17日）。
2004年：濮阳市（2004年10月1日）。
2005年：安庆市（2005年4月14日）。
2007年：泰安市（2007年3月9日）、海口市（2007年3月13日）、金华市（2007年3月18日）、绩溪县（2007年3月18日）、吐鲁番市（2007年4月27日）、特克斯县（2007年5月6日）、无锡市（2007年9月15日）。
2009年：南通市（2009年1月2日）。
2010年：北海市（2010年11月9日）。
2011年：宜兴市（2011年1月27日）、嘉兴市（2011年1月27日）、太原市（2011年3月17日）、中山市（2011年3月17日）、蓬莱市（2011年5月1日）、会理县（2011年11月8日）。
2012年：库车县（2012年3月15日）、伊宁市（2012年6月28日）。
2013年：泰州市（2013年2月10日）、会泽县（2013年5月18日）、烟台市（2013年7月28日）、青州市（2013年11月18日）。
2014年：湖州市（2014年7月14日）、齐齐哈尔市（2014年8月6日）。
2015年：常州市（2015年6月1日）、瑞金市（2015年8月19日）、惠州市（2015年10月3日）。
2016年：温州市（2016年5月4日）、高邮市（2016年11月23日）、永州市（2016年12月16日）。
2017年：长春市（2017年7月3日）、龙泉市（2017年7月16日）。
2018年：蔚县（2018年5月2日）。
2020年：辽阳市（2020年12月7日）。
共计：135座城市。

说明：由于琼山市划归海口市，现为海口市的琼山区，所以海口市已经包括了琼山市。因此总数中取消琼山市，变为135座。

附录8 | **中国的世界文化/自然遗产**

I. 世界文化遗产

1. 长城（黑龙江、吉林、辽宁、河北、天津、北京、山东、河南、山西、陕西、甘肃、宁夏、青海、内蒙古、新疆，1987年12月）
2. 莫高窟（甘肃，1987年12月）
3. 明清故宫（北京故宫，北京，1987年12月；沈阳故宫，辽宁，2004年7月1日）
4. 秦始皇陵及兵马俑坑（陕西，1987年12月）
5. 周口店北京人遗址（北京，1987年12月）
6. 拉萨布达拉宫历史建筑群（大昭寺、罗布林卡）（西藏，1994年12月）
7. 承德避暑山庄及其周围寺庙（河北，1994年12月）
8. 曲阜孔庙、孔林和孔府（山东，1994年12月）
9. 武当山古建筑群（湖北，1994年12月）
10. 庐山国家地质公园（江西，1996年12月6日）
11. 丽江古城（云南，1997年12月）
12. 平遥古城（山西，1997年12月）
13. 苏州古典园林（江苏，1997年12月）
14. 北京皇家祭坛—天坛（北京，1998年11月）
15. 北京皇家园林—颐和园（北京，1998年11月）
16. 大足石刻（重庆，1999年12月）
17. 龙门石窟（河南，2000年11月）
18. 明清皇家陵寝[明显陵（湖北）、清东陵（河北）、清西陵（河北），2000年11月；明孝陵（江苏）、明十三陵（北京），2003年7月；盛京三陵（辽宁），2004年7月]
19. 青城山—都江堰（四川，2000年11月）
20. 皖南古村落——西递、宏村（安徽，2000年11月）
21. 云冈石窟（山西，2001年12月）
22. 高句丽王城、王陵及贵族墓葬（吉林、辽宁，2004年7月1日）
23. 澳门历史城区（澳门，2005年7月15日）
24. 安阳殷墟（河南，2006年7月13日）
25. 开平碉楼与村落（广东，2007年6月28日）
26. 福建土楼（福建，2008年7月7日）
27. 五台山（山西，2009年6月26日）
28. 登封"天地之中"历史古迹（河南，2010年8月1日）
29. 杭州西湖文化景观（浙江，2011年6月24日）
30. 元上都遗址（内蒙古，2012年6月29日）
31. 红河哈尼梯田文化景观（云南，2013年6月22日）
32. 大运河（北京、天津、河北、山东、河南、安徽、江苏、浙江，2014年6月22日）
33. 丝绸之路：长安—天山廊道的路网（河南、陕西、甘肃、新疆，2014年6月22日）
34. 土司遗址（湖南、湖北、贵州，2015年7月4日）
35. 左江花山岩画文化景观（广西，2016年7月15日）
36. 鼓浪屿：历史国际社区（福建，2017年7月8日）
37. 良渚古城遗址（浙江，2019年7月6日）

II. 世界文化与自然双重遗产

38. 泰山（山东，1987年12月）
39. 黄山（安徽，1990年12月）
40. 峨眉山—乐山大佛（四川，1996年12月）
41. 武夷山（福建，1999年12月；江西，2017年7月）

III. 世界自然遗产

42. 黄龙风景名胜区（四川，1992年12月7日）
43. 九寨沟风景名胜区（四川，1992年12月7日）
44. 武陵源风景名胜区（湖南，1992年12月7日）
45. 云南三江并流保护区（云南，2003年7月2日）
46. 四川大熊猫栖息地（四川，2006年7月12日）
47. 中国南方喀斯特（云南、贵州、重庆、广西，2007年6月27日一期；2014年6月23日二期）
48. 三清山世界地质公园（江西，2008年7月8日）
49. 中国丹霞（贵州、福建、湖南、广东、江西、浙江，2010年8月1日）
50. 澄江化石遗址（云南，2012年7月1日）
51. 新疆天山（新疆，2013年6月21日）
52. 湖北神农架（湖北，2016年7月17日）
53. 青海可可西里（青海，2017年7月7日）
54. 梵净山（贵州，2018年7月2日）
55. 黄（渤）海候鸟栖息地（第一期）（江苏，2019年7月5日）

主要参考文献

a）图书

[1] 阿西摩夫. 宇宙、地球和大气[M]. 北京：科学出版社，1979.

[2] 保继刚，楚义芳. 旅游地理学[M]. 北京：高等教育出版社，1993.

[3] 陈安泽，卢云亭. 旅游地学概论[M]. 北京：北京大学出版社，1991.

[4] 陈诗才. 自然风景旅游[M]. 北京：地震出版社，1993.

[5] 邓辉. 帝都风韵聚幽燕：北京[M]. 武汉：中国地质大学出版社，1997.

[6] 冯天驷. 中国地质旅游资源[M]. 北京：地质出版社，1998.

[7] 甘枝茂，马耀峰. 旅游资源与开发[M]. 天津：南开大学出版社，2002.

[8] 高曾伟. 中国民俗地理[M]. 苏州：苏州大学出版社，1996.

[9] 黄金铸. 七朝都会：开封[M]. 武汉：中国地质大学出版社，1997.

[10] 黄润样，李雪. 庐山名胜[M]. 北京：地质出版社，1985.

[11] 景才瑞. 黄山[M]. 北京：科学出版社，1984.

[12] 雷明德. 旅游地理学[M]. 西安：西北大学出版社，1988.

[13] 雷学华. 秦中自古帝王居：西安[M]. 武汉：中国地质大学出版社，1997.

[14] 李同德. 地质公园规划概论[M]. 北京：中国建筑工业出版社，2007.

[15] 李文华，赵献英. 中国的自然保护区[M]. 上海：商务印书馆，1984.

[16] 李小建，李国平. 经济地理学[M]. 北京：高等教育出版社，1999.

[17] 李修平. 古老的保康[M]. 香港：华夏文化艺术出版社，1996.

[18] 李英铨. 九朝名都：洛阳[M]. 武汉：中国地质大学出版社，1997.

[19] 林越英. 旅游环境保护概论[M]. 北京：旅游教育出版社，1999.

[20] 刘本培，赵锡文，全秋琦，等. 地史学教程[M]. 北京：地质出版社，1986.

[21] 刘振礼，王兵. 新编中国旅游地理[M]. 天津：南开大学出版社，1999.

[22] 流连. 江南佳丽地：南京[M]. 武汉：中国地质大学出版社，1997.

[23] 卢云亭. 现代旅游地理学[M]. 南京：江苏人民出版社，1988.

[24] 马晓京，田野. 东南形胜第一州：杭州[M]. 武汉：中国地质大学出版社，1997.

[25] 马耀峰. 旅游地图制图[M]. 西安：西安地图出版社，1996.

[26] 庞规荃. 中国旅游地理[M]. 北京；旅游教育出版社，1990.

[27] 全华，王丽华. 旅游规划学[M]. 大连：东北财经大学出版社，2003.

[28] 邵友程. 古城西安[M]. 北京：地质出版社，1983.

[29] 邵友程. 西岳华山[M]. 北京：地质出版社，1984.

[30] 石林，春江. 承德览胜[M]. 北京：地质出版社，1983.

[31] 孙培善. 城市地质工作概论[M]. 北京：地质出版社，2004.

[32] 孙毓飞，蒋木青，陈仁钧. 东南第一山九华山[M]. 北京：地质出版社，1982.

[33] 陶良喜. 济南的泉水[M]. 北京：地质出版社，1982.

[34] 陶世龙，万天丰，程捷. 地球科学概论[M]. 北京：地质出版社，1999.

[35] 田树谷. 珠宝五百问[M]. 北京：地质出版社，1995.

[36] V.F.韦斯科夫. 人类认识的自然界[M]. 北京：科学出版社，1979.

[37] 王曙. 珠宝玉石和金首饰[M]. 北京：中国发展出版社，1995.

[38] 王会昌. 中国文化地理[M]. 武汉：华中师范大学出版社，1992.

[39] 王建辉，易学金. 中国文化知识精华[M]. 武汉：湖北人民出版社，1995.

[40] 王兰州，阮红. 人文生态学[M]. 北京：国防大学出版社，2006.

[41] 王明. 抱朴子内篇校释[M]. 北京：中华书局，1985.

[42] 王建，现代自然地理学[M]. 2版. 北京：高等教育出版社，2010.

[43] 魏宝忠，杜升云. 太阳系[M]. 北京：北京出版社，1978.

[44] 吴必虎. 区域旅游规划原理[M]. 北京：中国旅游出版社，2001.

[45] 辛建荣，杜远生，冯庆来，等. 旅游地学[M]. 天津：天津大学出版社，1996.

[46] 辛建荣，张俊霞. 旅游区规划与管理[M]. 天津：南开大学出版社，2007.

[47] 辛建荣. 旅游地学原理[M].武汉：中国地质大学出版社，2006.

[48] 徐成彦，赵不亿. 普通地质学[M]. 北京：地质出版社，1986.

[49] 徐泉清，孙志宏. 中国旅游地质[M]. 北京：地质出版社，1997.

[50] 殷维翰. 南京山水地质[M]. 北京：地质出版社，1979.

[51] 余树勋. 园林美与园林艺术[M]. 北京：科学出版社，1987.

[52] 袁奎荣，邹进福. 中国观赏石[M]. 北京：北京工业大学出版社，1994.

[53] 张寿懋，刘兴诗，何贤杰，等. 三峡风景[M]. 北京：地质出版社，1986.

[54] 张文奎. 人文地理学概论[M]. 长春：东北师范大学出版社，1989.

[55] 陈安泽，李如生. 风景名胜科学基础（内部培训教材）[M].1998.

b）期刊

[1] 保继刚，彭华. 名山旅游地的空间竞争研究：以皖南三大名山为例[J]. 人文地理，1994(6)：4-9.

[2] 陈吉环. 中心地方论在旅游资源开发中的应用，大西南旅游资源开发设想[J]. 旅游学刊，1987(2)：39-45.

[3] 侯国林，黄震方，赵志霞. 城市商业游憩区的形成及其空间结构分析[J].人文地理，2002(10)：12-16.

[4] 金相郁. 20世纪区位理论的五个发展阶段及其评述[J].经济地理，2004(5)：294-298，317.

[5] 梁述杰，渠性英. 大禹治水始于汾[J]. 山西水利，2009(5).

[6] 林刚. 试论旅游地的中心结构：以桂东北地区为例[J]. 经济地理，1996（6）：105-109，111.

[7] 罗清. 关于中国生态旅游发展前景的分析[J]. 消费导刊，2008(16)：44-45.

[8] 王娟，王军. 中国古代农耕社会村落选址及其风水景观模式[J]. 西安建筑科技大学学报（社会科学版），2005,24（3）：17-21.

[9] 吴晋峰，马耀峰. 旅游客源市场空间结构对比研究[J]. 干旱区资源与环境，2004（9）：132-136.

[10] 张猛刚，雷祥义. 地球表层系统浅论[J]. 西北地质，2005,38（2）：99-101.

c）论文集

[1] 陈安泽，卢云亭，陈兆棉. 旅游地学的理论与实践（旅游地学论文集第七集）[C].北京：中国林业出版社，2000.

d）报纸

[1] 张文静. 中国旅游地学走过30年[N]. 中国科学报，2015-05-15（9）.

| 后记 |

经过一年的酝酿和修编，《新编旅游地学原理》终于面世了。这是值得庆贺的事情。在这一年的时间里，首先是对原《旅游地学原理》（2006年版）进行了全面细致的取舍和重新编写，对一些新的观念做了认真的推敲。特别是对于旅游地学资源时空背景的认识，以及钱学森教授关于重视研究地球表层系统的新思维，使我们得到很大的启发，有了新的更为广远深刻的理解。

新编版对《旅游地学原理》（2006年版）中一些比较粗浅的认识做了较为深刻的分析和研究，重视和收集了12年来旅游地学发展的新成果、新思维、新观点，对于深化完善旅游地学理论和充实新资料都具有极其重要的意义。

在这次新编版的编写过程中，得到北京清华同衡规划设计研究院院长袁昕的重视和支持，得到旅游地学与地质公园规划所同仁的大力支持。如：翟林提供了相关照片，辛蔚整理了部分相关资料，马骢为封面作了精心设计，孙兴文为全书文字的编排做了认真细致的工作，董书守和赵晋对书中的图版做了必要的修饰。

特别感谢中国科学院院士、原中国地质大学校长赵鹏大为本书题词；特别感谢中国地质学会旅游地学与地质公园研究分会会长陈安泽先生在百忙之中为本书撰写了序言。

特别感谢教授级高工李同德老师对本书悉心的审读和修正，并编写了第15章的15.1—15.6的内容。

辛建荣

2019年9月8日于北京